Foto
Vision

Klaus Hinterndorfer

Kreuzgasse 26/7, A-1180 Wien
Email: photo@netway.at

Tel: 01/409 27 80
Fax: — 4 DW 20

FRANK PARTNOY

F.I.A.S.C.O.

BLUT AN DEN WEISSEN WESTEN DER WALL STREET BROKER

UEBERREUTER

Die Deutsche Bibliothek - CIP-Einheitsaufnahme

Partnoy, Frank:
F.I.A.S.C.O.: Blut an den weißen Westen der Wall Street Broker / Frank Partnoy. [Aus dem Amerikan.] von Anton-Rudolf Götzenberger. - Wien : Ueberreuter, 1998
Einheitssacht.: F.I.A.S.C.O.: Blood in the Water on Wall Street <dt.>
ISBN 3-7064-0471-0

Für die Maus

S 0383 1 2 3 / 2000 99 98

Aus dem Amerikanischen von Anton-Rudolf Götzenberger
Originaltitel: „F.I.A.S.C.O. Blood in the Water on Wall Street“, erschienen bei W. W. Norton & Company, Inc., New York

Redaktion: Dr. Andreas Gößling, München
Umschlag: Kurt Rendl
unter Verwendung eines Bildes der Bildagentur Image Bank
Druck: Ueberreuter Print

Inhalt

„Die meisten von uns gehen aus den gleichen die geistige Gesundheit untergrabenden Motiven ins Investmentgeschäft, aus denen Frauen zu Prostituierten werden: Man schwebt nicht in der Gefahr, hart arbeiten zu müssen, geht einer Gruppenaktivität nach, die wenig Verstand erfordert, und verdient auf leichte Art Geld, auch wenn man über kein besonderes Talent für irgend etwas anderes verfügt."

RICHARD NEY: *The Wall Street Jungle*

„Hinter jedem großen Reichtum verbirgt sich ein großes Verbrechen."

HONORÉ DE BALZAC

Danksagung

Der Verfasser dankt Starling Lawrence, Verlagsleiter bei W. W. Norton, und seiner Assistentin Patricia Chui für ihre Anregungen und Empfehlungen; dem Literaturagenten Robert Ducas für seine Unterstützung und Einsicht; der Rechtsanwaltskanzlei Covington & Burling für ihre großzügige Gleitzeitregelung; Michele und Denny Partnoy für den Kauf von wenigstens einem Exemplar dieses Buches; Laura Adams, Bruce Baird und Chris Bartolomucci für ihre Anmerkungen zu einem Entwurf; sowie den zahlreichen genannten und ungenannten Morgan-Stanley-Mitarbeitern dafür, daß sie mir die Informationen zur Verfügung stellten und bestätigten, aus denen dieses Buch entstanden ist.

Vorwort

Von 1993 bis 1995 verkaufte ich an der Wall Street Derivate. Während dieser Zeit erhielten die zirka 70 Leute, mit denen ich in der Derivategruppe bei Morgan Stanley in New York, London und Tokio zusammenarbeitete, eine Provision von zusammen etwa einer Milliarde Dollar – im Durchschnitt fast 15 Millionen Dollar pro Person. Wir waren unbestritten die profitabelste Gruppe der Welt.

Meine Gruppe war bei weitem der größte Geldmacher im Unternehmen. Morgan Stanley ist die älteste und renommierteste unter den Top-Investmentbanken, und die Derivateabteilung war der Motor, der Morgan Stanley antrieb. Die eine Milliarde, die wir machten, reichte aus, um die Gehälter des Großteils der weltweit tätigen 10 000 Mitarbeiter zu bezahlen, und darüber hinaus blieb noch genug für uns. Die Manager aus meiner Gruppe erhielten Millionen und Abermillionen an Bonuszahlungen; sogar unsere untersten Mitarbeiter erzielten sechsstellige Einkommen. Und viele von uns, mich eingeschlossen, waren noch nicht einmal dreißig Jahre alt.

Wieso machten wir so viel Geld? Teilweise, weil wir so clever waren. Ich arbeitete mit den größten Geistern des gesamten Derivatebusineß. Wir meisterten die Komplexität der modernen Finanzwirtschaft, und es war kein Zufall, daß man uns „Raketenforscher“ nannte.

Dies war nicht mehr das Institut, das Morgan Stanley früher gewesen war. In den 20er Jahren genoß die Investmentbank den Ruf von Großzügigkeit und Güte, war berühmt für frische Blumen, feine Möbel, einen eleganten Speiseraum für die Gesellschafter und galt als Inbegriff konservativer Anlagepolitik. Der Firmenslogan lautete: „Erstklassige Geschäfte auf erstklassige Art."

Dennoch verspürte das Unternehmen in den blühenden 80ern einen scharfen Konkurrenzdruck und rutschte vom ersten Platz ab. Als Antwort darauf verlagerten Morgan Stanleys Partner ihr Augenmerk von Prestigefragen auf Gewinnmaximierung, wodurch sich das Unternehmen von Grund auf veränderte. Als ich 1994 eintrat, hatte Morgan Stanley sein nobles Erbe gegen raffinierte Verkaufs- und Handelsmethoden eingetauscht – und gegen ein Vielfaches an Geld.

Andere Banken – einschließlich First Boston, wo ich arbeitete, bevor ich zu Morgan Stanley kam – konnten mit Morgan Stanleys aggressiven neuen Verkaufstaktiken nicht mithalten. Das Unternehmen war in jeder Hinsicht vollständig umgekrempelt. Die Blumen waren verschwunden. Die Möbel waren nun aus Resopal. Vielbeschäftigte Manager nahmen ihren Lunch, wenn überhaupt, an einem überfüllten Donut-Stand ein, der auf engstem Raum zwischen zwei Gängen neben dem Handelssaal eingerichtet worden war. Die aggressive Geschäftspolitik erforderte ein neues Credo: „Erstklassige Geschäfte auf zweitklassige Art." Jahrzehntelang hatte bei Morgan Stanley ein höflicher Stil geherrscht; nun hatten sich dort Wilde etabliert.

Die Derivategruppe erhielt ihren Marschbefehl von John Mack, dem Chef des Unternehmens. Mack hatte sich aus den untersten Rängen des Handelssaals hochgearbeitet, wo er als „Mack das Messer" bekannt war. Auf seinem Tisch lag stets ein langer Metalldorn, mit dem er ungeschickte Mitarbeiter angeblich aufzuspießen drohte. Anstelle des traditionellen Andenkens der Bank – einem rechteckigen weißen Block mit der „Grabsteinwerbung" des Unternehmens – hatte Mack für ein bestimmtes Bankgeschäft ein zerbrochenes Telefonset, verpackt in Klarsichtfolie, erhalten – zur Erinnerung an seinen Umgang mit den Telefonen im Handelssaal. Mit Mack an der Spitze waren die ruhigen Tage bei J. P. Morgan offensichtlich vorbei.

Unter Macks Führung wurden meine erfinderischen Bosse zu wildgewordenen Multimillionären: halb ausgerastet, halb wölfisch. Wenn sie nicht gerade komplexe Computerkalkulationen produzierten, brüllten sie, daß sie jemandem den Kopf abschlagen oder ihn in die Luft sprengen würden. Außerhalb der Arbeit schärften sie ihre Killerinstinkte bei privaten Tontaubenschießvereinen, auf Safaris, bei der Taubenjagd in Afrika und Südamerika und selbstverständlich auf der wichtigsten und mit Recht so genannten Wettkampfveranstaltung von Morgan Stanley: „The Fixed Income Annual Sporting Clays Outing", kurz F.I.A.S.C.O. Dieses jährliche Tontaubenschießen stimmt angemessen ein auf die barbarische Haltung des Unternehmens gegenüber den massiven Verlusten seiner Kunden im Derivatgeschäft. Ab April 1994, als diese Verluste zu steigen begannen, waren John Macks Anweisungen unmißverständlich: „Da ist Blut im Wasser. Los, bringen wir jemanden um."

Wir waren darauf vorbereitet, jemanden zu töten, und wir taten es auch. Die Schlachtfelder in der Welt der Derivate waren mit unseren Opfern übersät. Wie bereits in den Zeitungen zu lesen war, verlor bei den Fällen Orange County, Barings Bank, Daiwa, Sumitomo – und vermutlich bei vielen anderen, die niemand kennt – jeweils eine *einzige* Person mehr als eine Milliarde Dollar. Einige Unternehmen brauchten zumindest mehrere Personen, um eine Milliarde Verlust zu machen. Dutzende von Haushaltsunternehmen, darunter Procter & Gamble, und zahlreiche Investmentfonds verloren jeweils Hunderte von Millionen – zusammen wiederum Milliarden – durch Derivatgeschäfte. Auch bei dem Währungsdebakel von Mexiko mit Verlusten von 50 Milliarden Dollar wurden Anleger im Derivatgeschäft geschädigt. Wie Altsenator Everett Dirksen einmal sagte: „Eine Milliarde hier und eine Milliarde dort, und auf einmal geht es um richtiges Geld." Wenn Sie während der letzten Jahre Aktien oder Investmentfondsanteile besaßen, gehörte ein Teil des im Derivatgeschäft verlorenen „richtigen Geldes" sehr wahrscheinlich Ihnen.

Das Derivatgeschäft ist zum größten Markt der Welt geworden. Der Umfang des Derivatemarktes beläuft sich mit seinen geschätzten 55 Billionen Dollar im Jahr 1996 auf das Doppelte des Marktwerts aller US-Aktien zusammen und beträgt mehr als das Zehnfache des US-Staatsdefizits. Währenddessen vervielfachen sich die Verluste im Derivatehandel kontinuierlich.

Natürlich machten eine Reihe von Unternehmen – Morgan Stanley eingeschlossen – in der Tat viel Geld mit Derivaten, und die Derivateabteilung expandiert, auch wenn die Derivatekäufer ihre Wunden lecken. Einige Klienten sind es allerdings leid, in die Luft gejagt zu werden oder den Kopf abgeschlagen zu bekommen, und so ging das Geschäft 1995 und 1996 leicht zurück. Viele von uns haben während dieser Zeit gekündigt, einige sind in weniger aggressive Unternehmen übergewechselt. Morgan Stanley versetzte einige der aggressivsten Manager in „geeignetere" Abteilungen. Aber etliche Mitarbeiter blieben. Heute ist die Gruppe – umstrukturiert, doch immer noch profitabel – gerüstet für den nächsten Kampf und darauf vorbereitet, auf Kommando das Feuer zu eröffnen.

1

Eine bessere Gelegenheit

Ich saß neben dem Telefon und beschwor es in Gedanken, endlich zu läuten. Es war Dienstag morgen, der 1. Februar 1994, zwei Wochen vor dem Bonustag. Ich arbeitete als Derivateverkäufer bei First Boston, der Investmentbank in New York.

Ich wartete auf den Anruf eines professionellen Anwerbers – eines „Kopfjägers“ –, der mich in den letzten Tagen schon mehrfach angerufen hatte. Sein Timing war perfekt: Die Bonuszeit rückte näher, die Derivate waren heiß, und auf einer kürzlich veranstalteten Konferenz über derivative Geldanlagen in den Emerging Markets, den aufstrebenden Märkten der Schwellenländer, war ich einer der Hauptreferenten gewesen. Ich besaß einen Marktwert, war zum Jobwechsel bereit und für den Kopfjäger besonders wertvoll: Brachte er mich in einem neuen Unternehmen unter, so betrug seine Provision ein Drittel meines ersten Jahresgehalts. Gute Wall-Street-Kopfjäger machten Millionen von Dollar, und ich wußte, daß dieser Mann mich nicht anrief, um Nettigkeiten auszutauschen. Er wollte meinen Kopf.

Es war nicht leicht, diese Anrufe zu vertuschen. Wer jemals einen Handelssaal von innen gesehen hat, fragt sich sicherlich, wie dort ein Verkäufer mit einem Kopfjäger sprechen kann, ohne bei den anderen, keinen halben Meter entfernten Kollegen Verdacht zu erregen. Ich wußte, daß es fatale Folgen haben konnte, wenn man mir auf die Schliche kam. Viele Händler wurden abgemahnt oder gefeuert, wenn man sie während der Arbeit bei Verhandlungen mit Kopfjägern ertappte. Daher entwickelten wir ausgeklügelte Verschleierungstechniken – darunter Geheimcodes und nächtliche Treffen –, um zu verbergen, daß wir auf Jobsuche waren. Mein neues System, das ich von einem Kollegen abgeschaut hatte, war einfach, allerdings nicht narrensicher: Der Kopfjäger meldete sich mit dem Namen eines Bekannten, und ich gab vor, mit dem betreffenden Freund zu telefonieren, während mir der Kopfjäger den Job beschrieb, den er anzubieten hatte. Wollte ich über sein Angebot sprechen, legte ich auf, verließ den Handelssaal und rief den Kopfjäger von einem der Münztelefone in der Lobby zurück. Da immer mehr Händler dieses System anwendeten, waren die Münztelefone während der Bonuszeiten regelrecht belagert.

Bis dahin hatte ich viele Spaziergänge in die Lobby riskiert, mir viele Jobangebote gelassen angehört und sie alle abgelehnt. Es waren Angebote von Unternehmen wie First Boston, also von zweitklassigen Firmen. In den frühen 80er Jahren hatte First Boston zu den Top-Investmentbanken gezählt, war jedoch im vergangenen Jahrzehnt um einige Ränge zurückgefallen, und zahlreiche Angestellte waren zu besseren Adressen übergewechselt. Ich hatte die Zweitklassigkeit satt und wollte auch aufsteigen. Dabei spekulierte ich auf einen ganz bestimmten Job in einer Institution, die meiner Ansicht nach die heißeste Derivateabteilung an der Wall Street besaß. Wenn er mir diesen Job anbieten könnte, erklärte ich dem Kopfjäger, würde ich ihn nehmen. Er versprach mir, sich zu erkundigen und mir mitzuteilen, was er herausgefunden hatte.

Endlich läutete das Telefon. Es war der Kopfjäger, und er klang aufgeregt.

„Frank?" flüsterte er.

„Ja?" flüsterte ich zurück. Ein Kollege neben mir warf mir einen mißtrauischen Blick zu. In einem Handelssaal flüsterte normalerweise niemand.

„Ich habe ihn.“

„*Was* haben Sie?“

„Ihn.“ Er schwieg einen Moment. „Ihren Job. Den Job, den Sie haben wollen. Rufen Sie mich an.“

Nun war *ich* aufgeregt. Ich sagte meinem Kollegen, daß ich in ein paar Minuten zurück sei. Er schien zu erraten, was ich gerade tat. Ich rannte praktisch zum Münzfernsprecher in der Lobby.

Während ich darauf wartete, daß sich der Kopfjäger meldete, griff ich nach Stift und Papier, um mir Notizen zu machen. Das Telefon läutete, scheinbar eine volle Minute lang. Ich sah mich in der Lobby um und schaute grinsend auf das neue Firmenlogo: ein blau-weißes Segelboot neben dem neuen Firmennamen CS First Boston. CS stand für „Credit Suisse“, eine große Schweizer Bank, die das Unternehmen gekauft hatte. Doch dieses elegante Logo konnte nichts an der Tatsache ändern, daß die Reise von First Boston weder kosmopolitisch noch ein ruhiger Segeltörn gewesen war. Das Boot sah aus, als würde es nach Boston gehören, nicht nach Bern, und weltumspannend waren an meinem Unternehmen nur die Verluste.

Ich erinnerte mich, wie First Boston 450 Millionen Dollar – 40 Prozent des Stammkapitals – einem einzigen Unternehmen geliehen hatte, Ohio Mattress. Diesem desaströsen Deal hatten die Witzbolde von der Wall Street den Namen „Brennendes Bett“ gegeben. First Boston erzielte so jämmerlich geringe Gewinne, daß das Unternehmen einen Teil seines Derivategeschäfts veräußern mußte, um zumindest die Bonuszahlungen leisten zu können. Währenddessen wurde gemunkelt, daß Allen Wheat, der neue Präsident des Unternehmens, eine Aufwandsentschädigung in Höhe von 30 Millionen Dollar erhalten habe; in späteren Berichten war allerdings nur noch von etwa neun Millionen die Rede. Die Bank wurde als „Wheat First Securities“ bezeichnet, ein Titel für ein unbedeutendes, eher finanzschwaches Broker-Unternehmen. Kein Wunder, daß die Topverkäufer in Scharen flohen. Auch ich wollte das Weite suchen.

„Hallo“, meldete sich schließlich der Kopfjäger.

Abermals begann ich zu flüstern. „Was haben Sie anzubieten?“ Ich ließ meinen Blick durch die Lobby schweifen, um mich zu vergewissern, daß niemand lauschte.

Er muß meine Ängstlichkeit gespürt haben, jedenfalls spannte er mich grausam auf die Folter. „Eine heiße Derivategruppe in einer *sehr* renommierten Investmentbank sucht einen Verkäufer für die Emerging Markets. Und das sind Sie. Es ist perfekt. Sie haben es geschafft.“

Ich unterbrach ihn. Die aufstrebenden Märkte waren mein Gebiet, aber es gab viele „renommierte“ Investmentbanken. „Wer ist es? Nennen Sie mir nur den Namen.“

Er hielt mich minutenlang hin, und ich versuchte, die Ruhe zu bewahren. Dann setzte ich ihn erneut unter Druck. Endlich spuckte er den Namen aus: *„Morgan Stanley.“*

Ich wußte, daß ich bessere Konditionen aushandeln konnte, wenn ich nur wenig Interesse an diesem Job zeigte. Dann konnte der Kopfjäger nicht annehmen, ich wäre verzweifelt auf der Suche nach einem Job oder würde für ein Butterbrot wechseln. Ich wußte, daß ich meine Verhandlungsenergie aufsparen sollte. Der Schlüssel zum erfolgreichen Abschluß bestand darin zu sagen, daß mir der Job zwar gefallen würde, aber so sehr auch wieder nicht. Also rang ich um Selbstbeherrschung, um mir meine Begeisterung nicht anmerken zu lassen.

Vergeblich. „Ich will den Job!“ Ich schrie beinahe. „Ich will ihn! Besorgen Sie mir diesen Job! Wann kann ich mit den Leuten dort sprechen? *Ich will ihn!* Ich will diesen Job!“ Wieder sah ich in der Lobby umher, um festzustellen, ob mich jemand beobachtete.

„Wie schnell wollen Sie dort einen Termin?“

Nun schrie ich wirklich. *„Jetzt!* Sofort! Heute nachmittag. Spätestens morgen!“

Der Kopfjäger lachte, wohl wissend, daß er mich gefangen hatte. „Herrje, beruhigen Sie sich. Ich versuche, für morgen einen Termin zu vereinbaren. Ich rufe Sie heute abend zu Hause an und erzähl' Ihnen alles Weitere.“

Als ich auflegte, zitterten meine Hände vor Aufregung. Ich stürmte zurück zu meinem Tisch und hoffte, daß niemand meine Abwesenheit bemerkt oder mein Schreien gehört hatte. Glücklicherweise hatte niemand davon Notiz genommen; mein Kollege, der vorher etwas mißtrauisch geworden war, hatte es sich mit der zweiten Portion Eiskonfekt an diesem Morgen gemütlich gemacht.

Abends rief mich mein Kopfjäger zu Hause an und sagte: „Sie sind akzeptiert." Er hatte bereits einen vollständigen Gesprächsterminplan für den nächsten Montag, den 7. Februar, zusammengestellt. Wie er erklärte, würde man sich bei Morgan Stanley schnell entscheiden, wahrscheinlich binnen einer Woche.

An meinem Vorstellungstag wachte ich frühmorgens auf und meldete mich als erstes bei First Boston krank. Meine Chefs würden mich ausfragen, aber das war mir egal. Ich wollte die Derivatehändler von Morgan Stanley beeindrucken, nichts sonst interessierte mich. Diese Derivategruppe war die beste der Welt, und die Geschäfte boomten. Ich wußte, daß das Unternehmen dringend Leute für die Emerging Markets brauchte, aber wie ich annahm, würden sie nur die ein oder zwei besten Kandidaten einstellen. Ich betete darum, zu ihnen zu gehören.

Als ich zu meinem Vorstellungstermin bei Morgan Stanley eintraf, summte der gewölbeartige Handelssaal vor Geschäftigkeit. Wie in anderen Handelssälen, die ich kannte, war Platz Mangelware; selbst der graue Empfangsbereich war fensterlos und eng. Morgan Stanley pflegt zwar seine Klienten zum Besuch der Investmentbanker in den obersten Stockwerken des Wolkenkratzers an der Sixth Avenue zu animieren, von wo aus man einen Panoramablick auf Manhattan hat; jedoch bietet die Bank in den Stockwerken darunter, dem Inneren des viergeschossigen Handelsgewölbes, keineswegs denselben Komfort.

Bitte grämen Sie sich nicht, wenn Sie bislang noch nicht

das Vergnügen hatten, Handelssäle an der Wall Street persönlich miteinander zu vergleichen. In den Grundzügen sind sie sich alle ähnlich. Der Saal selbst gleicht einem Schachbrett mit gefleckten kleinen Quadraten im Boden, die einen immensen Kabelsalat und elektronisches Gerät verdecken. Als wären diese beweglichen Quadrate der Deckel einer riesigen Mülltonne, sind unter ihnen Dutzende halbleerer Behälter für chinesisches Essen sowie Mäuse versteckt. (Mäuse lieben Handelssäle, und die Bankangestellten diskutieren ständig über phantasievolle Techniken, sie zu fangen und zu töten.) Sollten Sie einmal einen Handelssaal besichtigen, werden Sie unweigerlich auf folgendes stoßen:

Hunderte Telefone läuten. Fernsehmonitore liefern Nachrichten und Bondnotierungen. Eines der Schachbrett-Quadrate ist aufgeklappt, und diverse Männer machen eine Pause, um einander vor einem Stapel von Stromkreisen und Kabeln anzuschreien. Dutzende von Händlern und Verkäufern stehen dicht gedrängt an diversen rechteckigen Tischen, die mit einem bunten Band aus farbigen Computern, blinkenden Monitoren, blauen Reuters- und grünen Telerate-Schirmen bestückt sind, mit beigefarbenen Bloomberg-Datensystemen und schwarzen Computerterminals, die den Brokern zur Quotierung der Wertpapierpreise dienen.

Alle paar Sekunden erschallt aus einem Lautsprecher in der Nähe ein ohrenbetäubender Schwall Unsinn: „Fünfzig GNMA Acht gehen für die Hälfte." „Es wird erwartet, daß die Beschäftigtenzahlen für den nichtlandwirtschaftlichen Sektor um 30 Stellen sinken." „Der Käufer von Bond-Langläufern, den ich vorhin sah, ist jetzt im Zweijahresbereich, um einen Butterfly Spread vorzutäuschen." Der Lautsprecher wird treffend „Brüllaffe und Schreihals" genannt, oder kurz „Brüllaffe". Jeder Verkäufer ist an den Brüllaffen angeschlossen, damit er wichtige Neuerungen bekanntgeben, Wünsche an den gesamten Handelssaal richten oder jedem anzeigen kann, daß der Chefhändler der Regierungsanleihen sich wieder einmal wie ein Idiot verhält. Wenn man nicht mit dem gesamten Saal, sondern nur mit ein paar Leuten sprechen will und diese mehr als drei Meter von einem entfernt sind, muß man das Telefon benutzen. Schreien ist bei diesem Lärmpegel zwecklos, und anders als die Warenterminhändler in Chicago kommunizieren Wall-Street-Händler typischerweise nicht per Handzeichen, es sei denn, sie zeigen jemandem den Mittelfinger. Alle lesen einander von den Lippen ab; das reicht zumindest, um das weniger verbreitete „Sie sind dabei" von den üblichen derben Flüchen zu unterscheiden.

Selbst in dieser quirligen Atmosphäre ist es leicht, Händler und Verkäufer auseinanderzuhalten. Die Händler haben die Hemdsärmel aufgekrempelt und die Krawatten gelockert, halten mehrere Telefonhörer in Händen und werfen in regelmäßigen Abständen einen davon gegen einen Tisch, einen Computer oder einen Assistenten, um anschließend ein weiteres Donut aus einer monströsen Schachtel zu nehmen. Dagegen rücken die Verkäufer gelassen ihre Manschettenknöpfe zurecht, während sie an jedes Ohr einen Hörer halten und abwechselnd die Stummtasten ihrer Telefone drücken, um beide Gespräche gleichzeitig zu führen. Ein guter Verkäufer kann zugleich einen Kunden beschwatzen, die Knick-Spiele des kommenden Abends mit dem Wettbüro durchsprechen, seinen Assistenten beauftragen, bei den Händlern ein Donut zu stehlen, und seiner Frau erklären, wo er letzte Nacht bis vier Uhr früh war – wobei keiner von ihnen sich der rings umher geführten Gespräche oder des in seiner Nähe entfesselten Chaos bewußt zu sein scheint.

Auch wenn es scheinbar wie in einem Tollhaus zugeht, verbindet die Anwesenden ein gemeinsamer Geist der Protektion. Händler und Verkäufer leben in Harmonie nebeneinander, in einer abgeschotteten Sicherheitszone, die von den letzten Jahrzehnten mit ihren Gesetzen zur Gleichberechtigung der Rassen und Geschlechter, von gesellschaftlicher Regulierung und der Wandlung der Arbeitswelt unberührt geblieben ist. Angehörige von Minderheiten und Frauen sind in den meisten Handelssälen kaum vertreten, und die meisten von ihnen tragen Arbeitskittel oder sehr kurze Röcke. Der einzige Beweis für gesellschaftlichen Fortschritt in den Handelssälen ist ein gelegentlich umfallender Stapel leerer Joghurtkartons.

Mein Trainingskurs bei First Boston war in dieser Hinsicht beispielhaft: Die Mehrheit waren weiße Männer mit Abschlüssen in Harvard, Yale und Oxford oder aus wohlhabenden Familien. Ein weißer Trainee war für San Francisco zuständig, zwei weiße Männer waren Philadelphia zugeteilt, einer Chicago und je etwa ein Dutzend New York und London. Anscheinend konnte First Boston keinen männlichen Weißen finden, der fließend Japanisch sprach, weshalb eine Frau japanischer Herkunft für das Tokioter Büro eingestellt worden war.

Von 37 Trainees waren 30 Männer. Soweit ich weiß, hat First Boston niemals auch nur einen Farbigen für das US-Geschäft eingestellt; allerdings – wie sich das Unternehmen zu rechtfertigen pflegte – waren viele Trainees sonnengebräunt. Einige der sieben weiblichen Trainees waren nur deshalb für das Trainee-Programm zugelassen, weil sie schon seit Jahren erfolgreich bei First Boston tätig waren. Andere waren neu bei First Boston, sahen dafür aber aus wie Covergirls von *Elle*. Zwischen Antidiskriminierungskampagnen und den Geboten politischer Korrektheit hatte First Boston unbeirrt Kurs gehalten, mit beeindruckendem Resultat: mehr als 80 Prozent Männer, überwiegend Weiße; ein paar Asiaten in ausländischen Filialen; keine Afrikaner oder Lateinamerikaner; und nur sieben Frauen.

Investmentbanken wählten ihre Mitarbeiterinnen stets mit Sorgfalt aus. Einige Verkäufer hatten mir gegenüber den immer aktuellen „Babyfaktor“ bei Vorstellungsgesprächen und der Personaleinstellung betont. Aus ihrer Sicht waren die weiblichen Trainees entweder abhängige Dienerinnen oder atemberaubende Filmsternchen. In jedem Fall aber versprachen die Frauen die Zusammenarbeit für die Männer angenehm zu gestalten; wenn sie nicht mitspielten, versperrte man ihnen oft den beruflichen Aufstieg, indem sie die schlechtesten und unbeliebtesten Jobs bekamen. Tatsächlich wurden viele Teilnehmerinnen am First-Boston-Trainingsprogramm schon nach wenigen Monaten „gebeten zu gehen". Und sie gingen auch; einige verklagten das Unternehmen, zumindest eine von ihnen mit Erfolg.

Die Atmosphäre bei First Boston war dermaßen von Intrigen und Diskriminierung verseucht, daß man schließlich eine Personalberaterin anheuerte, um den Händlern und Verkäufern die sexuelle Belästigung von Bewerberinnen abzugewöhnen. Dieses Training war allerdings hoffnungslos. Bezeichnend für den Horror, den die etwa vierzigjährige Beraterin erlebte, war die Äußerung eines Angestellten, der eine Bewerberin zu Beginn des Vorstellungsgesprächs fragte: „Also, willst du ficken, Kleine?"

Smartere Frauen nutzten die schwüle Atmosphäre zu ihrem Vorteil, und zwar nicht nur, indem sie ihre Reize in engen Kleidern oder Lederhosen zur Schau stellten. Eine Mitarbeiterin, die ich dort kennenlernte, breitete bereitwillig ihr Sexleben aus. Am frühen Morgen pflegte sich eine Schar von Händlern um sie zu versammeln, um Geschichten von ihren Ausschweifungen der letzten Nacht zu hören. Niemanden interessierte es, ob sie bei diesen Geschichten die Wahrheit etwas nachgebessert hatte. Bestimmt werde ich niemals vergessen, wie sie einen „perfekten blow job" beschrieb, mit dem sie am Vorabend einen Mann beglückt habe, nachdem er ihr ein teures Essen spendiert hatte. Nachdem er diese Story gehört hatte, sagte ein Verkäufer zu mir: „*Diese* Frau hat eine Zukunft in diesem Unternehmen."

Der Leiter der Verkaufsabteilung hatte einen fluktuierenden Harem von Sekretärinnen. Am längsten hielt sich eine einsachtzig große blonde Göttin, deren Job es war, so wenig Kleidung wie möglich zu tragen und so aufreizend wie möglich herumzugehen. Das tat sie mit außerordentlichem Geschick. Ihre Solomodenschau inmitten des chaotischen Milliarden-Dollar-Bondhandels war berauschend. Und wenn das die Jungs nicht genügend vergnügte, gab es Manager, die Nachwuchsmitarbeiterinnen für die Darbietung obszöner Akte bezahlten. Ein leitender Hypothekenhändler zahlte einer attraktiven Assistentin 500 Dollar dafür, daß sie eine mit Flüssigseife eingeriebene Essiggurke langsam und sorgsam verzehrte. Eine Gruppe von Händlern bewunderten sie, als sie diese Tat vollbrachte, das Geld nahm und sich anschließend mitten im Handelssaal erbrach.

Vermutlich ist es ein Zeichen von Charakterschwäche, daß ich die Finanzorgien auf dem Parkett mit solchem Vergnügen betrachtete. Der Handelssaal war mein Zuhause. Zum Glück wußte ich, daß mir das Flair des Handelssaals erhalten blieb, wenn ich von First Boston zu Morgan Stanley wechselte. Meine Umgebung würde sich sowenig verändern wie die eines Goldfischs, der von einer Glaskugel in eine andere schwimmt.

Meine Gespräche mit der Derivategruppe von Morgan Stanley verliefen reibungslos, und ich rang mit mir, um nicht allzu begeistert zu wirken. Die Gruppe wurde intern DPG genannt, eine Abkürzung für „Derivat-Produkte-Gruppe". Ein Manager murmelte: „Erstklassige Geschäfte auf erstklassige Art." Ein anderer erklärte, seiner Ansicht nach werde die DPG einen großen Teil ihres künftigen Wachstums in den Emerging Markets – meinem Gebiet – erzielen. Wenn ich zu Morgan Stanley kommen würde, versprach er, werde er mich zu einer im April 1994 stattfindenden wichtigen Derivate-Veranstaltung einladen, F.I.A.S.C.O. genannt. Ich hatte bereits davon gehört und wollte hingehen, war mir aber bewußt, daß Investmentverkäufer praktisch niemals ihre Versprechen einhalten. Ich war dennoch zuversichtlich, denn ich wußte, daß dieser Verkäufer zu den Leitern der Gruppe gehörte und als „Vater" des Events galt.

Verschiedene Händler richteten ihre Blicke auf die „Bars", die sie machten. Derivatehändler meinen mit „Bar" keinen Ort, wo man hingeht, um etwas zu trinken. Ein „Bar" ist ein hohes Salär mit mindestens sechs Nullen. An der Wall Street sagt man nicht „Ich mache eine Million Dollar im Jahr", sondern „Ich mache ein Bar". Viele der Angestellten aus der DPG machten „Bars", oftmals mehrere. Natürlich wollte auch ich

Bars machen, und am Ende des Tages lief mir das Wasser im Munde zusammen.

Ich wollte um jeden Preis ein Teil von Morgan Stanleys Geldmaschine werden. *Bitte, bitte laßt mich hier arbeiten!* flehte ich. Der Derivategruppe dieses Unternehmens anzugehören war mein Traum. Die machten mehr Geld als irgend jemand an der Wall Street, stellten die cleversten Leute ein und verkauften die fortschrittlichsten Derivatprodukte.

Der Handelssaal sah genauso aus wie derjenige bei First Boston, aber es gab einen wichtigen Unterschied: Er brachte mehr Geld ein. Das war ein großer Unterschied. Für mich sah der DPG-Handelssaal aus wie ein Topf voller Gold.

Während ich wartete, ob sich die DPG für mich entschied, führte ich mir die Unterschiede zwischen First Boston und Morgan Stanley vor Augen. Die Finanzschwäche von First Boston verdeckte lediglich tiefere Probleme. Wenn Sie glauben, daß sich zwei ziemlich angesehene Investmentbanken mit identischen Handelssälen nicht so sehr voneinander unterscheiden könnten, lassen Sie mich ein paar dieser Unterschiede aufzeigen.

First Boston gehörte der Vergangenheit an, den 80er Jahren. Daß diese Bank zweitrangig war, wurde mir zum ersten Mal klar, als ich versuchte, das Geschäftsgebäude ausfindig zu machen. Die fürstliche Adresse von First Boston war „Park Avenue Plaza", und wie man mir gesagt hatte, befand sich das Gebäude zwischen 52. und 53. Straße. Also nahm ich an, daß es an der Park Avenue stand.

Als ich dann aber die Park Avenue rauf und runter spazierte, konnte ich es nirgendwo finden. Schließlich fragte ich einen vorbeigehenden Geschäftsmann, ob er wisse, wo Park Avenue Plaza sei. Er lachte und zeigte nach Westen. Das Gebäude befand sich nicht an der Park Avenue; man konnte es von dort aus nicht einmal sehen. Die 50 Meter Fußweg von der Park Avenue zum Eingang des Unternehmens vermittelten mir eine erste Ahnung von der kleinen, aber realen Kluft zwischen First Boston und anderen Top-Banken.

Das Gebäude spiegelt (wenn man es gefunden hat) die Verfehlungen der Städteplaner in den 80er Jahren ebenso wider, wie First Boston selbst die Verfehlungen beim Investmentbanking der 80er repräsentiert. Der 40 Stockwerke hohe, 1981 erbaute Wolkenkratzer gleicht einem riesengroßen Aquarium aus grünem Glas, das vertikal zwischen zwei ältere und kürzere graue Buchstützen gepfercht worden ist. In der pompösen Empfangshalle stößt man auf einen neun Meter hohen Plafond, Platten aus dunkelgrünem Marmor und einen rauschenden Wasserfall, massive silberne Pfeiler und diverse Läden, darunter ein Café, einen überdimensionalen Zeitungsstand und einen arroganten Schweizer Chocolatier. Die Lobby war die perfekte Umgebung für reiche Banker aus den 80ern, die zur Arbeit eilten.

Wie viele meiner Leser wissen, hatte der Reichtum der 80er bedauerlicherweise seinen Preis. Um die Errichtung dieses geschmacklosen Komplexes zu rechtfertigen, hatten (nach Aussagen der Wachmänner von Park Avenue Plaza) die Architekten dieses grünen Aquariums sich ursprünglich damit einverstanden erklärt, die Lobby als Naturpark zu belassen, mit echtem Gras und echten Bäumen. Aber bald wurde klar, daß solche Pläne undurchführbar waren, und das meiste davon wurde fallengelassen. Doch ein paar Bäume waren in der Lobby bereits angepflanzt worden, und sie kämpfen noch immer ums Überleben in diesem grauenvollen Interieur. Der Rasen mußte dem Marmorboden weichen. An die ruhmvolle Städteplanung erinnert heute nur noch die überwältigende Präsenz von Obdachlosen. Da die Lobby als öffentlicher Raum gilt, können die Wachleute solche Streuner nicht vor die Tür setzen. Folglich brauchten die etwas weniger reichen Banker der 90er auf dem Weg zum Handelssaal nicht über frisch gemähtes Gras zum Handelssaal laufen, sondern mußten Scharen von Bettlern passieren. (First Boston ist kürzlich an eine noch weniger renommierte Adresse umgezogen.)

Im Gegensatz dazu war das Geschäftshaus von Morgan Stanley eine erstklassige Immobilie, im Rockefeller Center direkt gegenüber der Radio City Music Hall gelegen und mit Blick auf die berühmte Rockefeller-Skatingbahn. Die Lobby war schlicht und sauber. Vor allem aber: Das Gebäude war leicht zu finden.

Auch Morgan Stanley hatte ein neues Logo, eine moderne Weltkarte im Mercatorstil, die sich erheblich von dem First-Boston-Schiff unterschied. Zu Morgan Stanleys PR-Kampagnen zählten Hochglanz-Werbedrucksachen mit globalen Themen; über gleich welche Explosionen oder Katastrophen jüngeren Datums schwieg sich die Finanzpresse allerdings aus. So viele Verkäufer und Händler von First Boston waren zu Morgan Stanley übergewechselt, daß sie das Unternehmen nun „Second Boston“ nannten. Morgan Stanley war ein echtes Weltunternehmen mit Niederlassungen in ganz Amerika (Chicago, Houston, Los Angeles, Menlo Park, Mexiko City, Montreal, New York, San Francisco und Toronto), Europa (Frankfurt, Genf, London, Luxemburg, Madrid, Mailand, Moskau, Paris und Zürich), Asien (Peking, Bombay, Hongkong, Osaka, Seoul, Shanghai, Singapur, Taiwan und Tokio) und anderswo (Johannesburg, Melbourne und Sydney), und die aggressive Unternehmensleitung, bestehend aus dem Präsidenten John Mack und dem Vorsitzenden Richard Fisher, plante den Ausbau der weltweiten Repräsentanzen und eine Aufstockung der Beschäftigtenzahl auf über 10 000. Die ausländischen Niederlassungen trugen einen ständig steigenden Anteil zu den Gewinnen und zum Zuwachs an neuen Stellen bei. Natürlich hatte auch First Boston – genauer gesagt, CS First Boston – verkündet, daß man Niederlassungen in allen Ländern unterhalte, aber sie hatten einige Büros geschlossen und feuerten massenhaft die dortigen Mitarbeiter.

Auch die Halbstarkenallüren schienen bei Morgan Stanley weniger verbreitet. Zumindest sah ich während meines Besuchs keinen Verkaufsassistenten ausspucken, erblickte keine Händler, die wegen verlorener Wetten den Schädel rasiert hatten, oder Sekretärinnen, die leicht gekleidet auf dem Parkett herumstolzierten; alles das war bei First Boston üblich. Ich hatte durchaus einige Schießsport-Zeitschriften und Soldatenpuppen auf den Handelstischen erblickt, aber die Scotchflaschen und Pornomagazine waren in den Tischschubladen verstaut. Morgan Stanley war eben Morgan Stanley, und niemand hätte sich vorstellen können, daß das Unternehmen eines Tages seinen Namen wechseln würde.

Fairerweise sollte ich allerdings erwähnen, daß First Boston nicht immer eine Klasse schlechter war. Noch vor wenigen Jahrzehnten, etwa ab den 40er Jahren, hatten Morgan Stanley und First Boston einen vergleichbaren Elitestatus besessen. Nach dem Zweiten Weltkrieg, als die neu gegründete Weltbank Mittel zur Finanzierung des Wiederaufbaus aufzunehmen begann, teilte sich Morgan Stanley das Rampenlicht mit First Boston, und auf den Emissionsprospekten der Weltbank standen beide Investmenthäuser unter den Konsortialbanken an erster Stelle. Vieles, wenngleich nicht alles, hat sich bei First Boston seither ins Negative verändert. Nur auf einem jämmerlichen Sektor weist First Boston noch einen Vorsprung gegenüber Morgan Stanley auf: bei den Aufzügen.

Bei First Boston nämlich war ein ganzer Satz moderner und komfortabler Aufzüge für Händler und Verkäufer reserviert, die (wie ich) morgendliche Verspätung verabscheuten. Die Aufzüge waren nicht öffentlich zugänglich und durch diverse Wachmänner abgeschirmt. Sie ähnelten stark den im Raumschiff Enterprise verwendeten Lifts, nur waren sie etwas schneller. Ein Aufzug wartete immer, wenn ich im Aquarium am Park Avenue Plaza eintraf. Ich drückte jedesmal auf ein großes Rechteck mit der Aufschrift „Fixed Income", und schwupp, war ich im Handelssaal. Wie ich zugeben mußte, waren die unbewachten und langsamen Aufzüge von Morgan Stanley im Vergleich enttäuschend.

Einer der größten Unterschiede zwischen First Boston und Morgan Stanley bestand damals in der Erfahrung mit dem Derivatgeschäft. Sie haben zweifellos schon von Derivaten gehört, aus der Zeitung, aus Magazinen und aus Berichten im Fernsehen über Milliarden von Dollars, die durch Derivatehandel verloren wurden. Über Derivate wurde sogar schon in der Sendung *Sixty Minutes* diskutiert. Aber was sind Derivate?

Bei First Boston gab es viele Leute, die auf diese Frage keine Antwort wußten. Meine Abteilung – aufstrebende Märkte – war zwar mit einem jährlichen Umsatz von 30 Milliarden Dollar äußerst profitabel und stand mit einem Emissionsvolumen von zehn Milliarden Dollar in Aktien und Bonds in den Ranglisten diverser aufstrebender Märkte an erster Stelle; dennoch hatten wir bei Derivaten eine gravierende Schwäche entwikkelt. 1993 hatten andere Banken begonnen, in großem Stil Derivate von den Emerging Markets zu verkaufen. Speziell Morgan Stanley als neuer Marktführer verkaufte mexikanische Derivatprodukte für eine halbe Milliarde Dollar und kam, wenn man andere kombinierte Derivate dazunimmt, auf mehrere Milliarden Dollar in diesem Bereich. Flutwellen von lukrativen Derivatgeschäften rollten an First Boston vorbei, und meine Gruppe hatte das Boot verpaßt. Als viele Verkäufer und Analysten – darunter mein ehemaliger Gruppen- und Verkaufsleiter – First Boston verließen, um sich anderen Derivateteams anzuschließen, blieb die Abteilung für aufstrebende Märkte von First Boston mit einer Person zurück: mir selbst.

Zu dieser Zeit war ich genaugenommen noch kein Derivate-Guru. Ich war studierter Jurist, kein Ökonom, und die Kenntnisse, die ich mir angeeignet hatte, vielfach aus wissenschaftlichen Aufsätzen, waren in der Hektik des Handelssaals nutzlos. Auch die internen Fortbildungskurse bei First Boston halfen mir wenig (obwohl ich in diesen Trainingsprogrammen immer die höchste Punktzahl erhielt).

Ich wußte, daß Derivate als Finanzinstrumente definiert sind, deren Wert an die Entwicklung anderer Wertpapiere gekoppelt ist bzw. von der Wertentwicklung anderer Basiswerte, wie Aktien oder Anleihen, abgeleitet wird. Wenn Sie jemals etwas über Finanzderivate gelesen haben, sind Sie höchstwahrscheinlich dieser Definition begegnet. Sofern Sie kürzlich Aktien von Gesellschaften oder Anteile von Investmentfonds erworben haben, die in solche Finanzinstrumente investieren, dürften Sie auch diese Definition von Derivaten kennen: Finanzvehikel, die plötzlich wertlos werden und dann auf der Titelseite des *Wall Street Journal* erscheinen.

Auf den nächsten Seiten werde ich alles erklären, was Sie über Derivate wissen sollten, um die Strategien von Morgan Stanleys Derivateabteilung zu verstehen. Vieles davon wußte ich bereits, als ich im Februar 1994 versuchte, zu Morgan Stanley überzuwechseln. Ich erspare Ihnen die komplexeren Aspekte, die Sie in der Fachliteratur über Derivate finden, etwa Themen wie „modifizierte Duration“, „optionsabhängiger Spread“, „Put-Call-Parität“, „Bond-Basis“ und „negative Konvexität“. Meine Empfehlung, auch an Investmentbanker, die dieses Buch lesen: Denken Sie nicht eine Minute über solche Konzepte nach. Sie werden Ihnen kein Geld einbringen – niemals. Und wenn Sie glauben, daß man durch fundierte Kenntnisse dieser Materie dick und fett werden könne, sollten Sie diese Annahme lieber für sich behalten – besonders dann, wenn Sie in einem Handelssaal arbeiten. Dort können Sie nur dadurch dikker werden, daß Sie fette Speisen zu sich nehmen. Wenn Sie einem Klienten gegenüber Kenntnisse der höheren Derivatemathematik zur Verschleierung wichtiger Fakten nutzen können – wunderbar. Aber wenn Sie sich Kenntnisse aneignen wollen, die keinen Pfennig wert sind, vergessen Sie's lieber. Dann sind Sie in der falschen Branche.

Später werde ich Ihnen erklären, wie Wall Street viel Geld mit Derivaten gemacht hat und immer noch macht – durch Tricks und Betrügereien. Zuerst benötigen Sie aber einige Hintergrundinformationen. Die Aneignung von Kenntnissen über Derivate wirft heute dieselben Probleme auf, mit denen ich schon im Februar 1994 zu kämpfen hatte: Nur eine Handvoll Derivatehändler kennt die streng gehüteten Geheimnisse hinsichtlich der Verwendung von Derivaten, und diese Elitetruppe hat es nicht nötig, ihre Geheimnisse, die immerhin Millionen Dollar wert sind, mit mir oder mit Ihnen zu teilen. Insider aus dem Derivatgeschäft erzählen nicht einmal ihren Kollegen die lukrativsten Geheimnisse. Zu Morgan Stanleys Derivategruppe wollte ich nicht zuletzt deshalb wechseln, weil die Leute dort den Anschein erweckten, mehr über diese Geheimnisse zu wissen. Selbst für mich als Derivateverkäufer bei First Boston war es fast unmöglich, die Details der profitabelsten Derivatgeschäfte an der Wall Street herauszufinden. Stellen Sie sich einmal vor, wie schwierig das erst für Journalisten und Kontrolleure ist, die nur das erfahren können, was ihnen die Insider erzählen wollen. Jetzt werden Sie verstehen, warum Sie von dieser Geschichte noch nie zuvor gehört haben.

Ich werfe niemandem in der Derivateabteilung von Morgan Stanley vor, die Geheimnisse für sich behalten zu haben. Wie Sie gleich sehen werden, können einige der mehr als fragwürdigen Praktiken bestimmte Personen aus dieser Abteilung in ernsthafte Schwierigkeiten bringen. Zumindest würden ihre Kunden nicht sehr erfreut sein zu erfahren, wie sie über den Tisch gezogen wurden. Und selbst wenn bei Enthüllung dieser Geheimnisse keine negativen Folgewirkungen zu befürchten wären, warum den Reichtum teilen? Wenn eine goldene Gans an Ihre Türschwelle kommen und beginnen würde, goldene Eier zu legen, was würden Sie dann tun? Die Presse informieren? Die Eier verteilen? Nein, Sie würden sie vor der Außenwelt verbergen.

Lassen Sie mich mit der wichtigsten Grundsatzfrage beginnen: Was sind Derivate? Hier nochmals die Standarddefinition: Ein Derivat ist ein Finanzinstrument, dessen Wert an die Entwicklung anderer Wertpapiere gekoppelt ist bzw. von der Wertentwicklung anderer Basiswerte abgeleitet wird, etwa von Aktien oder Bonds. Beispielsweise könnten Sie IBM-Aktien erwerben oder statt dessen eine Call Option (Kaufoption) auf IBM-Aktien zeichnen, wodurch Sie das Recht erhalten, IBM-Aktien zu einem bestimmten Termin und festgesetzten Basispreis zu kaufen. Die Kaufoption ist ein Derivat, weil ihr Börsenwert vom Börsenkurs der zugrunde liegenden IBM-Aktie abhängt. Wenn der Börsenkurs der IBM-Aktie steigt, steigt auch der Preis dieser Kaufoption und umgekehrt.

In der Fachliteratur liest man vielfach die Meinung, es gebe nur zwei Arten von Derivaten: Optionen und Forwards. Diese Bücher erklären zwar Optionen und Forwards im Detail, aber sie machen es einem dadurch nicht leichter. Selbst ein leichter verständliches Werk wie *Optionen, Futures und andere Derivate* von Professor John Hull, einem sehr bekannten Derivateberater und Veranstalter kostspieliger Unternehmerkongresse, enthält scheußliche und schwierige Passagen, vor denen er den Leser auf der Umschlagrückseite warnt: „eine komplette Abhandlung numerischer Prozeduren, Monte-Carlo-Simulation, die Verwendung von binomischen Gitternetzen und begrenzte Differenzmethoden“. Und wenn Sie das nicht abschreckt, überfliegen Sie doch einmal die Seiten mit den winzigen griechischen Symbolen und den Reihen von Formeln und Kurven. Wenn Sie das Buch dann immer noch kaufen wollen, schauen Sie auf das Preisschild: 76 Dollar.

Anstatt Hulls Buch zu lesen, denken Sie über Optionen und Forwards lieber in Begriffen, die jeder Derivatehändler bevorzugen würde: Corvettes.

Eine Option verkörpert das Recht, etwas in der Zukunft zu kaufen oder zu verkaufen. Das Recht zu kaufen ist eine Call Option, das Recht zu verkaufen erwirbt man mit einer Put Option. Wenn Sie nun wüßten, daß bei einem Autohändler in einem Monat etliche neue Corvettes angeliefert werden, würden Sie dem Händler vielleicht 1000 Dollar geben, damit er für Sie eine Corvette zum Preis von – sagen wir – 40 000 Dollar, reserviert. Wenn die Autos dann kommen, haben Sie eine Call Option auf eine Corvette für 40 000 Dollar, also das Recht, aber nicht die Pflicht, zu diesem Preis zu kaufen. Da Sie eine Kaufoption haben, möchten Sie nun, daß der Verkaufspreis für neue Corvettes steigt: Klettert er auf 50 000 Dollar, ist Ihre Option für den Kauf einer Corvette zu 40 000 Dollar ungefähr 10 000 Dollar wert.

Mit einer Call Option ist Ihr Verlustpotential also begrenzt. Würde der Kaufpreis auf 30 000 Dollar fallen, könnten Sie dem Verkäufer einfach die 1000 Dollar belassen (Optionsprämie genannt) und die Corvette zu einem niedrigeren Preis erwerben.

Der andere Derivatetyp – ein „Forward" – ist eine Verpflichtung, etwas in der Zukunft zu kaufen oder zu verkaufen. Diese Obligation wird „Future" genannt, wenn sie an der Börse gehandelt wird. Das Konzept ist aber dasselbe: Wenn Sie sich sicher sind, daß Sie eine neue Corvette kaufen möchten, aber keine 1000 Dollar für eine Option bezahlen wollen, können Sie auch eine Forward-Verpflichtung eingehen, in einem Monat eine Corvette für 40 000 Dollar zu kaufen. Wenn die Autos dann angeliefert werden, müssen Sie eines für 40 000 Dollar kaufen, auch wenn der dann geltende Verkaufspreis niedriger sein sollte. Wie bei einer Call Option würden Sie also auch hier wünschen, daß der Preis steigt. Bei einem Forward sind Ihre potentiellen Verluste allerdings nicht begrenzt, so daß Sie auf keinen Fall fallende Preise sehen wollen. Selbst wenn der Verkaufspreis auf 30 000 Dollar fallen würde, müßten Sie das Auto für 40 000 Dollar kaufen. Trotz des unbegrenzten Verlustrisikos gibt es aber zumindest einen Grund, einen Forward statt einer Option zu kaufen: Man spart 1000 Dollar Optionsprämie.

Optionen und Forwards werden für alle gängigen Finanzinstrumente gehandelt, darunter Aktien, Bonds und verschiedene Börsenindizes. Manche sind an spezialisierten Terminbörsen in aller Welt notiert. Andere wechseln im sogenannten ungeregelten Freiverkehr oder privaten Telefonhandel den Besitzer; ein Verfahren, das over-the-counter oder OTC genannt wird. Börsennotierte Derivate unterliegen einer strikteren Kontrolle, sind leichter zu handeln und vertrauenswürdiger als die im OTC-Handel angebotenen Derivate. Um Informationen über ein börsennotiertes Derivat zu bekommen, genügt ein Blick in das *Wall Street Journal* oder ein Anruf bei einem Broker. Dagegen werden Sie vermutlich *niemals* Informationen über ein OTC-Derivat erhalten, es sei denn, Sie arbeiten in der Derivateabteilung einer Investmentbank.

Alle Derivate sind Kombinationen aus Optionen und Forwards. Viele Aktivitäten des Derivatemarktes – auch Geschäfte, von denen ich Ihnen erzählen werde –, beinhalten die Kombination verschiedener Optionen und Forwards und deren Verkauf als Paket. Am schwierigsten ist es hierbei, den richtigen Preis zu bestimmen, also zu errechnen, wieviel jedes Paket wert ist. Diese Berechnungen sind der Teil des Derivatehandels, der im wahrsten Sinne des Wortes der Raketenforschung gleicht: Fehler können sich katastrophal auswirken.

Ich wußte sehr gut, wie schmerzlich solche Fehler sein konnten. Sollten Sie sich jemals zum Kauf von Derivaten entschließen, hoffe ich, daß Sie nie eine ähnliche Erfahrung machen werden wie damals ich. Involviert war eine andere Bank, die Sie möglicherweise schon als unseriöse Derivatehändlerin kennen: Bankers Trust.

Jahre zuvor hatte ich mich um einen Job bei Bankers Trust beworben, das an der Wall Street unter dem Kürzel „BT" bekannt ist. Bankers Trust ist erst kürzlich durch den Verkauf hochspekulativer Derivate an gutgläubige Anleger in die Schlagzeilen geraten, von den Aufsichtsorganen abgemahnt und von zahlreichen Kunden verklagt worden. Aber vor ein paar Jahren, als ich einen Job an der Wall Street suchte, war BT relativ sauber.

BT hatte eines der besten Verkaufs- und Handelstrainingsprogramme an der Wall Street. BT war eine hochentwickelte und bedeutende Bank, und jedem, der das strikte BT-Trainingsprogramm schaffte, war der Erfolg garantiert. Verkäufer und Händler mit BT-Berufserfahrung machten „Bars" – überall an der Wall Street. Ich hatte hinsichtlich BT ein gutes Gefühl gehabt und glaubte, dort gute Chancen zu besitzen. Ich war überzeugt, daß ich reich werden würde, wenn ich dort einen Job erhielte.

Zu jener Zeit war BT noch nicht als die Bank bekannt, die – nach Aussagen eines berüchtigten Derivatehändlers – „Leute anlockt, um sie dann total auszunehmen". Für einen Großteil der Welt war das immer noch ein Geheimnis. Ich hatte angenommen, daß BT im Geschäft war, um so viel Geld wie möglich zu machen. Hätte ich gewußt, daß die Devise des Unternehmens lautete, ihre Kunden „total auszunehmen“, hätte sich mein gutes Bild von dieser Bank sicherlich geändert. Vielleicht hätte es sich gebessert.

Ich erinnere mich sehr gut an mein erstes Vorstellungsgespräch bei BT. Es war mein allererstes Interview für einen Job an der Wall Street. Der Personalchef führte mich durch den verglasten Empfangsbereich zum Bondhandelssaal. Ich hatte noch nie zuvor einen Handelssaal gesehen und betrachtete diesen quirligen Ort voller Ehrfurcht. Er war voll blinkender Handelsmonitore und schreiender Händler. Der Lärm war ohrenbetäubend. Fast jeder schrie, entweder in ein Telefon oder zu jemandem in seiner Nähe. Die Atmosphäre war geladen, und ich war nervös.

Ich bemerkte einen Mann mit Brille, der mich mit einem Hewlett Packard 19BII Turbo Calculator anstieß. Der Personaldirektor sagte, dies sei ein Derivatehändler, und ging davon. Ich streckte dem Mann eine schweißfeuchte Hand entgegen.

Dann folgte ich dem wortkargen Händler in ein vornehmes Büro mit Fenstern und setzte mich. Er sah auf eine Reihe grün blinkender Telerate-Monitore, die über die aktuellsten Kurse verschiedener Finanzinstrumente informierten, dann hob er den Hörer ab und nuschelte einige Nummern und Codes, die ich nicht verstand. Ich beobachtete ihn ein paar Minuten, bis ich nicht mehr nur nervös war. Ich war verängstigt. Seine Augen flitzten über die Monitore, und er schien von meiner Anwesenheit keine Notiz zu nehmen. Ich verstand kein Wort von dem, was er sagte. Mein Mund war trocken, und ich konnte nicht schlucken. Vergeblich sah ich mich nach kühlem Wasser um.

Schließlich sprach der Händler zu mir. Er verzichtete auf Small-talk, überging meine Bewerbungsunterlagen und schlug einfach vor, mir ein Derivat zu verkaufen. Ich hörte aufmerksam zu, als er die Konditionen beschrieb. Soweit ich es verstand, ging es um eine Mischung aus Forward-Derivaten und Staatsanleihen. Ich wußte, daß der Forward einen Terminkontrakt über den Kauf von US-Staatsanleihen zu einem bestimmten Termin und Preis beinhaltete. Wenn der Kontrakt gegen mich liefe, wäre ich verpflichtet, ihm einen bestimmten Geldbetrag zu bezahlen, der sich aus komplizierten Formeln errechnete.

Ich dachte über den Forward-Handel nach. Es war ein OTC-Geschäft, also außerbörslicher Telefonhandel, so daß der Preis auf keinem Handelsmonitor auftauchen würde. Ich konnte zwar den Kurs der zugrunde liegenden Staatsanleihe auf einem Telerate-Monitor ersehen; zur Kontrolle hätte ich aber selbst den angemessenen Preis seines angebotenen Kontraktes auf Basis des Anleihekurses berechnen müssen. Ich war mißtrauisch. Dieses Geschäft war außerordentlich riskant. Wie bei den Corvettes würde ich viel Geld verlieren, wenn ich mich zu einem Terminkauf dieser Anleihe zum bestimmten Basispreis entscheiden und der Börsenkurs der Anleihe fallen würde.

Dennoch, im Prinzip verstand ich, wie die einzelnen Komponenten dieses Geschäftes zu bewerten waren. Das Geschäft war „leveraged", hatte also einen Hebel; folglich mußte ich den Wert jeder einzelnen Komponente mit einem entsprechenden Leverage-Faktor multiplizieren. Dieser bestand schlicht aus einer Zahl, die mit der jeweiligen Kontraktgröße zu multiplizieren war, um das Gewinn- bzw. Verlustpotential festzustellen, etwa wie bei Backgammon, wo man den Einsatz mittels Verdopplungswürfel erhöht. Beispielsweise hatte ein Geschäft im Umfang von einer Million Dollar bei einem Leverage-Faktor von 10 einen Wert von zehn Millionen Dollar. Ich mußte also nur den Wert des Forward-Kontraktes ermitteln, den ich kaufte, und von diesem Wert dann den des Gegengeschäfts, also des Kontraktes, den ich verkaufte, abziehen. Kam als Ergebnis ein positiver Wert heraus, würde ich mit dem Geschäft Geld gewinnen und sollte es folglich machen. Bei einem negativen Ergebnis sollte ich nein sagen. Einfach?

Der Derivatehändler fragte mich, ob ich ein Zehn-Millionen-Dollar-Geschäft eingehen wolle. Ich sah auf den grün blinkenden Telerate-Monitor, um den Kurs der Staatsanleihe festzustellen, und führte einige schnelle Rechnungen durch. Er sagte mir, daß ich eine Minute hätte. Ich schielte ängstlich auf seinen Hewlett Packard 19BII Turbo Calculator und schob dann meine feuchte Hand in die Tasche, auf der vergeblichen Suche nach meinen Rechner. Nichts. Er lag auf meinem Schreibtisch zu Hause. *Mist!* Mein Herausforderer deutete auf Papier und Bleistift, die auf dem Tisch neben mir lagen. Störrisch wie ein Maulesel schüttelte ich den Kopf. Keine primitiven Stifte und Zettel für mich. Ich wollte diesen Mann beeindrucken und glaubte, ich könne die Rechnungen im Kopf durchführen. Noch einmal sah ich auf die Monitore und verschränkte meine Finger. Er hob eine Augenbraue. Ich versuchte meine Kehle freizuräuspern und betete, daß ich zumindest einen Ton herausbekommen würde. „Okay."

Er sah mich kalt an. „You're done." Diese Worte – „Sie sind dabei" – hingen wie Wolken in der Luft. Sie bedeuten im Fachjargon, daß das Termingeschäft abgeschlossen ist. Wenn Ihnen jemand „Sie sind dabei" zuruft, sind Sie im Geschäft und kommen auch nicht mehr heraus. So war ich also mit zehn Millionen „dabei". Wunderbar. Ich nahm an, daß ich mit diesem Geschäft Geld gemacht hätte.

Er schlug mir ein weiteres Zehn-Millionen-Dollar-Geschäft vor, zu denselben Konditionen. Noch immer war ich von meinen vorhergehenden Berechnungen überzeugt, und die Zahlen auf den blinkenden Monitorschirmen hatten sich nicht sehr verändert. Ein wenig gelassener schielte ich auf seinen Turbo Calculator und nickte. Er erwiderte meinen Blick und runzelte die Stirn. „Sie sind dabei." Ich war immer noch nervös, aber ich war der festen Überzeugung, mit meinen beiden ersten Termingeschäften Geld gemacht zu haben. Ich versuchte kaltes Blut zu bewahren.

Der Händler lehnte sich in seinem Sessel zurück und offerierte mir ein ähnliches Geschäft für 100 Millionen Dollar. Ich sah auf den Bildschirm, dann griff ich zu Papier und Bleistift. Zum ersten Mal begann ich an meinen Berechnungen zu zweifeln. Konnte ich einen Fehler gemacht haben? Ich glaubte nicht daran. Aber ich war mir nicht sicher, wie sich die leichten Abwandlungen, die der Händler jeweils vorgeschlagen hatte, auswirkten. Der neue Kontrakt hatte ein größeres Volumen, dennoch waren die Rahmenbedingungen ähnlich wie bei den beiden vorherigen – vorausgesetzt, der Markt hatte sich in den letzten paar Sekunden nicht geändert. Ich sah nach den Zahlen auf dem Monitor und glaubte, sie hätten sich zu meinem Vorteil verändert. Aber ich konnte mich nicht mehr genau an die vor einer Minute gültigen Preise erinnern. Wegen der Hebelwirkung, des Leverage-Faktors, würde mich schon ein kleiner Fehler Millionen kosten. Wieder schielte ich zu seinem Turbo Calculator und zögerte. Aber ich war von meinen Berechnungen so überzeugt, daß ich schließlich abermals nickte.

Zum ersten Mal lächelte der Händler. „Sie sind dabei", sagte er. Meine Gedanken wanderten zurück zu den ersten beiden Kontrakten ...

Der Händler unterbrach meine Gedanken. „Derselbe Kontrakt, eine Milliarde Dollar." Seine Stimme war fest und überzeugend. Ich sank in meinen Stuhl zurück.

Offensichtlich hatte ich einen Fehler gemacht. Nun hatte ich die Wahl. Entweder ich gab zu, den Handel nicht verstanden zu haben – mit dem Risiko, dann als blutiger Anfänger mit beschränkten Derivate-Kenntnissen abgelehnt zu werden – oder ich ließ es darauf ankommen.

Wenn ich heute an meine Entscheidung zurückdenke, weiß ich, daß der Geldbetrag, den ich damals im Begriff war zu verlieren, nicht einmal erstaunlich war. Vermutlich haben einige Derivatekäufer viel mehr eingebüßt, als ich an jenem Tag verlor. Aber 1992 glaubten viele Leute so wie ich, daß Derivate relativ sicher seien. Damals konnte man in keiner Zeitung auch nur einen einzigen Artikel über einen Anleger finden, der Milliarden Dollar im Derivatehandel verloren hatte. Es war lange vor Robert Citron von Orange County, der eine Milliarde verlor, vor Nick Leeson von der Barings Bank, der ebenfalls eine Milliarde in den Sand setzte, lange vor Toshihide Iguchi von der Daiwa Bank, der mit einer Milliarde dabei war, und lange vor Yasuo Hamanaka von Sumitomo Corporation, der sogar zwei Milliarden Dollar verspielt hatte – alle mit Derivaten. Es war, bevor Unternehmen mit langen, fremdländisch klingenden Namen wie „Metallgesellschaft“ eine Milliarde Dollar mit Derivaten verloren. Es war sogar noch, bevor George Soros verlor ... okay, er verlor nur eine halbe Milliarde mit Derivaten, aber auch das war damals noch nicht geschehen.

Es war Frühherbst 1992, und ich war gerade dabei, als allererster Mensch eine Milliarde Dollar mit Derivaten zu verlieren.

Ich sah den Händler an und nickte: Ja, hieß das, ich akzeptiere die Konditionen dieses Geschäftes.

Der Derivatehändler nahm seine Brille ab und sagte ein letztes Mal: „Sie sind dabei.“ Er deutete zur Tür. „Mein Glückwunsch, Sie haben soeben eine Milliarde Dollar verloren. Das wäre alles.“

Ich war wie betäubt und konnte nicht antworten. *Das wäre alles?* Ich war niedergeschmettert.

Ich taumelte aus dem Büro und ging zurück in den Handelssaal von BT, wo ich ungläubig auf die blinkenden Monitore starrte. Hatte ich wirklich gerade eine *Milliarde* Dollar verloren? Ich versuchte mir über die Rechentechniken und über den Leverage-Effekt dieses Geschäftes klar zu werden. Was würden meine Freunde sagen? Es war so schnell gegangen. Ich war beunruhigt, und mit Recht. Denn eine Milliarde Dollar war, wenn man es verlor, sehr viel Geld.

Ich versuchte mich aufzumuntern. Letzten Endes hatte ich ja nicht *wirklich* eine Milliarde verloren. Ich versuchte den Verlust nüchtern zu betrachten. Schließlich setzten die Finanzmärkte täglich Billionen Dollar um. Das Volumen des gesamten Derivatemarktes belief sich 1992 auf 40 Billionen Dollar. Allein die Devisenterminmärkte schlugen etwa eine Billion Dollar pro Tag um. Da regte sich wohl niemand über eine verlorene lausige Milliarde Dollar auf, oder?

Dennoch mußte ich zugeben, daß mein erstes Vorstellungsgespräch bei einer Investmentbank nicht gerade gut gelaufen war. Früher hatte ich mich immer gewundert, wie jemand so viel Geld mit dem Verkauf von Optionen und Forwards machen konnte. Und wenn Wall Street so viel Geld mit Derivaten gemacht hatte, wer *verlor* es dann? Jetzt gewann ich genaue Kenntnisse aus erster Hand, wie eine Person Geld machen, eine andere Geld verlieren kann, eine Milliarde mit Derivaten. Ich hatte einige wichtige Regeln gelernt, für mein ganzes Leben.

Erstens gibt es in jedem Derivatgeschäft Gewinner und Verlierer, und niemand will zu den Verlierern gehören, schon gar nicht die Person sein, die eine Milliarde Dollar in den Sand setzt. Zweitens mußte ich imstande sein, schnelle und komplexe Rechenoperationen mit Leichtigkeit durchzuführen, am besten im Kopf. Viele Leute, darunter die Mehrheit der Mitarbeiter von Investmentbanken, brauchten solche Fähigkeiten nicht zu haben, ich aber sehr wohl, wenn ich im Derivatgeschäft erfolgreich sein wollte.

Wollte ich auf dem steinigen Weg zu den „Bars“ vorankommen, mußte ich mich zum besseren Verständnis von Derivatgeschäften mit einem weiteren wichtigen Begriff auseinandersetzen, der eng mit den Berechnungen zusammenhing, die der BT-Händler von mir verlangt hatte: Der Barwert ist der Dollarwert, den eine Investition für den Anleger aktuell hat. So beträgt der Barwert für 100 Dollar, die man in einem Jahr erhält, weniger als 100 Dollar. Allgemein ausgedrückt: Der Barwert eines Betrages, den man in der Zukunft erhält, ist immer weniger als der Barwert desselben Betrages, den man heute erhält.

Wahrscheinlich verfügen Sie über eine gewisse Kenntnis solcher Gegebenheiten, zumindest ihrer Essenz, die sich in dem Sprichwort ausdrückt: „Lieber ein Spatz in der Hand als eine Taube auf dem Dach.“ Die meisten Leute verstehen diesen Spruch so, daß man den Spatz in der Hand sicher besitzt, weshalb er wertvoller ist als die Taube auf dem Dach. Für Investmentbanker bedeutet das Sprichwort aber, daß der Barwert eines kleinen Vogels, den man heute erhält, größer ist als der Barwert eines größeren Vogels, den man irgendwann in Zukunft bekommt. Ob Sie's glauben oder nicht, dieses Konzept ist für das Verständnis von Derivaten entscheidend. Daher, bevor wir zu Morgan Stanley überwechseln, hier rasch das Nötigste, das Sie über den Barwert wissen müssen.

Ein gewaltiger theoretischer Überbau verdeckt heute das finanzwirtschaftliche Wissen und die finanzmathematischen Methoden, mit denen man Anleihen und den Barwert berechnet. Dennoch sind die Grundlagen sehr einfach. Das Wichtigste bei der Wertbeurteilung von Aktien und Anleihen und generell das wichtigste finanztechnische Instrument ist das folgende: Ein Dollar, den man heute besitzt, ist mehr wert als ein Dollar, den man morgen erhält. Das ist alles. Warum nun ist ein Dollar heute mehr wert als ein Dollar morgen? Auch die Antwort auf diese Frage ist einfach: Zahlen Sie heute einen Dollar auf ein Bankkonto ein, werden Sie morgen mehr als einen Dollar haben. Oder: Wenn Sie morgen einen Dollar benötigen, können Sie heute weniger als einen Dollar, sagen wir 99 Cents, einzahlen. Die Zinsen, die Sie erhalten, setzen sich zusammen aus den Realzinsen (sagen wir, drei Prozent) und einem Inflationsausgleich (üblicherweise ein paar Prozent). Die Zinssätze variieren, je nachdem, wann das Geld fällig wird. Unter normalen Umständen steigen die Zinssätze mit der Länge der Laufzeit.

Wenn Sie diese Grundsätze beherrschen, können Sie viel von der modernen Finanzwissenschaft verstehen, vor allem aber, wie die Bond- und Derivatmärkte funktionieren. Wenn Sie es nicht gleich begriffen haben, machen Sie sich keine Sorgen: Sie sind in guter Gesellschaft. Viele Fonds- und Konzernmanager hatten bis vor kurzem auch nur beschränkte Kenntnisse über Bond- und Derivatmärkte. Selbst US-Präsident Clinton zeigte sich überrascht, als er sich der Bedeutung einer Gruppe von – wie er sie laut Zeugen nannte – „gottverdammten Bond-Händlern“ bewußt wurde. Erlauben Sie mir daher, die wichtigsten Vorgehensweisen zu erläutern.

Die Grundfrage bei der Wertermittlung von Bonds lautet: Wieviel ist ein Dollar heute mehr wert als morgen? Angenommen, Sie hätten die Wahl, heute oder in einem Jahr 100 Dollar zu erhalten. Natürlich würden Sie sich für heute entscheiden. Aber was ist, wenn Sie die Wahl hätten, 100 Dollar heute oder 106 in einem Jahr zu bekommen? Die Antwort hierauf hängt von den Zinserträgen ab, die Sie im Laufe des folgenden Jahres erzielen können. Beträgt der jährliche Zinssatz acht Prozent, werden Sie es vorziehen, heute 100 Dollar zu erhalten, denn aus diesen werden in einem Jahr 108 Dollar. Liegt der Zinssatz dagegen nur bei vier Prozent, werden Sie sich dafür entscheiden, 106 Dollar in einem Jahr zu nehmen, denn 100 Dollar, auf ein Jahr zu vier Prozent angelegt, ergibt nur 104 Dollar.

Um 100 Dollar heute mit 106 Dollar in einem Jahr vergleichen zu können, müssen wir beide Alternativen in einer geeigneten Bezugsgröße ausdrücken. Das geschieht mit Hilfe des Barwertes. Wir fragen einfach: „Was ist der heutige Wert beider Alternativen?“ Wieviel 100 Dollar heute wert sind, ist leicht zu errechnen: 100 Dollar. Wieviel aber sind 106 Dollar, die wir in einem Jahr erhalten werden, heute wert? Beträgt der Zinssatz sechs Prozent im Jahr, sind die 106 Dollar heute auch nur 100 Dollar wert, weil aus 100 Dollar, heute zu sechs Prozent angelegt, in einem Jahr auch nur 106 werden. Unter Zugrundelegung dieser Sechs-Prozent-Rate diskontieren wir die 106 Dollar für ein Jahr auf den Tageswert herab: 100 Dollar. Die Sechs-Prozent-Rate wird dabei Abzinsungssummenfaktor, Diskontierungssummenfaktor oder Barwertfaktor genannt. Läge der Abzinsungssummenfaktor bzw. der Zinssatz höher – sagen wir, bei acht Prozent –, wären 106 Dollar, die in einem Jahr fällig würden, heute weniger als 100 Dollar wert. Umgekehrt wären die 106 Dollar bei einem Abzinsungssummenfaktor bzw. Zinssatz von nur vier Prozent heute mehr als 100 Dollar wert.

Um den Marktwert einer Anleihe bestimmen zu können, stellen wir uns eine solche Anleihe als aus einer Reihe von Geldrückflüssen (Cash Flows) bestehend vor, nicht anders als die Hundert-Dollar-Zahlungen in unserem obigen Beispiel. Genau betrachtet entspricht eine einjährige Anleihe mit einem Coupon von sechs Prozent *exakt* einer Zahlung von 106 Dollar in einem Jahr. Bei Fälligkeit dieser Anleihe mit einjähriger Laufzeit würde der Zeichner den Anleihebetrag (Nominalwert, hier 100 Dollar) sowie Zinsen (hier sechs Dollar) erhalten, insgesamt also 106 Dollar. Viele Anleihen haben zwei Zinstermine im Jahr, aber das Resultat ist dasselbe. Um beispielsweise den Marktwert einer zehnjährigen Anleihe mit einem Sechs-Prozent-Coupon zu ermitteln, brauchen Sie nur zu bestimmen, was jede Zinszahlung sowie die Rückzahlung des Anleihebetrages am Ende der Laufzeit heute wert ist, ausgedrückt mit dem Barwert. Die Summe dieser einzelnen Barwerte entspricht schließlich dem heutigen Marktwert des Bonds.

Mit dem Sprichwort vom Spatz in der Hand formuliert: Bei einem angenommenen Zinssatz von sechs Prozent dürfen Sie nicht erwarten, die Taube auf dem Dach irgendwann in den nächsten zwölf Jahren zu fangen. Denn so lange dauert es ungefähr, bis sich ein Betrag bei einem jährlichen sechsprozentigen Zinssatz verdoppelt, und das ist für die meisten Vögel zu lange. Barwertberechnungen spiegeln somit eine uralte Weisheit wider. Aber Sie wußten vermutlich bereits, um was es sich handelte.

Ein anspruchsvollerer Kurs in Finanzwirtschaft pflegt nicht nur den Barwert zu behandeln, sondern auch andere Themen wie die durchschnittliche Kapitalbindungsdauer, die „Duration" oder die „Zinselastizität" (Konvexität). Der Vergleich mit der Taube auf dem Dach läßt sich auf diese Konzepte nicht gut anwenden, und wenn Studenten in Wirtschaftsschulen – und die meisten Verkäufer und Händler – eines dieser beiden Wörter hören, rennen sie schreiend davon. Aber es besteht kein Grund zur Panik. Selbst wenn Sie in einer Investmentbank arbeiten, sollten Sie an diese beiden Konzepte keine Zeit verschwenden. Prägen Sie sich einfach folgendes ein:

„Duration" sagt Ihnen, wie riskant ein Bond ist. Je länger die Duration, desto größer das Risiko. Beispielsweise hat eine zehnjährige Anleihe eine größere Duration, also ein größeres Kurs- bzw. Zinsänderungsrisiko als ein einjähriger Bond. Das ist alles.

Mathematisch betrachtet ist die Duration natürlich viel komplizierter. Die durchschnittliche Kapitalbindungsdauer ist der in Jahren gemessene mittlere Durchschnittszeitraum, in welchem das investierte Kapital – genauer gesagt, der mittlere barwertgewichtete Cash Flow – zum Anleger zurückfließt. Die Duration ist ihrerseits eine abhängige Variable (bei der Differentialrechnung) in einer Gleichung mit zwei und mehr Unbekannten, aus der sich die Kursempfindlichkeit einer Anleihe ableiten läßt.

Die meisten Anleiheverkäufer haben diese Definition schon vor langer Zeit vergessen, wenn sie sie überhaupt jemals gelernt haben. Denken Sie in viel einfacheren Dimensionen, und betrachten Sie eine Anleihe als eine Reihe von Säulen aus Münzen – jede eine einzelne Zahlung repräsentierend –, die entlang einer Wippe aufgebaut sind, welche mit der Zeit von links nach rechts kippt. Die Mehrzahl der Säulen (Couponzinszahlungen) ist niedrig, und die Säule auf der äußersten rechten Seite (Rückzahlung des gezeichneten Anleihenominalwertes bei Fälligkeit) ist sehr viel höher als die anderen. Die Duration eines Bonds ist in diesem Bild die Länge der Wippe von der linken Seite bis zum Kippunkt.

Die „Konvexität“ ist eine unglaublich komplizierte Materie, die den Rahmen dieses Buches bei weitem sprengen würde. Alles, was Sie über die Konvexität wissen müssen – besser gesagt, alles, was 99 Prozent der Beschäftigten in einem Handelssaal über die Zinselastizität wissen –, ist folgendes: Konvexität ist gut. Je höher die Zinsempfindlichkeit einer Anleihe, desto mehr Geld werden Sie mit dem Papier machen, wenn sich die Zinssätze ändern. Diese Erklärung läßt sich prinzipiell auch auf den bizarren Ausdruck „negative Konvexität“ anwenden.

Hier nun die letzte Prüfungsfrage: Wenn Konvexität gut ist, was halten Sie dann von „negativer Konvexität“?

Falls Sie geantwortet haben, daß negative Konvexität schlecht sei, liegen Sie richtig. Meine Gratulation. Jetzt wissen Sie genug, um Derivate verkaufen zu können.

Zurück zu First Boston. Ich brachte gerade, zusammen mit vielen anderen, die letzte unendliche Woche vor einer Bonuszahlung hinter mich. Kurz danach würden viele Angestellte kündigen. Die Mehrzahl der Beschäftigten bei Investmentbanken sind rationale ökonomische Akteure, denen bewußt ist, daß sie, wenn sie eine Bonuszahlung erhalten haben, ein ganzes Jahr auf die nächste warten müssen. Wenn man ein Unternehmen verlassen will, bleibt man nie länger als bis etwa eine Stunde nach dem Bonustermin, falls man es irgend einrichten kann. Gemäß der im Handelssaal herrschenden Mathematik hätte man andernfalls praktisch umsonst gearbeitet. Die meisten Verkäufer und Händler dachten so, weil ihre Gehälter – üblicherweise zwischen 75 000 und 100 000 Dollar – nur einen Bruchteil ihrer gesamten jährlichen Bezüge, inklusive der Bonusse, ausmachten. Auch ich dachte so. Wenn ich ein Angebot von Morgan Stanley bekäme, würde ich sofort nach Einlösung meines Bonusschecks kündigen.

Schließlich machte mir Morgan Stanley wenige Tage vor dem Bonustag ein Angebot, das ich nicht ablehnen konnte. Ich sagte, daß ich die Offerte sofort annehmen würde, nachdem mir First Boston meinen Bonus ausbezahlt hätte. Mir war bewußt, daß ich das Angebot nicht sofort akzeptieren konnte: Hätte First Boston davon Wind bekommen, so hätte ich vielleicht meinen Bonus eingebüßt. Jeder clevere Angestellte einer Investmentbank weiß, daß die Bank auf ihre Weise Ausschau nach Mitarbeitern hält, die zur Konkurrenz überwechseln wollen. So behielt ich meine Pläne für mich und wartete bis zum 15. Februar.

Der Bonustag ist bei First Boston als Valentinstags-Massaker bekannt. Die Mitarbeiter sehen sich selbst als Leibeigene des Unternehmens, das sie mit relativ mageren Bonuszahlungen abspeist. In der Zeit, in der Bonusse gezahlt werden, sind die meisten Verkäufer und Händler aus Geldgier und rebellischer Stimmung so gereizt, daß es egal ist, welchen Betrag das Unternehmen ihnen bezahlt – sie denken automatisch, daß sie ruiniert seien. Mich faszinierte dieses sonderbare Phänomen. Kann denn ein Verkäufer, der einige Millionen Dollar erhalten hat, wirklich so griesgrämig sein?

Unweigerlich hallte gegen halb zehn Uhr vormittags der ganze gewölbeartige Handelssaal von dem Protestgeschrei der verärgerten Verkäufer und gereizten Händler wider, die einige Minuten zuvor Schecks in unterschiedlicher Höhe – zwischen einigen hunderttausend und einigen Millionen Dollar – erhalten hatten. Selbst die am schlechtesten bezahlten Mitarbeiter erhielten ein ansehnliches Vielfaches vom Durchschnittseinkommen einer amerikanischen Familie. Aber diese Sichtweise gehört nicht gerade zu den an der Wall Street kultivierten Stärken, und die Angestellten des Unternehmens gebärdeten sich wie Verrückte.

„Mann, wurde ich über den Tisch gezogen. Die haben mich wieder gelinkt. Kannst du das glauben? Haben sie dich auch betrogen?"

„Ja, mich haben sie auch gelinkt."

Die normalerweise gutgelaunten Verkäufer waren so verärgert und die Moral war so zerrüttet, daß jedesmal, wenn ein unterbezahlter Angestellter First Boston verließ, er oder sie vom gesamten Handelssaal Beifall erhielt. Den lautesten Applaus bekamen die Verkäufer, die zu Morgan Stanley überwechselten, und das waren mehr als nur eine Handvoll.

Am Morgen des Bonustages reichte ich meinen Scheck bei der Citibank-Filiale an der Ecke Park Avenue Plaza ein, wofür ich mich in einer Reihe mit Hunderten enttäuschter First-Boston-Mitarbeiter anstellen mußte. Vielleicht wundern Sie sich darüber, daß die First Boston ihre Angestellten nicht per Überweisung entlohnte. Aber nein, diese Pfennigfuchser wußten sehr gut, daß sie ungefähr einen Tag gewannen, wenn sie uns mit Schecks bezahlten, die wir persönlich gutschreiben lassen mußten. In der Zwischenzeit konnte das Unternehmen noch die Zinsen aus unseren Bonusbeträgen vereinnahmen. Erinnern Sie sich an den Barwert? Angestellten, die hohe Bonuszahlungen erhalten hatten, entging bereits viel Geld, wenn sie auch nur einen Zinstag verloren. Kumuliert erbrachten diese Zinsen ein Vermögen. First Boston wußte alles über den Spatz in der Hand, und infolgedessen reichte die Warteschlange bis zur Tür hinaus.

Als ich dann zurückkehrte, um zu kündigen, fand ich mich in guter Gesellschaft wieder. Viele weitere Verkäufer hatten ihre Kündigungen eingereicht, und das Topmanagement beriet gerade, ob man ihnen mehr Geld anbieten oder sie gehen lassen sollte. Dies war an der Wall Street das übliche Procedere. Man erhielt ein Angebot von einer anderen Bank und nutzte es, um den gegenwärtigen Arbeitgeber zu einer Gehaltserhöhung zu überreden. Das war der einzige Weg, um bei einer Investmentbank aufzusteigen, und die leitenden Manager, so zornig sie auch reagierten, stempelten einen zum Verlierer ab, wenn man diese Chance nicht ergriff. Es war nicht außergewöhnlich, daß neue Verkäufer oder Händler ihr Einstiegsgehalt mit solchen Verhandlungstaktiken binnen weniger Jahre bis zum Zehnfachen steigerten.

Meine Vorgesetzten drängten mich zu bleiben. Sie erklärten, das Unternehmen werde mein Gehalt drastisch erhöhen; allerdings werde es ein paar Tage dauern, bis die schriftliche Bestätigung vorliege. Ich erwiderte, daß ich in einer Stunde gehen würde. Ein Manager bot an, mir einen Scheck über 20 000 Dollar von seinem privaten Konto auszuschreiben, falls sich First Boston der Erhöhung meines Gehalts widersetzen würde. Ich sagte, daß ich mich zwar geschmeichelt fühlte, aber bei Morgan Stanley ein Vielfaches dieses Betrages machen würde. In Morgan Stanleys Derivategruppe galten 20 000 Dollar als bloße Taxispesen. Einen durchschnittlichen Angestellten erwarteten dort 20 000 Dollar pro Tag.

Glücklicherweise hatte mich einer der Manager von Morgan Stanley auf solche Angriffe gut vorbereitet und gewarnt, daß meine Vorgesetzten bei First Boston alles versuchen würden, um mich zum Bleiben zu überreden. Wie er voraussagte, würden meine Vorgesetzten resignieren, wenn ich die Wendung „bessere Gelegenheit" benutzte. Ich wartete auf den richtigen Moment, um diese Worte auszusprechen. Als der Verkaufsmanager erneut vorschlug, sein persönliches Scheckheft herauszuholen, sagte ich schließlich: „Das Angebot von Morgan Stanley ist eine *bessere Gelegenheit.*"

Das warf ihn aus seiner Spur. Die Floskel „bessere Gelegenheit" bedeutete im Jargon der Wall Street „mehr Geld, als du mir wahrscheinlich zahlen kannst". Ich empfehle diese Worte jedem, der Kündigungsverhandlungen über einen solchen Verkaufs- und Handelsjob schnell abbrechen will. Als ich die beiden Wörter aussprach, gaben die Manager wie durch Zauberei auf.

Die unverhüllte Brutalität an der Wall Street kommt nirgendwo besser zum Ausdruck, als wenn Topmanager merken, daß ein Mitarbeiter im Begriff ist zu kündigen. Es gibt hier keine Abschiedsessen. Niemand weint irgendwem eine Träne nach. Kollegiale Beziehungen lösen sich in Luft auf. Freundschaften, die in der Enge des überfüllten Handelssaales zwangsweise entstehen, enden augenblicklich.

Ich hatte keine traurigen Abschiedsgrüße erwartet, aber ich war dennoch überrascht, daß meine Kollegen mit solchem Zorn reagierten. Ein Verkäufer machte ein paar nette Bemerkungen und gab zu, wegen meines Wechsels etwas eifersüchtig zu sein. Ein Händler sagte, er wolle mich nächste Woche mal anrufen. Aber die Mehrzahl meiner Kollegen, meine unmittelbaren Vorgesetzten eingeschlossen, verhielten sich mir gegenüber feindselig. Sie legten mir nicht nur nahe, das Unternehmen sofort zu verlassen; sie riefen sogar einen Wachmann, um mich zur Tür zu bringen.

Besonders überrascht war ich, zu erfahren, daß das Entlassungsverfahren bei First Boston eine Durchsuchung einschloß. Sicherlich war eine solche Maßnahme nicht unbegründet – ausscheidende Mitarbeiter von Investmentbanken ließen üblicherweise Firmendokumente und Computerdisketten mitgehen, wenn sie zur Konkurrenz überwechselten. Allerdings pflegten clevere Angestellte dies einige Tage, wenn nicht Wochen vor ihrem Abgang zu organisieren. Offensichtlich hatten ehemalige Mitarbeiter von First Boston törichterweise versucht, an ihrem letzten Arbeitstag Unterlagen mitzunehmen. Zum Glück war meine Aktentasche lupenrein. Ich gab dem Wachmann meinen Ausweis und die Firmenkreditkarte und ging. Meine Tage in der zweiten Reihe waren vorbei.

2

Das Kartenhaus

Eigentlich hatte ich zwischen dem alten und dem neuen Job eine längere Pause einlegen wollen, aber Morgan Stanley wollte, daß ich sofort begann. Ich bat nur um einen einzigen freien Werktag als kurze Verschnaufpause.

Gegen die Streichung des Zwischenurlaubs hatte ich nichts einzuwenden. Ich erinnerte mich noch allzu gut an das letzte Drama, als ich nur einen Wochenendurlaub zwischen zwei Jobs genommen hatte. Das war, als ich mein juristisches Praktikum beendete und zu First Boston ging. Obwohl es ein Freitag der 13. war, spürte ich damals, daß ich Glück haben würde. Ich war so von meiner Glückssträhne überzeugt, daß ich meine gesamten Ersparnisse abhob und nach Los Angeles flog. Gab es für mich eine bessere Möglichkeit, mein letztes Wochenende zu verbringen, bevor ich in einem Handelssaal zu arbeiten begann?

Bei dieser Reise sprach alles für mich: Ich hatte Kartenzählen geübt und konnte beim Black Jack gut genug zählen, um mir gegenüber dem Kasino einen kleinen Vorteil zu verschaffen. Das Wichtigste beim Kartenzählen ist, daß der Spieler das Kasino besiegen kann, wenn mehr hohe als niedrige Karten im Stapel zurückbleiben. Erhöht man seinen Einsatz, wenn mehr niedrige Karten aufgedeckt und mehr hohe Karten im Stapel verblieben sind, hat man einen Vorteil gegenüber der Bank. Ich rechnete mit einem solchen Vorteil, und ich rechnete mit einem Gewinn.

Ich hatte meine Kartenzählstrategie durch Diskussionen mit Leuten verfeinert, die ich von First Boston her kannte. Diese zählten ebenfalls Karten und prahlten immer wieder mit ihren abendlichen Autotrips nach Atlantic City und den großen Summen, die sie beim Black Jack gewannen. Nach einem typischen Arbeitstag bei First Boston fuhren glänzende dunkle Limousinen an der Park Avenue Plaza vor, um Händler, Verkäufer und manchmal auch Klienten zu einer fröhlichen Fahrt abzuholen: Zuerst ging es zum Abendessen in ein Steakhaus in Manhattan, danach in diverse Bars zum Drink, dann zu den Herrenclubs, um spezielle Beziehungen zu pflegen, und schließlich – natürlich – zu einer spätabendlichen Pilgerreise südwärts Richtung Uferpromenade. Viele Verkäufer behaupteten, oftmals so viel gewonnen zu haben, daß sie davon die weibliche Begleitung finanzieren konnten – manchmal Professionelle, manchmal auch attraktive Verkaufsassistentinnen –, die mitgefahren waren.

Mein Trip nach Las Vegas war weit weniger protzig, und ich war allein. Aber es war erst der Anfang meiner Karriere, und ich wollte nur eine einzige Person finanzieren: mich selbst. Das Abenteuer begann vielversprechend. Schon nach ein paar Stunden hatte ich in einem Kasino fast 1000 Dollar gewonnen. Meine Strategie war einfach: fünf Dollar einsetzen, wenn mehr niedrigere Karten im Stapel waren, und einige hundert Dollar setzen, wenn mehr höhere Karten darin verblieben. Durch ständigen Wechsel meines Einsatzes und meine Kartenzähltechnik konnte ich mir gegenüber dem Kasino einen kleinen Vorsprung verschaffen. Black Jack ist das einzige Spiel in einem Spielkasino, wo der Spieler das Haus permanent ausbooten kann, und es war das einzige Spiel, das ich spielte. Als ich kontinuierlich gewann, begannen die Croupiers mich sorgfältiger zu beobachten. Sie wurden schon nervös, wenn irgend jemand Karten zählte, egal bei welcher Einsatzhöhe. Schließlich waren ihre Saläre bereits bezahlt, wenn nur ein paar hundert Dollar am Tag eingespart wurden. Einer der Jungs guckte mir über die Schulter und zählte die Karten mit. Der andere versuchte mich mit Fragen abzulenken. Schließlich kam ein Manager und bat mich freundlich, das Kasino zu verlassen.

Ich war begeistert. Die Autoren der Kartenzählbücher rühmten sich, aus den Kasinos hinausgeworfen worden zu sein. Aber ich hätte mir niemals träumen lassen, daß auch ich wegen des Kartenzählens hinausbefördert werden könnte. Nun war ich einer der ihren und stolz wie sie.

Unglücklicherweise währte mein Höhenflug nur kurz. Im nächsten Kasino wendete sich mein Glück, und ich verlor schnell fast alles wieder. Meine fortdauernden Verluste waren unerklärlich, aber ich war nach wie vor fest von meiner Strategie überzeugt und hielt durch. Aufmerksam beobachtete ich die gezogenen Karten, erhöhte und verminderte meine Einsätze nach Plan. In der festen Überzeugung, daß ich auf lange Sicht gewinnen müßte, wenn ich weiterhin die Karten zählte, wartete ich ungeduldig, bis sich das Glück wieder auf meine Seite schlagen würde. Ich ignorierte den guten Rat des Croupiers, der mich ein Vermögen verlieren sah und schließlich empfahl, ich solle mir etwas Schlaf gönnen. Ich ignorierte auch den berühmten Ratschlag des namhaften Wirtschaftswissenschaftlers John Maynard Keynes, der gesagt hat: „Auf lange Sicht sind wir alle tot."

Für mich jedenfalls war die lange Sicht ziemlich kurz, und nach etwa einer Stunde war ich tot. Ich hatte fast mein ganzes Geld verloren. Ich konnte mir gerade noch Spareribs zu 3,99 Dollar und ein Taxi zum Flughafen leisten. Freitag der 13. war alles in allem doch kein glückbringender Tag.

Nach diesen Erfahrungen war ich froh, daß mir diesmal nur ein Tag zwischen den beiden Jobs blieb. Ich wollte mein Glück nicht wieder herausfordern, und so ließ ich mich nicht verlocken, auch nur für einen Tag nach Atlantic City zu fahren. Bei Morgan Stanley würden sich mir genug Gelegenheiten zu viel ernsthafterem Glücksspiel bieten.

Morgan Stanley war eine erstklassige globale Investmentbank, seit das Unternehmen in einem blumengeschmückten Raum in Wall Street Nr. 2 am 16. September 1935 seine Büros eröffnet hatte. Seltsamerweise war der Gründer von Morgan Stanley keine Person, sondern ein Gesetz. Als Antwort auf die Spekulationsblase der 1920er, den Crash von 1929 und die große Depression erließ das US-Parlament 1933 den sogenannten „Glass-Steagall Act“. Dieses Gesetz sollte öffentlichen Bedenken gegen die Verschmelzung von Bank- und Wertpapierbranche Rechnung tragen, indem es die Banken zwang, sich für einen der beiden Geschäftszweige zu entscheiden. Als J.P. Morgan & Company, eine Privatbank und Mitglied der New Yorker Börse, beschloß, eine Geschäftsbank zu bleiben, verließen einige Mitarbeiter das Unternehmen und gründeten eine Wertpapierfirma. Damit war Morgan Stanley geboren.

Seit den 30er Jahren gehörte Morgan Stanley zu den „bulge brackets“. Dieser Ausdruck bezeichnete das halbe Dutzend Investmentbanken, die den größten Anteil der lukrativsten Investmentbanking-Geschäfte auf sich zogen. Seit damals sind etliche Unternehmen in die Liga der „bulge bracket“ auf- und andere wieder abgestiegen, wie Bühnencharaktere in einem langwierigen Drama. Viele der einstigen Sterne sind verblaßt (Dillon, Read, Kuhn, Loeb) oder qualvoll verendet (Drexel Burnham Lambert). Viele heutige Headliner gehören erst seit kurzem dazu (Goldman, Sachs; Merrill Lynch; Salomon Brothers; Donaldson, Lufkin, Jenrette). Im Lauf der sechs Jahrzehnte währenden Geschichte des Investmentbankings hat allein Morgan Stanley von Anfang an eine führende Rolle gespielt.

Zu Beginn war nicht ganz klar, ob das Morgan-Erbe ausreichen würde, um das Unternehmen zu einem Wertpapierhandelshaus von Weltklasse zu machen. Die ersten Gesellschafter waren furchtsam und beschrieben die Gründerjahre als „Ausfahrt in einem winzigen Ruderboot bei rauher See“. Aber Ende der 30er war ihre Furcht verschwunden, und aus dem winzigen Ruderboot war ein stählerner Luxusliner geworden. Morgan Stanley entwickelte sich schnell zu *der* blaublütigen Investmentbank, dem Institut der „weißen Schuhe“ – ein Ruf, mit dem kein anderes Unternehmen konkurrieren konnte. Die antiken Mahagonischreibtische und prachtvollen Speisesäle spiegelten die wenig riskanten Geschäfte des Unternehmens wider, seine Verbindungen zu den angesehensten Klienten und größten Industriebetrieben in den Bereichen Eisenbahnwesen, Versorgungsunternehmen, Telefongesellschaften, Automobilhersteller sowie der Öl- und Minensparte. Morgan Stanley kontrollierte den Erstzeichnermarkt für sämtliche neuen Wertpapieremissionen und sicherte sich im Alleinvertrieb die lukrativsten Geschäfte.

Diese konservative Firmenpolitik wurde bis in die frühen 70er fortgeführt, in denen die Bank immer noch keinen einzigen Verkäufer oder Händler beschäftigte. 1974 bezeichnete *Business Week* Morgan Stanley als das „renommierteste Investmenthaus". Das Unternehmen verfolgte eine strategisch ausgerichtete und stark beziehungsorientierte Geschäftspolitik, basierend auf seinem tadellosen Ruf. Wie der geschätzte Geldmanager Sanford Bernstein einst sagte: „Wenn Morgan Stanley dabei war, bedeutete dies, daß die Sache koscher war." In den 70ern war Morgan Stanley zum Rabbi des Investmentbanking geworden.

Doch während das Unternehmen in ruhigen Gewässern segelte, begannen andere, spekulationsfreudigere Banken – insbesondere Salomon Brothers und Goldman, Sachs – mehr Geld zu machen. Das war ein ernsthaftes Problem für Morgan Stanley, denn im Investmentbanking gibt es keine stärkere Waffe als Cash. Es war das Ziel jeder Bank, Geld zu machen, und nicht, ihre Keuschheit zu bewahren. Wenn Morgan Stanley die Rivalen durch seinen ausgezeichneten Ruf ausbooten konnte, war das gut. Aber wenn weniger renommierte Banken mehr Cash produzierten, dann machte Morgan Stanley etwas falsch.

Die Bank war reif für einen Wechsel. Parker Gilbert Jr., von 1984 bis 1990 Vorstandsvorsitzender von Morgan Stanley, konstatierte in seinem im *Institutional Investor* veröffentlichten Artikel, daß „Morgan von 1935 bis 1970 exakt ein und dieselbe Firma war, was ihre Größe und Geschäftssparte betrifft".

Der Wandel begann, anfangs zögernd, Mitte der 70er, als Morgan Stanley mit der Modernisierung seiner Geschäftsausstattung auf die Erfolge der Konkurrenten reagierte. Zuerst heuerte die Bank Geschützeinheiten an, geführt von Barton Biggs, den ein Manager gegenüber dem *Institutional Investor* als „die Art Revolverheld" beschrieb, „bei dem man seine Tochter unterrichten lassen könnte". Dann beförderten sie einen ehrgeizigen jungen Gesellschafter, den Ex-Marinekommandeur Bob Greenhill – bekannt als „der ultimative Samurai" –, in eine Vorstandsposition. Greenhill wurde als „Feldmarschall" in Morgan Stanleys ersten Kampfhandlungen beschrieben. Nach Aussage des Morgan-Experten Ron Chernow hing an Greenhills Wand eine Karikatur, die „Al Capps Fearless Fosdick" darstellte – jenen Detektiv im karierten Anzug, der dafür berühmt war, einst auf Kunden geschossen zu haben, während er nach einer Dose vergifteter Bohnen suchte –, übersät mit Schußverletzungen. Die Karikatur war mit „NICHTS ALS FLEISCHWUNDEN" betitelt. Greenhill und Richard Fisher, die Vorstände von Morgan Stanley, waren Freunde seit der Wirtschaftsschule, und sie planten die radikale Umstrukturierung und entwarfen die Zukunft von Morgan Stanley.

Jedoch stockte die Zukunftsplanung für viele Jahre, und die neuen Waffen schwiegen, da sich das Unternehmen hartnäkkig weigerte, größere Risiken einzugehen oder sich mit „unangenehmen" Klienten herumzuschlagen. Morgan Stanley bekam die schmerzlichen Konsequenzen fast unmittelbar zu spüren. In den frühen 80er Jahren hatte die Bank ihren ersten Platz auf vielen „league tables" eingebüßt – den Ranglisten der Banken in verschiedenen Geschäftsfeldern –, und ihr entgingen auch die überschäumenden Profitwogen, die aus der Übernahmewelle der 80er Jahre resultierten. Das Unternehmen brauchte dringend eine neue, seiner Waffentechnik angemessene Philosophie.

Der Wendepunkt kam Anfang 1985. Der zigarrenrauchende Ronald Perelman – heute ein Milliardär, damals noch ein schmalspuriger Übernahmeartist – nutzte seine neu erworbene Firma Pantry Pride, um das sehr viel größere Unternehmen Revlon zu schlucken. Perelman hatte klargemacht, daß die

Bank, die ihn im Kampf gegen Revlon begleiten würde, enorme Provisionen bekommen würde.

Morgan Stanley schien hierfür nicht geeignet. Revlon war einer jener erstklassigen, seit langem etablierten Markenproduzenten von Haushaltswaren, auch „Haushaltshilfe“ genannt, die Morgan Stanley bis dahin nicht zu verärgern gewagt hatte. Überdies beinhaltete der Revlon-Deal „Junk“ Bonds, riskante und mit einer für Investitionen nicht genügenden Schuldnerbonität bewertete Schuldverschreibungen, deren Vertrieb Morgan Stanley bislang abgelehnt hatte. Da es solche riskanten Geldgeschäfte schon vor Jahren verweigert hatte, war das Wertpapierhaus kaum qualifiziert genug, jetzt in dieses Geschäft einzusteigen. Wenig zuvor hatten sie einen Abstecher in das Geschäft mit Junk Bonds gewagt und einen Flop gelandet: zehn Millionen Dollar Verlust durch einen einzigen mißlungenen Deal. Dagegen ergatterte das aggressive Wertpapierhaus Drexel Burnham Lambert mit seinem berühmt-berüchtigten Chef Michael Milken Hunderte von Millionen durch Junk-Bond-Provisionen und beherrschte mehr als die Hälfte des Junk-Bond-Marktes. Zum ersten Mal in sechs Jahrzehnten war Morgan Stanley an den Bühnenrand abgedrängt worden.

Der Revlon-Deal sollte das Unternehmen zugleich absichern und revolutionieren. Sein geistiger Vater war Eric Gleacher, Morgan Stanleys Vorstand für Fusion und Akquisition, und eines der neuen Geschütze des Unternehmens. Gleacher war ehemaliger Marines-Kommandeur, und seine Strategie, den Gegner total zu vernichten und keine Gefangenen zu machen, überzeugte Perelman, zusätzlich zu Drexel auch Morgan Stanley zu verpflichten. Der Revlon-Deal glückte, und Morgan Stanley erhielt fast 25 Millionen Dollar Provision.

Revlon war erst der Anfang. Nachdem Morgan Stanley die verbotenen Früchte des zunehmenden Risikos und des leichteren Geldes genossen hatte, lechzte das Unternehmen nach mehr. Mit dem 25 Milliarden Dollar schweren Leveraged Buyout von RJR Nabisco, dem größten und riskantesten Deal in der Geschichte der Wall Street, machte Morgan Stanley weitere 25 Millionen. Der Deal erforderte eine enorme Menge Arbeit und beinhaltete hohe Risiken, aber 25 Millionen Dollar waren auch die höchste Provision, die jemals für eine einzige Transaktion gezahlt worden war. Die Gesellschafter wurden immer profitgieriger, je riskanter und einträglicher die Aktivitäten der Bank wurden. Dadurch geriet Morgan Stanley in eine immer stärkere Abhängigkeit von den Geschäftsfeldern des Verkaufs und Handels.

Seit den 30ern war Morgan Stanley in privater Hand, und die Gesellschafter hatten sich jahrzehntelang geweigert, an die Börse zu gehen und Aktien an andere Investoren zu verkaufen. Jetzt aber waren die Verlockungen hoher Profite durch Aktienverkauf unwiderstehlich. Im März 1986 machten die Gesellschafter schließlich Kasse. Als Morgan Stanley die ersten öffentlichen Verkäufe seiner Inhaberaktien abgeschlossen hatte, gingen viele Gesellschafter, desgleichen der Vorstandsvorsitzende Dick Fisher, mit jeweils mehr als 50 Millionen Dollar nach Hause. Sie hatten den Charakter des Unternehmens unwiderruflich verändert. Zu den neuen Klienten von Morgan Stanley gehörten neben Perelman auch T. Boone Pickens, der Firmenausplünderer von Mesa Petroleum, verschiedene arabische Scheichs und sogar die Truckergewerkschaft Teamsters. Binnen weniger Jahre gewann die Bank ihre Spitzenposition zurück, nun zwar mit etwas befleckten weißen Schuhen, dafür aber wieder mit den höchsten aus Wertpapiergeschäften erzielten Gewinnen aller Investmentbanken.

Vollends gerüstet, hatte Morgan Stanley seinen Spitzenstatus zurückerobert, wenn auch in einer bemerkenswert veränderten Rolle. Die Finanzwelt zeigte sich von dem raschen Wandel schockiert. Morgan Stanley eine Prostituierte? Eine Junk-Hure? Eine Liebesdienerin der Schulden? Der ruhmreiche Unternehmeranwalt Martin Lipton soll die Frage formuliert haben: „Wie könnt ihr Jungs denn mit Drexel ins Bett gehen?“ Aber es war zu spät. Denn die Tat war geschehen und nicht mehr rückgängig zu machen.

Als ich Mitte Februar 1994 bei Morgan Stanley anfing, standen dem Risiko Tür und Tor offen, und alle Spuren des alten, schwerfälligen Unternehmens waren verwischt. Die neue Firma war eine Turbo-Profitmaschine, die hohe Risiken einging und noch größere Profite erzielte und den Kampf um die „bulge brackets" überwiegend durch ihre neuen effizienten Verkaufs- und Handelsgeschäfte gewann. 1994 fuhr die Bank den Großteil ihrer Gewinne durch das Verkaufs- und Handelsgeschäft ein, und ihr Motor wurde mit Derivaten betrieben.

Meine neue Gruppe, bekannt als DPG – für „Derivat-Produkte-Gruppe" –, bestand nur aus ein paar Dutzend Leuten, und doch bildete sie ein wichtiges Standbein der Bank. Die DPG war zwischen den beiden Hauptgeschäftsfeldern des Handelshauses plaziert: der Investment Banking Division (IBD) und der Fixed Income Division (FID). Meine erste Entdeckung bei Morgan Stanley war die, daß der schwierigste Teil der Arbeit darin bestand, sich die verdammten Kürzel zu merken. Sogar Morgan Stanley selbst und die verschiedenen Niederlassungen hatten abgekürzte Namen: MS, MS Group, MSCS, MSI, MSIL. Nahezu jede Gruppe, jedes Produkt und jede Aktivität hatte ein eigenes Kürzel. So glichen auch die neuen Mitarbeiter in den ersten Monaten Vorschulkindern, die krampfhaft das ABC lernen. Fürs erste enthielt meine mit Morgan Stanleys Buchstabensuppe gefüllte Terrine nur die Kürzel DPG, IBD und FID. Bald würden es mehr werden.

IBD, die Investmentbankingabteilung, war das altbewährte Rückgrat der Firma im Bereich Corporate Finance (Geldbeschaffung für Unternehmen) und „Fusion und Akquisition" (Unterstützung von Unternehmen beim Kauf anderer Unternehmen). Die IBD gab es seit jeher; sie war eine dauerhafte und beständige Profitquelle des Betriebs. In der IBD verbrachten junge Kollegen Zwanzig-Stunden-Tage damit, „Bücher" vorzubereiten, Präsentationen, welche die leitenden Bankmanager für ihre Seminare mit Unternehmensvorständen verwendeten. Einen Job in der IBD nahm man auf eigene Gefahr an. Nachdem man jahrelang solche „flip-books" zusammengestellt hatte, wurde man entweder gefeuert oder befördert, vorausgesetzt, man war noch am Leben. Nach einigen zusätzlichen Jahren war es einem erlaubt, die Bücher zum Meeting zu tragen, und manchmal durfte man sogar sprechen. Etliche meiner Freunde hatten als solche „Flip-book"-Sklaven begonnen. Viele von ihnen waren es immer noch. Ich beschloß, mich von der IBD fernzuhalten.

Ein viel besseres Gefühl vermittelte mir die FID oder Fixed Income Division, auch bekannt als Abteilung für Verkauf und Handel. Jünger und kleiner als die IBD, war die FID im Handelssaal untergebracht. Die Abteilung war 1971 gegründet worden, und selbst nach über 20 profitablen und wachstumsträchtigen Jahren hatte sie nur 900 Mitarbeiter, was einem Anteil von weniger als zehn Prozent entsprach. FID-Mitarbeiter verkauften und handelten Anleihen, darunter auch Regierungsanleihen, Junk Bonds, Hypotheken und Schulden der Schwellenländer. Die FID-Verkäufer und -Händler nahmen hohe Risiken in Kauf, und die Gewinne dieser FID-Gruppe schwankten folglich viel stärker als die der IBD; wenn aber Morgan Stanley ein wirklich gutes Jahr hatte, dann dank der FID.

Die FID befand sich im Handelssaal, wo es keine „flip-books" gab. Als neuer Verkaufs- und Handelsassistent hatte man lediglich drei Aufgaben: (1) den Boß zu füttern, (2) Beschimpfungen zu erdulden und (3) zu lernen. Dieser Job war zwar erniedrigender als Investmentbanking, aber die Stundenzahl, üblicherweise zwölf bis 14 täglich, war nicht schlecht. Jobs in Verkauf und Handel versprachen schnellere Aufstiegsmöglichkeiten. Schon nach wenigen Monaten konnte man derjenige sein, der Bonds verkaufte oder handelte. Der Job war riskant, und wenn man einen Fehler machte, konnte man schnell gefeuert werden. Wenn man der Bank aber Geld einbrachte, konnte man auch extrem gut bezahlt werden.

Wie die meisten Derivateverkäufer war auch ich ein passionierter Spieler und fühlte mich zur FID stärker hingezogen als zur IBD. Glücklicherweise mußte ich nicht wählen. Das Unternehmen hatte die Derivategruppe im Schnittpunkt der beiden Hauptgeschäftszweige plaziert, und das aus guten Gründen. Derivate brachten der Bank viel Geld, und die Derivateverkäufer brauchten und verdienten so viel Unterstützung wie irgend möglich. Die DPG hatte das Privileg direkter Verbindungen zu beiden Sparten, zu dem alteingesessenen Verbund der Investmentbanker und den Verkäufern und Händlern, die über einschlägige Erfahrungen im Risikomanagement verfügten. Die DPG war zentral plaziert, neben den Vier-Stockwerk-Aufzügen, in erstklassiger Lage nahe dem Zentrum des Bondhandelssaals von Morgan Stanley.

Es gab noch einen weiteren Grund, die Derivategruppe als internes „Joint Venture“ zwischen den mächtigsten Geschäftssparten des Unternehmens einzugliedern. Hierdurch und indem die Derivaterlöse zwischen beiden Abteilungen gleichmäßig verteilt wurden, hoffte das Management, Konflikte und Auseinandersetzungen bei Bonuszahlungen unterbinden zu können.

Von First Boston wußte ich, daß Bonusstreitigkeiten zwischen diesen beiden Geschäftsfeldern mühselig und die Meinungsverschiedenheiten zwischen dem Investmentbanking und den Händlern und Verkäufern so groß sind wie ein Ozean – und ebenso unüberbrückbar. Investmentbanker sind konservative, kulturell bewanderte und bedächtige Männer (und ein paar Frauen), die Vorstände von Unternehmen in der Auswahl des geeigneten Country Clubs beraten; ihre Lieblingsfloskel lautet: „Wie überaus interessant!“ Händler und Verkäufer sind dagegen wilde, gewiefte und instinktiv handelnde Kreaturen, die Vermögensverwalter beraten, wie sie ihre Vorgesetzten am besten belügen und neue Stripbars finden; ihre Lieblingsfloskel lautet: „Leck mich!“ Investmentbanker essen Obst. Verkäufer und Händler verschlingen Fleisch, vorzugsweise gebratenes Fleisch. Von Gesetzes wegen existiert zwischen den beiden Seiten eine Barriere – „Chinesische Mauer“ genannt –, die es ihnen verbietet, über verschiedene geschäftliche Angelegenheiten zu diskutieren. In Wirklichkeit ist diese Chinesische Mauer überflüssig; beide Seiten sind in verschiedenen Stockwerken untergebracht und froh, nur einmal im Jahr miteinander sprechen zu müssen, wenn man sich trifft, um über Bonusse zu diskutieren. Diese Bonuskonfrontationen gleichen der Kollision von Materie und Antimaterie.

Die Älteren bei Morgan Stanley erinnerten sich noch gut daran, wie J.P. Morgan & Company nach der großen Depression in zwei Banken aufgeteilt wurde. Erst kürzlich litten andere Unternehmen unter internen politischen Auseinandersetzungen, und viele von ihnen gingen bankrott, wurden aufgeteilt oder mit anderen Unternehmen verschmolzen. Morgan Stanley aber mußte alle internen Auseinandersetzungen über Derivate meistern, um eine nochmalige Teilung des Unternehmens zu verhindern. Seine Zukunft hing vom Derivatgeschäft ab, und die Zukunft der DPG hing von der Kooperation innerhalb des Unternehmens ab.

Die Vergangenheit der DPG ist – wie die Geschichte der Derivate selbst – kaum bekannt, sogar bei Morgan Stanley. Viele Leute haben von der DPG gehört, da das Team ein so gewaltiger Geldmacher ist. Aber nur wenigen, mich eingeschlossen, war bewußt, wie neu diese Gruppe war. Vor 1990 hatte es die DPG noch nicht gegeben. In der Tat verkaufte Morgan Stanley bis vor wenigen Jahren nicht viele Arten von Derivaten. Früher waren die beschränkten Derivatehandelsaktivitäten in der ganzen Bank verstreut und die Gesamterträge aus solchen Geschäften relativ niedrig gewesen.

Obwohl es verschiedene Derivattypen im Grunde schon vor Jahrtausenden gegeben hat – Bauern verwendeten Forwards zur Absicherung, und die alten Griechen nutzten Optionen zum Spekulieren –, fand der weitaus überwiegende Teil der Innovationen auf diesem Gebiet im vergangenen Jahrzehnt statt. Die meisten Derivate, die Morgan Stanley 1994 verkaufte, waren neuartige Produkte. Vor 1980 hatte es die Mehrzahl der Derivate, welche die DPG verkaufte – darunter Structured Notes sowie Zinsswaps, die ich im Detail später erklären werde –, noch nicht gegeben. Als man an der Wall Street einst begann, solche Derivate zu entwerfen, stieg deren Nutzung und Popularität sprunghaft an. Aber die profitabelsten Derivate, darunter auch diejenigen, die ich verkaufte, wurden nach der Reagan-Ära erfunden.

Anfangs machte die DPG Geld, indem sie aus dem jüngsten Wechsel der Firmenphilosophie Kapital schlug. Die Gruppe verkaufte riskante Derivate mit Hebeleffekten an einige der neuen, weniger seriösen Kunden, vielfach reiche Privatpersonen aus dem Mittleren Osten und aus Ostasien. In den frühen 1990ern verloren einige DPG-Kunden bedeutende Geldsummen mit Derivaten, aber Morgan Stanley hatte diese Verluste geheimgehalten – und selbst die Klienten, die Geld verloren hatten, kamen immer wieder zurück, um riskantere Geschäfte zu wagen.

Im Jahr bevor ich bei Morgan Stanley begann, hatte die DPG Hunderte von Derivattransaktionen arrangiert und mehr als 25 Milliarden Dollar in Kundenfonds angesammelt. Die neuen Produkte der Gruppe beinhalteten Derivate mit Namen, die ich nie zuvor gehört hatte – Dollarized Yield Curve Notes, Discrete Payoff Bull Notes, Constant Maturity Treasury Floaters, Prime-LIBOR Floating Rate Notes, Oil Linked Notes und Real Return Bond Strips –, sowie Abkürzungen, die ich nicht entschlüsseln konnte.

So wie sich die Produkte der Gruppe entwickelt hatten, wandelte sich auch ihre Klientel. Das waren nicht länger nur Ölscheichs und Immobilienhaie, der ausgedehnte Kundenkreis reichte nun von großen Traditionsunternehmen und öffentlichen Kassen bis hin zu den aggressivsten Hedge Fonds und Investmentfonds. Die Verkäufer hatten gelernt, sich den Marktänderungen anzupassen und ihre Taktiken wöchentlich, manchmal auch täglich zu variieren, je nachdem, welcher Handel den größten Profit versprach.

Die etwa 70 Leute, mit denen ich in der DPG zusammenarbeitete, erzielten in zwei Jahren etwa eine Milliarde Dollar an Honoraren. Es war uns nicht erlaubt, das ganze Geld zu behalten. Wegen des firmeninternen „Joint Venture" genossen alle Mitarbeiter die Profite dieser Gruppe aus dem Derivateverkauf.

Dennoch blieb genug übrig, um die DPG-Verkäufer zu bezahlen, die sich rühmten, die bestbezahlten Angestellten des Unternehmens zu sein.

Das waren turbulente Tage bei Morgan Stanley. Niemanden schien es besonders zu interessieren, wie riskant viele der Hunderten von Derivatedeals waren. Es schien sich auch niemand darum zu sorgen, ob den Klienten bewußt war, was sie kauften, auch wenn die Geschäfte versteckte Risiken bargen. Die Gruppe schloß einfach ein Geschäft nach dem anderen ab – Jahr für Jahr, Klient für Klient, Handel für Handel. Das ehrwürdige Haus Morgan errichtete sich ein wackeliges Kartenhaus.

Vier leitende Manager, die zutreffend als „Viererbande" bezeichnet wurden, leiteten meine Gruppe. Sie waren Multimultimillionäre und gehörten zu den mächtigsten – und gefürchtetsten – Männern im Derivatgeschäft. Sie gaben sich alle Mühe, weder als Individuen noch mit den Geschäften der Gruppe viel Aufsehen zu erregen, und meistens gelang es ihnen auch. Selbst bei Morgan Stanley waren diese vier Männer nicht besonders bekannt.

Die Viererbande bestand aus Bidyut Sen, dem Superhirn der Gruppe, Steve Benardete, einem politisch organisierten New Yorker und ehemaligen Schatzmeister der Schlüsselgruppe aus der Derivatelobby, der ISDA (International Swaps Dealers Association), George James, dem Leiter des Londoner Büros, und Paul Daniel, der die boomenden Ostasienbüros mit Hauptsitz in Hongkong leitete.

Die Mitglieder der Viererbande hatten den Großteil ihrer Karriere bei Morgan Stanley gemacht und waren jetzt allesamt so reich, daß ihre siebenstelligen Bonusse nur noch aus Wettbewerbsgründen von Bedeutung waren. Jeder von ihnen wollte höher bezahlt sein als seine Gleichgesinnten, nicht deshalb, weil Geld fürs tägliche Leben wichtig gewesen wäre, sondern zum Zeichen dafür, daß er die anderen übertroffen hatte. Geld als solches bedeutete sehr wenig. Was sind schon weitere Millionen, wenn man bereits 50 Millionen hat? Ein Mitglied der

Viererbande sagte, daß er viel von seinem 1994er Bonus verloren habe – Millionen Dollar –, als er sich bei seiner Wette, der US-Dollar werde gegenüber dem japanischen Yen steigen, verkalkulierte. Er war bestürzt über seine Fehleinschätzung. Aber er machte nicht den Eindruck, sich über die zerronnenen Millionen mehr zu ärgern, als er sich über ein paar hundert Dollar Verlust beim Pferderennen aufgeregt hätte.

Ursprünglich in New York ansässig, zog das DPG-Management und -Controlling zusammen mit dem Rest von Morgan Stanley raus aus New York, eine Folge der „Globalisierungsstrategie" des Unternehmens. In der Vergangenheit war New York der Mittelpunkt aller DPG-Aktivitäten gewesen, aber London war gerade dabei, an Boden zu gewinnen. George James aus London hatte den Ruf eines Senkrechtstarters und galt als der Klügste der Viererbande, obwohl manche den Verdacht hatten, diesen Anschein von Cleverneß verdanke er hauptsächlich seiner Schildpattbrille. Paul Daniel aus Hongkong, der magere, jugendliche Nachwuchsstar in der Viererbande, kontrollierte das größte Gebiet und war im Vorstand bestens bekannt. Daniel war einer der körperlich größten Angestellten des Unternehmens und überragte insbesondere die kleinwüchsigen New Yorker Manager, die alle weit weniger als einen Meter achtzig maßen.

Außer in London floß das frische Blut der DPG in Ostasien, insbesondere im Tokioter Büro, das von Jon Kindred geführt wurde, einem rotgesichtigen Bullterrier-Manager, der für Abermillionen an Honoraren verantwortlich war. Obwohl wegen seiner Rangstellung und seines Alters kein Mitglied der Viererbande, war Kindred der mächtigste Mann bei Morgan Stanley.

Wie sich zeigte, waren die beiden New Yorker Mitglieder der Viererbande auf dem Weg nach draußen. Steve Benardete beschwerte sich nicht über den Verlust von Ansehen und Kompetenz innerhalb der Bank, und er machte den Eindruck, als würde er seine neue, bescheidenere Rolle vorziehen. Weiterhin leitete er einen Teil des New Yorker Derivatehandels, aber er schien mehr Zeit mit der Bestechung von Beamten in Washington als mit der Erwirtschaftung von Handelsgewinnen zu verbringen. Benardete war mit Abstand der kleinste in der Viererbande, aber hätte er einen Napoleonkomplex gehabt, so hätte er wohl schon lange resigniert. Er war ein großzügiger und netter Kerl. Einmal, als ich wegen einer Panne im Lohn- und Gehaltsabrechnungssystem fast einen Monat kein Gehalt erhielt und mich die Buchhaltung schließlich bar statt per Scheck oder Überweisung bezahlte, bot mir Benardete an, das viele Geld in seinem Bürosafe aufzubewahren, bis ich es am nächsten Tag auf ein Bankkonto einzahlen könnte.

Bidyut Sen war etwas größer gewachsen, aber er litt an einem ausgeprägten Napoleonkomplex. Er war ein Inder mittleren Alters und trug einen pechschwarzen Ziegenbart, wodurch er dem Teufel in Menschengestalt ähnelte. Er hatte einen kreativen, brillanten Verstand und war ein passionierter Gambler und Spieler, letzteres speziell am Schachbrett. Sens Spielfertigkeiten hatten ihn viele Jahre zuvor zum Derivate-Superstar gemacht. Er besaß mehr Erfahrung mit den Derivatemärkten als jeder andere an der Wall Street und hatte in diesem Bereich schon gearbeitet, lange bevor viele der Derivatprodukte, die wir verkauften, erfunden worden waren, und natürlich lange bevor ich etwas von Derivaten gehört hatte. Er erinnerte sich an Details des ersten Devisen-Swapgeschäftes mit Überkreuzdivision zwischen der Weltbank und IBM aus dem Jahr 1981. Dutzende von Managern bei Morgan Stanley warben um Anerkennung ihrer Derivatentwicklungen; aber wenn auch nur der leiseste Zweifel aufkam, verließ sich die Mehrheit der DPG-Verkäufer auf Sen.

Sen hatte einen furchterregenden Ruf und war berühmt für seine regelmäßigen Wutausbrüche. Fast jeder DPG-Mitarbeiter könnte Geschichten erzählen über Demütigungen durch Sen, der in aller Öffentlichkeit laute Strafpredigten zu halten pflegte. Als man ihm in den frühen 90ern die Leitung der Gruppe allmählich entzog und anderen Managern übertrug – auch denen aus den Londoner und Tokioter Büros –, wurden Sens Wutanfälle häufiger. Im Jahr 1994, während meiner ersten

Monate bei Morgan Stanley, waren seine Ausbrüche so unvermeidlich wie die Eruptionen des Geysirs „Old Faithful". Je mehr Sen die Kontrolle verlor, desto zorniger wurde er.

Mit wachsendem Kontrollverlust verlor Sen unglücklicherweise auch das Interesse daran, seinen schöpferischen Kopf für derivative Zwecke einzusetzen. 1994 war er nur selten an seinem gut ausgestatteten Platz im Zentrum des Handelssaales oder in seinem pompösen Fensterbüro zu sehen, einem der wenigen Büros, die über eine direkte Verbindung zum Handelssaal verfügten. Wenn er anwesend war, spielte er üblicherweise den ganzen Tag Schach mit seinem Computer und unterbrach die Partie nur gelegentlich, um jemanden wegen Dummheit und Inkompetenz anzuschreien oder um Wetten zu verschiedenen sportlichen Veranstaltungen anzunehmen. Er war noch immer ein Glücksspieler, und während des Weltcups und des NCAA-Basketball-Viertelfinales schloß er voller Begeisterung Wetten auf verschiedene Teams ab und entwarf sogar exotische Derivate-Wetten, die auf der Leistung verschiedener Teilnehmergruppen basierten. Aber er konnte sich nur selten für die Geschäfte der Gruppe begeistern. Soweit ich es beurteilen kann, tat er fast nichts für die Millionen, die er jedes Jahr erhielt, abgesehen davon, daß er immer wieder Manager anschrie.

Ein paar Leute fanden sein Verhalten amüsant, aber fast jeder in der DPG begann sich über seine zwiespältigen Annäherungen zu ärgern. Manchmal versuchte Sen nett zu seinen Kollegen zu sein, speziell zu den neuen Angestellten, und er war insbesondere nett zu mir – zumindest in der ersten Zeit. Doch infolge seines Schwankens zwischen Unbeherrschtheit und Teilnahmslosigkeit war er, solange ich in dieser Gruppe war, zwar gefürchtet, aber niemand mochte ihn.

In den Folgemonaten sollte ich mehr über die Vergangenheit der DPG lernen. Schon früh erfuhr ich einiges über einen Derivatehandel, der meiner Ansicht nach die Aktivitäten der Gruppe exakt reflektiert. Dieser spezielle Handel (und seine Abkürzung) gehört zu den unpopulärsten frühen Errungenschaften des Teams, obwohl er sich unter bestimmten Investoren immer noch einiger Beliebtheit erfreut. Sein Name ist PERLS.

PERLS steht für „Principal Exchange Rate Linked Security“ und wird deshalb so genannt, weil die Höhe der maßgeblichen Rückerstattung des investierten Kapitals an die Wechselkursentwicklung verschiedener ausländischer Währungen gekoppelt ist, etwa an das Britische Pfund oder die Deutsche Mark. PERLS sehen wie Anleihen aus und riechen auch danach. Tatsächlich handelt es sich auch um Anleihen – allerdings um einen extrem eigenartigen Typ von Anleihe, denn sie verhalten sich wie Leverage-Wetten auf Wechselkurse ausländischer Währungen. Sie wurden von namhaften Unternehmen (DuPont, General Electric Credit) und Institutionen der US-Regierung (Fannie Mae, Sallie Mae) ausgegeben, aber anstatt dem Investor die Rückzahlung des ursprünglich investierten Kapitals zuzusichern, versprachen die Emittenten, den in Abhängigkeit von bestimmten ausländischen Währungen mit diversen Formeln multiplizierten ursprünglich investierten Kapitalbetrag rückzuerstatten.

Hierzu ein Beispiel: Wenn Sie 100 Dollar für eine gewöhnliche Anleihe zahlen, erwarten Sie die gesamten 100 Dollar zuzüglich Zinsen bei Fälligkeit zurück, und das in den meisten Fällen zu Recht. Wer aber 100 Dollar für PERLS zahlt und erwartet, am Ende der Laufzeit 100 Dollar zurückzuerhalten, liegt in den meisten Fällen falsch. Sehr falsch sogar. Wer PERLS kauft und erwartet, sein investiertes Kapital bei Fälligkeit exakt wiederzuerhalten, hat entweder nicht verstanden, was er da gekauft hat, oder er ist verrückt.

PERLS gehören zu der Sorte von Bonds, die man „Structured Notes“ nennt, worunter einfach eine für Verkaufszwecke zusammengestellte Anleihe zu verstehen ist. Structured Notes gehören zu den für die Käufer problematischsten Derivaten. Wenn Sie ein solches Papier besitzen, kann es sein, daß Sie nicht den investierten Kapitalbetrag und einen festen Zins zurückerhalten, sondern der Zinscoupon oder das eingesetzte

Kapital – oder auch beides – von einer oder mehreren komplexen Formeln abhängig ist. Falls Sie noch nichts von Structured Notes gehört haben, gedulden Sie sich einfach noch kurze Zeit. Der Markt der Structured Notes gehört zu den größten und am schnellsten wachsenden Märkten auf der Welt. Schätzungen hinsichtlich des Marktvolumens reichen von Hunderten von Millionen bis über eine Billion Dollar – fast 10 000 Dollar für jeden erwerbstätigen Amerikaner.

Die Derivateverkäufer von Morgan Stanley machten Millionen durch den Verkauf von PERLS an Investoren in der ganzen Welt. PERLS-Käufer kamen von überall her – aus dem Mittleren Osten, aus Japan und selbst aus Wisconsin –, und zu ihnen gehörten bekannte Unternehmen und öffentliche Fonds wie auch geheime Betriebe aus dem Untergrund und reiche Privatpersonen. Diese Investoren hatten wenig gemeinsam, abgesehen davon, daß sie alle enorme Summen an Morgan Stanley bezahlten und viele ein Vermögen mit PERLS verloren.

Wie ich feststellte, gab es zwei Grundkategorien von PERLS-Käufern; ich nenne sie die „Betrüger" und die „Witwen und Waisen". Ehrgeizigen Derivateverkäufern sind beide Gruppen recht. Ein Großteil der PERLS-Käufer – die Betrüger – gebrauchte die PERLS ganz schön clever zum Spekulieren in ausländischen Währungen, und zwar in einem Stil, den andere Investoren nicht einmal im Traum für möglich gehalten hätten. Mit PERLS konnten Investoren, die zu Devisenspekulationen nicht autorisiert waren, solche Wetten jederzeit eingehen. Da PERLS wie Bonds aussahen, verschleierten sie den wahren Charakter der von den Investoren eingegangenen Spekulation. Das galt beispielsweise für ein beliebtes PERLS-Papier: Anstelle einer Rückzahlung in Höhe des Nominalwerts von 100 Dollar brachte der PERL diesen Nominalwert multipliziert mit Wertveränderungen im Verhältnis zum US-Dollar zuzüglich des Doppelten der Wertveränderungen gegenüber dem Britischen Pfund ein, abzüglich der zweifachen Wertschwankungen zum Schweizer Franken. Der Rückzahlungsbetrag war also abhängig von diesen drei Währungen; daher auch der Name „Principal Exchange Rate Linked Security“. Wenn sich die Währungen wundersamerweise parallel entwickelten – und das war ungefähr so wahrscheinlich wie die Formation der neun Planeten unseres Sonnensystems zu einer geraden Linie –, erhielt man genau 100 Dollar zurück. Viel wahrscheinlicher war jedoch, daß man irgendeinen anderen Betrag erhielt, je nachdem, wie sich die Währungen änderten. Wenn man verstand, was man da gekauft hatte, hoffte man natürlich, viel mehr als 100 Dollar zurückzuerhalten; allerdings wußte man, daß man auch ein schönes Stück weniger zurückbekommen konnte. Wenn sich der Kurs der Auslandswährung in die falsche Richtung entwickelte – wenn Dollar und Pfund „zickten“, während der Franken „zackte“ –, konnte man jeden Pfennig verlieren.

Bei ihrer schlauen, aber ziemlich dubiosen Werbung für PERLS behaupteten DPG-Verkäufer oftmals, daß die „Verlustseite in Höhe des investierten Kapitals begrenzt“ sei. Diese Worte erschienen überall in den auf Morgan Stanleys Werbebroschüren abgedruckten Allgemeinen Verkaufsbedingungen und erzeugten fast immer ein Gekicher unter den Verkäufern. Eines der zynischen Verkaufsargumente für PERLS – und für viele andere Derivate, die meine Gruppe später verkaufte – lautete, daß kein Käufer mehr als sein gesamtes Vermögen verlieren könne.

Dagegen hatte Morgan Stanley nichts zu verlieren. Das Wertpapierhaus gewann, egal was mit den verschiedenen Kursen passierte, denn es sicherte seine Währungsrisiken durch separate Transaktionen mit anderen Banken ab. Und zur selben Zeit stellte die Bank den Investoren Millionen Dollar an Provision in Rechnung. PERLS waren um ein Vielfaches gewinnbringender als das typische Bankgeschäft. Die durchschnittlichen Bankspesen für einen gewöhnlichen Bond mit mittlerer Laufzeit betrugen weniger als ein halbes Prozent. So erhielt eine Bank für 100 Millionen an Bonds vielleicht ein paar 100 000 Dollar. Dagegen erhob Morgan Stanley 1991 mehr als vier Prozent für seine „multiple-investor PERLS“. Bei 100 Millionen Dollar an PERLS macht das vier Millionen Dollar

Spesen. Nicht schlecht. Und bei einigen Deals waren die Honorarsätze noch höher.

Weil PERLS sehr komplexe Spekulationspapiere auf Auslandswährungen wie harmlose und sichere Bonds verpackten, boten sie der Betrügerklientel ideale Mißbrauchsmöglichkeiten. Viele PERLS sahen wie Bonds aus, ausgegeben von einer staatlichen Institution oder einem Unternehmen mit höchster Bonität, waren aber in Wahrheit optionsähnliche Risikopapiere in Japanischen Yen, Deutschen Mark, Schweizer Franken oder Französischen Francs. Gerade wegen dieser äußeren Erscheinung waren PERLS so attraktiv für hinterlistige Manager von Versicherungen, denn viele von ihnen wollten mit Auslandswährungen spekulieren, ohne daß die Revisoren oder ihre Vorgesetzten dies zu erfahren brauchten. PERLS erlaubten es solchen unredlichen Managern, auf den volatilen Devisentermin- und Optionsmärkten zu spekulieren.

Aber da gab es auch noch andere Typen von PERLS-Käufern, die weder genug Übung noch Erfahrung besaßen, um diese Instrumente zu verstehen. Sie sahen auf das Detailblatt für PERLS und glaubten, eine Anleihe vor sich zu haben. Die komplexen Formeln bemerkten sie nicht; ihre Sicht war getrübt. Der Umstand, daß die Höhe der Rückzahlung des investierten Kapitals von der Entwicklung ausländischer Devisenkurse abhing, war einfach unverständlich für sie. Das sind die Käufer, die ich Witwen und Waisen nenne. Verkäufer lieben diesen Käufertyp.

Einige PERLS-Käufer hatten keine Ahnung, daß sie mit dem Kauf von PERLS gegen eine Reihe von „forward yield curves“ wetteten. Forward yield curves sind ein grundlegendes, allerdings auch heikles Konzept im Derivateverkauf. Die einfachste „yield curve“ (Renditekurve) stellt die Rendite von Staatsanleihen mit unterschiedlichen Fälligkeiten dar. Normalerweise verläuft die Kurve nach oben, denn je weiter die Fälligkeit einer Staatsanleihe vom gegenwärtigen Zeitpunkt entfernt ist, desto höher die Rendite. Man kann sich diese Kurven wie kurzfristige Fremdwährungswertpapiere (Certificate of Deposit, CD) einer Bank vorstellen: Normalerweise erhält man mit einem fünfjährigen CD eine höhere Rate als mit einem einjährigen. Eine „yield curve" ist also schlicht die graphische Darstellung von Zinssätzen für unterschiedliche Fälligkeiten.

Es gibt viele verschiedene Renditekurven. Die „coupon curve" spiegelt die Renditen von Regierungsanleihen mit Zinsscheinen für unterschiedliche Fälligkeiten wider. Die „zero curve" zeichnet die Renditen von Regierungsanleihen ohne Coupon, also von Zerobonds, mit unterschiedlichen Laufzeiten und Fälligkeiten nach (mehr über Zerobonds, auch „Strips" genannt, später). Coupon- und Zero-Kurve veranschaulichen grundlegende Fakten; die Notierungen, aus denen diese Kurven täglich neu zusammengesetzt werden, kann man dem Wirtschaftsteil der meisten Tageszeitungen entnehmen. Das *Wall Street Journal* enthält außerdem in der Spalte „Kreditmärkte" eine Zusammenfassung der täglichen Handelsumsätze solcher Bonds.

Aber die wichtigste Renditekurve für Derivateverkäufer ist auf den Finanzseiten nicht zu finden – eben die „forward yield curve" oder „Forward-Kurve". Tatsächlich gibt es eine Menge solcher Forward-Kurven, aber sie alle beruhen auf derselben Idee. Eine Forward-Kurve ist wie eine Zeitmaschine: Sie sagt einem, wie die Renditekurve nach der „Erwartung" des Marktes zu bestimmten Zeitpunkten in der Zukunft aussehen wird. In die gegenwärtige Renditekurve sind Forward-Kurven für unterschiedliche Zeitpunkte in der Zukunft eingebettet. Beispielsweise zeigt einem die „Ein-Jahres-Forward-Kurve", wie die gegenwärtige Renditekurve in einem Jahr aussehen wird. Die „Zwei-Jahres-Forward-Kurve" sagt einem, wie die gegenwärtige Renditekurve in zwei Jahren aussehen könnte.

Die Forward-Kurve sagt nicht wirklich Ereignisse voraus, wie es ein Astrologe oder ein Wahrsager tun würde, und wie eine Zeitmaschine ist eine Forward-Kurve nicht sehr präzise. Wäre sie das, dann wären die Derivatehändler noch reicher als ohnehin schon. Statt dessen entstehen die Renditeprognosen *fast* wie von Zauberhand, aber nicht ganz, aus den Arbitragegeschäften – den sogenannten risikolosen Geschäften, bei denen man sich verschiedene Preisunterschiede bei Bonds zunutze macht – in einem aktiven, flüssigen Bondmarkt.

Einfacher läßt sich das an einem Beispiel erklären. Angenommen, der Zinssatz beträgt für ein Jahr fünf und für zwei Jahre zehn Prozent. Das ergibt eine steile Zinskurve. Nehmen wir des weiteren an, Sie wollen 100 Dollar für zwei Jahre anlegen. Dann können Sie (1) in zehn Prozent für zwei Jahre investieren oder (2) in den einjährigen Bereich mit fünf Prozent gehen und abwarten, welchen Zinssatz Sie im zweiten Jahr erhalten können. Was würden Sie tun? Wenn Sie sich für zehn Prozent auf zwei Jahre entscheiden und der einjährige Zinssatz bei fünf Prozent konstant bleibt, sind Sie besser dran. Wenn Sie aber zu zehn Prozent auf zwei Jahre angelegt haben und der Zinssatz im Einjahresbereich auf 50 Prozent hochschnellt, sind Sie schlecht dran. Wo liegt hier der Break-Even-Satz im Einjahresbereich? Mit anderen Worten, bis wohin müßten die Einjahreszinssätze steigen, damit man mit beiden Strategien denselben Ertrag erzielt? Die Antwort – auf zirka 15 Prozent – ist die Einjahres-Forward-Rate auf ein Jahr. Aufgrund der gegenwärtigen Renditekurve und basierend auf dem gegenwärtigen Handel zwischen ein- und zweijährigen Bonds wird also vorausgesagt, daß in einem Jahr der Zinssatz im Einjahresbereich bei 15 Prozent liegen wird. Die maßgebliche Rate im Einjahresbereich mag in einem Jahr bei 15 Prozent liegen oder auch nicht. Aber die Fünfzehn-Prozent-Rate ist durch die gegenwärtigen Sätze *impliziert*. Es gibt eine Anzahl hochkomplizierter Formeln, mit deren Hilfe man alle Forward-Raten für alle Laufzeiten berechnen und eine komplette Forward-Kurve ableiten kann, aber die Analyse ist nicht viel schwieriger als das obige Beispiel.

Wenn Sie die obige Diskussion nicht ganz verstanden haben, prägen Sie sich nur soviel ein: Verläuft die heutige Renditekurve flach, ist auch die Forward-Kurve flach. Zeigt die heutige Renditekurve steil nach oben, verläuft auch die Forward-Kurve höher und steiler. Die Forward-Kurve *vergrößert* einfach den Verlauf der augenblicklichen Renditekurve bzw. *verlängert* ihn in die Zukunft. Und wenn Sie nicht glauben, was die Renditekurve prognostiziert, eröffnen Ihnen Derivate die Möglichkeit, gegen die Forward-Kurve zu spekulieren.

Forward-Kurven sind ein unglaublich starkes und wichtiges Konzept im Derivatehandel. Wenn Sie Forward-Kurven nicht verstehen und in einer Investmentbank arbeiten, dann werden die Derivateverkäufer und -händler Sie möglicherweise auslachen. Wenn Sie Forward-Kurven nicht verstehen und ein normaler Mensch sind, der in *alles* investiert außer in Aktien und Bank-CDs, werden Sie möglicherweise durch jemanden ruiniert, der sich mit Forward-Kurven auskennt.

PERLS waren die reinsten Goldminen für Derivateverkäufer, deren Klienten nichts von Forward-Kurven verstanden. Wegen ihrer Komplexität waren bei PERLS viel höhere Gewinnspannen möglich als bei normalen Bonds, und wenn ein Verkäufer seine Klienten davon überzeugen konnte, daß sie normale, wenig riskante Anleihen kauften, während sie in Wirklichkeit PERLS zeichneten, konnte er eine gigantische Kommission erzielen. Hatte man die Wahl zwischen dem Verkauf von PERLS und dem Verkauf normaler Bonds, entschied man sich immer für PERLS. Was aber, wenn ein unwissender Kunde in Wahrheit eine Leverage-Wette in ausländischen Währungen einging und dabei dachte, er habe nur eine AAA-Anleihe gezeichnet? Wurde das investierte Kapital zurückgezahlt, so blieb dem Klienten der Unterschied vermutlich verborgen. Und wenn das Kapital nicht mehr zurückgezahlt wurde, nun ja ...

Das Verlustrisiko machte PERLS mit längerer Laufzeit besonders attraktiv für den Verkauf. Verkaufte man Fünf-Jahres-PERLS an „Witwen oder Waisen", so brauchte man sich über die Rückzahlung der Anlagesumme fünf Jahre lang keine Sorgen zu machen – eine ganze Wall-Street-Karriere lang –, und selbst danach gab es zumindest eine respektable Chance, daß der Käufer richtig gelegen hatte und Geld gewann. Nicht einmal Witwen oder Waisen würden sich beschweren, wenn sie schließlich 200 statt 100 Dollar zurückerhielten.

Damit will ich allerdings nicht behaupten, daß alle Derivateverkäufer PERLS an Witwen und Waisen verkauft hätten. Aber einige taten es sicherlich. Und noch mehr Verkäufer versuchten Bonds ebenso wie PERLS zu vertreiben. Die Kombination von einfacher Erscheinung und komplexer Struktur machte PERLS zu einer potentiell tödlichen Mischung.

Ich habe schon viele Geschichten über Verkäufer gehört, die PERLS an Witwen und Waisen verkauften, aber die folgende Story, die ich kurz nach meiner Ankunft bei Morgan Stanley hörte, gefällt mir am besten:

Ein paar Monate, nachdem ein erfolgreicher Verkäufer einer begriffsstutzigen Versicherungsgesellschaft ein PERLS-Paket im Umfang von 85 Millionen Dollar verkauft hatte, rief ihn ein leitender Vermögensverwalter des Versicherers an, um sich zu erkundigen, wieviel die PERLS, die sein Unternehmen gekauft hatte, gegenwärtig wert seien. Der Mann hatte angenommen, sie seien immer noch 100 Dollar – oder vielleicht 99,99 Dollar oder 100,01 Dollar – wert, und weigerte sich zu akzeptieren, daß die Bonds bereits auf einen Bruchteil ihres ursprünglichen Nennwertes abgeschmolzen waren. Das Telefongespräch des Verkäufers verlief ungefähr so:

„Aber wie haben wir so schnell so viel Geld mit diesem Bond verloren? Es sind nur ein paar Wochen vergangen. Und es ist eine von einer staatlichen Institution ausgegebene Anleihe, um Gottes willen. Mein Boß wird mich umbringen."

„Tja, Sie wissen ja, die verschiedenen Währungen, die in die Rechenformeln zur Ermittlung des Rückzahlungsbetrags einfließen, wurden gegenüber dem US-Dollar stark abgewertet, seit Sie vor einigen Wochen dieses Wertpapier gekauft haben. Außerdem haben heftige Kursschwankungen an den Devisenmärkten sowie der sich ständig verringernde Zeitwert die Kurse der Optionen vermindert, die in den PERLS enthalten sind."

„Was? Sagen Sie das noch mal – diesmal in einfachen Worten. Was soll das bedeuten?"

„Das heißt, daß Sie eine große Wette in ausländischen Devisen eingegangen sind und verloren haben."

An diesem Punkt geriet der Versicherungsangestellte völlig durcheinander. „Wette in ausländischen Devisen? Wovon reden Sie, verdammt noch mal? Wir haben um nichts gewettet, und wir hätten auch nichts verlieren dürfen. Wir haben keine Wetten auf ausländische Devisen abgeschlossen. Wir sind ein Versicherungsunternehmen, um Gottes willen. Wir dürfen ausländische Währungen nicht einmal kaufen."

„Tja, wenn Sie PERLS kaufen, gehen Sie Devisenrisiken ein. Deshalb erhalten Sie bei diesem Bond auch einen über dem Marktsatz liegenden Coupon. Ich habe Ihnen das gesagt. Ich habe Sie gewarnt. Sie erinnern sich nur nicht daran. Ich habe versucht, Ihnen die Berechnungsformel zu erklären. Geben Sie es doch zu, warum wohl glaubten Sie einen so hohen Coupon zu bekommen, wenn Sie keine Risiken einzugehen brauchten?"

Der Angestellte war sprachlos. „O mein Gott. Sie wollen mir sagen, daß ich eine Risikoanlage in ausländischen Währungen eingegangen bin? Ich dachte, *Sie* würden das Devisenkursrisiko übernehmen."

Der Verkäufer hatte eine riesige Provision aus diesem PERLS-Geschäft verdient, und er lachte lautstark über seine Geschichte. Ich lachte auch. Als er fertig erzählt hatte, fragte er mich, ob ich wisse, wie man es nenne, wenn ein Verkäufer handle, wie er gegenüber seinem Klienten gehandelt hatte. Ich verneinte, und da erklärte er mir, man nenne dieses Verhalten „ihm die Haut vom Gesicht reißen".

„Die Haut vom Gesicht reißen?" fragte ich, unsicher, ob ich ihn richtig verstanden hatte.

„Ja" antwortete er. Dann erklärte er anschaulich und mit makabren Einzelheiten, wie man den Klienten unten am Hals griff, eine Hautfalte packte und fest zog, um soviel Fleisch wie möglich herunterzureißen. Ich werde nie vergessen, wie dieser Verkäufer mich ansah, mit echtem Stolz und beinahe tränenfeuchten Augen, und sein spezielles PERLS-Geschäft resümierte:

„Frank", sagte er, „ich habe ihm die Haut vom Gesicht gerissen."

3

Würfelspiel

Morgan Stanley besitzt die Rechte an der Handelsmarke „PERLS", jedoch haben viele Investmentbanken mit unterschiedlichen Typen von Structured Notes das Grundprinzip kopiert. Tatsächlich hatte ich von PERLS-artigen Derivaten schon bei First Boston gehört und erinnere mich sehr gut daran. Es war am Anfang meiner Karriere, und ich hielt mich selbst für einen ganz schön großen Spieler. Ich dachte, daß die Manager bei First Boston, die täglich Tausende Dollar in verschiedenen Wetten aufs Spiel setzten, *große* Spieler seien. Um so schockierter war ich, als ich herausfand, daß eine Gruppe unscheinbarer Glücksspieler aus der edlen Welt der Structured Notes unsere Wetteinsätze wie Pfennigbeträge aussehen ließ.

Ich saß am „Non-Dollar-Tisch" von First Boston, bei einer kleinen Gruppe, die neben dem Devisenhandel plaziert war. Der „Non-Dollar-Tisch" wurde deshalb so genannt, weil die dortigen Verkäufer Bonds verkauften, die in Pfund, Francs, Yen und Mark aufgelegt waren – allen Währungen außer US-Dollar. Viele dieser Bonds waren von First Boston gemanagte Emissionen. Die Investmentbanker vom oberen Stockwerk waren gut darin, Unternehmen und Regierungen zu überreden, Bonds in verschiedenen Fremdwährungen aufzulegen, und diese Gruppe verkaufte all diese Bonds, mit einer nennenswerten Ausnahme: Der Non-Dollar-Tisch verkaufte keinen „Non-Dollar-Schrott" – der war für meine Emerging-Markets-Gruppe reserviert.

Ich sprach mit einem Verkäufer über ein Thai-Produkt, das seine Abteilung vertrieb, ein verlockendes neues Derivat mit einem den Mund wäßrig machenden Namen: „Thai baht-linked structured note“. Dieses Produkt war eine Delikatesse für die Verkäufer, obwohl sich ihre Klientel auch einmal daran vergiften konnte. Es brachte eine enorme Verkaufsprovision ein und barg unkalkulierbare Risiken. Die Non-Dollar- und die Emerging-Markets-Handelstische hatten um das Recht gestritten, dieses gepfefferte Produkt verkaufen zu dürfen – es gehörte in beide Kategorien –, und mein Tisch hatte die Meinung vertreten, daß Thailand als „aufstrebender Markt“ klassifiziert werden sollte, selbst wenn die Bonität dieses Land und der anderen asiatischen „Tigerstaaten“ derzeit ebenso hoch wie die der meisten europäischen Staaten eingestuft werde. Wir hatten verloren. Jetzt war ich im Begriff, dieses ausländische Derivat an einem fremden Tisch kennenzulernen.

Herkömmliche Thai-Bonds waren nicht riskant genug, um als „aufstrebend“ zu gelten, dieser hier aber war es sicherlich. Das Produkt hatte offensichtlich etwas mit der thailändischen Währung zu tun, dem Baht, und obwohl es außerdem wie ein Bond aussah, war es nicht von der thailändischen Regierung oder irgendeinem thailändischen Unternehmen emittiert worden. Plötzlich glaubte ich zu hören, wie einer der Verkäufer sagte, das Papier sei von einer Agentur der US-Regierung ausgegeben worden. Konnte ich ihn richtig verstanden haben? Welches Interesse konnte eine US-Agentur an der Währung eines weit entfernten, armen Landes haben, dessen größter Einfluß auf die USA gastronomischer Natur war?

Immer wieder nervte ich den Verkäufer mit Fragen über dieses Geschäft, bis er mir schließlich einen Papierstapel zuwarf, der die Kopie eines Informationspakets über den Thaihandel enthielt. Ich dankte ihm. Dieser Derivatehandel war kompliziert, und so war das Infopaket sehr umfangreich, etwa ein Dutzend Seiten. Ich war überzeugt, daß es den Handel ausreichend beschrieb.

Dieses Paket vermittelte mir einen ersten Überblick über ein echtes Derivat, und ich überflog die Seiten so furchtsam, als könnte es in meinen Händen explodieren. Kunden von First Boston, die den Kauf von Derivaten in Erwägung zogen, bekamen genau diese Blätter zu Gesicht. Der Text begann mit Hintergrundinformationen über die thailändische Wirtschaft und enthielt ein paar sonderbare Linien und Tabellen, die etwas über Thailands Wirtschaftswachstum, Inflation und Devisenreserven aussagten. Auf der Übersichtsseite hieß es: First Boston Structured Notes, dann weiter unten deutlich sichtbar: ONE YEAR THAI BAHT BASKET-LINKED NOTE. Es wirkte eindrucksvoll. Am Ende befand sich eine zweiseitige Zusammenfassung der wichtigsten Daten und Konditionen einer vorgeschlagenen Investition.

Ich bemerkte, daß jede Seite oben die unübersehbare Aufschrift Nur für den internen Gebrauch und VERTRAULICH enthielt. Jetzt erinnerte ich mich, gehört zu haben, wie ein Verkäufer seinen Assistenten beauftragte, dieses Informationspaket an alle seine Kundenkonten zu faxen. Ich fragte mich, ob es vorteilhaft für ihn war, ein vertrauliches und nur für den internen Gebrauch bestimmtes Dokument zu versenden.

Ich las weiter. Am Ende jeder Seite befand sich, in dünner, kaum lesbarer Schrift gedruckt und verfaßt in unverständlicher Juristensprache, eine Widerrufserklärung. Soweit ich diesen Jargon interpretieren konnte, enthielt das Dementi zwei Warnungen für den Leser: (1) daß die gesamten Informationen in diesem Paket wahrscheinlich falsch seien und man nicht darauf vertrauen sollte und (2) daß First Boston wahrscheinlich in geheimer Beziehung mit jemandem stand, der in diese Geldanlage involviert war, so daß man sich durch eine Investition möglicherweise ruinieren würde.

Warum erforderte das Informationspaket einen so ausführlichen Widerruf? Es war sonderbar. Auf der einen Seite waren die Blätter vertrauliche interne Dokumente. Auf der anderen Seite konnten diese Gefahrenhinweise nur dann von Bedeutung sein, wenn das Paket nach außen verschickt würde. Was ging da vor?

Ich bekam eine erste Kostprobe der zwischen Handelssaal und Rechtsabteilung herrschenden Vetternwirtschaft. Diese enge Beziehung ermöglicht Investmentbanken einen sauberen – und profitablen – Trick: Geld machen, indem man Kunden die Haut vom Gesicht reißt, selbst wenn die Bank im voraus weiß, daß einige von ihnen bei diesem Geschäft Geld verlieren und klagen werden. Im Ergebnis schützen diese Warnungen das Unternehmen vor solchen Klagen.

Stellen Sie sich vor, Sie wären Jurist bei First Boston und wüßten, daß Ihre Verkäufer Infoblätter, gespickt mit dem Namen der Bank, an ihre Konten versenden. Was würden Sie tun? Eine Lösungsmöglichkeit bestand darin, diese Blätter mit schützenden Aufklebern und Dementis zu versehen – so vielen und so großen Warnhinweisen wie möglich –, damit Sie gegen Klienten, die diese Derivate kauften, später Geld verloren und gegen First Boston klagten, einige gute Argumente zu Ihrer Rechtfertigung parat hatten: Diese Verkaufsdokumente waren nicht zum Versand bestimmt oder nicht verbindlich; in jedem Fall aber enthielten sie einen angemessenen Warnhinweis. Oder: Teilweise wegen des aufgedruckten Dementis fielen Verkaufsgeschäfte mit solchen Derivaten nicht unter den Schutz des US-Wertpapiergesetzes.

Die Tatsache, daß First Boston solche Aufkleber und Widerrufshinweise einsetzte, war bemerkenswert. Es war Sommer 1993, noch weit vor den größten Verlustgeschäften mit Derivaten. Dennoch rechnete First Boston bereits mit Schwierigkeiten und Klagen aufgrund dieser Derivate. Warum? Ich lernte schnell, daß das Management von First Boston schlau genug war, sich keine Blöße zu geben. Ziemlich schlau sogar. Nach den weltweiten Milliardenverlusten im Derivatgeschäft wissen wir heute, daß sie recht hatten.

Aus der Sicht der Verkäufers mag es gleichgültig sein, ob man Derivate oder explodierende Ford Pintos verkauft. Den Verkäufer interessiert ausschließlich der Verkauf, nicht der Schaden, den das Geschäft später vielleicht anrichtet. Alle Derivateverkäufer wußten, daß einige ihrer Geschäfte explodieren und einige ihrer Klienten dann in Flammen aufgehen würden. Wurden die Verluste wirklich scheußlich, konnte man immer noch das Unternehmen verlassen. Wenn man einen entsprechenden Ruf im Losschlagen hochspekulativer und hochprofitabler Derivate hatte, fand man leicht einen anderen Job.

Aus der Sicht des Unternehmens war es wichtig, so viel Geld wie möglich aus diesen Geschäften herauszuholen. Hole eine fette Provision heraus, lege die Zeitbombe, mach dich davon und warte. Natürlich würden die Verlierer im Derivatehandel Klage erheben, aber solange die Bank genug Geld gemacht hatte und die Klage abweisen konnte, war das kein Problem. Die wichtige Information, die mir die aufgedruckten Dementis vermittelten, lautete: *Mit dem Verkauf von Derivaten macht man Geld, indem man seine Kunden in die Luft zu sprengen versucht.*

Ich prüfte das zweiseitige Infoblatt. Dort hieß es, es handle sich um eine einjährige Anleihe mit einem garantierten jährlichen Couponzins von 11,25 Prozent. Das war ein gewaltiger Coupon, zumal wenn man bedachte, daß die Anleihe von einer Institution der US-Regierung ausgegeben wurde. US-Agenturen gelten als risikolos, weshalb man bei einem normalen, von einer solchen Institution ausgegebenen Bond einen vielleicht halb so hohen Coupon erwartet hätte. Was war der Dreh bei diesem Deal?

Wie die Formel zur Berechnung des Rückzahlungsbetrags besagte, war der Rückfluß des ursprünglich investierten Betrages an einen Differenzbetrag gekoppelt, der sich aus der unterschiedlichen Wertentwicklung des thailändischen Baht und eines Korbes anderer Währungen innerhalb eines Jahres errechnete. Dieser Korb enthielt zu zirka 84 Prozent US-Dollar sowie japanische Yen (zehn Prozent) und Schweizer Franken (sechs Prozent). Folglich erhielt man das gesamte investierte Kapital zurück, wenn sich der Baht und der Korb innerhalb eines Jahres um denselben Betrag veränderten. Wenn man also ein solches Derivat für 100 Millionen Dollar gekauft hatte und sich der Baht parallel zu den Währungen im Korb entwickelte, erzielte man einen gewaltigen Coupon von 11,25 Millionen Dollar, zusätzlich zu den ursprünglich investierten 100 Millionen. Wenn allerdings die Wertänderungen des Baht und der Korbwährungen nicht exakt gleich verliefen, bekam man weniger als das ursprünglich investierte Kapital zurück, möglicherweise sogar überhaupt nichts.

Gab es irgendeinen Grund zu der Annahme, daß der Baht sich synchron mit den Korbwährungen entwickeln würde? First Boston behauptete dies. Thailand hatte eine „gebundene Währung", was bedeutete, daß nicht der Markt, sondern die thailändische Zentralbank den Tageswert des Baht willkürlich festsetzte, in Abhängigkeit von bestimmten Wertvariablen, wozu die thailändischen Außenhandelsumsätze zählten. Den Währungskorb hatte First Boston so zusammengestellt, wie nach Ansicht des Investmenthauses auch die Thailändische Nationalbank zur Wertfestlegung des Baht verfuhr. Die Thailändische Nationalbank hielt diese Formeln streng geheim, doch First Boston behauptete, sie herausgefunden zu haben.

Lag die First Boston richtig, so konnte man ruhig und gelassen 11,25 Prozent einstreichen, ohne jemals bemerkt zu haben, daß man sich im Auge des Orkans befunden hatte. Wenn allerdings die Thailändische Nationalbank vom erwarteten Kurs abwich, geriet man in einen Wirbelsturm, der einen vernichten würde. Dieser Handel war ein perfektes Beispiel für die Taktik, die der infame BT-Verkäufer so umschrieben hatte: „die Leute anlocken und dann total ausnehmen". (Nach ein paar Jahren der Verlockung waren die Investoren im Juli 1997 fassungslos, als die Thailändische Nationalbank bekanntgab, sie werde ihre Formeln zur Wertfestlegung des Baht aufgeben, und der Baht – zusammen mit seinen angeschlossenen Derivaten – sofort zusammenbrach.)

Möglicherweise stellen sich Ihnen noch ein paar Fragen zu den Derivaten. Wer kaufte sie und warum? Spekulierten diese Käufer nur, oder glaubten sie, First Boston habe eine Geheimformel entdeckt? Und wenn dieses Geschäft eine so gute Wette war, warum hatte First Boston es dann auch anderen offeriert, anstatt alle Risiken allein zu tragen? War First Boston auf der *anderen Seite* bei dieser Wette, oder sicherten sie sich irgendwie ab? Warum waren US-Agenturen in diese Sache verwickelt durch die Ausgabe von an komplexe Formeln gebundenen Bonds, deren Wert sich an einer Formel orientiert, mit der die Thailändische Nationalbank angeblich den Wert ihrer Währung bestimmt? Und das Wichtigste: Wieviel Geld machte First Boston mit dem Verkauf dieser Derivate?

Ich stellte einem Verkäufer einige dieser Fragen. „Wer kauft diese Dinge überhaupt?“ begann ich.

Keine Antwort. Der Verkäufer lehnte es ab, mir zu diesem Thema etwas zu erklären. Ich nahm an, daß zum Käuferkreis auch Hedge Fonds gehörten, jene verwegenen Händler, die große, raffinierte Wetten in fast jedem Markt plazieren. Spontan sagte ich eine Liste der am besten ausgestatteten privaten Hedge Fonds auf. Diese hatten Namen wie Quantum oder Tiger oder Gordian Knot. Ich beschloß, den Verkäufer so lange zu nerven, bis ich eine Antwort bekäme.

„Ist es Quantum?“ Gegründet von dem Finanzier George Soros, war Quantum zu jener Zeit der größte Hedge Fonds der Welt. Quantum und Soros hatten durch Devisenspekulationen Milliarden gewonnen (und verloren).

„Keine Chance. Nehmen Sie mich auf den Arm?“ Es war eine dumme Frage. Der führende Hedge Fonds war viel zu fortschrittlich, um solche Produkte von First Boston zu kaufen. Schließlich konnten sie solche Wetten selbst plazieren, ohne gesalzene Provisionen an First Boston zu zahlen. Wer blieb dann übrig?

„Andere Investmentbanken?“

„Nochmals nein.“ Wieder eine törichte Frage. Andere Banken, ob Morgan Stanley oder Goldman, Sachs, würden solche Produkte eher verkaufen als kaufen.

„Wie sieht es mit Investmentfonds aus?“ Ich wußte, daß die großen Fonds mit Derivaten der aufstrebenden Märkte experimentierten. Könnte Fidelity oder Templeton zu den Käufern zählen?

„Nein."
„Geschäftsbanken?"
„Nein."
Allmählich gingen mir die Alternativen aus. Ich bedrängte den Verkäufer, mir zu verraten, wer dieses Thai-Baht-Derivat kaufte.
„Hör zu, Ich werde dir keine Namen sagen, aber wenn ich dir die wichtigste Kategorie von Käufern verrate, läßt du mich dann zufrieden?"
„Okay." Wegen der Namen könnte ich ihn später noch ausquetschen.
Er sagte: „Staatliche Pensionsfonds und Versicherungsgesellschaften."
„*Was?*" Ich war schockiert.
Er grinste nur.
„Wirklich?" fragte ich ihn. Ich konnte es nicht glauben. „*Staatliche Pensionsfonds und Versicherungsgesellschaften?*"
Der Verkäufer nickte und fügte hinzu, daß öffentliche Pensionsfonds unter den größten Käufern dieser Structured Notes seien, von denen es weitaus mehr als nur das Thai-Produkt gebe. Zu der Käuferliste derart konstruierter Wertpapiere gehörten unter anderem der US-Staat Wisconsin und verschiedene Bezirke in Kalifornien, etwa Orange County. Der Verkäufer merkte an, daß dieser Thai-Handel von geringem Umfang und ungewöhnlich sei, da die staatlichen Pensionsfonds und Versicherungsgesellschaften üblicherweise andere Typen von Structured Notes kauften.
Der Bundesstaat Wisconsin? Orange County? Das schien unglaublich. Warum kauften die derart riskante Derivate? Fehlte nur noch, daß jemand behauptete, Procter & Gamble sei ein großer Derivatekäufer.
Ich fragte: „Was ist mit den Versicherungsgesellschaften? Das sind doch konservative Investoren. Warum sollten die solche Structured Notes kaufen?"
Er warf mir einen Blick zu, als zweifle er an meinem Verstand. „Diese Papiere wurden von einer Agentur der US-Regie-

rung ausgegeben. Sie sind mit AAA oder AA bewertet und die einzige Möglichkeit für Versicherungsgesellschaften, in den ausländischen Devisenmärkten zu agieren. Liegt das nicht auf der Hand?"

Lag es auf der Hand? Ich überlegte, welche Gattung von Wertpapieren Versicherungsgesellschaften bevorzugen würden. Versicherungsgesellschaften waren extrem vorsichtig, oder nicht? Sie unterlagen strengen Richtlinien, die den Investitionsradius der meisten Versicherer einschränkten. Als Aufsichtsbehörde beobachtete die National Association of Insurance Commissioners (NAIC) aufmerksam die Anlagepolitik der Versicherungsgesellschaften. Sie unterteilte Investments in Risikoklassen von Eins bis Fünf und bestimmte, wieviel jede Versicherungsgesellschaft in jeder Klasse investieren durfte. Wieso also durfte ein Versicherungsunternehmen mit einem an den Baht und einen Korb ausländischer Währungen gebundenen komplexen Produkt spekulieren, wenn bereits Aktien für viele Versicherer zu riskant waren? Und warum sollte es wichtig sein, daß eine Institution der US-Regierung diese Structured Notes ausgegeben hatte? Hierdurch mochte die Wette weniger riskant erscheinen, aber es konnte doch nicht über die wahre Natur dieses Investments hinwegtäuschen, oder doch? Wenn das zugrunde liegende Risiko aus einem komplexen mathematischen Formelzusammenhang bestand, der mit dem thailändischen Baht verknüpft war – müßten die Aufsichtsbehörden dann nicht davon wissen?

Erstaunlicherweise lautete die Antwort nein. Tatsächlich war hauptsächlich – oder vielleicht sogar allein – deshalb eine US-Agentur involviert. Als die Aufsichtsämter dieses Geschäft durchleuchteten, sahen sie weder „Thailand" noch „Baht". Und sie registrierten auch nicht die komplexen Formeln oder den Währungskorb oder die komplizierten Charts und Diagramme. Vielmehr erkannte die Aufsichtsbehörde lediglich, daß es sich bei diesem Papier um eine einjährige AAA-Anleihe handelte, die von einer Institution der US-Regierung emittiert worden war.

Diese Anleihen machten auf mich den Eindruck eines unglaublichen Mißbrauchs der Kreditwürdigkeit der US-Regierung. Das US-Schatzamt borgte sich Geld durch Ausgabe von Treasury Bonds (Schatzbriefen). Außerdem war es verschiedenen Agenturen der Bundesregierung (mit Namen wie Ginnie Mae, Fannie Mae, Sallie Mae und Freddie Mac) erlaubt, Gelder aufzunehmen, für deren Rückzahlung das US-Schatzamt bürgte.

Für Käufer solcher Structured Notes spielten die aktuellen Aktivitäten dieser Agenturen keine Rolle. Sie konnten Studentendarlehen einkassieren oder Hypothekendarlehen zusammenfassen. Für die Aufsichtsbehörden zählte lediglich die indirekte Bürgschaft des US-Schatzamtes: Wie könnte ein Wertpapier, das durch eine Regierungsagentur ausgegeben und durch das US-Schatzamt abgesichert wurde, riskant sein? Ironischerweise konnte die US-Agentur gerade deshalb Geld zu günstigeren Konditionen als das US-Schatzamt selbst borgen, weil es sich die Käufer dieser strukturierten Bonds etwas kosten ließen, ihre Wetten über US-Agenturen zu plazieren.

Da die gefährliche Thai-Spekulation hinter der amerikanischen Flagge verborgen war, erkannten die Aufsichtsbehörden die versteckten Risiken erst sehr viel später und auch dann nur in den Fällen, in denen der Käufer Geld verlor. Ich war erstaunt. Wall Street war voll von Glücksspielern, und Investmentbanken wurden oft mit den Kasinos verglichen, die südlich von Manhattan an der Uferpromenade von Atlantic City lagen. Allerdings war das Glücksspiel in den Kasinos zumindest legal. Ich war auf einen dunkleren Teil des Investmentbankings gestoßen, vergleichbar dem Spielbetrieb in Atlantic City, *bevor* Glücksspiele legalisiert wurden. Vorn an der Tür stand AGENTUR DER BUNDESREGIERUNG, aber man wußte, daß drinnen um Geld gewürfelt wurde.

Auch Morgan Stanley betrieb damals ein ziemlich gutes Spiel, aber bevor mich meine neuen Bosse in der Derivategruppe spielen ließen, mußte ich mich einem umfassenden

Reinigungsprozeß unterziehen. Wenn man von einer Bank zur anderen überwechselt, verlangt die neue Bank normalerweise, daß man eine einführende Serie von Gesprächen absolviert, ähnlich dem Sterilisationsprozeß, dem sich ein wirklicher Raketenforscher unterwirft, ehe er ein Labor betritt.

Ich nahm an zwei maßgeblichen Fragestunden teil. Zuerst traf ich mich mit einer Gruppe von Anwälten des Unternehmens. Sie wiesen mich an, keinerlei Geheimnisse im Zusammenhang mit noch offenen Geschäften zu debattieren. Falls ich Dokumente von First Boston gestohlen hätte, solle ich sie zerstören. Wollte ich Klienten aus meinem früheren Job anrufen, mußte ich ein bestimmtes Procedere befolgen. Morgan Stanley und First Boston hatten jüngst ihre Erfahrungen mit Problemen gemacht, die aus dem Überwechseln von Angestellten resultierten, und Morgan Stanley verhielt sich in dieser Hinsicht besonders vorsichtig. Allerdings war ich etwas überrascht darüber, daß niemand den Fluß vertraulicher Informationen in der Gegenrichtung erwähnte. Zuvor schon hatten verschiedene Verkäufer und Händler Dokumente, Software und ähnliches an sich gebracht und die Klienten des einen zum anderen Unternehmen mitgenommen. Mir war ein spezieller, besonders schmerzlicher Fall bekannt: Ein verhaßter Manager von First Boston, der vorher ein verhaßter Manager bei Morgan Stanley gewesen war, wurde beschuldigt, Klienten abgeworben und vertrauliche Informationen weitergegeben zu haben, als er von Morgan Stanley zu First Boston überwechselte.

Ich versicherte den Anwälten, daß ich nichts von First Boston gestohlen hätte und sie sich darüber keine Sorgen zu machen brauchten. Sie schienen mir nicht zu glauben, obwohl ich betonte, daß ich es ernst meinte, aber zumindest beharrten sie nicht auf diesem Thema. Aus ihrer Perspektive war ich „gereinigt".

Anschließend traf ich mich in New York mit vier DPG-Managern. Diese Manager würden bald meine Vorgesetzten werden, meine persönliche Viererbande. Sie stellten mir einige der Fragen, die bereits die Anwälte gestellt hatten, aber offensichtlich aus einer anderen Perspektive. Sie schienen nicht zu fragen, *ob* ich Dokumente oder Software hatte mitgehen lassen. Sie wollten vielmehr wissen, was ich hatte oder, klarer gesprochen, wann sie Kopien erhalten würden.

„Was wissen Sie über diese Kunden?"

„Wo ist Ihre Kundenliste, und wer steht darauf?"

„Wessen Geschäfte haben Sie mitgebracht?"

Als ich ihnen erklärte, das einzige Material, das ich von First Boston mitgenommen hätte, sei meine persönliche Kopie des nordamerikanischen Freihandelsübereinkommens, bezichtigten sie mich der Lüge. Ich versicherte ihnen, daß sich ein Großteil der gewünschten Informationen in meinem Kopf befinde, aber sie zweifelten an meinem Gedächtnis. Soweit es sich um Computermodelle handelte, war ich sicher, für geplante Handelsgeschäfte neue Modelle entwerfen zu können. Aber was ehemalige Kunden anbelangte, wollte ich vorsichtig sein. Ich sagte, daß ich meine Kundenkontakte aufrechterhalten könne, aber nicht versprechen wolle, daß die Klienten etwas kaufen würden. Sie fragten mich weiterhin nach Informationen, und ihre Enttäuschung wurde offensichtlich. Endlich stellte einer von ihnen mir eine wirklich wichtige Frage:

„Wo ist denn eigentlich das Würfelspiel?"

Während einiger ruhiger Wochen bei First Boston hatte ich ein Computerwürfelspiel programmiert. Als ich mich an Morgan Stanley wandte, hatte ich dieses Würfelspiel in meinen Bewerbungsunterlagen aufgeführt, um zu zeigen, daß es mir mit dem Spielen ernst war. Ein Angestellter sagte mir später, dieses Spiel habe mit den Ausschlag gegeben, als man sich bei Morgan Stanley für mich entschied. Als ich ihnen nun erklärte, daß ich nicht einmal dieses Würfelspiel mitgenommen hätte, wurden sie wütend.

Zugegebenermaßen handelte es sich um ein eindrucksvolles Spiel. Die Animation bestand aus einem virtuellen grünen Filztuch und zwei roten Würfeln, die sich zu drehen schienen. Der Computer berechnete automatisch die Auszahlungen für unterschiedliche Wetten und führte eine ständig aktualisierte

Tabelle der „G&V“ – Gewinne und Verluste – für bis zu acht Spieler. Wenn man dieses Spiel vor jemandem verbergen wollte, drückte man einfach eine Taste, woraufhin das Würfellayout durch ein Arbeitsblatt mit mathematischen Berechnungen für festverzinsliche Wertpapiere ersetzt wurde.

Ich erinnerte mich an den Tag, als die Verkäufer und Händler bei First Boston mein Würfelspiel entdeckt hatten, woraufhin sämtliche anderen Tätigkeiten im Handelssaal erlahmten. Ein Verkaufsleiter zwang mich, Wetten auf die Würfel anzunehmen, und während der folgenden Wochen managte ich den ganzen Tag lang das Würfelprogramm, während eifrige Spieler auf die sich drehenden roten Würfel starrten und mich anschrien, wenn sie verloren hatten. Die Wettabellen wurden so komplex wie das Auftragsbuch der Gruppe. Meine persönlichen Finanzen waren, wie ich mich außerdem erinnerte, damals im Gleichgewicht.

Bemerkenswerterweise hatten alle bei First Boston darauf vertraut, daß ich das Spiel nicht manipulieren würde, was ich leicht hätte tun können. Sie wußten so gut wie ich, daß ich mir jede Zukunft an der Wall Street verbaut hätte, wenn ich ein Würfelspiel manipuliert hätte und damit aufgeflogen wäre. Natürlich erwog ich, das Spiel zu manipulieren (jeder Derivateverkäufer, der etwas auf sich hielt, hätte mit dem Gedanken gespielt), aber ich sah von dieser Möglichkeit ab, als ich mir vorstellte, wie sich die Geschichte überall bei First Boston herumsprechen würde: „Kannst du diesem Typen glauben? Ich meine, ich erwarte ja von einem Verkäufer, daß er lügt – meinetwegen bei Bondpreisen –, aber um Himmels willen, bei einem *Würfelspiel*? Ist denn nichts mehr heilig?“

Ich blieb ehrlich und sagte mir, daß der Betreiber beim Würfeln ohnehin im Vorteil war, und weil ich das Spiel betrieb, würde ich langfristig gewinnen. Aus meinen Trips nach Las Vegas hatte ich allerdings gelernt, daß der langfristige Weg hart ist, und nachdem ich mir einmal die Finger verbrannt hatte, war ich weniger zuversichtlich. Als die Wetteinsätze stiegen, erklärte ich beharrlich, daß ich bei diesem Spiel nicht länger die Bank halten könne. Es kostete zuviel Zeit – und zuviel Nerven. Überdies war es unwahrscheinlich, daß ich durch die Veranstaltung eines Würfelspiels zu einem Star im Derivatgeschäft werden konnte. Ich kopierte das Computerspiel auf mehrere Disketten, verteilte diese und zog mich aus dem Spielgeschäft zurück.

Dummerweise hatte ich keine Kopie des Spiels gezogen, als ich First Boston verließ. Ich schlug einem meiner Manager vor, daß ich einen früheren Kollegen bei First Boston anrufen könnte, der mir sicherlich eine Kopie geben würde. Der Manager war von dieser Idee nicht sonderlich beeindruckt.

Anfangs dachte ich mir nichts dabei, daß mich meine persönliche Viererbande für einen Mann mit Geschäftsethik hielt – auch wenn viele meiner Kollegen der Meinung waren, daß dieser Begriff ein Oxymoron sei. Niemand war für meine Karriere bei Morgan Stanley wichtiger als diese vier Manager. Also wollte ich, daß sie glaubten, ich sei clever, nicht abgefeimt. Später würde ich – wenn ich wollte – noch genug Zeit haben, jedem Anschein ein Ende zu bereiten, daß ich nach den Regeln spielte.

Meine persönliche Viererbande bestand aus zwei Managing Directors und zwei „Principals", der Hierarchiestufe gleich unter dem Direktor. In der Rangordnung kam bei Morgan Stanley nach Managing Director und Principal der Vizepräsident, gefolgt von Associate, Analyst und Sekretär. Zwischen „Senioren" und „Junioren" wurde nicht unterschieden. Ich war Associate, wie die meisten Angestellten, die nach der Hochschule weniger als vier Jahre Berufserfahrung gesammelt hatten.

Die Einkünfte entsprachen ungefähr der Rangstellung im Betrieb. Im Durchschnitt machten Managing Directors viele Millionen Dollar, Principals fast eine Million, Vizepräsidenten eine halbe Million, und als Associate verdiente man etliche hunderttausend Dollar – jeweils mit weiten Spannen innerhalb jeder Hierarchiestufe. Die Gehälter der DPG-Angestellten übertrafen typischerweise die Einkünfte von Mitarbeitern vergleichbaren Ranges in anderen Abteilungen. Die Gehälter der Analysten und Sekretäre betrachtete man überall bei Morgan Stanley mehr oder weniger als „gerundete Nullen". (An der Wall Street rundete man Jahresgehälter von weniger als 50 000 Dollar auf Null ab.)

Ich war nun 27 Jahre alt, immer noch einige Jahre jünger als der Durchschnitt der Associates bei Morgan Stanley; die meisten hatten zwischen dem College und der Wirtschaftsschule gearbeitet. Associates waren typischerweise zwischen Ende Zwanzig und Anfang Dreißig, Vizepräsidenten Mitte Dreißig, und Principals und Managing Directors konnten schon vierzig Jahre zählen. Beförderungen zum nächsthöheren Rang dauerten zwei bis vier Jahre. Wer sich mit mehr als vierzig Jahren nicht bereits zur Ruhe gesetzt hatte oder kündigte, wurde gefeuert oder mit einer leitenden Stellung „auf der grünen Wiese" betraut, in einer der vielen Abteilungen, die man bei Morgan Stanley „Altenheime" nannte.

Mein oberster Boß war Bidyut Sen, der Schachspieler aus der echten Viererbande. Fast jedesmal während meiner Zeit bei Morgan Stanley, wenn ich mit Sen zu tun hatte, ging es ums Glücksspiel, nicht um das Kundengeschäft. Gelegentlich beobachtete ich ihn beim Computerschachspiel. Öfters schlossen wir Wetten auf sportliche Veranstaltungen ab. Vielleicht am wichtigsten aber war, daß er später einen Teil aus einer großen Wette übernahm, die ich auf den NCAA-Wettkampf abgeschlossen hatte (wir verloren). Sen tat kaum etwas anderes als spielen und wetten. Des öfteren fegte er nahe meinem Platz im Handelssaal umher, aber ich war einer der wenigen Glücklichen in der Gruppe, die er nur selten anschnauzte.

Mein anderer Managing Director war Marshal Salant, der Sen Bericht erstattete. Salant war ein kleiner, rundlicher Absolvent der Harvard Business School und gebürtiger New Yorker. Er rühmte sich, als Jugendlicher und noch als Langstrekkenläufer in der Wirtschaftsschule schlank gewesen zu sein, aber seine Zeiten als Marathonmann lagen unübersehbar hinter ihm. Durch eine jahrzehntelange stetige Diät aus Geld und geistiger Arbeit war Salant in die Klasse derjenigen Männer befördert worden, deren Krawattenende trotz aller Mühen den Gürtel nie mehr berühren kann. Trotz seines gesetzten Lebensstils war Salant im Derivatgeschäft viel aktiver und in der DPG viel wichtiger als Sen. Er war rasch im Rechnen – mit einiger Hilfe seines inzwischen veralteten Hewlett-Packard 12C Calculators – und berühmt dafür, daß er beim Reden wild mit dem linken Arm gestikulierte. Während einer heißen Debatte pflegte er auf den richtigen Moment zu warten, um seine Linke einzusetzen. Sowie eine geeignete Pause eintrat, begann er zu kurbeln, griff nach Schreibblock und Stift, dehnte seinen Arm wie Sandy Koufax und feuerte unvermittelt eine Serie von Baseball-Diagrammen ab, die jedes Gegenargument erledigten. Salant war einer der wenigen Manager bei Morgan Stanley, die kaum Allüren hatten. Unglücklicherweise fehlte es ihm auch an der notwendigen Ausstrahlung, um seine Truppe zu inspirieren. Obwohl die anderen Derivateverkäufer seine relativ sanfte Art und seinen strengen Arm schätzten, war Salant daher weder gefürchtet noch beliebt.

Die anderen beiden aus meiner persönlichen Viererbande waren eher Junior-„Principals“: Millionäre, aber keine Multimillionäre. Diese beiden Principals sollten während meiner Zeit bei Morgan Stanley meine direkten Vorgesetzten sein. Daß ich all meine Erfahrungen an der Wall Street so stark verinnerlicht habe, ist im wesentlichen ihr Verdienst. Die meiste Zeit eines jeden Tages verbrachte ich kaum einen Meter neben ihnen. Sie waren so unterschiedlich, wie es zwei Menschen nur sein können.

Ich werden diesen beiden Principals den Gefallen tun, sie nur bei ihren Spitznamen zu nennen. Beide Spitznamen sind treffend gewählt.

Der eine hieß Vogelscheuche. Als ich Vogelscheuche während meiner Vorstellungsgespräche kennenlernte, wußte ich weder von seinem Ruf noch von seinen vielen farbigen Spitznamen, von denen „Vogelscheuche“ einer der gemäßigteren ist. Diesen Namen verdiente er sich, da er in den Sälen von Morgan Stanley umherzustreifen und immer wieder „Wenn ich nur Verstand hätte" zu pfeifen pflegte. Gleichwohl war er ein vernünftiger und effizienter Leiter. Sein Beispiel machte Schule, und mit der Zeit begannen andere es ihm nachzutun. 1994 konnten Besucher von Morgan Stanleys hochmodernem Handelssaal sehr wahrscheinlich eine Reihe von Verkäufern sehen, die sich wohl der Ironie der fröhlichen Melodie nicht bewußt waren, die sie pfiffen, während sie blinkende Bondquoten von ihren Bildschirmen ablasen.

Vogelscheuche war eine Ausnahme von der Regel, nach der Angestellte über vierzig auf die grüne Wiese verpflanzt wurden. Er pflegte sein Alter zu verschweigen, aber nach übereinstimmenden Schätzungen war er mindestens 45. Als ewiger Principal hatte er seit jeher im Handelssaal gearbeitet. Das Management konnte weder seine Beförderung rechtfertigen noch ihm erlauben zu gehen. Bald würde ich alles über Vogelscheuche erfahren, aber schon nach wenigen Stunden an seiner Seite vermutete ich, daß ihn die Derivatemanager trotz seines Alters und Ungeschicks nicht zuletzt deshalb behielten, weil er so verdammt unterhaltsam war. Nachdem ich das Unternehmen verlassen hatte, wurde Vogelscheuche schließlich doch auf die grüne Wiese versetzt, außerhalb der Derivategruppe. Auch ohne daß sein Name in diesem Buch genannt wird, hat er genug Probleme mit seiner Karriere, weshalb ich hier seine Privatsphäre respektieren will.

Den Spitznamen meines zweiten Principals werde ich erst etwas später verraten. An dieser Stelle nur soviel: Der Spitzname ebenso wie die betreffende Person fallen ein bißchen aus dem Rahmen. Zur selben Zeit, als ich ihren Spitznamen erfuhr, lernte ich auch die Abkürzung für die explosivste und am striktesten verheimlichte Derivatsorte bei Morgan Stanley – einschließlich der gewinnträchtigsten Transaktion in der Geschichte der Investmentbank – kennen, an deren Schöpfung und Vertrieb *sie* beteiligt war. Diese kämpferische Frau wirkt immer noch erfolgreich bei Morgan Stanley. Sie hat das Zeug zur Karriere als Managerin und hätte wahrscheinlich keine Nachteile zu erleiden, wenn ihr Name hier genannt würde. Dennoch halte ich auch ihren bürgerlichen Namen geheim, wenngleich aus einem anderen Motiv: Angst.

Was Vogelscheuche angeht, so war er ein waffentragender Kenner von Stripclubs, der in seinem Schreibtisch eine Flasche Scotch aufbewahrte, den Handelssaal mit einer Zigarre zwischen den Zähnen betrat und obszöne – zugegebenermaßen meist sehr lustige – Geschichten und Witze erzählte. Vogelscheuche nahm mich oft beiseite, um mir zu erklären, daß er in seinem Leben nur zwei simple Regeln beherzige. Erstens: Erkenntnis ist Realität. Zweitens: Vertraue, aber prüfe auch nach. Beide Regeln, pflegte er stolz zu sagen, habe er während der erleuchtetesten Zeit in der Geschichte der Vereinigten Staaten gelernt – von 1980 bis 1988 –, und zwar von dem erleuchtetesten Mann, der zu dieser Zeit gelebt habe. Für Vogelscheuche war Ronald Reagan der liebe Gott, und bei Morgan Stanley war er mit diesem Glauben nicht allein.

Glücklicherweise hatte es Vogelscheuche verstanden, sich 1994 inmitten der heißesten Profitzone der Wall Street zu plazieren: den lateinamerikanischen Derivaten. Vogelscheuche veranstaltete sogar eine öffentliche Präsentation über lateinamerikanische Derivate und eine Anlegerkonferenz; allerdings hörte ich später von einem Teilnehmer, daß die Präsentation überhaupt nicht eindrucksvoll gewesen sei. Ob nun eindrucksvoll oder nicht, im Februar 1994 war Mexiko die heiße Profitzone, und Vogelscheuche war mein Boß. Ich war entschlossen, mein Bestes zu geben.

4

Eine mexikanische Banken-Fiesta

Anfang 1994 war Mexiko ein heißer Markt. Die USA hatten kurz vorher NAFTA – das nordamerikanische Freihandelsabkommen – gebilligt, und viele Banker eilten gen Süden, nach Mexiko City. Wie die Emerging Markets Traders Association erklärte, lag das Handelsvolumen 1993 bei 1,5 Billionen Dollar, dem Doppelten des Vorjahres, und lateinamerikanische Derivate waren der am schnellsten wachsende Teil der Derivatemärkte. Die monatlichen Handelsumsätze in lateinamerikanischen Derivaten waren 1993 auf einen Nominalwert von 25 Milliarden Dollar gestiegen, gegenüber nur drei Milliarden im Jahr 1992. Jede große amerikanische Bank wollte etwas von dem erhofften Geldfluß zwischen Mexiko und den USA absahnen. Alle größeren US-Banken trafen Maßnahmen zur Gründung mexikanischer Niederlassungen. Viele Banken, darunter auch Morgan Stanley, beschäftigten bereits Mitarbeiterteams in provisorischen Büros in Mexiko.

Kraft meiner Erfahrung bei First Boston war ich praktisch ein Veteran in lateinamerikanischen Derivaten. Morgan Stanley stellte mich und einen anderen Associate ein, um seine imposante lateinamerikanische Derivate-Präsenz auszuweiten. Lateinamerikanische Bonds entwickelten sich immer schneller zu einer der wichtigsten Sparten im Handelssaal. Vogelscheuche war mit der Leitung unseres lateinamerikanischen Derivateprojekts beauftragt.

Ich sollte mir einen Augenblick Zeit nehmen, um die Anordnung und Hierarchie in einem Handelssaal zu beschreiben, damit Sie besser verstehen, wie lateinamerikanische Derivate dort hineinpassen. Sie stechen stärker hervor, als Sie vielleicht glauben.

Die Reputation einer Gruppe im Handelssaal hängt hauptsächlich davon ab, wieviel Geld diese Gruppe macht. Die begehrtesten Jobs an der Wall Street gehörten in den vergangenen Jahren zum Derivatehandel, und diese Gruppen beherrschten gewöhnlich auch den Saal. Wenn man nicht im Derivatgeschäft war, galt im allgemeinen: Je näher man an den Handel mit Regierungsanleihen herankam – den Mittelpunkt des Anleihehandelssaales –, desto besser. Um den Handel mit Regierungsanleihen – bekannt als „govvies“ – herum gruppierten sich die Jobs aus den mittleren Reihen, darunter Devisen- und Hypothekenhandel sowie die Industrieobligationen. Weniger begehrenswert war kein Job in den Handelssälen. Der Aktienverkauf lief schlecht, das Privatkundengeschäft vielleicht noch schlechter. Einer der übelsten Jobs war beispielsweise der Verkauf von Geldmarktinstrumenten in Philadelphia, falls das betreffende Unternehmen, anders als viele Banken, dort noch ein Büro betrieb.

Der schlechteste Job überhaupt dreht sich um die Kommunalobligationen. Diese werden „Munis“ genannt und sind gewöhnlich steuerfreie festverzinsliche Wertpapiere, emittiert von Gemeinden, Ländern oder anderen unabhängigen Regierungsinstitutionen zur Finanzierung von Straßen, des Bildungswesens oder der Abwasserkanäle. Munis sind in den hintersten Ecken des Handelssaales und im Brachland des Investmentbankings zu finden. Bevor ich mich dem Trainingsexamen bei First Boston unterzog, sagte man mir: „Sie sollten lieber gut abschneiden bei diesem Examen, sonst ...“ Ich wußte sehr gut, was „sonst“ bedeutete: *„... sonst landen Sie bei den Munis.“*

Glücklicherweise landete ich nicht bei den Munis, und mein Bereich – Emerging Markets – rangierte fast an der Spitze der Hierarchie des Handelssaals. Sie wissen vermutlich, was Emerging Markets oder aufstrebende Märkte sind; wenn ja, ist dies ein Verdienst des Marketings an der Wall Street. Bondverkäufer sind sehr einfallsreich bei der Erfindung trügerischer Namen, mit denen sie riskanten Bonds ein attraktiveres Aussehen verleihen. Ein Beispiel dafür ist der unattraktive „Junk Bond" der 80er, der heute beschönigend als „hochverzinslicher Bond" bezeichnet wird. Ein anderes Beispiel sind die Emerging Markets.

Anleihen, emittiert von sogenannten Dritte-Welt-Ländern wie Mexiko, Brasilien und Nigeria, wurden als Schulden der Dritten Welt bezeichnet – bis sie während der Schuldenkrise der Dritten Welt zutreffender als Schrott (Junk) bekannt wurden. Nach der Krise waren diese Schuldscheine im Umfang von Milliarden Dollar im Besitz von US-Geschäftsbanken, die sie wieder loswerden wollten. Unglücklicherweise gab es keine Käufer.

In den späteren 80ern genehmigte US-Finanzminister Nicholas Brady den Plan, diesen Schrott mit wertvollen US-Bonds zu mischen, um eine attraktivere Pastete aus restrukturierten Dritte-Welt-Schuldneranleihen zu kreieren, die – wie man hoffte – jemand kaufen würde. Brady nannte dieses schmackhafte Gemisch in aller Bescheidenheit „Brady Bond". Doch sein Name allein konnte die Investoren leider nicht von der Attraktivität dieser Bonds überzeugen, weshalb der Brady-Markt stagnierte.

Der gesamte Markt brauchte einen neuen, attraktiv und sexy wirkenden Namen. Den mit Schuldscheinen der Dritte-Welt-Länder agierenden Verkäufern mangelte es nicht an Ideen. Zuerst versuchten sie es mit „less developed countries", aber „weniger entwickelt" klang zu negativ. Dann versuchten sie es mit „LDC"-Schulden und hofften, daß potentielle Käufer sich nicht daran erinnerten, daß das L für „less" stand. Auch dieser Versuch scheiterte. Schließlich war dies vor der Pioniertat von

Kentucky Fried Chicken, das sich in KFC umbenannte. Die heutigen Konsumenten von Fast-Food-Geflügel lassen sich übertölpeln; die Investoren in den 80ern aber waren auf der Hut.

Als nächstes versuchten es die Verkäufer mit dem Ausdruck „Schulden der Entwicklungsländer", was schon ganz gut war, aber immer noch zu sehr nach „weniger entwickelt" klang. Schließlich schlug ein genialer Verkäufer „aufstrebende Märkte" vor. Begeistert übernahmen alle diesen Terminus, woraufhin auf der ganzen Welt Niederlassungen umbenannt wurden. Zum Beispiel hatte meine Gruppe bei First Boston zuerst den Namen Emerging Countries Capital Markets Group (ECCM) gewählt. Nach langem Feilschen mit dem Management und einer knapp ausgegangenen Abstimmung wurde er – nun im Rahmen von CS First Boston – erneut geändert und lautete jetzt weniger umständlich Emerging Markets Group (EMG). Viele andere Banken bezeichneten dieses Feld einfach als Emerging Markets.

Es war nicht klar, was „aufstrebend" bedeutete oder wie diese Märkte „aufstreben" sollten. Aber es klang verdammt gut und half die Tatsache zu verdecken, daß es sich bei dem Emerging Bond, den ein Investor kaufte, in Wirklichkeit um peruanische Schulden handelte, welche seit 1800 nicht mehr bedient worden waren.

Ich hatte nicht geplant, mit Derivaten der aufstrebenden Märkte zu handeln, und im Grunde war ich für diesen Job nicht einmal die erste Wahl. Ich beherrschte keine Fremdsprachen, besaß keine internationale Erfahrung und hatte nur begrenzte Kenntnisse von Lateinamerika, des wichtigsten aufstrebenden Marktes. Tatsächlich hatte ich nicht einmal gewußt, daß es bei First Boston eine solche Gruppe gab, bis ich einen meiner früheren Interviewer fragte, welcher Bereich in den nächsten paar Jahren seiner Meinung nach der heißeste sein werde. Er sagte: „Emerging Markets", und ich fragte den Personalchef, ob ich mit diesen Leuten sprechen könnte – wer auch immer sie sein mochten.

Der beste Ratschlag, den ich jemals erhalten habe, stammt von einem Manager, der sagte, ich könne zum Emerging-Markets-Experten werden, wenn ich schlicht vorgeben würde, ein solcher Experte zu sein. Mit der Zeit würde ich meine Wissenslücken schon schließen. Erstaunlicherweise entpuppte sich dieser Ratschlag als richtig, und nach kurzer Zeit in diesem Geschäft hielten mich selbst Mitarbeiter von Morgan Stanleys DPG, darunter auch Vogelscheuche, für einen Guru der Emerging-Markets-Derivate. Ich enttäuschte sie nicht. Solange die aufstrebenden Märkte, speziell in Lateinamerika, robust und profitabel waren, gefiel mir meine Position.

Bis März 1994 zielten die meisten Mexiko-Derivatgeschäfte von Morgan Stanley darauf ab, US-Institutionen zum Kauf mexikanischer Regierungsanleihen zu bewegen. Diese Strategie hatte Millionenprofite eingebracht, und das Geschäft lief auch weiterhin, aber wenn das Unternehmen nun auf allen aufstrebenden Märkten dominieren wollte, mußte es einen Gang zulegen.

Damals hielten viele US-Banker die mexikanischen Banken für „Geldnüsse“ und waren begierig, sie aufzuknacken. Jahrzehntelang hatte Mexiko seine staatlichen Banken vor Ausländern geschützt. 1992 begann die mexikanische Regierung, ihre Banken zu privatisieren, aber sie erlaubte nur Mexikanern den Besitz von Banken und erlegte Ausländern weiterhin scharfe Restriktionen auf. Während die USA eine Armee aufstellten, um illegale Einwanderer an der Überquerung des Rio Grande zu hindern, hatte Mexiko seine eigene, viel effizientere Grenzkontrolle für Banken gebildet. Mexikanische Farmarbeiter konnten leichter in die USA gelangen als US-Banken nach Mexiko.

Den US-Banken war seit langem bewußt, daß sie Milliarden an Profiten einfahren konnten, wenn es ihnen gelang, den schützenden Panzer zu durchbrechen. Die mexikanischen Märkte waren unter anderem deshalb so profitabel, weil die mexikanischen Aufsichtsbehörden den zwei Dutzend einheimischen Banken erlaubten, hohe Zinsen zu verlangen und hohe Profitspannen aufrechtzuerhalten. Außerdem verboten die mexikanischen Behörden den ausländischen Banken – mit Ausnahme der Citicorp, der einzigen agierenden Auslandsbank in Mexiko –, Kredite in mexikanischen Pesos zu vergeben, andere mit dem Peso in Verbindung stehende Produkte anzubieten, sowie jegliche Handelsaktivitäten mit ausländischen Fremdwährungswertpapieren in Mexiko. Das Ergebnis war eine mexikanische Banken-Fiesta: Mexikanische Banken gehörten zu den am wenigsten konkurrenzfähigen Kreditinstituten der Welt, und die reichsten Mexikaner waren im Bankgeschäft tätig.

Als einzige US-Bank versuchte die Citicorp, die profitablen mexikanischen Banken auszubooten, doch sie war elend gescheitert. Als größte US-Bank in Mexiko seit den 20er Jahren hatte sie dort nur 800 Angestellte und betrieb im ganzen Land lediglich sechs Filialen. Ihre größte Tat war die Einführung der Kreditkarte von Diners Club. Mexikos Schuldenkrise in den 80ern hat Citicorp härter als jede andere US-Bank getroffen, und ihre Reaktion auf die Umstrukturierung der mexikanischen Multimilliarden-Dollar-Schulden glich der eines Touristen, der mexikanisches Wasser getrunken hat. Seit 1992 waren die Restriktionen etwas gelockert worden, und selbst der Citicorp war es gelungen, die 8,8 Milliarden Dollar an ausländischen Investments zu verdauen, die jüngst nach Mexiko geflossen waren. Aber ihre unerfreulichen Erfahrungen hatten vielen US-Banken den Appetit verdorben.

Wie die DPG-Verkäufer, darunter auch Vogelscheuche, erklärten, hatten sich Citicorp und andere Banken dem mexikanischen Markt von der falschen Seite genähert. Wir sahen die mexikanischen Banken nicht als Nüsse an, die reif zum Aufknacken waren. Diese Banken waren nicht unsere Gegner, und falls es doch Nüsse waren, so waren sie jedenfalls noch nicht reif genug. Viele profitable Jahre hatten dazu geführt, daß die mexikanischen Banken ein bißchen Fett angesetzt hatten, aber aufgrund der jüngsten Änderungen – darunter NAFTA – bahnte sich allmählich ein Wettbewerb um die Bankprofite in Mexiko an. Unser Plan war es daher, die Banken noch etwas mehr zu mästen. Wenn diese Banken immer noch hungrig waren, sollten wir sie füttern, nicht bekämpfen. Der leichteste Weg zum Safe der mexikanischen Banken führte durch ihre Mägen.

Womit konnten wir die mexikanischen Banken füttern? Selbstverständlich sollte es etwas mit hoher Gewinnspanne und hohem Volumen sein. Wir wollten so viel Geld wie möglich machen. Überdies sollte es abhängig machen, so daß die Banken von selbst daran ersticken würden. Waren sie erst bis obenhin voll und konnten keinen Bissen mehr essen, dann würde es leicht sein, sie auszubooten. Dann könnte ein kleiner Stups im geeigneten Moment das gesamte verfettete mexikanische Bankensystem zum Einsturz bringen.

1994 war Morgan Stanley in der Lage, die mexikanischen Banken mit allem Erdenklichen zu füttern. Im Vorjahr war das Unternehmen zur Legende geworden, nachdem es erfolgreich seine ersten „PLUS Notes“ plaziert hatte. „PLUS“ war ein weiteres Kürzel – für „Peso-Linked US-Dollar Secured Notes“ –, und seit März 1993 waren PLUS Notes in Mexiko der letzte Schrei. Es handelte sich um mexikanische Derivate, gestückelt und zahlbar in US-Dollar, und sie eröffneten mexikanischen Banken ebenso wie US-amerikanischen Investoren ungeahnte Investitionsmöglichkeiten.

Die erste von Morgan Stanley durchgeführte Derivattransaktion – die „500 Millionen Dollar PLUS Capital Company Ltd.“, in der Branche schlicht als „PLUS I“ bekannt – hatte bahnbrechenden Erfolg und wurde in zahllosen Seminarveranstaltungen als nahezu perfektes Derivatgeschäft angeführt. Auch wenn dieser Deal durchschnittlichen Einzelinvestoren geheimnisvoll anmuten mag – der Schein trügt. Wenn Sie in den letzten fünf Jahren Anteilseigner eines Investmentfonds – insbesondere eines international ausgerichteten – waren, haben auch Sie höchstwahrscheinlich an diesem mexikanischen oder einem ähnlichen Deal partizipiert.

Die Erfolgsgeschichte von PLUS I begann Anfang 1993, als das mexikanische Äquivalent der Citicorp, der Banco Nacional de Mexico, bekannt als Banamex, bei verschiedenen US-Investmentbanken anfragte, ob sie vielleicht ein paar der unterbewerteten und illiquiden inflationsindexierten Bonds aus ihrer Bilanz verschwinden lassen könne, ohne diese wirklich zu verkaufen. Das war keine einfache Aufgabe. Die Banamex wollte die Bonds gegen Geld eintauschen, damit sie in etwas anderes investieren konnte, aber sie wollte die Bonds nicht verkaufen, da sie aus diesem Verkauf sonst einen Verlust hätte ausweisen müssen.

Diese an die Inflation gekoppelten Bonds wurden Bonos Ajustables del Gobierno Federal genannt – besser bekannt als Ajustabonos (wörtlich: „anpassungsfähige Bonds") – und waren pesogestückelte Obligationen der mexikanischen Regierung. Die zukünftigen Zahlungsströme der Anleihe waren der Höhe nach an steigende Inflationsraten angepaßt; als Wertmaßstab diente der mexikanische Lebenshaltungskostenindex, so wie die Sozialhilfesätze in den USA an den nationalen Konsumentenpreisindex gekoppelt sind. Der Nominalwert der Ajustabonos-Anleihen wurde alle 13 Wochen angepaßt, gemäß einer Formel, die sich aus dem Steigerungsbetrag eines von der mexikanischen Zentralbank veröffentlichten Inflationsindexes errechnete. Ajustabonos schienen eine gute Idee zu sein, als Mexikos Inflationsrate noch über 100 Prozent lag, aber 1993 näherte sich die Teuerung einstelligen Werten, und viele Investoren – nicht nur die Banamex – wollten sich von den Ajustabonos trennen.

Es schien, als ob die Banamex im Begriff war, das Unmögliche zu tun: Bonds in einen Markt hinein zu verkaufen, der diese gar nicht haben wollte, ohne diesen Verkauf öffentlich zugeben zu müssen. Wie Banamex-Vizepräsident Gerardo Vargas – wegen der dunklen Sonnenbrille, mit der er auf Konferenzen immer herumspielte, bei Morgan Stanley als „Blades" bekannt – sagte, suchte die Banamex damals seit langem nach einer US-Bank, mit der sie das Ajustabonos-Geschäft abschließen konnte, aber die meisten Banken winkten ab und erklärten, diese Idee sei „nicht durchführbar oder unverkäuflich, und andere Ausreden mehr“. Von allen Derivategruppen an der Wall Street erklärte sich nur Morgan Stanleys DPG-Gruppe bereit, diese unmögliche Mission durchzuführen.

Je nachdem, wen man bei Morgan Stanley fragte, rühmten sich ungefähr vier Dutzend Managing Directors, PLUS Notes erfunden zu haben. Ein Manager, der in Sachen Eigenlob ganz besonders schnell ist – und, ehrlich gesagt, auch viel davon verdient –, ist Marshal Salant. Salant, der mit der linken Hand Diagramme zeichnet, hat bei Morgan Stanley ein Derivate-Imperium aufgebaut, indem er Probleme wie das der Banamex löste. Er verfügt über detaillierte technische Kenntnisse hinsichtlich der Derivate. In einer Welt voll passionierter Derivateverkäufer ist Salant der König.

Aber selbst er und seine Truppe mußten größere Hürden überwinden, um die Banamex-Transaktion abzuschließen. Das erste Hindernis bestand darin, daß sie jemanden davon überzeugen mußten, Ajustabonos-Anleihen zu kaufen. Mexikanische Käufer kamen nicht in Frage; sie versuchten ebenso wie die Banamex, ihre Bonds loszuwerden. Viele Käufer in Europa waren Lateinamerika betreffend grundsätzlich skeptisch und nicht bereit, mexikanische Risiken zu übernehmen. Einige US- und asiatische Käufer waren zwar gewillt, in Mexiko zu investieren, brauchten jedoch Bonds, die mit einer für Anlageinvestitionen adäquaten Bonitätsklasse bewertet waren (BBB oder besser in einer Skala von AAA abwärts bis D) und auf Dollar lauteten. Unglücklicherweise ließen sich diese beiden Kriterien nicht zugleich erfüllen. Alle mit Bonitätsklassen versehenen mexikanischen Anleihen, auch die Ajustabonos, lauteten auf Pesos; alle in US-Dollar ausgegebenen mexikanischen Bonds rangierten unterhalb der für Geldanlagen annehmbaren Bonitätsklassen. Damit sie mexikanische Anleihen an US-Investoren verkaufen konnten, mußten Salant und seine „Raketenforscher“ das Nonplusultra eines mexikanischen Bonds finden: eine mexikanische Anleihe, die mit einer für Geldanlagen adäquaten Bonität klassifiziert und in US-Dollar nominiert war. Das war eine große Herausforderung, doch wenn es der DPG gelang, eine solche Anleihe zu entwickeln, konnte sie einen neuen Milliarden-Dollar-Markt etablieren.

Bonds, die beide Kriterien gleichzeitig erfüllten, gab es aus guten Gründen nicht. Das Kredit-Rating für Staatsschulden richtet sich grundsätzlich nach der Währung, in der die Schulden bestehen. Wie viele andere Staaten nahm Mexiko Geld in verschiedenen Währungen auf, darunter auch mexikanische Pesos und US-Dollar. Mexikos Peso-Bonitätsklasse war hoch, denn die Regierung konnte notfalls einfach mehr Pesos drukken, um ihre in Pesos valutierten Schulden zu tilgen. Auf der anderen Seite war Mexikos Bonität im Dollarbereich niedrig, weil das Land keine Dollars drucken konnte, sondern harte Devisen beschaffen mußte, um seine auf Dollar lautenden Schulden zu begleichen. Da es für Mexiko einfacher und billiger war, Schulden in Pesos statt in Dollar zurückzuzahlen, glaubten die Aufkäufer mexikanischer Schulden, daß Mexiko seine Pesoschulden eher als seine Dollarschulden bedienen würde. Die Ratingagenturen wußten auch ziemlich sicher, daß Mexikos labile Wirtschaft nicht imstande sein würde, genügend harte Devisen zu erwirtschaften, um ihre hohen und wachsenden Dollarschulden zurückzuzahlen. Folglich waren Mexikos Pesoschulden mit AA– bewertet, einer sehr hohen Bonitätsklasse, nur ein wenig unter dem AA-Rating vieler großer US-Unternehmen und dem AAA-Rating der US-Regierung. Im Gegensatz dazu waren die Dollarschulden unter dem Investmentniveau angesiedelt, im BB-Bereich der Junk Bonds.

Zuweilen habe ich die Korrektheit solcher Ratings in Frage gestellt, aber für US-Käufer waren sie unantastbar. Die DPG-Verkäufer wußten, daß viele US-Investoren nur Dollaranleihen mit einer für Geldanlagen adäquaten Bonitätsklasse kaufen durften, die es aber bis dato in Mexiko nicht gab. Wir wußten jedoch auch, daß viele US-Investoren Mexiko mochten und langsam eine Vorliebe für mexikanische Anleihen entwickelten. Diese Erkenntnis war hilfreich für die DPG, als sie sich auf das Problem der Banamex zu konzentrieren begann. Wenn die DPG ein neues mexikanisches Derivat auf Basis der Ajustabonos zu entwickeln vermochte, das US-Investoren kaufen *konnten*, dann *würden* sie es auch kaufen, wie riskant es auch sein mochte. Mit dieser Meinung standen wir nicht allein da. Vincent Bailey, Portfoliomanager bei BEA Associates, einer New Yorker Vermögensverwaltungsfirma, die drei Milliarden Dollar in lateinamerikanischen Fonds verwaltete, sagte, wenn Lateinamerika-Derivate verkauft würden, geschehe dies „zum Großteil für solche Leute, welche die gegenwärtigen Wertpapiere nicht kaufen können, weil ihre Bestimmungen das nicht erlauben".

Die DPG brauchte etwas Zauberkraft und einiges an Finanzalchimie, um die neuen Derivate kreieren zu können. Der erste Trick bestand darin, die Ajustabonos in zwei Teile zu spalten. Hierfür gründete man am besten ein neues Unternehmen, das die Ajustabonos ankaufte und anschließend zwei neue Wertpapiere emittierte, die an die Ajustabonos gekoppelt waren. Um eine solche Gesellschaft zu gründen, ohne den Zorn der mexikanischen und US-amerikanischen Aufsichtsbehörden zu erregen, richtete Morgan Stanley den Blick auf die sonnigen Bermuda-Inseln. Sie waren als Paradies für dubiose Finanzpraktiken und Geldwäscherei aller Art bekannt, anfangs durch Drogenhändler, dann durch die Mafia und schließlich durch Investmentbanken wie Morgan Stanley. Durch die intime Liaison mit Drexel in den 80ern war Morgan Stanley auf die schiefe Bahn geraten. Nun war das Unternehmen auf den Bermudas aktiv und agierte wie die Mafia.

Der Bermuda-Standort würde der DPG als Schutz dienen, aber das hatte seinen Preis, und die DPG mußte sich den Regeln der Inseln beugen. Zuerst engagierte Morgan Stanley mehrere ortsansässige Anwälte mit politischen Beziehungen, um eine spezielle Bermuda-Gesellschaft zu gründen. Diese Anwälte waren im Vorstand des Unternehmens tätig und pflegten wichtige politische Kontakte, während die Gesellschaft ihre speziellen Bonds emittierte. Um negative steuerliche Folgen zu vermeiden, mußte Morgan Stanley anschließend eine geeignete gemeinnützige Institution finden, welche die Aktien dieses Unternehmens kaufte. Die Gesetze auf den Bermudas verlangten, daß der Eigner der neuen Aktien ein eigenständiges und von jeglicher Besteuerung befreites Gebilde war. Zum Glück entdeckte Morgan Stanley The Capital Trust, einen auf Bermuda ansässigen gemeinnützigen Trust, dessen Begünstigte die Bermuda High School für Mädchen, die Saltus-Grammar School, die Lady Cubitt Compassionate Association und die Bermuda Foundation waren. Durch ihre Investoren würde die Investmentbank dem gemeinnützigen Trust die 12 000 Dollar zukommen lassen, die er benötigte, um die Aktien der Gesellschaft zu erwerben.

Schließlich mußte die neu formierte Gesellschaft noch die Erlaubnis der Bermuda-Finanzbehörde einholen, die durch Ajustabonos gedeckten Bonds im Wert von 1,5 Milliarden Dollar zu emittieren. Die Aktien im Wert von 12 000 Dollar wurden hauptsächlich deshalb entwickelt, um einer auf Bermuda notwendigen Formalität zu genügen. Morgan Stanley wollte die neuen Anleihen des Unternehmens, nicht die Aktien an Investoren verkaufen. Um die Erlaubnis zu erhalten, durch die Bermuda-Gesellschaft solche Bonds auszugeben, mußte sich Morgan Stanley – wieder vertreten durch seine Investoren – verpflichten, 1600 Dollar jährlich an die Inselregierung zu bezahlen. Von außen betrachtet, sahen diese Zahlungen wie Schmiergelder aus. Im großen und ganzen waren Morgan Stanleys Aktivitäten kaum von den Manövern eines Drogenbosses zu unterscheiden, der nach einem geeigneten Steuerparadies suchte, um dort Geld zu waschen. Tatsächlich brachte die PBS-Fernsehshow *Frontline* wenig später in diesem Jahr eine Reportage über die Nutzung von Offshore-Steueroasen sowohl durch Geldwäscher als auch durch „Wall-Street-Vettern“. (Als ich mit Vogelscheuche über diese Sendung sprach, erklärte er, daß er sich durch diesen Vergleich geschmeichelt fühle.) Morgan Stanley unternahm genau dieselben Schritte, die unter Drogenhändlern üblich waren, um den US-Aufsichtsbehörden auszuweichen. Der einzige wirkliche Unterschied zwischen den Aktionen der Drogenbosse und denen von Morgan Stanley bestand darin, daß 12 000 Dollar an Drogengeldern nur selten zum Wohl von Bermuda-Schulmädchen verwendet werden.

Nachdem Auflagen und Bestimmungen der Bermuda-Behörden erfüllt waren, mußte sich Morgan Stanley mit zumindest einer Ratingagentur arrangieren, um für die neuen Obligationen des Bermuda-Unternehmens eine Bonitätsklasse zu erhalten, die für Geldanlagen ausreichte. Es gibt zwei führende Ratingagenturen, Moody's Investor Services und Standard and Poor's, sowie zahlreiche zweitrangige Agenturen. Ich war immer der Ansicht, daß die Analysten von Moody's intelligenter und kreativer seien als die jeder anderen Agentur. Wenn man allerdings wirklich ein Rating brauchte, hatte man keine andere Wahl, als sich an Standard and Poor's – bekannt als S&P – zu wenden.

Vielleicht überrascht es Sie, daß private Institutionen für ihr Kreditrating bezahlen können. Viele Leute glauben, daß Ratingagenturen seriös und exakt arbeiten und speziell S&P über jeden Vorwurf erhaben sei, da die Agentur zumindest teilweise der Regierung Rede und Antwort stehen muß. Sicherlich zählen S&P und Moody's Investor Services zu den führenden Ratingagenturen in den USA, und die dortige Börsenaufsichtsbehörde, die Securities and Exchange Commission, erkennt sie beide als Organisationen von nationaler Bedeutung an. Des weiteren trifft zu, daß die Ratingagenturen zwar früher Informationen über spezielle Schuldverschreibungen lieferten, ohne dem Emittenten hierfür Kosten aufzuerlegen; heutzutage jedoch – bzw. seit zwei Jahrzehnten – verlangen sie von den Emittenten Gebühren dafür, daß sie interessierten Investoren mitteilen, wie sie die Schuldscheine dieser Emittenten klassifizieren.

Ein Rating ist im übrigen nicht gerade billig. Die Gebühren liegen meist bei 30 000 Dollar und mehr, zumal wenn es um große und komplizierte Deals wie PLUS Notes geht. Da auch S&P einen Ruf zu wahren hatte, konnte man jedoch für bestimmte Geschäfte kein Rating kaufen. Eine Weile sah es so aus, als ob die Bermuda-Bonds zu diesen Geschäften zählten und Morgan Stanley um keinen Preis ein für Geldanlagen adäquates Rating erhalten würde.

Morgan Stanley versuchte zwar S&P zu überzeugen, daß die neuen Schuldscheine der Bermuda-Gesellschaft ein Rating von AA– legitimierten, auf derselben Stufe wie die Ajustabonos, aber es fiel der Bank schwer, diese Behauptung zu belegen. Die Schuldscheine sollten in Dollar ausgegeben werden, und vergleichbare mexikanische Dollarbonds waren als erheblich riskanter klassifiziert. Morgan Stanley argumentierte, daß die Bonds in Wirklichkeit Anleihen in mexikanischen Pesos seien, da die dahinterstehenden Ajustabonos in höher bewertete mexikanische Pesos gestückelt seien. Aus der Sicht von Investoren sahen die Bonds jedoch wie Dollarbonds aus, und S&P-Ratings für in Dollar valutierende mexikanische Schulden waren sehr viel niedriger als AA–.

Erst durch zwei wichtige Zugeständnisse konnte Morgan Stanley schließlich S&P überzeugen, den neuen Bonds die Bonitätsklasse AA– zu geben. Erstens sollte die Bermuda-Gesellschaft zwei Klassen von Bonds ausgeben, und S&P würde nur die sehr viel sicherere der beiden bewerten. Die Banamex würde die riskanteren, nicht bonitätsgeprüften Bonds behalten, und zwar als Puffer zum Schutz der sichereren Bonds bzw. zwecks Gewähr eines größeren Schutzes, daß die bewerteten Bonds voll zurückgezahlt würden. Die Bermuda-Gesellschaft würde als zusätzliche Sicherheit außerdem einige US-Treasury Bonds kaufen. Die sicheren, mit einer Bonitätsklasse versehenen Bonds erhielten den Namen PLUS Notes.

Zweitens erklärte sich Morgan Stanley damit einverstanden, daß sich die Bermuda-Gesellschaft im voraus verpflichtete, eine Devisentransaktion durchzuführen, bei der Morgan Stanley die Pesozahlungen auf die Ajustabonos in Dollar umwandeln sollte. S&P scheint geargwöhnt zu haben, daß Morgan Stanley versuchen würde, diese neuen Bonds als Dollar-, nicht als Pesosbonds zu vermarkten. Als Kompromiß verlangte S&P, daß Morgan Stanley die neuen Bonds mit einem Vorbehaltshinweis vertrieb. Der Verkaufsprospekt für diese Bonds mußte folgenden Hinweis enthalten: „Dieses Rating bezieht sich nicht auf Risiken, die im Zusammenhang mit Devisenkursschwankungen zwischen Dollars und neuen Pesos auftreten können." Mit dieser Warnung und einer hohen Provision war S&P schließlich zufriedengestellt und bereit, den neuen Bond in der Bonitätsklasse AA– einzustufen.

Mit diesem Kompromiß hatte Morgan Stanley auch die Bedürfnisse der potentiellen Käufer dieser Bonds befriedigt. Damit war allerdings erst die halbe Schlacht geschlagen. Jetzt mußte sich das Unternehmen dem scheinbar unerfüllbaren Wunsch der Banamex zuwenden, die Ajustabonos an die Bermuda-Gesellschaft zu „verkaufen", ohne sie wirklich zu verkaufen.

Die geniale Lösung dieses Problems basierte auf dem nicht bewerteten Bondanteil, den die Banamex behielt. Zum Glück bilanzierte die Banamex nach den Generally Accepted Accounting Principles (GAAP). Danach mußte der Eigentümer einer Gesellschaft deren sämtliche Aktiva und Passiva als Teil der eigenen Aktiva und Passiva in der Bilanz aufführen. Wenn die Banamex als Eigentümer der Bermuda-Gesellschaft behandelt werden könnte, da sie die zweite, unbewertete Klasse von Bonds behielt, könnte sie alle Aktiva und Passiva dieser Gesellschaft in ihre Bilanz aufnehmen – und folglich auch alle Ajustabonos. Tatsächlich funktionierte dieser Trick. Da die Banamex die Bermuda-Gesellschaft besaß, der die Ajustabonos gehörten, besaß sie – aus Sicht der Rechnungslegung – weiterhin die Ajustabonos, selbst wenn sie für diese Geld erhielt.

Ich war von der Zugkraft dieses Tricks beeindruckt. Wenn die Banamex Bonds im Wert von 20 Prozent der Ajustabonos zurückbehielt, mußte sie den Verkauf der Bonds an die Bermuda-Gesellschaft nicht als echten Verkauf behandeln. Die 20 Prozent verkörperten das Stammkapital der Gesellschaft, wodurch der Aktienanteil von 12 000 Dollar, den die Bermuda High School für Mädchen hielt, irrelevant wurde. Der Verkauf wurde lediglich als Transfer behandelt, als Teil einer komplexen Finanzierung. Durch den 20-prozentigen Besitzanteil der Banamex an der Bermuda-Gesellschaft ließ sich der bilanzielle Veräußerungsausweis vermeiden, so daß die Banamex 80 Prozent ihrer Ajustabonos „verkaufen" konnte, ohne einen buchmäßigen Verlust ausweisen zu müssen.

Überdies erschienen die PLUS Notes als weit weniger riskant, da die Bonds der Banamex nicht bedient würden, solange die sichereren, bonitätsklassifizierten PLUS Notes nicht bedient worden waren. Ein potentieller Käufer mexikanischer Schulden, der wegen der Auswirkungen einer Pesoabwertung besorgt war, wäre nun gegen einen 20-prozentigen Kursrückgang abgesichert. Dieser Extrapuffer an zusätzlicher Sicherheit wurde als „Überbesicherung" bekannt. Wenn man beispielsweise mit Ajustabonos im Wert von 100 Dollar einstieg, erhielt man die PLUS Notes selbst dann voll zurückbezahlt, wenn die Ajustabonos auf 80 Dollar fielen, da die Banamex für die ersten 20 Dollar Verlust aufkamen. Die Überbesicherung der PLUS Notes – gegenwärtig etwas mehr als 20 Prozent – war extrem attraktiv für interessierte Käufer, die sich in Scharen anlocken ließen. Der mexikanische Peso mochte an Wert verlieren, aber er würde nicht um mehr als 20 Prozent fallen, oder?

Diese PLUS Note war ein ausgezeichnetes Wertpapier, das es so bis dahin noch nicht auf dem Markt gegeben hatte: Sie war mit AA– bewertet, brachte hohe Zinsen in US-Dollar und war durch einen 20-prozentigen Puffer abgesichert. PLUS Notes waren für große konservative Anleger, etwa für namhafte Investmentfonds, der perfekte Einstieg in den mexikanischen Markt.

Die PLUS Notes erwiesen sich als so erfolgreich für Banamex und andere Klienten, daß Morgan Stanley sie schließlich für mehr als eine Milliarde Dollar verkaufte, in zehn separaten Emissionen mit Laufzeiten von sechs bis 21 Monaten. Morgan Stanley ließ die Bezeichnung „Peso Linked US-Dollar Secured

Notes" sogar als Trademark registrieren, um andere Banken an der Verwendung dieses Namens zu hindern. Die Liste der Käufer las sich wie ein *Who's Who* der Investorenwelt; dazu gehörten unter anderem die größten US-Investmentfonds (Alliance, Scudder, TCW, Merrill Lynch Asset Management, Van Kampen), zahlreiche Versicherungs- und Pensionsgesellschaften (Cigna, AFLAC, Arco), die größten japanischen und europäischen Unternehmen (Alps, Hanwa, Aoyama, Olivetti), und selbst der US-Bundesstaat Wisconsin. Sonderbarerweise pflegten sich gerade staatliche Investmentausschüsse auf Emissionen neuer Derivate regelrecht zu stürzen.

Am überraschendsten war bei den PLUS Notes nicht, wie sehr die Fonds und Gesellschaften diese Derivate mochten, sondern wie wenig sie ihren Investoren und Aktionären über die Natur dieses Investments mitteilten. Oftmals brauchten sie über ihre Investitionen in PLUS Notes nicht einmal im Detail zu berichten, sondern erklärten lediglich, daß es sich um Anleihen der Klasse AA– handle, die von einer Gesellschaft mit Sitz auf Bermuda emittiert worden seien. Infolgedessen hatten viele Anteilseigner von Investmentfonds, Pensionäre, Aktionäre und selbst einige Bürger von Wisconsin keine Ahnung, was ihre Fonds und Gesellschaften eigentlich kauften. PLUS Notes erlaubten es gewissen Fondsmanagern, ihren Investoren gegenüber viele ihrer Mexikoinvestments geheimzuhalten. Sie ermöglichten es auch den konservativ orientierten Fonds, die nur Bonds mit hoher Bonitätsklasse kaufen durften, in Mexiko zu investieren, obwohl ihr zugrunde liegendes Investment eine in mexikanischen Pesos dotierte Anleihe war. PLUS Notes erlaubten es selbst dem US-Bundesstaat Wisconsin, auf den mexikanischen Peso zu setzen.

Was würden Otto und Lieschen Normalinvestor wohl sagen, wenn sie erführen, daß die in ihrem Pensionsportfolio mit AA– bewerteten, als „PLUS Notes" aufgelisteten Kurzläufer in Wirklichkeit mexikanische pesogestützte, inflationsabhängige Derivate waren, ausgegeben von einer steuerbegünstigten Gesellschaft mit Sitz auf Bermuda? Was würden die Milchbauern von Wisconsin tun, wenn sie entdeckten, daß ihr Bundesstaat südlich der Grenze spekulierte? Was hätten Sie getan, wenn Ihnen bewußt geworden wäre, daß Ihre Altersrücklagen, die Sie in einem namhaften Investmentfonds sicher aufgehoben wähnten, in PLUS Notes geflossen waren? Über diese Eröffnung hätten Sie sich allenfalls ärgern können, denn wahrscheinlich hätten Sie erst dann von Ihrem Investment in Mexiko erfahren, wenn es zu spät gewesen wäre und Sie Ihr Geld bereits verloren hätten. Wegen ihres hohen Ratings waren PLUS Notes ein geeignetes Anlagepapier, und Ihr Investmentfonds wäre nicht verpflichtet gewesen, Ihnen viel darüber zu erzählen. Es war erstaunlich, aber solange der mexikanische Peso nicht kollabierte, konnte niemand herausfinden, ob mit seinen Alterserspamissen in Mexiko gepokert wurde.

Diese Mexikogeschäfte öffneten mir die Augen: Morgan Stanley hatte First Boston endgültig die Rücklichter gezeigt. Die Derivategruppe hatte mit PLUS Notes ein Vermögen gemacht. Und die Party hatte gerade erst angefangen.

Im März 1994 wurde ich stärker in die Geschäftsentscheidungen der Gruppe einbezogen und arbeitete an einigen interessanten Transaktionen. Nachdem ich die meisten Leute aus dieser Gruppe kennengelernt hatte, begann ich mit anderen Abteilungen im Handelssaal zusammenzuarbeiten. Die Moral im Unternehmen und speziell in der Derivategruppe war gut. Das zurückliegende Jahr war außerordentlich gut verlaufen, und die Bank hatte kurz zuvor Rekordbonusse gezahlt. Der März war ein Monat zum Feiern – und zum Geldausgeben. Die Derivategruppe veranstaltete ihre alljährliche Konferenz an der Côte d'Azur. Das ganze Unternehmen hielt in den Breakers Resorts in West Palm Beach, Florida, eine extravagante Verkaufsveranstaltung ab.

Diese jährliche Verkaufskonferenz steigerte auf perfekte Weise die Laune bei Morgan Stanley. Während des Tages präsentierte das oberste Management kunstvolle Diashows, die vor guten Nachrichten und optimistischen Zukunftsperspektiven strotzten. Am Abend gaben sich die Verkäufer dann verschiedenen Ausschweifungen hin. Das Management war sich der ausgelassenen Stimmung offenbar bewußt, weshalb sie eines Abends das Hotel anwiesen, eine gewaltige „Morgan Stanley Sports Bar" in einem großen Ballsaal zu installieren. Am einen Ende des Raumes befanden sich ungefähr 10 000 Flaschen Bier, Am anderen Ende Dutzende Sportgeräte für alle erdenklichen Hallensportarten: Basketball, Hockey, Tischtennis- und Billardtische, selbst Hallenfußball und Baseball. (Ich wurde von etlichen wüsten Schüssen getroffen.)

Am Abend trug ein leitender Managing Director ein merkwürdiges After-Dinner-Gedicht vor. Es schloß mit den Worten:

Am Ende dieses Abends wußte man nur,
daß Morgan Stanley immer richtig lag.

Dieses Gedicht schien die Truppe zu inspirieren, und binnen einer Stunde spielten alle leitenden Verkäufer in ihren Anzügen Basketball und warfen Billardkugeln auf wehrlose junge Mitarbeiter. Dieses Ereignis illustrierte wieder einmal den starken Kontrast zwischen Verkauf und Handel auf der einen und dem Investmentbanking auf der anderen Seite. Wie ein Verkäufer in jener Nacht stolz verkündete: „Ich wette, diese verdammten Banker schlürfen gerade einen verdammten Cognac und spielen dieses verfluchte Bridge."

Nach dem sportlichen Event stellte Vogelscheuche eine Gruppe zusammen, um zu Mr. T's zu fahren, seinem beliebten Pornotreff. Letztes Jahr war eine Frau mit Vogelscheuche und einer Gruppe betrunkener Verkäufer zu Mr. T's mitgefahren und hatte sich nie mehr von dem erholt, was sie dort erlebt hatte. Dieses Jahr waren nur Männer zugelassen. Vogelscheuche kannte sich im Detail aus mit Clubs im südlichen Florida ebenso wie in New York und selbst im Mittleren Westen, wo er aufgewachsen war. Ich hörte ihn einmal mit einem Klienten aus dem Mittleren Westen über Einzelheiten betreffend eine seiner bevorzugten Lokalitäten plaudern, genannt Art's Performing Center. Im Vergleich zu Art's erschien selbst Mr. T's als blaß.

Als die Verkäufer in den frühen Morgenstunden von Mr. T's zurückkamen, versuchte ich einige von ihnen in ein Pokerspiel zu verstricken. Ich war erpicht darauf, einige der reicheren Manager um ihre jüngst erhaltenen Bonuszahlungen zu erleichtern. Ein paar von den aggressiveren Verkäufern aus Kalifornien fand ich in der Hotellobby. Sie lagen alle übereinander oder kletterten über die Plüschsofas. Ein Verkäufer ritt immer wieder auf den anderen herum. Als ich ein Pokerspiel vorschlug, schrie er auf und versuchte auch mich zu bespringen. Aber ich bin kein großer Fan dieser Trockenübung, besonders dann nicht, wenn der Reiter mehr als 230 Pfund wiegt.

Ich wurde von einem Hotelangestellten gerettet, nach dessen Worten Peter Karches, der Leiter von Verkauf und Handel, wünschte, daß wir in unsere Räume zurückkehrten. Karches war unser respektierter Chef, dessen Order jeder befolgte. Aber als wir den Flur entlang gingen, sagte einer der Verkäufer aus Kalifornien, er habe ein Kartendeck und zwei Flaschen Scotch, und so flitzten wir in sein Zimmer. Zu fünft spielten wir in diesem Raum einige Stunden lang Poker, und es war nicht sehr überraschend, daß einzig ich viele hundert Dollar gewann. Ein Verkäufer stellte den *Playboy*-Sender an, trat dicht vor den Fernseher, stieß lautstark gotteslästerliche Flüche aus und würdigte seine Karten kaum eines Blickes. Ein weiterer Verkäufer brüstete sich mit den Klientinnen, mit denen er ins Bett gegangen war. Die anderen lästerten über ihre Frauen. Niemand von ihnen kümmerte sich im Ernst um das Kartenspiel. Ich hörte höflich zu, ermutigte sie hier und dort weiterzusprechen und mischte neuerlich die Karten. Ich nehme an, ich sollte mich schuldig fühlen, da ich ihnen Geld abknöpfte. Aber ich fühle mich frei von Schuld.

Am folgenden Morgen endete die Konferenz. Die meisten Teilnehmer flogen frühmorgens zurück, aber ich wollte noch dableiben, um eine Runde Golf zu spielen, und buchte einen späteren Flug. Am Vorabend hatte ich mit vielen Verkäufern über Golf gesprochen und dachte, ich würde mühelos vier Personen zusammenbringen, aber als ich dann am Pro Shop ankam, war niemand da. Ich wartete eine Weile, beschloß dann jedoch, allein zu spielen.

Der Golfplatz war wie leergefegt, sonderbar für einen Sonntag vormittag, aber ich spielte gut, und es machte mir nichts aus, einige Zeit mit mir selbst zu verbringen. Nach ein paar Löchern bemerkte ich an der letzten Neun eine Karawane von Golfkarren. Dutzende von Karren kreisten hintereinander um eine Gruppe von Spielern. Ich fragte mich, ob dies Prominente seien, und fuhr mit meinem Golfkarren näher heran, um nachzusehen.

Ich traute meinen Augen kaum. Die Restaurantkette Hooters hatte ihre attraktivsten Kellnerinnen zu einem gemeinsamen Golf-Outing versammelt. Jeder der vielen Männer hatte eine schöne, hauteng gekleidete zwanzigjährige Golfpartnerin bei einer Auktion ersteigert – die Frauen waren unmißverständlich ausgewählt worden, um das Image von Hooters zu verbessern. Das erklärte, warum ich keinen meiner Kollegen beim Pro Shop getroffen hatte. Sie hatten die Hooters-Frauen schon früher entdeckt und das Golfspiel geopfert, um mit den Hooters-Turnierdamen zu flirten und sie als Wild-West-Bondverkäufer in ihren elektrischen Karren zu chauffieren. Lachend fuhr ich zurück zum vierten Loch, um meine Runde zu beenden.

Nachdem meine Gruppe das ganze Jahr 1994 über mit PLUS-Notes-Geschäften Geld gemacht hatte, sehnte ich mich mehr und mehr nach dem Nervenkitzel, der entstand, wenn man jemandem „die Haut vom Gesicht riß“. Bei First Boston hatte ich das nie getan und sicherlich auch niemanden in die Luft gejagt. Jetzt aber, als ich Morgan Stanleys Derivateverkäufer in Aktion sah, begann ich, beflügelt von Vogelscheuche und anderen Kollegen, diese Vorstellung zu mögen.

Morgan Stanley kultivierte die Verpflichtung, Kunden in tausend Stücke zu zerschlagen. Es war kein Wunder, daß mich das Fieber schon so früh erwischt hatte. Es hatte jeden von uns erfaßt, vor allem aber die erfahreneren Managing Directors. Meine Chefs waren passionierte Tontaubenschützen, die ständig in privaten Schießsportclubs übten, sich zu Wochenend-Schießtrips verabredeten und gemeinsam in Afrika und Südamerika auf Safaris und auf Taubenjagd fuhren. Wenn sie „Zieh!" schrien, stellten sie sich einen Klienten vor, der wie eine Tontaube durch die Luft flog.

Diese Killermentalität prägte alle Hierarchiestufen bei Morgan Stanley, bis in die höchsten Etagen hinauf. Der führende Revolvermann war John Mack, der dreiste Präsident, bekannt als Mack das Messer, der den Ruf eines kriegslüsternen Machthabers besaß. Groß und athletisch, ehemals Footballstar und aus einer Kleinstadt in North Carolina stammend, war Mack, ob mit oder ohne Revolver, eine imposante Gestalt.

Mack war rauh, aber loyal, speziell gegenüber den Verkäufern und Händlern. Als Leiter des Handels und Verkaufs hatte er Mitarbeitern aus anderen Abteilungen, die sich in seine Angelegenheiten einmischten, wiederholt den Zugang zum Handelssaal verwehrt. Wenn er sah, wie jemand im Handelssaal Unsinn machte oder schlampte – und sei es, daß er einen um acht Uhr früh bei der Lektüre des *Wall Street Journal* ertappte –, so pflegte er zu dem betreffenden Verkäufer oder Händler zu sagen: „Wenn ich das noch mal sehe, sind Sie gefeuert."

Den Weg zum Präsidentenstuhl von Morgan Stanley hatte sich Mack hart erkämpft, und er war entschlossen, sich dort zu behaupten. Viele Jahre davor hatte er den ehemaligen Präsidenten Robert Greenhill ausgebootet, in einer Art Putsch, während Greenhill auf der Skipiste Klienten unterhielt. Greenhill war gewiß kein leichter Gegner gewesen; seine verschworene Anhängerschar war als „Davidianer" bekannt. Dennoch hatte Mack nach erbittertem Kampf gewonnen, und seither war Greenhills Gruppe *out* wie die besiegte Sekte im texanischen Waco.

Mack war ein charismatischer Führer, der so charmant wie einschüchternd wirkte. Ein Manager bei Morgan Stanley beschrieb ihn als „den besten Verkäufer, den ich je gesehen habe". Gruppenweise empfing er die untersten Mitarbeiter von Morgan Stanley zu informellen Geschäftsessen. In seinem Büro hatte er zwei mit Bonbons gefüllte Glasbehälter und einen Kaugummiautomaten aufgestellt, um Kollegen zu einem Stop und einem Schwatz zu animieren. Mack wurde sowohl wegen seiner patriotischen Bekenntnisse zum Unternehmen als auch wegen der aufmunternden und inspirierenden Gespräche verehrt, die er mit Mitarbeitern führte. Selbst die hartgesottensten Manager von Morgan Stanley ließen sich durch seine stimulierenden Reden motivieren. Er hatte vielen von ihnen einen Schauer den Rücken hinabgejagt und einige sogar zu Tränen gerührt. Mack schien geschickt genug, um jeden Konflikt zu lösen. Wenn die Trustees des 1,2-Milliarden-Dollar-Imperiums der Modezarin Doris Duke jemanden benötigten, der den Streit um ihr Immobilienvermögen – Morddrohungen inbegriffen – schlichtete, wer wurde um Rat gefragt? John Mack.

Macks aggressiver Kampf um globale Dominanz des Unternehmens brachte Morgan Stanley nicht zuletzt Unmengen an Geld ein. Binnen weniger Monate hatte die DPG mit PLUS Notes mehr Geld gemacht, als ich mir bei First Boston jemals hätte träumen lassen. Die Bonuszahlungen wurde dramatisch erhöht, und Hunderte von Angestellten erzielten „Bars". Die beiden Vizepräsidenten der Firma erhielten mehr als fünf Millionen Dollar pro Jahr (seit kurzem zehn Millionen), und jeder von ihnen war bereits mehr als 100 Millionen Dollar wert. Auch alle Derivatemanager machten Millionen, und jeder, mich eingeschlossen, erzielte ein sechsstelliges Einkommen. Währenddessen standen die Angestellten von First Boston immer noch in einer Schlange an, um ihre dürftigen Schecks einzulösen.

Zehn Jahre zuvor hatte Morgan Stanley beschlossen, seine Firmenphilosophie zu ändern, und das aggressiver gewordene Unternehmen hatte sich als Investmentbanking-Star der 90er entpuppt. Einmal mehr spielte Morgan Stanley, wenige Blocks nördlich vom Broadway, nur die besten Stücke – den (disziplinierten) *Kaufmann von Venedig* (und den Wucherer *Shylock)* –, während First Boston, bloß eine halbe Meile östlich und verzweifelt nach Arbeit suchend, *Gobbo der Clown* aufführte.

Diese Art von aggressiver Leidenschaft war neu für mich. Ich hatte nie zuvor einer so militanten Truppe angehört. Selbst in ihren Trainingsprogrammen hatte sich die First Boston nicht annähernd so kriegerisch gebärdet. Die Verkäufer bei First Boston rissen allenfalls ein paar Witze über ihre Klienten, aber sie diskutierten sicherlich nicht darüber, wie man mit Schrotflinten auf sie schoß, sie in die Luft jagte oder ihnen die Haut vom Gesicht herunterriß. Dagegen war Morgan Stanley ein wilder, verschworener Trupp. Ich staunte, wie schnell das Unternehmen mit einem so skrupellosen Credo gewachsen war.

5

F.I.A.S.C.O.

Dienstag, der 12. April 1994, wird in der Welt der Derivate für alle Zeiten ein verrufenes Datum bleiben. An diesem Tag wurden die ersten signifikanten Derivatverluste bekannt. Die Verkäufer der DPG waren von unserem zuletzt angehäuften Vermögen so berauscht, daß wir zuerst kaum etwas davon mitbekamen.

Die erste öffentliche Bekanntmachung stammte von der Gibson Greetings, Inc. mit Sitz in Cincinnati, dem drittgrößten US-Hersteller von Glückwunschkarten, die durch einen, wie es hieß, unautorisierten Zinsswap mit Bankers Trust 20 Millionen Dollar verloren hatte. Das Unternehmen hatte diese Verluste bereits einen Monat zuvor geahnt, als es still und leise einen Verlust von drei Millionen Dollar auswies.

Dieser Verlust löste Schockwellen in der ganzen Finanzwelt aus. William Flaherty, der Finanzvorstand von Gibson, hatte versucht, die Affäre herunterzureden mit den Worten: „Wir haben entschieden, dies als eine die ordentliche Geschäftstätigkeit nicht betreffende Angelegenheit zu betrachten und keine weiteren Stellungnahmen abzugeben." Der Aktienmarkt aber war verschnupft. Gibsons Aktien fielen an diesem 12. April um mehr als acht Prozent. Gibsons Rechts- und Wirtschaftsprüfungsgesellschaft Taft Stellinius & Hollister erklärte, daß sie die Swaps zwar untersuchten, aber keinen Kommentar abgeben wollten. Ein Direktor des Unternehmens, Anthony Wainwright, beteuerte wiederholt, daß die Swaps illegal gewesen seien, und Vorstand Benjamin Sottile bestätigte in einer Presseerklärung: „Diese Gesellschaft hätte niemals in eine solche Situation geraten dürfen, schließlich haben wir Bankers Trust beauftragt, uns bei diesen Transaktionen zu beraten. Wir erwägen rechtliche Schritte.“ Gerüchte wollten wissen, daß sich Gibson auf eine Klage gegen Bankers Trust vorbereite.

BT veröffentlichte ein kurzes Statement, das besagte, ihre Geschäfte mit Gibson seien „rechtmäßig und sauber“. Überraschend wurde bekannt, daß Gibson Greetings schon lange Zeit mit Swaps gehandelt hatte. Laut Gibsons Geschäftsbericht von 1993 hatte die Gesellschaft bereits 1993 ein Swap-Portfolio von 96 Millionen Dollar besessen, ein weiterer Anstieg gegenüber den 67 Millionen Dollar im Jahr 1992. Gibson verhielt sich beim Swaphandel weniger geschickt als bei der Produktion von Glückwunschkarten, und die Einkünfte des Unternehmens aus dem Swaphandel waren alles andere als spektakulär. Ende 1993 hatten sie eine Million Dollar verloren.

Aus den veröffentlichten Fakten ging hervor, daß Gibson 1994 zwei neue Swaps von Bankers Trust erworben hatte, und zwar jene Swaps, die den Schaden verursacht hatten. In einem Swap hatte Gibson – fälschlicherweise – darauf spekuliert, daß der LIBOR, die in London ermittelte Interbankenrate, nicht über 3,9 Prozent ansteigen würde. Mit jedem Basispunkt (Ein hundertstel Prozent) Anstieg verlor Gibson 72 000 Dollar. In dem anderen Swap spekulierte Gibson – wieder falsch –, daß sich die Differenz zwischen den Renditen einer Regierungsanleihe mit Fälligkeit im Jahr 2005 und einem Swap gleicher Laufzeit nicht verkleinern würde. Mit jedem Basispunkt, um den sich die Kursdifferenz einem Wert von weniger als 33,5 Basispunkten näherte, verlor Gibson 746 000 Dollar, bis hin zum Totalverlust, wenn die Kursdifferenz auf 20 Basispunkte zusammenschrumpfte. BT schätzte Gibsons Verluste aus diesen Swaps auf 19,7 Millionen. Die Gesellschaft bezifferte ihre maximalen potentiellen Verluste mit Swaps auf 27,6 Millionen. Niemand äußerte sich zu der Frage, was der Zweck solcher

Swaps gewesen sei. Niemand gab Auskunft darüber, was diese Wetten von Gibson mit der Herstellung von Glückwunschkarten zu tun hatten.

Am selben Tag, dem 12. April 1994, wurde der zweite Derivatverlust bekannt. Procter & Gamble (P&G), der 157 Jahre alte Hersteller von Haushaltsprodukten, erklärte, er müsse 102 Millionen Dollar einsetzen, um zwei verlorene Zinsswaps glattzustellen, ebenfalls getätigt mit Bankers Trust. Die Verluste von P&G waren die größten Verluste aus Derivatgeschäften, die jemals ein US-Industrieunternehmen bekanntgegeben hatte. Vorstandsvorsitzender Edwin Artzt räumte ein: „Derivate wie diese sind gefährlich, und wir haben uns gewaltig die Finger verbrannt. Wir werden so etwas nie mehr geschehen lassen." P&G ließ außerdem erkennen, daß man Bankers Trust unter Umständen verklagen würde. In einer Konferenzschaltung erklärte P&G-Finanzchef Erik Nelson Analysten die Komplexität dieser Swaps, durch welche die Derivatepolitik von P&G arg durcheinandergeworfen worden sei. Er betonte, daß die Firmenpolitik nach „plain vanilla-type swaps" verlange und „keine anderen Swaps dieses Typs in unserem Portfolio sind und dort auch niemals wieder solche Swaps sein werden". Unklar blieb, wer – wenn überhaupt – von P&G für die Verluste verantwortlich war. Der Schatzmeister des Unternehmens, Raymond Mains, der für die Derivateportfolios zuständig war, wurde still und leise vom Finanzbüro in ein „spezielles Aufgabengebiet" versetzt.

BT veröffentlichte ein weiteres kurzes Statement, diesmal um mitzuteilen, daß das leitende Management von P&G über die Swaps kontinuierlich informiert worden sei und man P&G energisch und förmlich geraten habe, die Positionen glattzustellen, als die Zinssätze zu steigen begannen, aber die Vertreter von P&G hätten diese Empfehlungen zurückgewiesen. Die Verteidigung von BT würde schwierig werden, denn das Haus war für den Vertrieb der kompliziertesten Derivate bekannt. Ich hatte auf schmerzliche Weise vom Ruf dieser Bank erfahren, als ich vor ein paar Jahren während eines Vorstellungsgesprächs eine Milliarde Dollar verloren hatte. Als eine der ersten Banken hatte BT exotische Optionen und Swaps verkauft und war bahnbrechend bei vielen komplexen Derivaten mit Hebeleffekt. Mehr als zehn Jahre zuvor hatte BT entschieden, man könne im Individualkundengeschäft nicht mit anderen größeren Banken konkurrieren; daher hatte das Institut etliche Filialen geschlossen und sich auf den Handel mit Wertpapieren sowie auf die Beratung großer Unternehmen in Finanzfragen konzentriert. Mit dem Verkauf dieser Instrumente an Klienten wie P&G hatte die Bank ein Vermögen gemacht; durch ihren Reichtum war sie zur geeigneten Zielscheibe für Beschwerden seitens der Finanzmarktaufsichtsbehörden und zum Sündenbock für Klienten geworden, die Geld verloren hatten. Nachdem P&G seine Verluste bekanntgegeben hatte, erklärte BT in einem halbherzigen Statement, die Swaps hätten einen relativ kleinen Anteil am P&G-Portfolio ausgemacht.

Wie Gibson Greetings hatte auch P&G lange Zeit mit Derivaten gehandelt, allerdings in viel größerem Ausmaß. Aus dem 1993er Geschäftsbericht von P&G ging hervor, daß das Unternehmen zum 30. Juni 1993 2,41 Milliarden Dollar in nicht bilanzierten Derivatkontrakten hielt, gegenüber 1,43 Milliarden Dollar im Jahr 1992. 1994 war der Derivatehandel von P&G so umfangreich, daß man mit dem Kauf einer P&G-Aktie nicht nur auf steigende Waschmittelpreise setzte, sondern auch spekulierte, daß die US- und die deutschen Zinssätze fallen würden. Die P&G-Aktionäre hatten die Kosten dieser Geschäfte zu tragen. Obwohl der 12. April ein guter Tag für P&G-Aktien hätte sein können – die quartalsmäßigen Gewinne (ohne Derivatverluste) stiegen um 15 Prozent –, bestrafte der Aktienmarkt P&G dennoch für die Verluste, und der Aktienkurs des Unternehmens schloß auf tiefem Niveau.

Ein Verkäufer, den Morgan Stanley vor kurzem von einer anderen Bank übernommen hatte, sagte, er habe mit dem Verkauf von exotischen Derivaten an Procter & Gamble Millionen gemacht. Wie er behauptete, hatte er allein 2,5 Millionen durch ein Geschäft mit P&G gemacht und dem Unternehmen so etwas wie einen „quantoed constant maturity swap yield curve flattening trade" verkauft – was auch immer das sein mochte. Er konnte nicht glauben, daß P&G behauptete, nicht verstanden zu haben, was es mit Derivaten auf sich hatte; eine Skepsis, die andere Verkäufer teilten. Wie Bidyut Sen sagte, war die Situation bei P&G so, wie wenn „ein Mann, der sich mit einem anderen, als Frau verkleideten Mann trifft, mit ihm ins Bett geht und sich dann beschwert, daß sein Date männlich sei". Er nannte P&G „verdammte Idioten" und wies uns an, bezüglich ihrer Aktien short zu gehen.

Auf die beiden Ankündigungen reagierten andere Unternehmen sofort. Am 14. April versicherte Finanzchef John Sargent von DuPont der Geschäftsleitung, es sei nicht beabsichtigt, mit den Derivataktivitäten des Unternehmens Gewinne zu erzielen. Colgate-Palmolive Company veröffentlichte ein Statement, in dem es hieß: „Die Firmenpolitik ist darauf ausgelegt, mit Finanzinstrumenten finanzielle Risiken abzusichern, nicht darauf, damit Gewinne zu machen." Und der Vorstand von Scott Paper Company, Basil Anderson, erklärte: P&G „verdirbt den rechtmäßigen Gebrauch von Derivaten", und glücklicherweise nutze man selbst ein Computersystem, „das unser gesamtes Portfolio von Minute zu Minute überwacht".

Einige andere Unternehmen wurden bezichtigt, sich von Derivaten übermäßig abhängig gemacht zu haben. David Garrity, Analyst bei McDonald & Company, erklärte, wegen ihrer konzerneigenen Finanzierungsgesellschaften seien die drei großen Automobilhersteller „eher Banken, die sich als produzierende Unternehmen maskieren, denn Konsumgüterhersteller". Die Chrysler Financial Corporation, eine Unternehmensgruppe des Chrysler-Konzerns, hielt Zinsswaps im Wert von 1,5 Milliarden Dollar sowie 535 Millionen Dollar in Währungsswaps, und Konzernmutter Chrysler besaß eine weitere Milliarde. Selbst Goodyear Tire & Rubber Company hatte ein Portfolio von 500 Millionen Dollar. Ich fragte mich, wer eigentlich *keine* Derivate besaß.

Wie sich herausstellte, hatte es etliche Warnungen vor potentiellen Verlusten durch Derivate gegeben. E. Gerald Corrigan, damals Präsident der Zentralbank von New York, hatte gewarnt, daß eine Serie großer Derivatverluste zu einem Dominoeffekt führen könne, der das gesamte Finanzsystem in eine Krise stürzen könnte. Corrigan sagte, er verstehe seine Warnung als „weltweit hörbaren Schuß vor den Bug".

Monate später sollte derselbe Corrigan mit Platzpatronen schießen. Nachdem ihn Goldman, Sachs, Morgan Stanleys Erzrivale, als internationaler Advisor angestellt hatte, wurden seine Warnungen milder. Im April 1994 konnte man hören, wie er seine ursprünglichen Stellungnahmen geringfügig dementierte: „Wie NFL-Quarterbacks ziehen Derivate wahrscheinlich mehr Lob und Anschuldigungen auf sich, als sie verdienen." Aber auch nachdem Corrigan sie im Stich gelassen hatte, fuhren andere Mitglieder des Zentralbankrates, darunter die Gouverneure Susan Phillips und John LaWare, in ihren Warnungen fort.

Kurz vor den Verlusten des 12. April hatten Mitglieder der Börsenaufsichtsbehörde (Securities and Exchange Commission) wiederholt vor dem Verlustpotential gewarnt. Commissioner Carter Beese hatte den BT-Geschäftsbericht von 1993 zitiert und gewarnt, daß für den Derivatemarkt „die Uhr tickt" – der Bericht wies Derivatpositionen von fast zwei *Billionen* Dollar aus. Commissioner Richard Roberts argwöhnte, daß „einige Derivatprodukte mehr wegen der fetten Profite für die Emissionsbanken als wegen der Tauglichkeit für den Käufer vertrieben werden". Der ehemalige SEC-Vorsitzende Richard Breeden äußerte ähnliche Warnungen, und der gegenwärtige Vorsitzende Arthur Levitt sagte der Public Securities Association: „Wir nehmen diese Sache sehr ernst. Und wir werden unser Bestes tun, um sicherzustellen, daß es auch die Broker ernst nehmen." Am 11. April schloß sich Eugene Ludwig, Comptroller of the Currency, den Warnungen vor „Designerderivaten" an.

Wie Michael Lipper von der Fondsanalysefirma Lipper Analytical Services erklärte, seien die Warnungen auch an

Investmentfonds gerichtet: 475 von 1728 Aktien-, Renten- und Mischfonds hatten Milliarden in Derivate investiert, und solche Positionen „scheinen nun auf geheimnisvolle Weise zu verschwinden" an dem Tag, an dem die Fonds ihren Anteilseignern Zwischenergebnisse präsentieren müßten. Investmentfonds ist es zwar gesetzlich untersagt, mit fremdem Geld Wertpapiere mit Hebeleffekten zu kaufen; dennoch verkündete das Investment Company Institute, eine in Washington ansässige Investmentfonds-Vertriebsgruppe, daß Investmentfonds nicht nur Derivate im Wert von 7,5 Milliarden Dollar hielten (2,13 Prozent des Gesamtkapitals), sondern zusätzlich für 1,5 Milliarden Dollar Spezialderivate wie „Structured Notes" besäßen, darunter auch PERLS. Beispielsweise hatte der zehn Milliarden Dollar schwere Asset Manager Fonds von Fidelity Investment im letzten Quartal des Jahres 1993 800 Millionen Dollar in Structured Notes investiert, darunter Leverage-Spekulationen auf finnische, schwedische und britische Zinssätze. Ein Papier, basierend auf kanadischen Raten und mit 13-fachem Hebel, hatte im Vorjahr 33 Prozent gewonnen; in den ersten vier Monaten des Jahres 1994 stürzte dasselbe Papier um 25 Prozent ab. Am schlimmsten war, daß die Investmentfonds-Vertriebsgruppen nicht einmal über die PLUS-Notes-Käufe informiert schienen.

Natürlich gab es bis zum 12. April 1994 zahlreiche Stimmen, welche den Derivatehandel gegen die Aufsichtsbehörden verteidigten, so wie heute auch. Ein Fidelity-Vizepräsident für Geschäftsentwicklung in Boston sagte: „Asset Manager Fonds wurden für Leute geschaffen, die relativ konservativ eingestellt sind." Joanne Medero, Sozietärin in der Kanzlei Orrick, Herrington & Sutcliffe und ehemalige Gerneralkonsulin der Warenterminbörsen-Aufsichtsbehörde Commodity Futures Trading Commission, wurde mit den Worten zitiert: „Ich glaube nicht, daß hier striktere Regulierungen nötig sind, da die Märkte nach meiner Überzeugung durch intensivere Marktregulierung nicht effizienter würden."

Zu dem Zeitpunkt, da die ersten Verluste bekanntgegeben wurden, am 12. April, war der Kongreß schon bereit. Am selben Tag nämlich veröffentlichte der demokratische Abgeordnete Henry Gonzalez, damals Vorsitzender des Ausschusses für Bank-, Finanz- und städtische Angelegenheiten, eine vorbereitete Derivate-Gesetzesvorlage. Sie umfaßte den Vorschlag, zu untersuchen, ob der Kongreß Spekulationsgewinne aus Derivatgeschäften besteuern könne, und ein Gesetz, das „ungeeignetes Derivatemanagement" unter Strafe stellte. Der demokratische Abgeordnete Edward Markey und andere schlossen sich der Initiative an. Markeys Büro verkündete, er sei „sehr besorgt darüber, wie sich der Markt ausbreitet, von hochentwickelten Finanzintermediären und den 100 gewinnträchtigsten Unternehmen bis hin zu kleineren und weniger entwikkelten Endnutzern, seien es Kapitalgesellschaften oder Gemeindeverwaltungen". Am 6. April hatte Markey bei der SEC angefragt, ob man die Derivate nicht präziser durchleuchten könne, wobei er auf seine Bedenken bezüglich der immer engeren Verknüpfung zwischen Derivaten und jüngsten Kursausschlägen an den Aktien- und Rentenmärkten verwies. Der republikanische Abgeordnete Jim Leach warnte: „Das Verhältnis zwischen der Größe der Kontrakte und der Größe des Unternehmens ist Anlaß zu großer Sorge", und fügte hinzu: „Das gesamte Direktorenteam ist verantwortlich." Gonzales faßte den Umgang des Kongresses mit dieser heißen politischen Thematik wie folgt zusammen: „Anstatt auf eine Katastrophe zu warten, sollten wir lieber amerikanische Führungsstärke in Finanzangelegenheiten zeigen und die Initiative ergreifen."

Am folgenden Tag, dem 13. April, lud der Bankausschuß des Parlamentes den in Budapest geborenen George Soros vor, Manager der über zehn Milliarden Dollar schweren Quantum-Fondsgruppe, damit er über die Gefahren von Derivaten aussagte. Soros ist, wenn nicht der smarteste, zumindest der weltweit reichste Experte auf dem Gebiet der Derivate. Quantum wurde als der Fonds bezeichnet, der während seiner 25-jährigen Geschichte die weltbesten Wachstumsraten erzielte.

Wie Soros sagte, bringe die explosionsartige Zunahme von Derivaten für Investoren spezielle Risiken mit sich: „Es gibt so viele davon, und viele von ihnen sind so esoterisch, daß die Risiken meist nicht richtig verstanden werden, nicht einmal von den qualifiziertesten Investoren." Wie er erklärte, erweckten viele Derivate den Anschein, ausschließlich entwickelt worden zu sein, um institutionellen Investoren Glücksspiele zu ermöglichen, zu welchen sie normalerweise nicht berechtigt wären. Beispielsweise kauften einige Rentenfonds synthetische Wertpapiere in zehn- bis zwanzigfacher Höhe des Risikos, das zu tragen sie befugt waren. Er warnte vor „vielen anderen Instrumenten, die außergewöhnliche Erträge offerieren, da sie die Saat der totalen Vernichtung in sich bergen". Außerdem warnte er vor einer Verschmelzung, gegen welche die Regulierungsbehörden vorgehen müßten, um die Integrität des Finanzsystems zu schützen. Er schloß mit einem etwas optimistischen Hinweis, indem er erklärte, er sehe „keine unmittelbare Gefahr eines Börsenkrachs".

Jedoch konnte nicht einmal Soros den Kongreß dazu bewegen, irgendwelche Gesetze zu verabschieden, und so scheiterten die Vorlagen schließlich. Soros, Gonzales, Leach und andere waren in der Zwickmühle. Allein in den letzten beiden Legislaturperioden hatten die Abgeordneten etwa 100 Millionen Dollar an Beiträgen von Banken, Investment- und Versicherungsgesellschaften erhalten.

Es war offensichtlich, daß es mehrere Derivatedesaster geben würde. Wie Robert Baldoni, Managing Director von Emcor Risk Management Consulting, sagte, wiesen „Rauchzeichen in der Ferne darauf hin, daß neue Regeln zur Offenlegung von Derivaten kommen werden"; bis der Kongreß aktiv wird, „werden Leute mit sehr guten Institutionen schlechte Transaktionen tätigen, die in den Unternehmen niemand richtig versteht". Paul Mackey, Analyst bei Dean Witter Reynolds, sagte am 13. April: „Viele Unternehmen werden die Derivate nun lange Zeit des blutigen Mordes bezichtigen. Procter & Gamble wird nicht das einzige sein."

Ich erinnere mich daran, wie alle diese Aussagen durch den Handelssaal von Morgan Stanley schwirrten. Gibson Greetings? Procter & Gamble? Hatten *wir* diese Derivate verkauft, die nun explodierten? Wie sich herausstellte, lautete die Antwort: nein. Bankers Trust war der Hauptschuldige. Wir konnten uns unter einigen Kugeln hinwegducken – zumindest bis jetzt.

Wie vorausgesagt, wurden bald danach andere Verluste bekannt, und die Verluste multiplizierten sich den ganzen April 1994 hindurch. Dell Computer in Austin, Texas, gab einen Derivatverlust bekannt, welcher der Dell-Aktie – der zweitumsatzstärksten an diesem Tag – einen Kursverlust von zwölf Prozent bescherte, trotz der Beschwichtigungen seitens der Unternehmenssprecherin, daß die Verluste „nicht von demselben Spielfeld stammen wie diejenigen von Procter & Gamble". Auch die in Dayton, Ohio, ansässige Mead Corporation, ein Papierhersteller und Anbieter elektronischer Datenservices, gab einen erheblichen Verlust bekannt. In den folgenden Monaten wurde täglich ein neuer großer Verlust mit Derivaten publik. Viele der frühen Opfer waren altbekannte Namen. Dell? Mead? Ich verstand nicht, wie sie soviel Geld verlieren konnten. Wenn man Aktien von einem dieser Unternehmen kaufte, was erwarb man dann? Anteile eines Konsumgüterproduzenten oder eines Derivatespekulanten? Wie konnte man den Unterschied erkennen? In allen diesen Fällen schworen die DPG-Verkäufer, keines der explodierten Derivate verkauft zu haben. Jedesmal schwirrten Gerüchte durch das ganze Unternehmen und erstarben bald darauf. Es schien, als hätte Morgan Stanley auch diese Schüsse abgewehrt.

Kurioserweise ließ sich das Management von Morgan Stanley durch diese erste Serie von Veröffentlichungen nicht stören. Das Gezeter um blutige Mordtaten heizte höchstens die Aggressionen unserer Bosse an. Der sofortige Aufschrei von Firmenpräsident John Mack war typisch für die Geldgier, die in der Derivategruppe herrschte. Schon bald nachdem die ersten Verluste bekannt geworden waren, forderte Mack eine Gruppe von Managern auf: „Da ist Blut im Wasser. Los, bringen wir jemanden um." Damit war gemeint, daß wir aus der prekären Situation unserer Derivatekäufer noch mehr Geld herausschlagen könnten, wenn sie in Schwierigkeiten gerieten und wir sie davon überzeugten, daß sie uns brauchten – vielleicht um ihre Verluste herunterzufahren. Das Management labte sich an den Wunden dieser potentiellen Opfer, die man euphemistisch als „besorgte Käufer" bezeichnete. Wie mir meine Bosse zu dieser Zeit immer wieder sagten: „Wir lieben besorgte Käufer."

Einige meiner Kollegen und ich begannen sich dennoch Sorgen zu machen. Die Reaktionen unserer Bosse erschienen viel zu optimistisch, fast naiv. John Macks Instruktionen kamen uns rücksichtslos vor. Ich war nicht daran interessiert, jemanden umzubringen, und eingedenk meines Jurastudiums fragte ich mich, ob ich mich von diesen „besorgten Käufern" nicht fernhalten sollte. Ich hielt es für besser, mich für eine Weile ruhig zu verhalten und Klienten, die bereits Millionen Dollar mit Derivaten verloren hatten, keine neuen Geschäfte anzubieten. Ich verlor jedoch nicht meinen Mut. Vielmehr begann ich, mich für das bevorstehende F.I.A.S.C.O. zu begeistern.

Der große Tag war Samstag, der 18. April 1994, nur wenige Tage, nachdem Procter & Gamble einen Derivatverlust von mehr als 100 Millionen Dollar bekanntgegeben hatte. Anfangs war ich sehr besorgt gewesen wegen der Größe dieses Verlustes und der Aussichten für das Derivatgeschäft, doch als ich in den frühen Morgenstunden dieses Samstags erwachte, waren meine Sorgen verschwunden. Ich war stolz, ein neues Mitglied der Spezialeinheit von Morgan Stanley zu sein, und ganz besonders stolz, mein erstes F.I.A.S.C.O. mitzuerleben. Ich war mit meinem Marschbefehl von Präsident Mack ausgerüstet, der mich der Schießsportanlage in Sandanona zuwies, einem Club im Staat New York. So trotzte ich dem prasselnden Regen, während ich draußen auf meine Mitfahrgelegenheit wartete.

Ein Kollege von mir, Alexander „Lex" Maldutis, Associate wie ich, holte mich bei meinem Miniapartment im West Village ab. Lex war ein echter „Raketenforscher“, und zwar einer von der jungen Sorte. Er behauptete, Anfang Zwanzig zu sein, aber ich hatte den Verdacht, daß er gerade 18 war. Das College hatte er schon in einem Alter besucht, in dem viele Kinder noch radfahren lernen. Mit meinen 27 kam ich mir neben Lex wie ein alter Mann vor. Ich mußte lächeln, als ich ihn in einer enormen Limousine vom Typ Lincoln Continental Mark VII die Grove Street herunterfahren sah. Er rollte am Randstein aus und stieß die massive Tür auf. Ich lobte die luxuriöse Einrichtung seines Wagens, dann machten wir uns auf den Weg in Richtung Eighth Avenue. Mit seinem Mark VII paßten wir gut zu den Zuhältern und Prostituierten auf der Eighth Avenue, deren Nacht allmählich ausklang. Unser Tag dagegen fing gerade erst an.

Lex erklärte mir, warum der Mark VII ein ausgezeichnetes „Weiberauto“ sei. Ich nickte höflich. Stimmte ich zu? Ich spürte den immensen Einfluß von Vogelscheuche auf Lex, als dieser unbeholfen von „Weibern“ redete. Viele der jüngeren Verkäufer und Händler versuchten unsere Alten nachzuahmen, vor allem Vogelscheuche. Aber dieser Teenage-Raketenforscher, der ein sechsstelliges Einkommen hatte, ein piekfeines V8-Auto fuhr und von „Weibern“ redete, war eine merkwürdige Erscheinung. Als ich dann sanft das Armaturenbrett berührte, erkannte ich, daß Lex in dieser Hinsicht recht hatte. Es *war* ein ausgezeichnetes Weiberauto. Ich stellte mir Lex vor, wie er mit einer der golfspielenden Hooters-Kellnerinnen durch die Straßen kreuzte. Konnte ich mir einen Mark VII leisten?

Ein paar Minuten lang schwiegen wir, und mir wurde bewußt, wie sehr ich mich in den letzten Monaten verändert hatte. Hatte mich Vogelscheuche so stark geprägt? Sicherlich hatte er Lex beeinflußt, und ich vermutete, daß wir alle mehr und mehr wie er wurden. Ich nahm meine Hand vom Armaturenbrett. Warum machten sich zwei intelligente junge Männer an diesem trüben Apriltag vor Sonnenaufgang auf den Weg, um bei strömendem Regen begeistert durch Morast zu stapfen und, wenn wir Glück hatten, ein paar Pfund Vogelschrot auf

Tonscherben abzufeuern? Was war mit uns passiert? Mir fiel auf, daß Lex eine frisch gebügelte Wollhose und polierte kastanienbraune Modellschuhe der Extraklasse trug, die in ein paar Stunden vollständig ruiniert sein würden. Ich hatte Jeans und Boots an, die zwar ebenfalls ruiniert sein würden, was mich aber weniger kosten würde. Ich war froh, daß uns Vogelscheuche bislang wenigstens nicht dazu gebracht hatte, Arbeitsanzüge aus dem Zweiten Weltkrieg zu tragen.

Wir fuhren die Eighth Avenue entlang und überquerten die Upper East Side, wo wir zwei von unseren Bossen abholen wollten, darunter Steve Benardete, den Kleinsten aus der Viererbande. Benardete war Vogelscheuches regelmäßiger Jagdpartner, und wie er einem meiner Kollegen erzählte, hatte er 40 000 Dollar für das Recht bezahlt, in Afrika ein Rhinozeros zu erlegen. Benardetes geräumiges Penthouse bildete einen schroffen Kontrast zu meinem 28 Quadratmeter kleinen Studio. Viele Verkäufer, die an diesem Event teilnahmen, lebten in der normalerweise stillen Upper East Side von Manhattan, und an jenem Morgen mußte es so gewirkt haben, als beginne dort gerade eine Militäroperation. Die sonderbar aussehenden Milizen stürzten einer nach dem anderen aus ihren luxuriösen East-Side-Appartements in den Regen, bekleidet mit neuen Flanellhemden, gelben Regenmänteln und khakifarbenen Arbeitsanzügen. Viele brachten ihre eigenen, polierten zwölfkalibrigen Schußwaffen mit, aber unsere Crew tat das nicht. Benardete gratulierte Lex zu seinem Auto, und wir rasten weiter in Richtung Norden, nach Sandanona.

Während der zweistündigen Fahrt diskutierten wir über die jüngst bekanntgewordenen Derivatverluste. Ich wußte, daß Morgan Stanley in Rechtsstreitigkeiten wegen der Derivate verwickelt war, welche die Investmentbank dem staatlichen Investitionsausschuß von West Virginia verkauft hatte. Wir sprachen über diesen Fall und über die Derivatekäufe verschiedener anderer öffentlicher Investitionsausschüsse, etwa von Wisconsin und einigen Bezirken in Kalifornien. Ich dachte laut darüber nach, ob der Derivatemarkt eine Spekulationsblase sein könnte, die gerade im Begriff war zu platzen. Warum nahmen solche konservativen Investoren derart hohe Risiken in Kauf? Wir debattierten über die Frage, ob kalifornische Countys überhaupt so große Zinsspekulationen eingehen sollten. Meine Bosse sagten, solange wir offen und ehrlich die Risiken darlegten, sei es nicht unsere Sache, was diese Kunden kauften. Es liege im Verantwortungsbereich des Klienten, die Risiken abzuschätzen, und es sei das Problem des Kunden, wenn er durch riskante Derivate Verluste erlitt. Aber auch sie wirkten noch immer beunruhigt.

Unsere Bedenken verflogen, als wir in Sandanona eintrafen, in einem historischen und exklusiven Privatclub im landwirtschaftlichen Gebiet des Staates New York. Die Gegend von Sandanona ist sehr hübsch und sehr ruhig, besonders am frühen Morgen, wenn die Sonne über den niedrigen Hügeln und hinter den dichten Tannen aufgeht. Natürlich waren wir nicht hier, um die schöne Natur zu betrachten – nicht mit all den Gewehren und der Munition. Sandanona war außerdem der Sitz einer des größten Tontauben-Schießsportanlagen in der Gegend; wir waren gekommen, um zu schießen.

Vogelscheuche brachte uns ins Clubhaus. Es war ein bedeutendes Jubiläum für F.I.A.S.C.O., das zehnte Event dieser Art. Ein Jahrzehnt zuvor war F.I.A.S.C.O. noch ein geheimnisvolles Akronym bei Morgan Stanley gewesen. Als sich dann aber zeigte, daß der Anteil der Derivategruppe an Morgan Stanleys Profiten weiter steigen würde, wollten viele Verkäufer und Händler noch schnell auf den Börsenzug aufspringen. Sie hatten begriffen, daß Derivate, was immer das auch war, sie reich machen würden. Wenn man hierfür vor dem Morgengrauen mit einer Schrotflinte zu irgendeinem F.I.A.S.C.O. nach Sandanona fahren mußte, sei's drum. Außerdem machte es Spaß. 1994 war F.I.A.S.C.O. bereits eine Legende.

Vogelscheuche erklärte uns die Regeln. Der Auftrag jeder Gruppe lautete, Sandanona auseinanderzunehmen und zu vernichten. Ein paar Stunden lang sollten sie auf alles feuern, was sich bewegte, nur möglichst nicht aufeinander, denn Punkte bekam man nur für den Abschuß von Tontauben. Dies war kein zahmes Kirmes-Wettschießen, Gewehre und Munition waren echt. Wir sollten das Teamkonzept des Unternehmens kennenlernen und schießen, um zu töten, und dabei die ultimative Erfahrung eines Männerbundes machen (obwohl auch ein paar Frauen dabei waren – wir lebten schließlich in den 90er Jahren).

Einige Verkäufer fragten, ob F.I.A.S.C.O. ursprünglich Vogelscheuches Idee gewesen sei. Vielleicht waren eigene Ideen wirklich nicht seine Stärke, doch in diesem Fall muß ich ihn in Schutz nehmen. Das hintersinnige Akronym stammte wohl nicht von ihm, sicherlich aber die Idee, auf Gegenstände zu schießen. Er hatte alle namhaften Zeitschriften über Gewehre, Jagd und Sportschützen abonniert und besaß genug Waffen, um das ganze Unternehmen auszurüsten. Die Wände seines Hauses in Connecticut starrten vor Schwertern, Gewehren und Militäruniformen. Seine besondere Vorliebe galt dem Zweiten Weltkrieg, und er besuchte regelmäßig Fachkonferenzen über Militärhelme. Ich werde nie den einzigen Rat vergessen, den er mir auf eine lange Reise nach Tokio mitgab: das Museum für Samurai-Schwerter zu besuchen.

Manche Verkäufer bezweifelten, daß Vogelscheuches militärische Erfahrung ihn für einen Job in Morgan Stanleys Derivategruppe qualifizierte. Die meisten Männer und ein paar Frauen, die Derivate verkauften, wurden aus gutem Grund Raketenforscher genannt: weil sie Diplome in Mathematik und jede Menge Grips hatten. Typische Derivateverkäufer spielten in ihrer Freizeit Schach oder mathematische Computerspiele. Typische Derivateverkäufer schossen nicht auf Gegenstände. Vogelscheuche war das Gegenteil eines prototypischen Derivateverkäufers. Sein Spitzname paßte. Er hatte weder ein Diplom in Mathematik noch viel Hirn im Kopf. Wenn Vogelscheuche „Wenn ich nur Verstand hätte" pfiff, erhob sich kein Widerspruch. Was also hatte er im Derivatehandel verloren?

Mit der Zeit stellten die Verkäufer diese Frage immer seltener, da sie begriffen, was Vogelscheuche beim Derivateverkauf erfolgreich machte. Letztlich waren seine militärischen Talente weitaus nützlicher als schlichtes mathematisches Wissen. Er und andere konnten die Raketenforscher davon überzeugen, daß Schießen wirksamer als Denken war. Dies war der Schlüssel zu der neuen Philosophie von Morgan Stanley. Wo Vogelscheuches Ansichten einschlugen, wurden mathematische Theoreme durch nachgeahmte Slogans der National Rifle Association ersetzt: „Derivate töten keine Leute – nur Leute töten Leute." „Wenn Derivate illegal werden, werden nur Illegale Derivate besitzen." Die Händler und Verkäufer warfen ihre Mathematikzeitschriften in den Papierkorb und kauften Sun-Tzu-Ausgaben und andere militärische Praxisbücher. Die Ergebnisse waren günstig. In dem Maß, in dem sich Vogelscheuches Ideen zur Kriegskunst verbreiteten, begann die Derivategruppe richtig Geld zu verdienen.

Die Derivateverkäufer lernten schnell und bekamen immer spekulativere Einfälle, wodurch auch die Wertpapiere, die sie verkauften, immer spekulativer wurden. Noch 1986 hatte der typische Verkäufer *Time* oder vielleicht den *Playboy* abonniert, spielte Golf und verkaufte Industrieobligationen und Staatsanleihen. 1994 las derselbe Verkäufer *Soldier of Fortune* und *Guns and Ammo*, schoß auf Tauben und verkaufte komplexe währungs- und zinsspekulative Derivate mit Hebeleffekten und Inverse-Floaters-Coupon. Diese Entwicklung war kein Zufall.

Um die jüngeren Verkäufer zu ermutigen, kaufte Vogelscheuche eine batteriebetriebene Spielzeugfigur, einen Kommandeur, der militärische Parolen schnarrte. Er stellte die Figur gut sichtbar auf den Händlertisch und nannte sie den Derivatehändler der 90er Jahre. Vogelscheuche pflegte ihr verschiedene Fragen zu Derivaten zu stellen, dann hielt er sie in die Luft und drückte auf den Knopf an ihrer Brust. Mit tiefer, disziplinierter Stimme antwortete die Kommandeursfigur: „Yes, sir! Yes, sir!"

Ich musterte die mehreren Dutzend Scharfschützen, die zu dem Turnier versammelt waren. Es waren aggressive Jäger. Anfang der 90er, als das Derivatgeschäft in den USA zunehmend unter Konkurrenzdruck geriet, suchten die Verkäufer im

Ausland nach Opfern, besonders in Lateinamerika und im Nahen und Fernen Osten. Das Topmanagement wagte sich auf Auslandsgeschäftsreisen, Derivate-„Safaris" genannt, und machte Jagd auf große Derivatgeschäfte, die sie „Elefanten" nannten. Die Manager schilderten beabsichtigte Verkäufe mit Begriffen aus der Großwildjagd, und ihre Derivatesafaris wurden oftmals durch echte Jagdausflüge ergänzt. Eine Gruppe oberer Direktoren unternahm eine extravagante Dienstreise nach Uruguay, um dort Tauben zu schießen. Auf Tauben schossen sie besonders gern. Warum? Die Herausforderung kann es nicht gewesen sein. Die Gruppe erwarb von einem Bauern in Uruguay, der Tausende Tauben auf seinem Hof hatte, die Erlaubnis, Tauben abzuschießen. Ein Manager erzählte mir, die Luft sei so schwarz von Tauben gewesen, daß die Jagd an eine Szene aus Alfred Hitchcocks Film *Die Vögel* erinnert habe. Vielleicht gefielen ihnen diese Ausflüge, weil das Jagen so einfach war. Es war unmöglich danebenzuschießen – fast so leicht wie der Verkauf von Derivaten. Sie sagten, neben F.I.A.S.C.O. seien auch die Jagdausflüge als Zielübungen für unser Geschäft gedacht. Diese Rationalisierung diente weniger dazu, die Reisekosten als Geschäftsausgaben zu rechtfertigen. Sie machte in der Tat Sinn. Tauben- oder Tontaubenschießen war ein ausgezeichnetes Training für die weitaus amüsantere Jagd im richtigen Leben, wenn das Schrapnell eines komplexen Finanzinstruments eine reiche, nichtsahnende menschliche Taube zerriß.

Das Jagdfieber schien alle zu erfassen, selbst den Gastgeber und Besitzer von Sandanona, George Bednar. 1986 hatte er mit der Tradition gebrochen, indem er seine geheiligten Gründe für das erste F.I.A.S.C.O. an Morgan Stanley vermietete. Nachdem Bednar einige Jahre fette Honorare von F.I.A.S.C.O. kassiert hatte, beschloß er, abermals mit der Tradition zu brechen und Sandanona vom rustikalen Schießparcours zum feudalen Unternehmens-Cateringbetrieb zu veredeln. Ab den frühen 90ern hatte er riesige Kredite aufgenommen, um Schießstände und Clubhaus auszubauen. Bednar ging dazu über,

Unternehmen als Mitglieder aufzunehmen, und erweiterte den traditionellen, lokal begrenzten Mitgliederkreis von Sandanona um eine reiche auswärtige Klientel. Zusätzlich zum alljährlichen F.I.A.S.C.O. wurde Sandanona zum Ausflugsziel für verschiedene Unternehmen.

1994 war der Wandel in der Philosophie des Schützenvereins ebenso erkennbar wie die parallelen Veränderungen bei Morgan Stanley. Beim damaligen F.I.A.S.C.O. reichten die Sandanona-Kellner Wild (eindeutig anderswo erlegt) und edle Weine im eleganten Speisesaal mit offenem Kamin, der zum neu errichteten Clubhaus gehörte. Das Geld floß, und wie die Käufer von Derivaten war auch Sandanona von der Idee der maximalen Steigerung infiziert.

Ich bemerkte, daß eine gewisse Sogwirkung von F.I.A.S.C.O. ausging, und überlegte, ob es Zufall sein konnte, daß ich an diesem Morgen in Sandanona war. Wirbelte etwa ein Zyklon um Sandanona und drängte mysteriöserweise die Angestellten von Morgan Stanley näher und näher zusammen? Hatte dieser Zyklon, womöglich schon seit 1986, auch mich herbeigewirbelt? Als das erste F.I.A.S.C.O. veranstaltet wurde, hatte ich gerade die High School abgeschlossen. Hatte ich schon damals, von Kansas aus, die Zugkraft von F.I.A.S.C.O. gespürt? Während weitere F.I.A.S.C.O.s stattfanden, beendete ich gerade mein Jurastudium, zog nach New York um und begann bei First Boston zu arbeiten. Nach dem F.I.A.S.C.O. von 1993 bekam ich den Job bei Morgan Stanley und geriet in den Strudel der Derivategruppe des Hauses. War das alles Zufall? Oder war ich auf unerklärliche Weise von diesem Event angezogen worden?

Vogelscheuche packte mich und bestand darauf, daß ich zu seiner Schießgruppe gehörte. Offenbar hielt er mich für einen guten Schützen, weil ich aus Kansas kam. Das war allerdings ein grober Irrtum. Ich brachte es nicht übers Herz, ihm zu erzählen, daß ich als junger Pfadfinder mehrfach bei den Schießprüfungen durchgefallen war, was mich damals sehr niedergedrückt hatte. Bei der Prüfung wurde im wesentlichen verlangt, daß man mit einem von drei Schüssen die Breitseite einer Scheunenwand traf. Die anderen Pfadfinder, die ebenfalls aus Kansas waren, lachten mich regelmäßig aus, denn sie hatten noch nie jemanden kennengelernt, der unfähig war, eine Scheunenwand zu treffen.

Lex flüsterte mir zu, er habe gehört, daß die F.I.A.S.C.O.-Leitung dem schlechtesten Schützen einen Sonderpreis überreichen würde. Panik durchfuhr mich, und ich bedrängte Vogelscheuche, mir Einzelheiten zu nennen. Er bestätigte, daß es für die schlechteste Wertung einen Preis gab und sein (oder ihr) Name in eine wenig begehrte silberne Trophäe namens Krum Kup graviert werde. Der Krum Kup war nach Fred Krum benannt, einem unglaublich reichen und mächtigen Managing Director von Morgan Stanley, der einmal ein F.I.A.S.C.O. mitgemacht, sich dann aber geschworen hatte, diese Erfahrung niemals zu wiederholen, da er feststellen mußte, daß auch er keine Scheunenwand treffen konnte. Als ich die Namen auf dem Krum Kup las, stellte ich mir vor, daß auch mein Name dort auf ewig eingraviert werden könnte. Ich überlegte, ob dreimaliges Hacken-Zusammenschlagen mich zurück nach Kansas versetzen würde. Vogelscheuche unterbrach diesen Gedanken, indem er sagte, ich hätte in dieser Hinsicht natürlich nichts zu befürchten. Draußen versammelte sich unser Team. F.I.A.S.C.O. begann.

Die eigentliche Schießerei dauerte etwa zwei Stunden, nur war mir die Sache so peinlich, daß es mir Tage zu dauern schien. Zuerst attackierten die Gruppen wie verrückt Sandanona und sättigten die Luft mit Blei und zersprengtem Ton. Im Wald erschallte immer derselbe Lärm: Ohrenbetäubend wurde *„Feuer!"* geschrien, gefolgt von einem Kaliber-Zwölf-Knall und einem Schwall schneller, kreativer Flüche. Feuer, Peng, Fluch. Feuer, Peng, Fluch.

Der Tontauben-Parcours bestand aus etwa zwölf verschiedenen Schießständen. In Vierergruppen stapfte man durch dichtes Gehölz und über matschige Wege zu den einzelnen Stationen. Nach ein paar Runden vervielfältigte sich das Echo der Schüsse und Flüche. Die Spieler feuerten fieberhaft. Feuer,

Peng, zahlen. Feuer, Peng, kassieren. Mit jedem Schuß wechselten riesige Geldsummen den Besitzer.

Dann begannen viele Schützen zu mogeln. Im Regen konnte man kaum sehen, ob jemand ins Schwarze traf. Selbst wenn man absolut nichts erwischt hatte – und es wußte –, konnte man zuversichtlich „Acht von Zehn“ angeben und am Ende, nach einigem Hin und Her, doch noch, sagen wir, sechs Punkte einheimsen. Feuer, treffen, kassieren. Feuer, verfehlen, lügen, trotzdem kassieren.

Indem die Soldaten verstärkt zu Schnaps und Zigarren griffen, verfiel die sportliche Disziplin. Nach wenigen Stunden verlagerte sich das allgemeine Interesse von der Vogeljagd auf Scotch und Tabak. Feuer, Peng, zahlen, saufen, qualmen. Feuer, saufen, qualmen. Saufen, qualmen, saufen, qualmen.

Bis zum Mittag hatten die Verkäufer das Gelände von Sandanona mit Schnapsflaschen, Zigarrenstummeln und Urin verseucht. Das zehnte F.I.A.S.C.O. war ein Erfolg.

Wie ich befürchtet hatte, verfehlte ich beinahe alles, worauf ich zielte. Ich versuchte meine armselige Vorstellung auf die widrigen Umstände zu schieben. Der Regen pladderte mir auf die Brille, und ich konnte nicht einmal das Ende meiner Flinte sehen. Aber es war offensichtlich, Regen hin oder her, daß ich ein lausiger Schütze war. Ich hatte versucht, beim Abdrücken die Augen zu schließen, und dennoch ein Stück Ton getroffen. Doch nach ein paar Runden schielten die Tontaubenwerfer schon nervös zu mir hin. Ich betete darum, keinen von ihnen getroffen zu haben, aber sicher war ich mir nicht. Ich versuchte sogar zu mogeln, doch nicht mal das klappte.

Auf dem Weg zum Clubhaus ließen etliche Verkäufer frühere F.I.A.S.C.O.s Revue passieren. Kam das heutige Event an die gute alte Zeit heran? Offensichtlich nicht. Die Schießqualität hatte gelitten, seit das Ereignis populärer geworden war. Nach zehn Jahren war F.I.A.S.C.O. zum Unternehmenssymbol für den neuen militärischen Ansatz und die Killerhaltung geworden, und jeder stürzte sich in den Kampf. Tontaubenschießen und Wildjagd waren zu den Lieblingshobbys im ganzen Unternehmen geworden; scharenweise waren die Angestellten Schützen- und Jagdvereinen beigetreten, und Morgan Stanley bot nun bei den regelmäßigen Betriebsausflügen außer Golf auch Tontaubenschießen an.

Obwohl man bei dem F.I.A.S.C.O. von 1994 die erforderliche Menge an Regen, Zigarren, Wettkampf und Alkohol vorweisen konnte, lag eine merkwürdige Nervosität in der Luft. Auf dem Weg ins Clubhaus erwähnte ein Verkäufer, daß sich Sandanona 1993, als das Geld noch billig gewesen war, mit Krediten übernommen habe. Anscheinend unterschied sich Sandanona nicht sehr von den jüngsten Derivate-Opfern. Als Anfang 1994 die Zinsen stiegen, sah sich auch Sandanona wachsenden Verbindlichkeiten gegenüber und hatte mit den hohen Darlehensrückzahlungen zu kämpfen.

Die Treffer wurden ausgezählt, die Ergebnisse im luxuriösen Bankettsaal des Clubhauses verkündet. Unser Team landete auf einem mittleren Rang. Vogelscheuche wurde Dritter in der Einzelwertung, und ein junger Kollege siegte mit der beeindruckenden Quote von 82 von 100 Punkten. Die meisten Punktzahlen lagen zwischen 50 und 60. Als mein Ergebnis aufgerufen wurde, 35 Punkte, sank mir das Herz. Ich betete, daß irgendwer noch weniger haben möge. *Bitte, lieber Gott, immerhin hab ich heute niemanden umgebracht.* Nervös zählte ich die anwesenden Tontaubenwerfer und fragte mich, warum einer fehlte.

Zum Glück wurde noch eine Neun verkündet – das Resultat von einer der Frauen. Einen Geschlechtsbonus gab es nicht. Im Jahr 1994 war Morgan Stanley zwar ein im Hinblick auf die Geschlechter pflichtbewußtes Unternehmen, das Frauen einstellte, beförderte und auf allen Ebenen Fördermaßnahmen zu aktivieren versuchte, doch das galt nur für das ferne New York. Hier dagegen war F.I.A.S.C.O, und bei F.I.A.S.C.O. waren Männer Männer und Frauen Frauen, und eine Neun war eine Neun.

Ich war begeistert. Meine Punkte brachten mich nicht mal in die Nähe des Krum Kup. Es hatte mich nicht erwischt. Vielleicht war ja meine Treffsicherheit seit damals gestiegen. Ich hatte die elende Scheunenwand im Fadenkreuz gesichtet ... und sie glatt in die Hölle gepfeffert.

Wir beluden den Mark VII und winkten unseren Gastgebern zum Abschied. Ziemlich ernst erwiderten sie unseren Gruß. Sie werden gewußt haben, daß Sandanona bald schon den Derivate-Opfern in den Bankrott folgen würde. Traurig, aber F.I.A.S.C.O. 1994 würde wohl das letzte in Sandanona sein, und mit der Tradition, dort F.I.A.S.C.O. zu feiern, würde es dann vorbei sein, da Sandanona die überzogenen Kredite nicht zurückzahlen konnte. Ende 1994, als Morgan Stanley die Leichen der Derivate-Opfer nach günstigen Gelegenheiten durchsuchte, witterten ein paar Direktoren der Derivategruppe von Morgan Stanley das Blut im Wasser von Sandanona und versuchten, den bankrotten Schießstand für eigene Zwekke zu kaufen, was allerdings nicht gelang.

Am Montag nach F.I.A.S.C.O. fand ich auf meinem Schreibtisch eine Ausgabe der Zeitschrift *Shooting Sports* vom April 1994, die Vogelscheuche mir dort hingelegt hatte. Er glaubte sicher, daß meine Schießfertigkeiten aufpoliert werden mußten. Auf dem Titel waren die niedlichsten beiden Kaninchen abgebildet, die ich je gesehen hatte. Sie hockten dicht beisammen, in einen Stoß blanker, neuer Schrotflinten gekuschelt. Vogelscheuche hatte über das Bild gekritzelt, daß die Kaninchen „Hi, Frank!" sagten.

Bestimmt wollte mir Vogelscheuche auch klarmachen, daß ich fähig sein mußte, diesen Kaninchen skrupellos zwischen die Augen zu ballern. Die Häschen waren wie unsere Derivatekunden. Wenn ein Kontoinhaber anrief, um Hallo zu sagen, mußte ich ihm zur Not den Kopf wegblasen können, um einen Verkauf abzuschließen – egal, wie nett ich ihn oder sie fand. Während ich die Häschen anschaute, überlegte ich, ob der jüngste Schub von Derivatverlusten Zufall sei. Ein Verschwörungstheoretiker hätte sagen können, die Verluste seien Teil einer weltweit geplanten Attacke, und wie ich bald erfahren sollte, wäre das gar nicht so weit von der Wahrheit entfernt.

Als ich an jenem Tag auf Vogelscheuche traf, wiederholte er seine Botschaft, Investmentbanking sei wie Krieg und Derivateverkäufer seien die Eliteeinheiten. Er hoffe, daß mir F.I.A.S.C.O. gefallen habe, aber er wolle sichergehen, daß ich auch den tieferen Sinn verstünde. Vogelscheuche hatte übelste Derivate-Schlachten miterlebt. Einmal hatte er beobachtet, wie ein wutentbrannter Ex-Navypilot merkte, daß eine von ihm gekaufte Anleihe gar nicht existierte. Vogelscheuche sah selbst ein beiläufiges Verkaufsgespräch als Nahkampf an und rief stets: „Ran an den Feind!", bevor er das Büro eines Kunden betrat. Er wollte, daß ich genauso dachte wie er und verstand, daß F.I.A.S.C.O. zu meiner Ausbildung gehörte.

In Vogelscheuches Weltsicht hatte die Kombination aus Gehirn und Kugeln, nicht bloße Raketenforschung, die DPG zur weltweit profitabelsten Gruppe gemacht. Bei einer anderen Investmentbank – ähnlich Salomon Brothers, dem berühmten Dschungel der 80er Jahre – sei ein scharf schießender Verkäufer als „Big Swinging Dick" bekannt gewesen. Doch in den 90ern hatte sich das Investmentbanking verändert. Die Wall Street war kein Dschungel mehr, sondern ein hochentwickeltes Zentrum für moderne Finanzkriegführung, wo es nicht mehr ausreichte, den großen Schwengel nur zu schwenken – man mußte auch schießen.

Während ich die niedlichen Häschen ansah, dachte ich zurück an mein erstes großes Derivatedesaster und seufzte vor Erleichterung. Kein Mensch bei Morgan Stanley wußte, daß ich während meines Vorstellungsgesprächs bei Bankers Trust eine Milliarde Dollar „verloren" hatte, und anscheinend hatte es niemand entdeckt. Jedenfalls waren seitdem zwei Jahre vergangen, und ich hatte noch keine richtige Milliarde Dollar in den Sand gesetzt. Ich sah die niedlichen Kaninchen inmitten all der Waffen. Viele schutzlose Wesen durchstreiften die Wildnis der Wall Street. Würde ein Derivateverkäufer jemals eins von ihnen um eine wirkliche Milliarde Dollar erleichtern?

6

Die Königin der RAVs

An jedem Handelstisch gibt es einen Mephisto, eine Person, deren bloße Präsenz so sehr terrorisiert, daß Verkäufer und Händler davonlaufen und sich verstecken, um den Kontakt mit diesem Teufel zu vermeiden. John Mack war mehr als zehn Jahre lang dieser finstere Allgegenwärtige gewesen, der den Handelssaal mit eiserner Faust führte. In anderen Investmentbanken gab es ähnliche Charakterfiguren. Bei Salomon Brothers war es ein Typ namens „Menschlicher Piranha", bei First Boston ein ehemaliger Nahkämpfer, der – wie gemunkelt wurde – jemandem buchstäblich den Arm aufgeschlitzt hatte. Bei Morgan Stanley war es Mack das Messer.

Als Mack indessen den Handelssaal verließ, um Präsident des Unternehmens zu werden, hinterließ er eine Lücke. Wer konnte in seine Fußstapfen treten? War irgend jemand so anmaßend zu glauben, daß er ihn ersetzen könnte? Peter Karches, der neue Leiter der Festverzinslichen, war zweifellos mächtig genug, aber er war eigentlich ein netter Kerl, was ihn disqualifizierte. Bidyut Sen, der Leiter von New Yorks Derivategruppe, erhielt viele Stimmen. Er schien für diesen Job mehr als jeder andere geeignet, und sein feuriges Temperament war legendär. Sens Ansehen in der Firma sank allerdings, als die Geschäfte sich mehr nach Übersee verlagerten und er dem Computerschach ebensoviel Zeit widmete wie dem Derivatgeschäft.

Dann brachte eine radikale Idee die Wende. In den 90ern war die Förderungspolitik von Morgan Stanley sehr viel progressiver geworden, besonders im Vergleich zu den Praktiken bei First Boston. Angehörige von Minderheiten wurden zwar ein wenig regelwidrig behandelt, und das Unternehmen war, wie so viele an der Wall Street, beschuldigt worden, bestimmte Minderheiten zu diskriminieren. Aber die Frauenquote war nicht allzu schlecht. 1994 gab es viele weibliche Angestellte, die keine Sekretärinnen waren, und anders als bei First Boston gab es bei Morgan Stanley keine Frauen, die mit Minirock im Handelssaal herumstolzierten. Einige Frauen hatten selbst an F.I.A.S.C.O. teilgenommen.

Die bahnbrechende Idee bestand darin, einer Frau die Leitung des Handelssaals zu übertragen. Überall in Amerika stiegen Frauen in Topetagen auf. Es gab Ministerinnen, weibliche Rabbis und Spekulationen darüber, ob Gott weiblich sei. Ich vertiefte diese Frage: Konnte der Teufel weiblich sein?

Die Antwort schien „ja" zu lauten, und so begann die Suche nach einer geeigneten Prinzessin der Dunkelheit. Die Auswahl war nicht sehr groß. Nur eine Handvoll Frauen – viele von ihnen waren sehr liebenswürdig – arbeiteten in gehobenen Positionen im Handelssaal. Von allen Senior-Verkäuferinnen und -Händlerinnen war nur eine hinlänglich qualifiziert. Sie hatte die richtige Persönlichkeit, war sehr schnell befördert worden und gehörte zu den höchstbezahlten Principals des Unternehmens. Leider war sie meine Vorgesetzte. Ich nannte sie die Königin der RAVs.

Die Königin verdankte ihren Spitznamen speziellen Derivatprodukten, die sie entwarf und verkaufte. Diese wurden RAVs genannt, eine Abkürzung für „Repackaged Asset Vehicles". RAVs (sprich *rahvs*) war ein guter Name. RAVs wurden eingesetzt, um existierende Wertpapiere unter Verwendung verschiedener Investmentinstrumente – darunter Trusts und spezielle Gesellschaften – in einer neuen Derivatform zu präsentieren. RAVs wurden oft mit Black-Box-Transaktionen verglichen, denn mit Hilfe eines RAVs packte man Wertpapiere in einen Trust oder eine Gesellschaft, die sogenannte Black Box, wo sich die Wertpapiere wie von Zauberhand in Derivate verwandelten. PLUS Notes waren eine Art RAV. Mit PLUS Notes hatte Morgan Stanley – unter Verwendung einer Bermuda-Gesellschaft als Black Box – mexikanische Bonds in neue Derivate verwandelt.

„RAV" war ein weiteres wichtiges Akronym von Morgan Stanley. RAVs hatten Stil und Klasse. Simple Black-Box-Transaktionen waren alltäglich; fast jede Bank und jeder große Drogendealer nutzten sie, und Wirtschaftspublikationen wie *The Economist* warben sogar dafür. Morgan Stanleys RAVs jedoch waren viel komplexer und schienen daher ein grundlegend anderes Produkt zu sein. Es war ein brillanter Schachzug. Indem das Geschäft als RAV bezeichnet wurde, bekam es Stil.

RAVs waren die profiliertesten Derivatedeals bei Morgan Stanley und brachten dem Unternehmen die bei weitem höchsten Provisionen ein. RAVs waren die „Elefanten", welche die Derivatemanager auf ihren Derivatesafaris jagten. Ein einziger RAV konnte Millionen Dollar an Gebühren einbringen.

Nur wenige Leute verstanden RAVs, auch bei Morgan Stanley. Das kleine RAVs-Team in der DPG schützte eisern seinen Bereich. Nach meinen ersten Monaten in der Firma wurde ich eingeladen, zusammen mit anderen Nachwuchsangestellten in diesem begehrten Team mitzuarbeiten. Das RAVs-Team selbst definierte Umfang und Grenzen seines Gebietes. Nach ein paar Tagen im Team verstand ich die dort herrschende Hierarchie schmerzlich gut. Wenn es irgendwo bei Morgan Stanley eine hochadlige Klasse gab, dann im imperialen RAVs-Team, und die Oberste der Königlichen Familie war ohne Frage die Königin der RAVs.

Die Gepflogenheiten der herrschenden Klasse waren der Königin keineswegs fremd. Kurz vor dem Sturz des Schahs war ihre Familie zusammen mit vielen reichen und mächtigen Familien aus Persien geflohen, und sie verkörperte Glanz und Feingefühl des Iran, wie er vor der Revolution der Mullahs gewesen war. Mit ihren dunklen Augen und langen schwarzen Haaren, Finger und Hals geschmückt mit Gold und Juwelen, sah die Königin wie eine Pharaonin aus. Sie trug leuchtende

Farben, teure Seidenhalstücher in europäischem Stil und Kostüme aus Londons besten Boutiquen. Ihre Stimme mit dem schweren Farsi-Akzent drang selbst bis in die lautesten Ecken des Handelssaales vor. Oft verfiel sie in ihre Muttersprache, und ihr Englisch war manchmal inkorrekt und manchmal beängstigend ungenau, etwa wenn sie sagte: „Sie machen einen Berg aus einem Maulwurf."

Die Königin hatte ein glühend heißes Temperament und trug ihre Dispute so intensiv aus wie Golfkonflikte. Jeder in der Gruppe, selbst die Mitglieder der Viererbande, fürchtete ihre Zornesausbrüche, und das mit Recht. Ich kann mich bei Meinungsverschiedenheiten zwar ziemlich gut verteidigen, aber mit ihrer scharfen Zunge zerriß mich die Königin oftmals in der Luft. Andere Mitglieder der RAV-Gruppe erlitten dasselbe Schicksal. Vogelscheuche hatte keine Chance – ihm mangelte es an Verstand und der Königin an Herz. Wie herzlos sie war, wurde mir klar, als wir über Hunde sprachen, wenige Tage, nachdem meiner gestorben war. Sie sagte, sie hasse sämtliche Haustiere. Wer haßt schon sämtliche Haustiere?

Die Königin erinnerte mich an eine aggressive Frau bei Bankers Trust, die mich Jahre zuvor bei meinem Vorstellungsgespräch interviewt hatte. Ich erinnere mich immer noch gut daran, wie verängstigt ich ihr durch den Bond-Handelssaal folgte und stehenblieb, wenn sie stoppte, um einem Verkaufsassistenten Anweisungen zuzubrüllen.

Schließlich erreichten wir ein Büro; sie setzte sich und spuckte eine rasche und pointierte Version ihres Werdegangs aus. „B.A. Finanzen '80, HBS '85, Erste in meiner Klasse, Associate hier '86, VP '88, MD letztes Jahr." Zum Glück wußte ich, daß „VP" Vizepräsident und „MD" Managing Director bedeutete. Ich nahm an, daß „HBS" für „Harvard Business School" stand.

Als nächstes verriet sie verschiedene Details über die Bonds, die sie verkaufte. Mein Verstand schwand dahin, während ich sie ansah. Ich hörte nur vage die letzten Worte, die ihrem Mund entströmten: „Was würden Sie mit einem Stapel Ziegelsteinen tun?“

Ich war durcheinander und nicht sicher, ob ich sie richtig verstanden hatte. „Entschuldigung?“

Sie fragte erneut: „Was würden Sie mit einem Stapel Ziegelsteinen tun?“

Ich zögerte, immer noch etwas überrascht von ihrer Frage: „Was meinen Sie? Hier? Jetzt?“ Hatte sie wirklich „Ziegelsteine“ gesagt?

Sie wiederholte einfach: „Was würden Sie mit einem Stapel Ziegelsteinen tun?“

Ich überlegte einige Sekunden. Was mochte die beste Antwort auf eine so seltsame Frage sein? „Ich weiß nicht, ich denke, ich würde ein Haus bauen.“

„Nennen Sie etwas anderes.“

Diese Art der Befragung verblüffte mich. Was sollte ich denn sonst sagen?

„Nennen Sie etwas anderes“, wiederholte sie.

„Sie meinen, was ich sonst noch mit einem Stapel Ziegelsteinen tun würde?“ fragte ich.

Sie starrte mich weiterhin an.

„Okay“, sagte ich. „Eine Straße bauen.“

„Nennen Sie etwas anderes“, schoß sie zurück.

Wie sonderbar, dachte ich. Ich nahm an, daß es eine Art Spiel war, um mich zu testen. Ich war sehr gut als Spieler und durch das Jurastudium dressiert, auf diese Art Befragung wie der Pawlow'sche Hund zu antworten. Ich entspannte mich – ein wenig. Die Sache begann mir Spaß zu machen.

Ich beschloß, etwas Raffiniertes zu versuchen. „Wenn es gelbe Ziegel wären, könnte ich eine gelbe Ziegelsteinstraße bauen. Sie wissen, daß ich in Kansas geboren und aufgewachsen bin.“

Mein Kansas-Drama schien sie nicht zu beeindrucken. Sie ignorierte es. „Nennen Sie etwas anderes.“

Wenn sie Katz und Maus spielen wollte, meinetwegen. „Eine Mauer bauen“, erwiderte ich scharf.

„Nennen Sie etwas anderes."
„Ein Apartmenthaus bauen."
„Nennen Sie etwas anderes."
„Einen Garten anlegen."
„Nennen Sie etwas anderes."
Ein langer Aufschrei ertönte. „Ein Silo bauen."
„Was anderes."
„Anmalen."
„Was anderes."
„Ein Baseballstadion bauen."
„Was würden Sie sonst noch mit einem Stapel Ziegelsteinen tun?"
„Sie zu Staub zermahlen."
„Nennen Sie etwas anderes."
„Sie durch ein Fenster werfen."
„Nennen Sie etwas anderes."
„An meine Füße binden."
„Was anderes."
„Sie verheizen."
„Was anderes."
„Sie von einem Gebäude herunterwerfen."
„Was anderes."
„Eine Straße reparieren."

Zu meiner großen Verwunderung erstreckte sich dieser Kampf über die gesamte Dauer meines Interviews. Sie stellte immer wieder dieselbe Frage. Nach 20 Minuten war ich erschöpft, um nicht zu sagen, mir gingen die Ideen aus.

„Was anderes."

Ich hob einen Finger und zum ersten Mal auch die Stimme. „Sie an diese Wand werfen." Meine Erschöpfung wurde sichtbar.

Auch sie sprach lauter. *„Was anderes."*

Ich konnte es nicht länger ertragen. Was wollte sie von mir? Und was *könnte* man denn noch mit einem Stapel Ziegelsteinen anfangen?

Sie mußte bemerkt haben, daß ich dem Zusammenbruch nahe war. Ich hob einen Finger und sprach wiederum mit erhobener Stimme: „Sie gegen diesen Computerbildschirm werfen."

Sie sah kurz auf den Computerbildschirm, rutschte auf ihrem Stuhl nach vorn und erhob die Stimme. *„Was anderes!"*

Das war der letzte Tropfen, der das Faß zum Überlaufen brachte. Ich stand auf und tat etwas sehr Dummes, etwas, das Bankers Trust davon überzeugte, mich nicht zu nehmen – selbst wenn man bereit gewesen wäre, jemanden einzustellen, der gerade eine Milliarde Dollar verloren hatte. Ich deutete auf sie und schrie aus voller Lunge: *„Ihnen an den Kopf werfen!"*

Anscheinend zufrieden, stand sie auf, schüttelte mir eisig die Hand und ging hinaus. Sie hatte sich nicht einmal die Mühe gemacht zu sagen: „Das wäre alles."

Ich hatte also meine Lektion über die Herausforderung weiblicher Manager in Handelssälen erhalten. Daher provozierte ich die Königin nur selten und erhob niemals meine Stimme. Sie und ich entwickelten eine einvernehmliche Arbeitsbeziehung. In den folgenden Monaten arbeiteten wir an Geschäften, die sich auf Dutzende von Ländern bezogen, und schlossen zu Mexiko, den Philippinen und Argentinien Derivatgeschäfte ab. Wir machten viel Geld zusammen.

Aber das erste Derivatgeschäft, das ich mit der Königin der RAVs zusammen machte, war eine Katastrophe. Es war ein brasilianisches Geschäft, genannt BIDS.

Der Zweck der BIDS bestand darin, eine Transaktion zu konzipieren, die mit den PLUS Notes eng verwandt war, aber für Brasilien statt für Mexiko. BIDS stand für „Brazilian Indexed Dollar Securities". Das war ein sehr gutes Akronym, und vom Fundamentalen her gesehen waren BIDS eine solide Geschäftsidee. Mitte 1994 ähnelte die brasilianische Wirtschaft derjenigen Mexikos einige Jahre zuvor. Die Inflation war hoch, Brasiliens Kreditwürdigkeit niedrig. Die brasilianische Regierung hatte Anleihen ausgegeben, NTN-Ds genannt, die in derselben Weise an den US-Dollar indexiert waren wie die Ajustabonos. Zur selben Zeit hatte Brasilien Nichtbrasilianern, die im Besitz dieser Bonds waren, Restriktionen auferlegt. Wir glaubten, daß viele US-Käufer in Brasilien investieren wollten und durch die BIDS eine Chance erhielten, dies zu tun. Wir hatten die NTN-Ds neu verpackt, und zwar mittels einer Black-Box-Gesellschaft, die es den US-Käufern ermöglichte, sie zu kaufen. Die DPG war hinsichtlich BIDS optimistisch, und wir dachten, dieser Deal könne ähnlich umsatzstark und profitabel werden wie die PLUS Notes.

Zu Beginn arbeiteten die Königin und Vogelscheuche bei diesem Geschäft zusammen, aber dieser Pakt hielt nicht lange. Wir bemerkten frühzeitig, daß der brasilianische Bondmarkt unglaublich komplex und restriktiv war. Aus guten Gründen war es bis dahin keiner US-Bank gelungen, in das Spinnennetz der mysteriösen brasilianischen Gesetze einzudringen. Wir engagierten eine brasilianische Investmentbank nebst Anwaltskanzlei, die uns helfen sollte, aber die Verhandlungen waren intensiv und voll anspruchsvoller Details. Nach ein paar Tagen hatten die Diskussionen Vogelscheuches Horizont weit überschritten, und er machte sich bereit, seine Anerkennung als Urheber des Akronyms einzufordern.

Schon vorher hatte Vogelscheuche mit der Königin der RAVs zusammengearbeitet. Sie war eine exzellente Gegnerin, und in dem Maß, in dem sie stärker in das Brasiliengeschäft involviert wurde, verschwand Vogelscheuche von der Bildfläche. BIDS war der reinen Raketenforschung näher als irgend etwas, das Vogelscheuche jemals erlebt hatte, und er wurde die Demütigungen leid, die er jedesmal ertragen mußte, wenn er den Mund aufmachte. Die Königin wollte diesen Brasiliendeal um jeden Preis und drängte Vogelscheuche einfach aus dem Aktionsfeld.

Vogelscheuches erster Beitrag zu diesem Geschäft war extrem negativ. Die DPG war oftmals auf Verkäufer aus anderen Abteilungen des Handelssaales angewiesen, besonders dann, wenn wir ein neues Produkt einführten. In Sachen BIDS hatte Vogelscheuche etwa ein Dutzend wichtiger Verkäufer zu einem lateinamerikanischen Lunch mit Tacos, Nachos, Quesadillas und einem seltsam gefärbten Guacamole eingeladen. Es waren mexikanische Gerichte, keine brasilianischen Speisen, aber das war nahe genug dran. Wir erklärten jedem das BIDS-Geschäft, und Vogelscheuche fand ein paar aufmunternde Worte. Die Verkäufer aßen. Die Auswirkungen dieses Essens, die erst ein paar Stunden später spürbar würden, sollten sicherstellen, daß Vogelscheuche nie mehr in der Nähe der BIDS geduldet wurde.

Ich spürte sie erst, als ich früh am nächsten Morgen aufwachte und es gerade noch mit einem Satz von meinem Bett ins Badezimmer meines Miniapartments schaffte. Mir war sofort klar, daß ich vergiftet worden war. Unglücklicherweise konnte ich mich nicht krank melden, weil ich beobachten mußte, wie die anderen Verkäufer die telefonischen Erstkontakte mit ihren Kundenkonten abwickelten. Heute war ein wichtiger Tag für BIDS. Ich kaufte ein Mittel, um meine Gedärme zu beruhigen.

Als ich in der Bank eintraf – etwas verspätet –, war Vogelscheuche noch nicht da. Der Handelssaal war wie leergefegt. Wo waren sie alle? Ein erneuter Bauchkrampf, und ich rannte zur Toilette. Später, als ich wieder im Handelssaal war, fragte ich Vogelscheuches Sekretärin, wo er sei. Sie wußte es nicht. Ich rief ihn zu Hause an. Nichts. 15 Minuten später rief ich wieder an. Endlich antwortete er, indem er in den Hörer stöhnte.

„Hey, leben Sie noch? *Was ist denn passiert?*“ Ich schrie, denn ich wollte, daß er ebenso leiden mußte wie ich.

„Ich weiß nicht“, flüsterte er.

„War es das Essen?“ Ich wußte, daß es am Essen lag. Ich dachte an alle Nachos, die ich gegessen hatte, und vergewisserte mich, daß es nicht zu weit bis zur Toilette war.

„Sagen Sie allen, daß es mir leid tut“, brachte Vogelscheuche mühsam hervor. Es war bereits später Vormittag, und ich hatte immer noch keinen Teilnehmer des gestrigen Essens gesehen. Vogelscheuche hatte die gesamte Verkaufselite mit einer so schlimmen Lebensmittelvergiftung außer Gefecht gesetzt, daß ich begann, dies als seine Rache anzusehen. Wieder stürzte ich zum WC, mußte aber feststellen, daß alle Kabinen besetzt waren. Verzweifelt wartete ich. Schließlich kam ein Verkäufer heraus; er sah elend aus.

„Ich würde da nicht reingehen, wenn ich du wäre." Er war in erbärmlicher Verfassung und überdies sauer.

„Vielen Dank für dieses Essen, du Arschloch", sagte ein anderer Verkäufer. „Der ganze verdammte Tisch war außer Gefecht." Ich hielt mir die Nase zu und versuchte mir meinen Weg an ihm vorbei zu bahnen, aber er stand felsenfest da. „Du sagst diesem Bastard, daß er ein toter Mann ist!" brüllte er. Ich nickte und verschwand in der Kabine.

Mit einem einzigen Abendessen hatte Vogelscheuche fast das ganze Brasiliengeschäft kaputtgemacht. Die Königin tobte. Glücklicherweise hatte sie entweder nichts gegessen oder einen eisernen Magen. An jenem Morgen saß sie schon seit Stunden an ihrem Tisch und hatte die volle Kontrolle über den BIDS-Handel übernommen. Von diesem Tag an berichtete ich der Königin und nicht mehr Vogelscheuche.

Wir arbeiteten mehr als einen Monat lang mit Anwälten in den USA und Brasilien zusammen, um das BIDS-Geschäft zu konzipieren. Ende 1993 hatte Brasilien ein Instrument abgeschafft, das es Investoren erlaubte, fixe Einnahmen mittels Aktienoptionen auf eine bestimmte Summe festzuschreiben. Solche „Optionsbox"-Strategien waren seither verboten und die meisten Alternativinvestments mit ergänzenden Auflagen belegt, etwa mit einer fünfprozentigen Up-Front-Tax zu Beginn jeder Transaktion und einer 15-prozentigen Quellensteuer auf alle Erträge aus Brasilien-Bonds. Schließlich entdeckten wir im brasilianischen Gesetz über die Rentenfonds ein Schlupfloch, das es US-Investoren erlaubte, diesen Bond zu kaufen und gleichwohl eine akzeptable Nachsteuerrendite zu erzielen.

Das Hauptproblem, mit dem wir zu kämpfen hatten, war das Risiko der Hyperinflation. Brasilien hatte einen aktiven Bond- und Derivatemarkt, aber die US-Investoren hielten diesen Markt für zu komplex, in erster Linie wegen der Inflation. Brasilien bewältigte den Umschuldungsprozeß viel langsamer als andere Länder, und die Inflationsspirale hatte die Finanzmärkte des Landes in ein Chaos verwandelt. Nach Jahren mit mehr als hundertprozentigen Inflationsraten war das Land gezwungen, fast alle Preise an die Teuerungsrate anzupassen. Nun tauschten die Einzelhändler ihre Preisschilder mindestens einmal am Tag aus. Die Kosten für eine Banane oder für eine Tasse Kaffee konnten am Nachmittag höher sein als am Morgen. Das galt auch für die Zinssätze, die nur mühsam mit der Inflation Schritt hielten. Auch wenn ein Brasilianer an einem einzigen Tag soviel Zinsen vereinnahmte wie ein US-Amerikaner in einem ganzen Jahr, fraß die Inflation das meiste davon wieder auf.

Es bereitete uns Mühe, die US-Investoren davon zu überzeugen, daß sie durch BIDS nicht verschiedenen inflationsbedingten ungesicherten Risiken in Brasilien ausgesetzt waren. Theoretisch betrugen die Zinsen aus BIDS zwölf Prozent im Jahr, ein enormer Erlös. Doch wir konnten nicht garantieren, daß der Gewinn *exakt* bei zwölf Prozent lag. Es konnte mal mehr, mal weniger sein, je nachdem, wie sich die verschiedenen, von den sich täglich verändernden Inflationsindizes abhängigen Variablen entwickelten. Viele Investoren mochten sich mit der Möglichkeit, weniger als zwölf Prozent zu erhalten, nicht anfreunden.

Die Königin und ich nahmen viele Anrufe persönlich entgegen, um diese komplexen Fragen zu erklären. Ich reiste nach Boston, wo ich mich mit einigen der Top-US-Fondsmanager traf; darunter die Bosse von zwei der weltweit größten Emerging Markets Fonds, Rob Citrone, Portfoliomanager bei Fidelity Investments, und Mark Siegel, Vizepräsident und Chef der Abteilung für aufstrebende Märkte bei Putnam Investment Management. Beide erteilten, ebenso wie Dutzende anderer Fondsmanager, den BIDS eine herbe Abfuhr. Das Geschäft war zu kompliziert, und die Provisionen, die wir verlangten, waren zu hoch.

Das BIDS-Geschäft erwies sich schließlich als Flop. Allerdings hätte es sich womöglich noch schlechter entwickelt, wenn Vogelscheuche die ganze Zeit in dieses Projekt involviert gewesen wäre. Auf der einen Seite konnten wir lediglich BIDS im Gesamtwert von 21 Millionen Dollar verkaufen, weil wir das Interesse der US-Investoren nicht zu wecken vermochten. Auf der anderen Seite konnten wir mit BIDS derart enorme Provisionen kassieren, daß die Gruppe immerhin noch eine halbe Million Dollar Profit einheimste. Auch wenn die US-Investoren nicht an BIDS interessiert waren, hatten wir doch eine riesige Portion von diesem Deal einer mexikanischen Bank verkauft, die immer noch ihre Fiesta genoß und erpicht war, auf alles zu setzen, was sie irgend auftreiben konnte.

Nach dem BIDS-Geschäft wechselte ich vom Stuhl neben Vogelscheuche zu einem Platz neben der Königin. Das war eine Veränderung von wenigen Metern, aber damit war ich an der Schwelle des Palastes angelangt. Vogelscheuche mußte draußen bleiben. Ich war einer der Rüpel, die ihm bis dahin nicht die 125 Dollar Leihgebühr für das bei F.I.A.S.C.O. verwendete Gewehr bezahlt hatten. Anstatt kurz bei mir vorbeizuschauen, sandte er mir eine Zahlungsaufforderung per E-mail. Die Zeiten waren hart für Vogelscheuche. Seine Bonuszahlungen waren, gemessen am Wall-Street-Standard, nicht überwältigend, und wie er sagte, hätte er das Geld dringend gebraucht, um seine Monatsraten für den geleasten neuen Land Rover Discovery bezahlen zu können. Ich hoffte, daß er nur Witze machte, aber sicher war ich mir nicht.

In meiner neuen Umgebung vermißte ich Vogelscheuche, besonders seine Scherze. Unmittelbar bevor ich den Platz wechselte, hatte er mir noch einen Abschiedswitz erzählt. Es ging um die jüngste McDonald's-Werbung mit den Basketballstars Michael Jordan und Larry Bird, die mit immer schwierigeren Sprungwürfen gegeneinander antraten, wobei sie jedesmal sagten: „Direkt ins Netz."

FRAGE: Was sagte Lee Harvey Oswald zu Michael Jordan?

ANTWORT: Durch das Fenster eines Lagerhauses, über den Grashügel, aus dem Handgelenk und direkt ins Genick.

Vogelscheuche war kein großer Kennedy-Fan. Wie ich bemerkte, witzelte er niemals über die Vorstellung, daß Ronald Reagan einem Attentat zum Oper fallen könnte.

Nachdem wir in Brasilien so schwer geprüft worden waren, entschlossen wir uns, zu unseren Hauptgeschäften in Mexiko zurückzukehren. Die mexikanischen Banken spekulierten immer noch fieberhaft, und Monate vorher hatte die Gruppe ihr zweites PLUS-Notes-Geschäft abgeschlossen, genannt PLUS Capital Company II. Dieser Deal im Umfang von 310 Millionen Dollar wurde zum Modell für alle künftigen PLUS-Notes-Deals. PLUS II enthielt mexikanische Regierungsanleihen, genannt Cetes, die viel einfacher als die Ajustabonos aus PLUS I waren. Nachdem das PLUS-II-Geschäft über die Bühne gebracht war, mußten wir für weitere PLUS-Notes-Geschäfte nur noch eine mexikanische Bank finden, einen ansprechenden Namen kreieren und die Bonds verkaufen, was nicht viel Zeit beanspruchen würde. Ohne große Mühe schloß ich mein erstes PLUS-Notes-Geschäft ab.

Als erstes fanden wir eine mexikanische Bank namens Grupo Financiero Serfin, die häufig auch Serfin Securities genannt wird. Das Firmenlogo, ein goldener Vogel, bekränzt von runden Insignien, ähnelte dem Warnzeichen für Nuklearabfälle. Viele riskante Derivate wurden Nuklearabfall genannt, aber insbesondere die Derivate, die Serfin kaufte, verdienten dieses Label.

Als nächstes benötigten wir einen Namen, und „PLUS III" erschien nicht sehr kreativ. Wir entschieden uns schließlich für MEXUS, als Akronym für „Mexican US-$ Security". MEXUS konnte auch „MEXU$" geschrieben werden, und es klang ähnlich wie LEXUS. Wir vermarkteten das Produkt als erstes mexikanisches Luxusderivat.

Als letzten Schritt mußten wir das Derivat an Investoren verkaufen. Als wir den Verkäufern am internationalen Verkaufstisch von diesem Trade erzählten, ritten sie beharrlich auf dem BIDS-Desaster herum. Sie schmähten unsere Derivatkonstruktionen, nannten den MEXUS-Prospekt einen „Mexipad" und weigerten sich standhaft, mit uns essen zu gehen. Aber Geschäft war Geschäft, und Kommission war Kommission. Sie sagten, sie würden versuchen, den MEXUS-Bond zu verkaufen, und wir waren von ihrem Erfolg überzeugt.

Außerdem versuchten wir eine neue Verkaufselite zusammenzustellen, die Verkäufer der Private Client Services, genannt PCS. Bei Morgan Stanley war PCS auf einer anderen Etage – und in einer anderen Welt. Sie verkauften Wertpapiere an reiche Individualkunden und kleine Institutionen. Im Wall-Street-Jargon hieß PCS „Einzelhandel" („retail"); bei Morgan Stanley aber bedeutete es High End. Wer zehn Millionen oder mehr besaß, war ein potentieller PCS-Kunde von Morgan Stanley. Hatte man weniger, konnte man es vergessen.

Die Bedeutung des Wortes „aggressiv" kann nur verstehen, wer PCS-Verkäufer in Aktion gesehen hat. Sie waren die geistigen Väter eines Satzes, der bei Morgan Stanley häufig zitiert wurde: „Verkauf deine Mutter für einen Basispunkt." Für viele von ihnen war das eine krasse Untertreibung. Ich werde niemals ein Gespräch vergessen, das ich mit einem PCS-Verkäufer führte, und zwar an dem Tag, nachdem ich erfahren hatte, daß Shelby C. Davis, ein prominenter New Yorker Investmentbanker, gestorben war. Ich erwähnte ihm gegenüber diesen Todesfall und stellte zu meiner Überraschung fest, daß er nicht nur die Todesanzeige gesehen, sondern bereits die Testamentsvollstrecker angerufen hatte, um zu versuchen, den Erben ein paar PLUS Notes zu verkaufen.

Um MEXUS etwas anzukurbeln, besuchten die Königin und ich einen morgendlichen Treff der PCS-Gruppe. Wir schilderten den Handel in kurzen Zügen, dann übernahm der PCS-Verkaufsmanager das Ruder. Er hielt eine aufmunternde Rede, in der er der Verkaufstruppe erklärte, daß sie mit MEXUS mehr Geld machen würden als mit jedem anderen Instrument, das sie jemals verkauft hatten. Die PCS-Verkaufselite liebte die Derivategruppe, denn unsere Geschäfte brachten hohe Kommissionen ein. Die Verkaufsleute waren elektrisiert. Sowie einer von ihnen eine skeptische Frage über die mit MEXUS verbundenen Risiken stellte, verwarf der Manager diese Bedenken als völlig irrelevant. Nach seinen Worten betrug die Chance, daß die PLUS Notes die Erwartungen erfüllen würden, 99,99 Prozent. Das erschien mir ein wenig hoch gegriffen.

Dennoch schien niemand bei Morgan Stanley anderer Meinung zu sein. Das ganze Unternehmen war pro-mexikanisch eingestellt. Die DPG warb damit, daß sie binnen weniger Wochen lateinamerikanische Derivate für 1,5 *Milliarden* Dollar plaziert hätte. Die Analysten bei Morgan Stanley waren optimistisch, daß der Peso nicht fallen würde. Der Wert des Peso war wichtig für MEXUS und andere PLUS Notes, die im Wert fielen, wenn der Peso abgewertet wurde. Glücklicherweise sagte Ernest „Chip" Brown, der hauseigene Mexiko-Analyst, daß nur ein geringes Risiko einer Abwärtsbewegung des mexikanischen Peso bestehe. Öffentlich wiederholte Chip mehrfach in ernstem Ton, daß das Risiko bezüglich des Peso eher in einer Auf- als in einer Abwärtsbewegung zu sehen sei. Wenn der Peso nun tatsächlich stieg, würde der PCS-Manager Recht behalten – dann bestand eine 99,99-prozentige Chance, daß die PLUS Notes die Erwartungen erfüllten. Mit derart rosigen Empfehlungen und Gewinnchancen war MEXUS leicht zu verkaufen.

Natürlich gab es, wie bei vielen Derivatgeschäften, auch bei MEXUS zwischenzeitlich rauheren Seegang. Nachdem das meiste von diesem Geschäft plaziert war, lachten alle über die Panik, die aufgekommen war, als man praktisch in letzter Minute entdeckt hatte, daß die spezielle Bermuda-Gesellschaft für eine ähnliche Transaktion noch nicht registriert gewesen war. Jedermann röhrte vor Lachen über die Panik, die dieser Umstand ausgelöst hatte. Dann wurde uns bewußt, daß auch wir die Eintragung vergessen hatten, starr auf den Verkauf der MEXUS konzentriert. „Alles schon mal dagewesen", wie Yogi Berra zu sagen pflegte. Wir riefen unverzüglich unsere Anwälte auf Bermuda an und stellten fest, daß uns immer noch genug Zeit blieb – vorausgesetzt, die Anwälte konnten den Finanzminister der Bermuda-Inseln finden. Seine Unterschrift wurde auf der MEXUS-Unternehmenssatzung benötigt, damit der Registrierungsprozeß beginnen konnte. Eine Stunde später riefen uns die Anwälte zurück und sagten, sie hätten den Minister aus einer Parlamentssitzung der Bermuda-Inseln geholt, damit er unsere Satzung unterzeichnete. Daraufhin konnten wir noch rechtzeitig registrieren lassen.

Während wir an MEXUS arbeiteten, verhandelte die DPG mit Banamex, der mexikanischen Bank aus dem legendären PLUS-I-Geschäft, über einen neuen PLUS-Notes-Deal. Der Zweck solcher Verhandlungen bestand typischerweise darin, die Klienten zur Unterzeichnung einer Absichtserklärung zu bewegen, um die Pflichten der Parteien, die Struktur der Transaktion, den Zeitplan und – am wichtigsten – die Provisionssätze zu spezifizieren. War ein solches „Verlobungsschreiben" erst unterzeichnet, ging es der DPG gut. Folglich übten sie einen enormen Druck aus, um unterschriebene Absichtserklärungen zu erhalten.

Die Banamex-Verhandlungen waren schwierig. Vogelscheuche hatte nichts damit zu tun, aber als er hörte, daß wir in Schwierigkeiten waren, schlug er vor, uns eine Verhandlungssitzung durch Mitbringen einer Uzi-Maschinenpistole zu versüßen. Als sich die Verhandlungen immer mehr zum Schlechteren entwickelten, dachte ich, daß Vogelscheuche angesichts all der kürzlich passierten Morde und Geiselnahmen in Mexiko recht haben könnte. Das Geschäft war nahe daran zu scheitern. Als Bidyut Sen von unseren Problemen mit der Banamex hörte, rief er uns wutentbrannt in sein Büro. Wir alle wußten, daß er rein formal die Gruppe in New York immer noch leitete, und bereiteten uns auf eine seiner regelmäßigen Tiraden vor.

Obwohl die Königin Sen untergeordnet war, übte sie einigen Einfluß auf ihn aus. Sie versuchte ihn zu beruhigen, indem sie sagte, daß wir nahe dran seien, das Geschäft abzuschließen. Es gab zwei Hürden: die Größe der Wertpapieremission und den Grad der Überbesicherung. Wir wollten ein Geschäft für mindestens 250 Millionen Dollar abschließen, damit unser Zeitaufwand rentabel wurde und die Auslagen sich amortisierten. Wir glaubten auch, daß unsere Investoren ein zusätzliches Sicherheitspolster von mindestens 15 Prozent erwarteten, das Polster der zuletzt emittierten PLUS Notes.

Als er von diesen Hürden hörte, wurde Sen zunächst ärgerlich, dann verlor er die Selbstbeherrschung. Schließlich nahm er den Telefonhörer ab und schrie, daß er die Telefonnummer der Banamex in Mexiko City brauche, um dem Sonnenbrillen tragenden Blades, Gerardo Vargas von der Banamex, ein wenig von seinem Schachspielergeist einzutrichtern.

Als Vargas den Telefonhörer abnahm und „Hallo" sagte, explodierte Sen. Er würgte den Austausch einleitender Floskeln ab und brüllte: „Entweder 250 Millionen Dollar mit 15-prozentiger Überbesicherung oder gar nichts!" Es folgte eine lange Pause. Blades schien überrascht, von Sen überhaupt etwas zu hören, und er hatte selbstverständlich nicht mit einem derartigen Frontalangriff gerechnet. Dann erwiderte er ruhig, daß er mit der Königin und anderen in der RAVs-Gruppe bereits verhandelt hätte und die Gespräche vorangingen. Er fragte, ob Sen mit jemandem von uns über die laufenden Verhandlungen gesprochen hätte. Sen ignorierte die Frage und versuchte auf Blades Druck auszuüben, damit er unseren Bedingungen zustimmte, aber der Mexikaner gab nicht nach. Schließlich legten beide auf.

Sen war fuchsteufelswild. Er schrie: *„Zum Teufel mit diesem Geschäft!"* und stürmte aus dem Raum. Auch die Königin war verärgert. Ungeachtet der unübersehbaren Probleme hatte sie bis dahin erfolgreich verhandelt, und sie wollte den Deal um jeden Preis. Die Banamex war ein wichtiger Kunde und eine exzellente Quelle zukünftiger Geschäftstätigkeiten, und Sen hatte Vargas verärgert. Sie schrie: „Wenn wir dieses Geschäft verlieren, ist es allein seine verdammte Schuld!" und rannte ebenfalls hinaus. Ich blieb allein mit Marshal Salant zurück, und wir sahen uns nur gegenseitig an und zuckten mit den Schultern. Wir wußten, daß dieser Deal gestorben war.

Sen widmete sich dem Abschnitt seines Tages, den er außer dem Schachspiel noch zu genießen schien: der Wette auf die

World-Cup-Spiele. Wenn er an einer komplexen Wette mit zahlreichen Fußballmannschaften arbeitete, schien er sich zu entspannen. Er sagte: „Ich liebe dieses Spiel. Aber es ist wie mit der Banamex; es wird möglicherweise nicht stattfinden, denn auf beiden Seiten gibt es Arschlöcher." Er ließ seine Aggressionen ein wenig an Vogelscheuche aus, indem er sich über ihn lustig machte, als er hereinkam und Sen eine Liste mit Brady-Bond-Optionen in einem lateinamerikanischen Magazin zeigte.

„Diese Tabelle mit Options-Providern ist interessant", sagte Vogelscheuche, offensichtlich ohne die leiseste Ahnung, worüber er gerade sprach.

Sen antwortete: „Hey, das ist *sehr* interessant! Aber was bedeutet es?"

Vogelscheuche zuckte mit den Schultern und begab sich auf seinen Platz zurück.

Als Sen erfuhr, daß sich die Banamex geweigert hatte, eine Absichtserklärung zu unterzeichnen, verlor er den Mut und sagte: „Es gibt keinen einzigen Grund, warum ich hier bin." Mir tat es leid um ihn, aber ich widersprach nicht. Wir diskutierten eine mögliche Lösung für die Banamex-Verhandlungen, die darin bestand, daß Morgan Stanley ein Paket von Optionen, „Put-Spread" genannt, zeichnen sollte, um die Überbesicherung von 15 auf 18 Prozent auszuweiten. Jedoch scheiterte auch dieser Plan.

Als die Gruppe schließlich unsere Profite aus dem MEXUS-Geschäft mit Serfin Securities zusammenzählte, erholten sich Sens Lebensgeister wieder ein wenig. Er bestand darauf, daß mehr Gewinne möglich seien, und prahlte: „Wenn das hier vorbei ist, werde ich der König des mexikanischen Marktes sein." Er drohte sogar, bei der Arbeit einen Sombrero zu tragen. Einige Monate später, nachdem der mexikanische Peso ins Bodenlose gestürzt war, machte im Handelssaal eine Karikatur die Runde, die einen Bettler darstellte, der mit dem Sombrero herumging und Geld einsammelte. Darunter stand BIDYUT SEN.

Obwohl wir mit MEXUS einige hunderttausend Dollar machten, waren meine Bosse alles andere als zufrieden. Die Königin wies mich an, meine Prioritäten von Mexiko abzuziehen. Die Zeit war reif für ein anderes Land. Marshal Salant gratulierte mir wegen MEXUS, sagte aber, es sei eine „Cookie-Cutter"-Transaktion: ein Produkt ohne jegliche Innovation. Wie er erklärte, brauchte das RAVs-Team etwas Innovatives, eine neue Idee für ein Geschäft, das eine Million Dollar bringen würde – oder mehr.

Ich arbeitete zwar an mehreren gewinnträchtigen Ideen, auf meinen nächsten RAV-Deal – fernab auf den Philippinen – stieß ich jedoch fast durch bloßen Zufall. Wie bei vielen Geschäften meiner Gruppe entsprang die Idee auch hier ohne unser Zutun der Misere Dritter. Anstatt eine Serie profitabler Derivatgeschäfte zu planen, war es oftmals besser abzuwarten, wer zu einer bestimmten Zeit am meisten Federn lassen mußte, um dann in dessen Nähe nach einem neuen Derivatedeal zu jagen. In diesem Fall waren die Personen, die Federn lassen mußten, unsere Kollegen bei Morgan Stanley.

Jeder, der einmal die Philippinen besucht hat, denkt unweigerlich vor allem an die Stromausfälle, wenn er dieses Land neuerlich bereist. Lange bevor Diktator Ferdinand Marcos die Philippinen durch Schmutz und Korruption in Verruf brachte, war das Land für seine Stromschwankungen berühmt: Die Energieversorgung brach regelmäßig teilweise zusammen, besonders in der Hauptstadt Manila. Die Lichter wurden matter und dann nochmals matter, aber sie gingen normalerweise nicht aus. Diese partiellen Ausfälle ereigneten sich täglich in einem Zeitraum von zehn Stunden ein Dutzend mal.

Die Hauptschuldige war die 57 Jahre alte staatliche Elektrizitätsgesellschaft, die nicht sehr beliebte National Power Corporation, NPC oder auch Napacor. Bereits vor dem Zweiten Weltkrieg hatte die NPC regelmäßige Stromunterbrechungen verursacht. So wie die Filipinos diese Geschichte erzählen, gab es vor Gründung der korrupten NPC keine großen Probleme mit der Stromversorgung. Als die NPC nach dem Zweiten Weltkrieg immer mächtiger wurde, kam es zu immer regelmäßigeren, immer längeren Unterbrechungen. Die NPC, die während des größten Teils dieser Zeit ein Monopol innehatte, wurde zum Gegenstand vieler bitterer Witze. Ein Beispiel:

FRAGE: Was gab es auf den Philippinen vor dem Kerzenlicht?
ANTWORT: Elektrizität.

Vor Jahren oder sogar vor Jahrzehnten wurden einige neue Elektrizitätswerke gebaut oder vorhandene repariert. Unter der Diktatur von Ferdinand Marcos wurde die NPC sogar noch korrupter. Tröstlich war allenfalls, daß die Stromunterbrechungen unter Marcos vollkommen regelmäßig wurden. So konnte sich das Land wenigstens auf die Ausfälle einstellen, die den ganzen Tag über so pünktlich eintraten, daß man die Uhr danach stellen konnte. 1994 aber waren diese regelmäßigen Stromausfälle und die Marcos-Diktatur insgesamt längst Vergangenheit. Für den größten Teil der Wirtschaft in der neuen demokratischen Ordnung verschärften sich die Energieversorgungsprobleme, da die Stromzufuhr nun willkürlich unterbrochen wurde. Stromausfälle waren genauso häufig wie vorher, nur sorgte die Demokratie dafür, daß sie unvorhersehbar wurden.

Angesichts ihres schlechten Rufs war es kein Wunder, daß sich die NPC nur mit Mühe am Finanzmarkt Kapital beschaffen konnte. Wer würde einem derart inkompetenten Unternehmen Geld leihen? Die Ratingagenturen stuften die NPC in eine für Investitionszwecke nicht genügende Bonitätsklasse ein, da das Risiko bestand, daß sie aus der Elektrizitätserzeugung nicht genug Geld erwirtschaften würde, um ihre Schulden zu bedienen.

Als führender Kreditgeber und einziger Sponsor der NPC hatte die Weltbank zugesagt, dem Unternehmen bei der Privatisierung zu helfen. Die Weltbank rühmte die Privatisierung der NPC als eine der wenigen erfolgreichen Umstrukturierungen in den Entwicklungsländern. Sie willigte sogar ein, eine

Rückzahlungsgarantie für die neuen 15-jährigen Anleihen der NPC zu geben. Kraft einer solchen Garantie erhielten die Käufer von NPC-Anleihen ihr Geld nach 15 Jahren mit ziemlicher Sicherheit zurück, selbst wenn die NPC bis dahin pleite gegangen wäre, da die Weltbank für die Rückzahlung bürgte.

Morgan Stanley unterhielt gute Beziehungen zur Weltbank und den Philippinen. Um dieser Beziehungen willen waren die vornehmen Investmentbanker aus der Investmentbanking-Abteilung bereit, die neue Bondemission im Wert von 100 Millionen Dollar an die Börse zu bringen. Leider sprachen sie sich nicht vorher mit der Derivategruppe ab. Trotz Bürgschaft der Weltbank verschmähten die Anleger die neue NPC-Emission. Für den Verkauf der NPC-Bonds war der Junk-Bond-Handelstisch von Morgan Stanley zuständig, aber trotz ihrer Erfahrungen mit dem Verkauf von Anleihen mit geringer Kreditwürdigkeit konnten sie NPC nicht losschlagen.

Als die Emission zum Kauf angeboten wurde, überschütteten Kunden die Verkäufer mit Horrorstorys über die unregelmäßige Stromversorgung. Im demokratischen Manila war das Problem so gravierend geworden, daß einige Unternehmen aus dem Strommangel Kapital zu schlagen versuchten, um die Geschäfte anzukurbeln. Generatoren zur privaten Stromversorgung wurden zum populären Marketinginstrument. Anekdoten, die bis in die Investorenkreise durchsickerten, handelten etwa von einem Schönheitssalon mit eigenem Stromgenerator, angepriesen als „Brownout Beauty Special" (mit Gesichts- und anderen Behandlungen selbst während der Stromunterbrechungen), und zahlreichen Restaurants mit eigener Stromversorgung, die Schilder mit der Aufschrift KEINE STROMAUSFÄLLE aufgehängt hatten.

Der NPC-Deal war der erwartete Alptraum, und unsere Junk-Bond-Abteilung blieb auf vielen dieser Anleihen sitzen. Die Junk-Bond-Händler litten. Um die Bonds rasch loszuschlagen, bevor sie im Wert abstürzten, rannten sie durch den Handelssaal zur Derivategruppe. *„Was können wir tun? Bitte!"*, flehten sie. Wir sollten ihnen helfen.

Das Grundproblem dieser NPC-Bonds bestand darin, daß die Weltbank zwar die Rückzahlung des investierten Kapitals, nicht aber die 15 Jahre laufenden Zinszahlungen garantierte. Die Ratingagenturen waren nicht der Ansicht, daß die Garantie der Weltbank ausreiche, um für die Anleihe insgesamt, also für Anlagebetrag und Zinsen, eine hohe Bonitätsklasse zu vergeben. Folglich erhielt der gesamte Bond ein Rating, das seinem niedrigsten gemeinsamen Teiler entsprach, den NPC-Zinszahlungen. Ohne hohes Rating durften viele potentielle Investoren aber solche Bonds nicht halten.

Das war vertrautes Gelände für uns. Bei den PLUS Notes war die DPG mit demselben Problem konfrontiert gewesen, und wir hatten die RAVs kreiert, um die Bonds neu zu verpakken und ein höheres Rating zu bekommen. Jetzt mußten wir einen Weg finden, der die Ratingagenturen dazu brachte, auch der NPC eine höhere Bonitätsklasse zu verleihen.

Wie ich wußte, hatte Lehman Brothers gerade erst S&P davon überzeugt, einem Bond die Bonitätsklasse AAA zu geben, weil dieser hinsichtlich des investierten Kapitals ein AAA-Rating hatte und die Zinszahlungen einen Hauch von AAA verströmten; der Großteil der Zinszahlungen aber rangierte unterhalb von AAA. Wie Sie sich erinnern werden, bestehen Bonds aus zwei Teilen: den Zinsen und dem nominellen investierten Kapital. Normalerweise hatten beide dasselbe Kreditrating, da hinter beiden Zahlungen derselbe Schuldner steckte. Bei den NPC-Bonds war die Zinsseite jedoch hochriskanter Junk (NPC), das Nominalkapital aber Gold (Weltbank). Lehman Brothers hatten bei ihrem Deal einen Anleihetyp mit ähnlichen Merkmalen verwendet. Damit kannte ich mich seit meiner Zeit am Emerging-Markets-Tisch bei First Boston aus. Anleihen dieses Typs nannte man Brady Bonds.

Brady Bonds ähnelten den NPC-Bonds, da die Rückzahlung des Nominalkapitals durch Nullkuponanleihen des US-Schatzamtes gesichert wurde, die mit AAA bewertet waren. Wie bei den NPC-Bonds basierten die Zinszahlungen bei den Brady Bonds auf der Bonität des Entwicklungslandes, das sie emittierte – Mexiko, Brasilien, Nigeria und andere. Mit anderen Worten, die Zinszahlungen waren Junk. Der Trick, den Lehman entdeckt hatte, war folgender: Wenn man Brady Bonds in einen Trust einbrachte und den unsicheren Zinszahlungen ein paar Nullkuponanleihen hinzufügte, ließ sich S&P dazu bewegen, den gesamten Trust mit AAA zu bewerten. Die Kombination dieser beiden Faktoren war wie das Backen eines Kuchens, den man dann mit einer Glasur versüßte. Der Kuchen selbst war Ramsch, aber die Glasur war reine Schokolade. Die Glasur überzeugte die Ratingagenturen davon, einen Ramschkuchen als Schokoladenkuchen zu bezeichnen.

Einschließlich der Glasur hatte der Trust in Wirklichkeit drei Komponenten: Junk-Zinsen, AAA-Zinszahlungen und eine AAA-Rückzahlung des investierten Kapitals. S&P bestand darauf, daß man im Kleingedruckten vermerkte, daß sich das AAA-Rating nur auf die „wahren" AAA-Komponenten des Trusts und nicht auf die „Junk-Zinszahlungen" bezog. Aber für viele Investoren war das Kleingedruckte nebensächlich. Brady Bonds allein waren vielen institutionellen Investoren – auch Investmentfonds und Versicherungsgesellschaften – verboten, doch die Trustanteile waren auch für sie gut genug.

Die Welt der Nullkuponanleihen war ein fruchtbares Territorium für Derivate – und für Derivatekatastrophen. Zero-Bonds, auch bekannt als Zeros oder Strips, wurden von den meisten Investmentbanken aktiv gehandelt und täglich im *Wall Street Journal* veröffentlicht. Die Strips heißen so nach einem Programm des US-Schatzamtes, das Investmentbanken erlaubt, den Bogen der Anleihe von ihrem Mantel zu trennen, also die Regierungsanleihe in ihre Zinsbestandteile aufzuspalten und jede Komponente gesondert zu handeln. Eine Regierungsanleihe ist aus mehreren periodischen Zinszahlungen zusammengesetzt, und jede dieser Zahlungen stellt einen eigenen Strip dar. Jeder Strip ist eine Nullkuponanleihe – eine einzige Zahlung bei Fälligkeit ohne unterjährige Couponzahlungen. Bei First Boston hatte ich gehört, wie die Stripshändler gepriesen wurden, die angeblich 50 Millionen Dollar im Jahr machten. First Boston war bekannt als Strips-Kraftwerk, und einige Monate zuvor hatte die Bank von England First Boston beauftragt, das Stripping ihrer „Gilts“ genannten Regierungspapiere vorzubereiten.

Ich hatte nie begreifen können, wie die Stripshändler bei First Boston – oder anderswo – so viel Geld machen konnten. Es schien unglaublich. Der Stripsmarkt ist extrem liquide, und die Profitspannen sind generell niedrig, besonders im Vergleich zu anderen, komplexeren Derivatgeschäften. Hohe Profite schienen in diesem Markt unwahrscheinlich, es sei denn, die Kunden waren Dummköpfe. Daher nahm ich an, daß das Gerücht über die 50 Millionen Dollar falsch oder zumindest übertrieben war.

Dabei hatte ich aber nicht gewußt, daß einer der Stripshändler Joseph Jett hieß. Er war der oberste Stripshändler bei Kidder Peabody und in Kidders kleiner Welt ein Superstar. Nach dem bei Kidder praktizierten Buchführungssystem gingen auf Jetts Konto Handelsgewinne in Höhe von Hunderten Millionen, weshalb Kidder ihm freudestrahlend ein paar Millionen Dollar an Bonuszahlungen zukommen ließ. 1993 wurde Jett bei Kidder zum Mitarbeiter des Jahres ernannt.

In der größeren Welt außerhalb von Kidder war Jetts Ruf nicht ganz so glanzvoll. Offen gesagt, hielten 1993 viele Händler Jett für einen der schlechtesten Stripshändler an der Wall Street. Seine Karriere an der Wall Street war wenig bemerkenswert verlaufen, bevor er zu Kidder gewechselt hatte. Davor hatte Jett in meinen beiden Unternehmen gearbeitet: bei First Boston als Trainee der Nachwuchsmitarbeiter und bei Morgan Stanley, wo er einfach als Exzentriker minderen Ranges galt, der eines Tages ertappt wurde, als er sich in einem Wandschrank nahe dem Handelssaal versteckte. Jett blühte erst auf, als er zu Kidder kam, wo er schnell zum Managing Director und Chef des Handelstisches aufstieg. Den anderen Händlern, die an den Geschäften mit Jett ein Vermögen verdient hatten, war sein sichtlicher Erfolg bei Kidder ein Rätsel.

Wie der berühmte Investor Warren Buffet zu sagen pflegte: Wenn man nicht weiß, wer der Trottel ist, wird man‘s selber sein. In diesem Fall hatte Kidder keine Ahnung, wer der Trottel sein mochte. Bald nachdem sie Jett einen Bonus von neun Millionen Dollar gezahlt hatten, bemerkte das Unternehmen, daß Jetts enorme Profite eine geschickte Täuschung waren. Anstatt für Kidder Hunderte von Millionen zu verdienen, hatte er das Investmenthaus um ungefähr 350 Millionen Dollar erleichtert. Daraufhin fror Kidder Jetts Bonuszahlungen sofort ein und feuerte ihn. General Electric, die im Rahmen ihrer Diversifizierung Kidder vor kurzem aufgekauft haben, waren über diese Enthüllung nicht gerade erfreut. Offen blieb, ob die Schuld bei Jett oder bei den Buchführungsmethoden von Kidder lag.

Aber das war erst der Anfang der unerfreulichen Nachrichten. In den Folgemonaten entdeckte Kidder zusätzliche Verluste in Millionenhöhe: Ein leitender Angestellter hatte sich bei Swappositionen verspekuliert; ein Vizepräsident aus dem Bondhandel hatte Kommissionen unkorrekt angegeben; zwei Händler von Regierungsanleihen hatten Geld verloren, indem sie nicht abgesicherte Kontrakte bestehen ließen; und – last but not least – Clifford Kaplan, ein 28-jähriger Vizepräsident aus dem Anleihe-Derivatehandel, hatte, wie Kidder entdeckte, das Unternehmen nicht nur ein Vermögen gekostet, sondern, während er für Kidder arbeitete, als bezahlter Berater bei einer amerikanischen Tochter der La Compagnie Financière Edmond de Rothschild Banque einen Nebenjob ausgeübt. Kidder feuerte zwar all diese Mitarbeiter, doch nur Jett wurde für volle 15 Minuten berühmt, indem er auf den Umschlagseiten diverser Magazine, in der Fernsehsendung *60 Minutes* und – Monate später – vor den Schranken des Bezirksgerichts von Manhattan erschien, wo er jedesmal leugnete, etwas Unrechtes getan zu haben.

Auch Kaplan erfuhr einige Minuten der Berühmtheit. Er hatte früher bei Morgan Stanley gearbeitet, wo ich von seinem Image als Gastgeber generöser Arbeitsurlaube hörte, die er (wie er behauptete) in eigenen Ferienwohnungen in Europa veranstaltete. Bei Kidder erhielt Kaplan Berichten zufolge trotz zweier gut bezeugter Vorkommnisse eine Bonuszahlung von

500 000 Dollar. Erstens erbrachte ein komplexer Italien-Deal, DELS genannt (für „Derivative-Enhanced asset-Linked Securities“), den Kaplan koordiniert hatte, einen Verlust von 1,7 Millionen Dollar. Zweitens entdeckten Kidder-Mitarbeiter, daß Kaplan die für den Vertrieb dieses Derivats erforderliche Wertpapierlizenzierung versäumt hatte; laut *Wall Street Journal* wiesen Kaplans Bosse ihn an, erst den Deal zu vollenden und anschließend die Lizenzierungsprozedur vorzunehmen.

Ironischerweise wurde Kaplan schließlich nicht wegen eines dieser Probleme von Kidder gefeuert, sondern weil Angestellte von Kidder Kaplans Nebenjob entdeckten, als die Rothschild-Bank Kidder um Deckung verschiedener Kreditkartenausgaben von Kaplan ersuchte, darunter auch Zahlungen für einen Pelzmantel. Insbesondere dieser Pelzmantel trug Kaplan kurzzeitige fragwürdige Berühmtheit ein. Nach einigem Hin und Her antwortete er schließlich am 2. Juni 1994 mit einem Schreiben an das *Journal,* in dem er dementierte, den Pelzmantel gekauft zu haben, und behauptete, daß er überhaupt viel weniger ausgegeben und Kidder von seinem Job bei Rothschild von Anfang an gewußt habe.

Dagegen wurde Jett viel ernsterer Vergehen beschuldigt. Wie hatte er 350 Millionen Dollar Verlust gemacht? Das Buchführungssystem bei Kidder ermöglichte es den Händlern, sogenannte fiktive Profite zu erzeugen, indem man einen Strip kaufte und anschließend den Verkauf dieses Strip zu einem viel höheren Preis verbuchte. Problematisch ist hierbei, daß Strips aufgrund des Nominalwerts der zugrunde liegenden Anleihe verkauft werden, von der sie abgetrennt worden sind. Da ein Strip jedoch nur einen Teil der ursprünglichen Anleihe darstellt, ist sein Wert substantiell gesehen niedriger als der des gesamten Bonds. Ein Beispiel: Angenommen, ein Bond ist 1000 Dollar wert und hat einen Nominalwert von 1000 Dollar. Einen Strip von diesem Bond kann man aber möglicherweise schon für 200 Dollar kaufen. Der Nominalwert des Strip beträgt zwar die 1000 Dollar Nennwert des Originalbonds, aber sein Preis von 200 Dollar ist der Diskont zum Nominalwert.

Erinnern Sie sich an den Barwert? Die 200 Dollar sind wie der Vogel in der Hand.

Im wesentlichen erlaubte es Kidders Buchführung, daß man einen Strip zu einem bestimmten Preis kaufte, um ihn sofort zu einem viel höheren Preis zu verkaufen und hierbei ungeheuren „Gewinn" zu erzielen. In der Realität war der Strip nach wie vor nur 200 Dollar wert, nicht 1000 Dollar, so daß der wahre Profit null Dollar betrug. Es war nicht klar, ob Jett allein dieses tückische Abrechnungsverfahren erdacht hatte oder mehrere Personen aus dem oberen Management von diesen fiktiven Profiten gewußt hatten. Zweierlei stand jedoch außer Frage: (1) Kidders Rechnungslegungssystem hatte 350 Millionen Dollar Verluste aus dem Stripshandel nicht verhindern können, und (2) Jett war, bevor er gefeuert wurde, bei Kidder Direktor des Stripshandels gewesen. Es wurde auch bekannt, daß einige der verlorenen 350 Millionen Dollar zu First Boston gewandert waren, wo sie zu den 50 Millionen Dollar Gewinn aus dem dortigen Stripshandel zumindest beitrugen.

Die Probleme bei Kidder waren publik geworden, aber nach wie vor war der breiteren Öffentlichkeit nicht bekannt, daß auch die vielen Stripshändler der anderen Banken ihre Abrechnungsbelege fälschten, um ihre Ergebnisse aufzupolieren. Das waren jedoch im Vergleich zu Kidder kleine Fische. Die besten Deals, die Händler aus anderen Banken mit Strips gelangen, bestanden darin, daß sie gelegentlich höhere als die aktuellen Verkaufspreise für einen Strip angaben. Dadurch erschien der Tagesgewinn höher, als er in Wirklichkeit war. Diese Praktiken waren allgemein üblich und konnten kaum aufgedeckt werden, allerdings funktionierten sie nur für einen Tag. Natürlich waren auch diese Praktiken illegal, selbst wenn man nur für einen einzigen Tag die Daten fälschte, aber das schien niemanden zu interessieren. Tatsächlich waren sie nur deshalb nicht noch weiter verbreitet, weil die meisten Abrechnungssysteme die hieraus resultierenden Verluste rasch aufdeckten. So hätten Händler bei First Boston niemals Verluste in Höhe von 350 Millionen Dollar verschleiern können. Zumindest nicht, soweit ich davon wußte.

Nun war ich im Begriff, in die traditionsreiche Saga der Strips einzutreten. Wie ich wußte, war der Deal von Lehman Brothers recht erfolgreich gewesen; allerdings argwöhnte ich, daß dieser Erfolg in erster Linie auf das clevere Akronym zurückzuführen war. Das Produkt wurde BIGS genannt, als Abkürzung für „Brady Income Government Securities". Jedermann liebte BIGS, und Lehman verkaufte sie für mehr als 100 Millionen Dollar.

Ich schlug vor, die BIGS-Idee auf Morgan Stanleys gescheitertes NPC-Geschäft anzuwenden. Wie die Brady Bonds beinhalteten die NPC-Bonds eine AAA-Garantie für das investierte Kapital. Wenn wir nun die NPC-Bonds zusammen mit ein paar Strips in einen Trust packten, müßten auch wir S&P davon überzeugen können, den neuen Trustanteilen eine AAA-Wertung zu verleihen. Zumindest war es einen Versuch wert.

Zuerst witzelten die Verkäufer darüber, daß ein solches Geschäft doch auf einer Täuschung basiere. Ich widersprach dem nicht. Viele unserer Derivatgeschäfte waren genau betrachtet Lug und Trug, und als sich abzeichnete, daß mein Plan – ob Täuschung oder nicht – funktionieren würde, waren die Verkäufer begeistert. Wenn wir diesen ungewöhnlichen Ratingtrick nutzen und Standard & Poor's davon überzeugen könnten, einem riskanten Philippineninvestment ihre höchste Bonitätsklasse zu verleihen, könnten wir die NPC-Bonds verkaufen.

Es war schwierig, die Urheberschaft für Verkaufsideen zu reklamieren. Ich dachte darüber nach, wie ich durch diesen Deal mein Ansehen mehren konnte, auch wenn ich diese Lorbeeren nicht verdiente und selbst dann, wenn ich dafür in die Claims höherrangiger Mitarbeiter eindringen müßte. Jeder RAV, auch der Trust, den wir für das NPC-Geschäft nutzen würden, mußte einen Namen haben. Der Name der Bermuda-Gesellschaft, die wir für PLUS Notes verwendet hatten, lautete PLUS Capital Company; die BIDS Company nannten wir NTN Capital Company. Um meine Verdienste um das NPC-Geschäft für ewige Zeiten zu dokumentieren – oder zumindest 15 Jahre lang, bis die Bonds ausliefen –, überredete ich meine Vorgesetzten, den Trust nach mir zu benennen. Offiziell stand der Name FP-Trust für „First Philippines Trust". Aber jeder in der Derivategruppe wußte, daß FP in Wirklichkeit für „Frank Partnoy" stand.

Nachdem das NPC-Geschäft nun mein Namensvetter war, mußte ich dafür sorgen, daß es erfolgreich werden würde. Ich war beauftragt, für den FP-Trust „die Bücher zu führen". Ich half bei der Schulung der Verkaufselite von Morgan Stanley, legte Listen der Klienten an, die Kaufinteresse zeigten, und nahm an zahlreichen Verkaufsgesprächen teil. Das Geschäft war einfach. Die NPC-Bonds brachten 9,75 Prozent Zinsen. Wir fügten einfach ein halbes Extraprozent aus US-Treasury Strips hinzu (die Schokoladenglasur auf dem Ramschkuchen), um den Gesamtzinssatz auf 10,25 Prozent zu bringen. Das war's. Die Rückzahlung des investierten Kapitals war durch die Weltbank garantiert, und den Bond – zumindest *einiges* von diesem Bond, wenn man das Kleingedruckte las – hatte S&P mit AAA bewertet. Wir umwarben Morgan Stanleys Kundenstamm und priesen den Deal fast 100 Kunden an.

Als ich einige der ersten Verkaufspräsentationen besuchte, nahm ich mit Enttäuschung zur Kenntnis, daß sie nicht gut liefen. Zuerst schienen die Klienten kaufen zu wollen, doch in letzter Minute sagten sie meist nein oder bekundeten Interesse an einem anderen Geschäft. Nachdem ich einem Senior-Verkäufer den FP-Trust erklärt hatte, fädelte er für uns ein Treffen mit dem Präsidenten einer großen Versicherungsgesellschaft ein, die in unserer Straße ganz in der Nähe residierte. Bevor wir aufbrachen, bat ich ihn, unsere Chancen einzuschätzen. Er lehnte sich auf seinem Stuhl zurück, lachte und sagte, ich solle mich entspannen. In seinem schweren, nahezu unverständlichen Boston-Akzent fügte er hinzu: „Ich will dir etwas erklären, Frank, das oberste Prinzip unseres Geschäftes." Er legte eine Kunstpause ein. „Wenn ein Bond nicht mit zwei Hockeykarten und einer guten Flasche Wein verkauft werden kann, ist er unverkäuflich."

Das war vielleicht einer der besten Tips, die ich jemals bei

Morgan Stanley erhalten hatte. Der Verkäufer schnappte sich eine attraktive Angestellte aus der Analyseabteilung – allein zu Showzwecken –, dann stürmten wir hinaus. Wir brausten ein paar Blocks weit die Eighth Avenue hinauf zur Zentrale der Versicherung. Dort wurden wir in einen großen Konferenzraum geführt, um mit dem Präsidenten und einem seiner Assistenten zusammenzutreffen.

Der Verkäufer erklärte das Geschäft. Der Präsident zeigte Interesse, sagte aber, er habe noch nie philippinische Anleihen gekauft. Er stand unter Druck, zu „internationalisieren"; zugleich aber waren ihm durch einschränkende Vorschriften in bezug auf den Kauf von Nicht-US-Bonds die Hände gebunden. Dieses Geschäft schien ihm nicht zu behagen, und nach einiger Diskussion kam er zu dem Schluß, daß die Philippinen zu weit weg seien und er lieber näher der Heimat investieren wolle. Wir hatten weder Wein noch Hockeykarten mitgebracht, aber auch das hätte wohl schwerlich geholfen.

Der Verkäufer war enttäuscht. Mir war bewußt, daß er sich nicht um den FP-Trust sorgte; er wollte nur die Kommission aus einem profitablen Geschäft kassieren. Mir war außerdem bewußt, daß es viele andere Geschäfte in größerer räumlicher Nähe gab, die wir dem Mann vorschlagen könnten. Die anderen Deals trugen zwar nicht meinen Namen, aber auch sie würden hohe Einnahmen bringen. Jahre zuvor, als Kassierer bei McDonald's, war ich in der Kunst des „suggestiven Verkaufs" trainiert worden. Wenn ein Kunde einen Cheeseburger und Pommes frites bestellte, fragte ich: „Und dazu einen Apple Pie?" Dieselbe Masche funktionierte auch bei Morgan Stanley. Wenn ein Kunde eine einfache Regierungsanleihe orderte, fragte man: „Möchten Sie ein Derivat mit Hebeleffekt dazu?" Oft sagte der Investor ja – oder fragte zumindest näher nach.

Wenn die Versicherungsgesellschaft im jetzigen Fall die Philippinen nicht wollte, sollte man ihr eine andere Geschmacksnote anbieten. Ich fragte den Präsidenten, was er von Lateinamerika hielt. Er sagte, ein Investment in Argentinien könne er sich vorstellen. Glücklicherweise hatte ich einige Marketingmaterialien über ein Argentiniengeschäft mitgebracht, an dem ich gerade arbeitete, und so konnte ich ihm ein Exemplar überreichen. Er sagte, dieses Anlagegeschäft sehe interessant aus, und er werde auf uns zurückkommen. Der Verkäufer zwinkerte mir zu, als wir uns verabschiedeten.

Leider brauchten wir weiterhin jemanden, der in den FP-Trust investierte. Die Aussichten waren düster. Viele Klienten sagten, sie lehnten diese Spielchen der Ratingagenturen ab. Ein Verkäufer beschrieb unbehaglich, wie er versucht hatte, einem Klienten das Investment schmackhaft zu machen. In einem Konferenzzimmer hatte er Top Secret auf die Tafel geschrieben und dann erklärt, wie die Raketenforscher von der DPG die Agentur S&P dazu gebracht hatten, diesem Geschäft die Note AAA zu geben. Die Schlußworte des Verkäufers waren: „Na los, Sie wissen, daß Sie Holz für dieses Geschäft haben." „Holz" war eine phallische Umschreibung für Interesse am Kauf einer Anleihe. Der Kunde antwortete barsch, daß er *kein* Holz für dieses Geschäft habe und der Verkäufer sich zudem eine der vier folgenden Antworten für seinen Weg nach draußen aussuchen dürfe:

(1) Steckt Vogelscheuche, dieser Schwanz mit Ohren, dahinter?
(2) Nicht mit mir, verdammt noch mal: Sie machen zuviel Geld mit diesem Geschäft.
(3) Fick dich selber, was soll die Frage? Und
(4) Ich werde der Versicherungsaufsichtsbehörde davon erzählen.

Mehr als 60 Klienten zeigten zwar etwas Interesse oder kommentierten uns gegenüber dieses Geschäft, dennoch konnten die Verkäufer nur bei drei Investoren echtes Interesse erwekken. Zum Glück war einer von ihnen die Teacher's Insurance Association von Amerika, bekannt als TIAA oder einfach „Teachers". Teachers war ein großer und angesehener Manager von Pensionsfonds für Lehrkräfte öffentlicher Schulen. Sie mochten den FP-Trust so sehr, daß sie sich bereit erklärten, gleich mehr als die Hälfte der gesamten Emission aufzukaufen. Warum ausgerechnet ein Verband von Schullehrern aus dem öffentlichen Dienst seine Pensionsbezüge von der Entwicklung der philippinischen staatlichen Elektrizitätsgesellschaft abhängig machen wollte, ging über meinen Horizont hinaus. Aber da die Teachers als Hauptkäufer auftraten, stimmten die anderen beiden Interessenten frohgemut zu, den Rest zu kaufen.

Der nervenaufreibendste Tag bei jedem Geschäft, selbst wenn man nur Strips kauft und in einen Trust einbringt, ist der „Preistag" („pricing date"). An diesem mußte Morgan Stanley die Strips kaufen und dem Investor auf den Pfennig genau mitteilen, wieviel der FP-Trust ihn kosten würde. Das geschah in Sekundenschnelle, per Telefon oder, besser gesagt, über die Telefone. Am Preistag mußten mehrere Leitungen für uns freigehalten werden.

Jeder, der an der Wall Street arbeitet, hat eine Lieblings-Alptraumstory über telefonische Mißgeschicke, ganz besonders solche, die sich an Tagen ereignen, wenn der Preis für einen Handel festgesetzt wird. Meine beste Geschichte dieser Art dreht sich um einen Händler, der einen jungen Trainee beauftragte, seine Telefone zu überwachen, während er selbst zur Toilette ging. In Abwesenheit des Händlers läutete dann ein Apparat, und der Trainee hob ab. Der Anrufer fragte: „Also, sind wir uns über 100 Millionen Dollar Bonds einig?" Der Trainee bekam Angst und murmelte törichterweise: „Ja." Der Anrufer erwiderte: „Okay, Sie sind dabei", und legte auf. Natürlich ging der Markt für solche Bonds sofort in die Knie, und als der Händler zurückkam, mußte er feststellen, daß er Bonds zu 100 Millionen Dollar besaß, die ihm einen enormen Verlust eintrugen. Überflüssig zu sagen, daß Händler es nicht mögen, wenn man ohne ihre Erlaubnis für sie Anleihen zu 100 Millionen Dollar kauft, besonders dann nicht, wenn diese dann an Wert verlieren. Der Trainee wurde auf der Stelle gefeuert.

Seit diesem Vorfall verlangen die meisten Investmentbanken

von ihren neuen Angestellten den Einsatz sogenannter „Übungstelefone“, Hörern ohne Mikrofon. Diese Telefone wurden – ähnlich Stützrädern an einem Fahrrad – konzipiert, um die Trainees während ihrer ersten Monate vor Selbstgefährdung zu schützen. Das hat sich bewährt.

Ich hatte mein Trainingsprogramm schon lange Zeit vorher erfolgreich absolviert, und alle meine Hörer besaßen Mikrofone – obwohl ich mir am Preistag oftmals wünschte, sie hätten keine. Typischerweise war nur eine Person bei einem neuen Geschäft für die Preisfindung verantwortlich. War man selbst diese Person, so beobachtete man viele Computerbildschirme und führte viele Telefongespräche, während die Manager ein paar Zentimeter hinter einem standen und einem über die Schulter schauten. Alle paar Minuten schrie dann ein Manager angesichts einer geänderten Zahl auf oder wollte wissen, wieviel Geld wir gerade machten. Der Druck war enorm. Mehr als ein junger Mitarbeiter war nach dem Pricing bei seinem ersten Derivatedeal unter Tränen zusammengebrochen.

Ich war für das Pricing des FP-Trusts verantwortlich, und glücklicherweise ging alles glatt. Wir kauften die Strips, verkauften sie zusammen mit den NPC-Bonds, die wir bereits besaßen, an den Trust und sammelten unser Geld ein. Die DPG verkaufte an nur drei Käufer alle FP-Trustanteile im Wert von 48,4 Millionen Dollar. Ich war überglücklich.

Ich war auch für die Berechnung der genauen Provision zuständig. Eine Provision von einem Prozent hätte 484 000 Dollar ausgemacht. Unser Ziel war eine Million Dollar, und ich wußte, daß ein Honorarsatz von mehr als zwei Prozent für eine Transaktion von der Größe und dem Risiko des FP-Trusts ziemlich happig war. So rechnete ich vorsichtig nach und stellte fest, daß ich ohne Zweifel meinen ersten Millionendeal geschafft hatte. Die Gesamtprovision aus dem FP-Trust betrug fast 1,2 Millionen Dollar.

In noch größere Begeisterung als die DPG-Manager versetzte der FP-Trust nur die Junk-Bond-Händler. Sie hatten NPC-Bonds im Wert von einigen Millionen besessen und befürchtet, sie mit Verlust verkaufen zu müssen. Statt dessen konnten sie die Bonds über die DPG mit Profit verkaufen. Auch Morgan Stanleys Investmentbanker waren hocherfreut, nicht nur, weil sie ihre Beziehungen zur Weltbank und zu den Philippinen wahren wollten, sondern auch, weil sie im Zusammenhang mit den NPC-Bonds eine Bürgschaftsprovision von mehreren hunderttausend Dollar vereinnahmt hatten. Jedermann war nun glücklich. Wir hatten den Tag gerettet und mehr als eine Million Dollar erzielt. Wen kümmerte es schon, wenn in ein paar Jahren bei all diesen Schullehrern die Lichter ausgingen?

Die schlechte Nachricht erreichte mich bald darauf. S&P rief an, um mir mitzuteilen, daß man beabsichtige, die Bonitätsklassen aller Morgan-Stanley-Derivate – einschließlich des FP-Trusts – zu ändern. Die Produkte würden zwar in der AAA-Klasse bleiben, aber S&P wollte den drei AAAs ein tiefgestelltes R (für „Restricted“) hinzufügen. Nun würde also der FP-Trust mit AAA_R bewertet werden. Das war eine furchtbare Neuigkeit. Wahrscheinlich hätten wir diesen Kurswechsel vorhersehen können. Schon mehr als ein Jahr zuvor hatte S&P bekanntgegeben, daß sie Ratings für Wertpapiere überprüften, die Derivate mit traditionellen Anleiheinstrumenten kombinierten. Zu dieser Zeit hatte ein Direktor von S&P vorgeschlagen, bestimmten Ratings einen Untertitel hinzuzufügen, um zu demonstrieren, daß S&P nur die *Fähigkeiten* des Emittenten zur Rückzahlung des aufgenommenen Kapitals klassifizierte und nicht die *Wahrscheinlichkeit* der Rückzahlung des vollen Betrags. Nach den großen Verlusten von Procter & Gamble waren Derivate zu einem ernsthaften Problem geworden, und S&P zog die Zügel scharf an.

Ich war am Boden zerstört. Mein ganzer Stolz, mein Derivatebaby, würde nun für immer durch ein zusätzliches R gebrandmarkt sein, ebenso der Werbeprospekt zu diesem Deal. Schlimmer noch, ich mußte jedem davon erzählen. Ein ahnungsloser Verkäufer fragte: „Wenn es aber ein auf lange Sicht angelegtes Rating ist, wie konnten die es so schnell ändern?“ Der leitende Junk-Bond-Händler war erbittert. „Zum Teufel mit ihnen", fluchte er unter anderem, und: „Die sollen sich gefälligst wie Männer benehmen." Ich entgegnete ihm, jede Person, mit der ich bei S&P über dieses Geschäft verhandelt hatte, sei weiblich, auch die Person, die den Deal letztlich bewertet hatte. Er war platt, sagte aber: „Schick sie trotzdem alle zur Hölle."

Ich nahm an, daß Bidyut Sen erbost sein würde, aber als ich am nächsten Tag in die morgendliche DPG-Konferenz stürmte, war unsere tägliche Update-Liste so umfangreich, daß keine Gelegenheit bestand, sich über andere Dinge aufzuregen. Nach dieser Besprechung ging Sen auf mich zu und murmelte: „In dieser Gruppe gibt es Leute mit Antiviruswaffen. Wir scheinen uns weiterentwickelt zu haben." Darauf wußte ich nichts zu sagen. Ich nickte nur und entfernte mich. Wochen später, nach einigen weiteren Berichten über Anlegerverluste durch Derivate, stand Sen mitten im Handelssaal und brüllte: „Wenn noch ein weiterer Artikel über Derivate erscheint, falle ich tot um!" Es schien, als ob das kürzliche Derivatedesaster meinen Vorgesetzten langsam den Verstand raubte. Selbst der normalerweise vernünftige Marshal Salant begann sich eigenartig zu benehmen; er war auf sonderbare Weise besorgt, daß der Tod des ehemaligen Präsidenten Nixon „langsam echt unser Geschäft vermasselt".

Als einzige in der DPG hatte die Königin weiterhin die Realität voll im Griff, und als ich ihr von den Neuigkeiten erzählte, verstärkte sich ihr Griff – um meinen Hals. Sie forderte mich auf, ihr genau zu erklären, warum S&P dem FP-Trust ein R angehängt hatte. Warum hatten wir letztlich diese Auseinandersetzung verloren? Um die Wahrheit zu sagen, ich wußte es nicht – allerdings nahm ich an, daß es zum Teil daran lag, daß S&P recht hatte: Diese Bonds verdienten wirklich kein AAA. Viele Verkäufer hörten zu, gespannt, ob ich eine Antwort parat hätte. Ich wollte nicht lügen oder Ausflüchte suchen. Wir konnten dieses R-Rating nicht aus der Welt schaffen, und ich hatte keine gute Erklärung dafür. Also sagte ich ehrlich: „Ich weiß nicht."

Die Königin explodierte. Damals war mir kaum bewußt, daß eine Kardinalregel des Handelssaales verbot, jemals diese Reizworte auszusprechen. Als ich sie sagte, begann die Königin wenige Zentimeter vor meinem Gesicht zu schreien, daß „Ich weiß nicht“ *niemals* eine akzeptable Antwort sei. Das Publikum sah zu, wie ich Prügel bezog.

Ich sagte, ich hätte nicht gewußt, daß man niemals „Ich weiß nicht“ sagte. Damit bewies ich gleich zum zweiten Mal meine Ignoranz. Im Handelssaal konnte man so gotteslästerlich reden, wie man wollte; jeder abscheuliche oder widerliche Jargon war akzeptiert. Aber *diese Worte* waren extrem widerlich und schrecklich. Auch wenn man nur *flüsterte,* „Ich weiß nicht“, riskierte man seinen Kopf.

Die Königin winkte einen anderen Manager herbei und erzählte ihm, was ich gerade gesagt hatte. Er schüttelte enttäuscht den Kopf. Ich fragte mich, ob die beiden vorhatten, mir den Mund mit Seife auszuspülen. Meine Verteidigungsversuche waren, rückblickend betrachtet, ziemlich erbärmlich.

„Was denn, wenn ich es wirklich nicht wußte? Ich sagte, ‚ich weiß nicht‘, weil ich es tatsächlich nicht wußte.“

„Es kümmert mich einen Dreck, was du nicht weißt.“

„Aber wenn ich die Antwort nicht weiß, was soll ich denn dann sagen?“

„Reim dir was zusammen. Egal, was. Aber sag niemals mehr ‚Ich weiß nicht‘.“

„Aber ich *wußte es doch nicht.*“

„VERDAMMT NOCH MAL, WILLST DU WOHL DIESE WORTE NIEMALS MEHR SAGEN!“

So lernte ich auf die harte Tour, daß Derivate ein Spiel waren, bei dem man sich keinen Ausrutscher leisten konnte, nicht einen einzigen. Auch wenn die DPG mehr als eine Million Dollar mit dem FP-Trust gemacht hatte, sollte sich die Königin in diesem Zusammenhang nur daran erinnern, daß ich auf eine Frage „Ich weiß nicht“ geantwortet hatte und das Investment mit dem Restriktions-R bewertet worden war. Die positiven Aspekte dieses Geschäfts waren bereits vergessen. Ich war froh gewesen, daß das Geschäft nach mir benannt worden war. Doch nun wollte ich jede Erinnerung an meine Person aus dem Namen dieses Produkts getilgt sehen. FP-TRUST war überall auf Werbeträgern und Prospekten zu lesen, in der gesamten Firma und bei Dutzenden von Klienten. So war ich unweigerlich mit diesem ersten Anlagegeschäft in der Geschichte der DPG verbunden, das mit einem R bewertet worden war. Ich stürzte in ein tiefes Loch.

Verzweifelt versuchte ich mein Tief zu überwinden. Ich kann zu dieser Zeit nicht ganz bei Verstand gewesen sein, denn ich kehrte sogar zu Vogelscheuche zurück und bat ihn um Hilfe. Wie nur konnte ich mich rehabilitieren?

Vogelscheuche schlug vor, wir sollten versuchen, den BIGS-Deal von Lehman Brothers mittels Brady Bonds nachzumachen. Wenn die dieses Geschäft machen könnten, dann könnten wir das auch. Ich hatte niemals versucht, Geschäfte einer anderen Investmentbank buchstäblich nachzumachen. Es war ein schlechtes Zeichen: Wir hatten so wenig kreative Ideen, daß wir es nötig hatten, uns aus alten Deals von Lehman zu bedienen. Allerdings schlug unser Plagiatsversuch in jeder Hinsicht fehl, und so vergeudete ich den nächsten Monat.

Wir versuchten das BIGS-Geschäft auf jede erdenkliche Weise zu kopieren. Zuerst nahmen wir Brady Bonds, fügten die Zins-Extrazahlung als Zuckerguß hinzu und ersannen ein neues Akronym. Der Name, den Vogelscheuche sich ausdachte, war „Credit Enhanced Duration Notes". Das war ein töricht klingender Name, und CEDN war nicht gerade ein ansprechendes Kürzel. Auf der anderen Seite war es bei weitem der beste von Vogelscheuches Vorschlägen, zu denen unter anderem „Brady Repackaged AAA Securities Trust" (BREAST), „Brady Repackaged Asset Securities" (BRAS) und „Latin American Securities Derivatives" (LSD) gehörten. Vogelscheuche witzelte, daß die Klienten durch den Kauf von BREASTS und BRAS „Holz" bekommen würden. Vielleicht hatte er ja recht, aber durch CEDNs bekamen sie sicherlich kein „Holz".

Viele Klienten wiesen das Produkt sofort zurück und sagten, daß sie allein für die Verschleierung eines Ratings keine Kommission von einem Prozent bezahlen würden. Auch die Versicherungsgesellschaften sorgten sich – zu Recht –, daß die National Association of Insurance Commissioners, die Lehmans Deal zwar mit ihrem Top-Rating „NAIC-1" benotet hatte, die Bonds herabstufen könnte, wenn sie erfuhr, daß es sich um kein echtes AAA-Rating handelte. Das R-Rating beunruhigte alle.

Als die Königin von diesen Reaktionen erfuhr, war sie aus einem unerwarteten Grund erbost. Sie ärgerte sich nicht deshalb, weil die Klienten diesen Deal nicht kaufen wollten, da sie über das illegitime Rating besorgt waren; sie war vielmehr sauer, als wir andeuteten, daß wir dieses Geschäft für ein Prozent Gebühr abwickeln würden. Sie schrie: „Warum habt ihr von denen nur ein Prozent verlangt? Fordert *zwei* Prozent!"

Da wir mit US-Klienten weiterhin kein Glück hatten, sahen wir uns im Ausland um. Ich hatte aus Tokio gehört, daß dort einiges Interesse an der AAA-Idee bestand. Die Frage war jedoch, wie man die auf US-Dollar lautenden Brady Bonds in auf japanische Yen lautende Derivate umwandeln sollte. Es gab zwar einige auf Yen lautende Brady Bonds, aber die waren nicht in einer Stückzahl erhältlich, in der sich ein Geschäft gelohnt hätte. Verwendete man die Dollarbonds, so war es sehr teuer, die Dollar für die mittlere Laufzeit der Brady Bonds in Yen zu swappen – immerhin für 25 bis 30 Jahre –, da man zur Absicherung des Swap keine japanischen Regierungsanleihen verwenden konnte, deren längste Laufzeit 20 Jahre betrug. Ich schätzte, daß es mindestens zehn zusätzliche Basispunkte kosten würde, die Zahlungen von Dollar auf Yen zu swappen, und daß dieser Betrag jeglichen Gewinn aufzehren würde. Der Handel war möglich, aber kompliziert, und ich hätte dafür zumindest einmal nach Tokio reisen müssen. Dazu war ich damals noch nicht bereit.

Währenddessen versuchten unsere Kollegen im Londoner Büro von Morgan Stanley eifrig, eines ihrer eigenen Derivatgeschäfte zu kopieren. Viele Londoner Banken hatten profitable Geschäfte mit italienischen Derivaten abgeschlossen, die auf ähnlichen Ratingagenturtricks basierten. Es gab Berichte, wonach J.P. Morgan und Goldman, Sachs solche Geschäfte gemacht hatten. Soweit wir sie verstanden, handelte es sich bei diesen Deals um geläufige RAV-Typen, basierend auf italienischen Staatsanleihen. Drei Schritte führten zu diesem Geschäft. Erstens bringt man auf Lire lautende italienische Anleihen in eine spezielle Gesellschaft ein. Zweitens tritt dieses Unternehmen in ein Swapgeschäft mit einer Bank zur Lieferung von Lire gegen US-Dollar ein. Drittens emittiert die Gesellschaft Bonds, lautend auf US-Dollar. Das bedeutsame Resultat dieses dreistufigen Prozesses: Die Bonds wurden mit AAA bewertet. Immer klarer kristallisierte sich heraus, daß die Ratingagenturen der Schlüssel zu den profitabelsten Derivaten zu sein schienen.

Dieser Handel war in Italien aus denselben Gründen so erfolgreich, aus denen die PLUS Notes in Mexiko avanciert waren: Die inländischen Bonds dieser Länder hatten höhere Bonitätsklassen als ihre Auslandsanleihen. So waren Italiens Lireanleihen mit AAA bewertet, die in US-Dollar nominierten Bonds dagegen nicht. Brachte man nun die Lirebonds in eine spezielle Gesellschaft ein und vollführte einen Swaphandel mit einem als AAA bewerteten Gegenstück, so konnte man wie von Zauberhand auf US-Dollar lautende italienische AAA-Bonds erschaffen. Presto. Wie bei den PLUS Notes.

Ich wußte, daß die Bewertung der verschiedenen Bondtypen mit AAA stark variierte. Viele Banken, darunter Citicorp und J.P. Morgan, hatten unlängst sogenannte „Arbitrage Vehicles" aufgelegt, um von dieser Varianz zu profitieren. Gesellschaften mit Namen wie Alpha Finance, Beta Finance, ARGO und Gordian Knot machten Vermögen mit der simplen Strategie, die billigsten AAA-Bonds zu kaufen und zu deren Finanzierung ihre eigenen teureren AAA-Bonds auszugeben. Diese Strategie war eine Geldmaschine – die man aus guten Gründen im geheimen arbeiten ließ. Man konnte S&P davon überzeugen, die eigenen Bonds mit AAA zu bewerten, denn man konnte nachweisen, daß man ausschließlich AAA-Bonds kaufte. Und außerdem waren die Bonds, die man selber kaufte, paradoxerweise billiger als die eigenen Obligationen. So konnte man mit einer kleinen Finanzhexerei, kombiniert mit den absurden AAA-Ratings, ein Geld fabrizierendes Perpetuum mobile schaffen.

Bei der Nachbildung der Italientransaktion mußte Morgan Stanley zwei Probleme meistern, um die erwünschte Klassifizierung zu erhalten. Erstens gab es das übliche Problem der einvernehmlichen Namensfindung. Viele der den Londoner DPG-Verkäufern gehörenden Spezialgesellschaften waren an Standorten wie Luxemburg oder den Niederlanden registriert, wo verlangt wurde, daß man einige Tage vor der Eintragung eine Namensliste zur Prüfung vorlegte. Nachdem man diese Liste eingereicht hatte, erfuhr man normalerweise innerhalb von fünf Werktagen, welcher dieser Namen gegebenenfalls zur Nutzung geeignet war. Für einen Deal hatten die Verkäufer ungefähr 30 Namen vorgelegt, und die Niederländer hatten alle zurückgewiesen. Auf einer in letzter Minute eingereichten, zum Teil als Witz gedachten Namensliste hatte auch „Gopher" gestanden, der Name einer Figur aus der TV-Serie *The Love Boat.* Natürlich war, wie es der Zufall wollte, von allen Namen einzig Gopher geeignet. Als ein japanischer Käufer erfuhr, daß das Produkt Gopher hieß, und fragte, was dieser Name bedeute, reagierte er entsetzt auf die Eröffnung, daß Gopher ein Nagetier war. In Japan gelten Nagetiere als schlechtes Omen, und so wollte der abergläubische Investor aus dem Geschäft aussteigen. Mehr Glück mit Namen hatten die Verkäufer bei der Italientransaktion. Nach ungefähr einem Dutzend Vorschlägen wurde „Eagle Pier" genehmigt. Dieser Vorschlag eines Londoner Topmanagers, ursprünglich der Name eines Urlaubsortes in der Karibik, schien niemandem zu mißfallen.

Das zweite Problem war S&P. Offensichtlich hatte niemand dafür bezahlt, daß eine Emission von in Lire nominierten italienischen Regierungsanleihen bewertet wurde. Italien war zwar eines der schwächeren Wirtschaftsländer in Europa, aber es war jederzeit möglich, ein AAA-Rating für Lire zu bekommen.

Für die meisten Länder galt, daß das Rating für Wertpapiere in Inlandswährung ein AAA rechtfertigte, wenn ihr Rating für in ausländischer Währung ausgegebene Anleihen AA oder höher war, was auf Italien zutraf. Wieder war die Währungseinheit des Wertpapiers bedeutsam, da es für Italien leichter war, Lire zu drucken, um seine auf Lire lautenden Schulden zu begleichen, als Hartwährungen zu verdienen, um seine Dollarverbindlichkeiten zu decken. S&P hatte die Logik akzeptiert, daß sich die neuen Bonds für eine AAA-Wertung qualifizierten, wenn sowohl Bonds in einer Währung als auch die Bank, die diese in eine andere Währung tauschte, mit AAA bewertet waren. Diese Logik sorgte dafür, daß der Italiendeal funktionierte. Das einzige Hindernis bestand nun noch darin, daß S&P den italienischen Lire-Bonds keine AAA-Wertung zusprechen würde, solange niemand für das Rating bezahlte.

Unsere Londoner Kollegen brauchten einen Gesprächspartner bei S&P in den Vereinigten Staaten, um über Eagle Pier zu sprechen. Daraufhin rief ich einen S&P-Analysten an, um über Italiens Rating zu diskutieren. Er war sehr zögerlich und erklärte, er könne „weder bestätigen noch dementieren, daß die italienische Lira AAA ist". Wie er sagte, sei es ihm nicht erlaubt, seine Meinung über das Inlandsrating zu veröffentlichen, da niemand für eine Bewertung von Italien bezahlt habe. Wenn Morgan Stanley ein Geschäft mit italienischen Regierungsanleihen durchführe, werde es erst dann ein AAA-Rating erhalten, wenn wir dafür bezahlten. Die Bewertung eines kleinen Derivatedeals war verhältnismäßig billig, verglichen mit dem Rating der Gesamtschulden eines Staates, und wir würden natürlich nicht für eine Gesamtbewertung Italiens mit AAA bezahlen.

Zum Glück war S&P für Kompromisse offen. Anstatt anzuzeigen, daß in diesen Deal Italienanleihen involviert waren, sagten wir einfach, der Handel beinhalte die Bonds eines von sieben europäischen Staaten, von denen sechs bereits als AAA bewertet seien. Natürlich wußte jeder, daß es sich bei den fraglichen Bonds um italienische Anleihen handelte, doch die Ungewißheit, die durch die Möglichkeit der Auswahl aus sieben

Staaten entstanden war, stellte S&P zufrieden. So konnte die Agentur unsere Bonds mit AAA bewerten, ohne von uns Italiens Gebühren zu verlangen, denn sie hielten es für unwahrscheinlich, daß irgend jemand Eagle Pier als Beweis dafür anführen könnte, daß Italien eine AAA-Wertung genieße. Wenn jemand das versuchen würde, könnte S&P immer noch behaupten, die dem Geschäft zugrunde liegenden Bonds stammten von den anderen sechs Ländern, die für das AAA-Rating bezahlt hatten. Eagle Pier war wie ein Revolver, dessen Magazin nur eine Kugel enthielt. Solange Eagle Pier diese Struktur des Musters „Russisches Roulette" beibehielt und die erforderlichen Gebühren bezahlt wurden, bewertete S&P das Produkt mit AAA, wohl wissend, daß aus dem Lauf von Morgan Stanley, wenn bei diesem Geschäft geschossen wurde, die Italienkugel fliegen würde.

Ich fand es unglaublich, wie verwickelt einige unserer RAVs geworden waren. Kannte sich irgend jemand noch mit diesen verrückten Geschäften aus? Was würde passieren, wenn das *Wall Street Journal* ihnen auf die Spur käme? Ich nahm an, daß das *Journal* noch nichts davon wußte, hätten wir sonst nicht längst darüber gelesen? Ich wollte wissen, was die Journalisten über unser Geschäft wirklich dachten. Das *Journal* war gerade dabei, eine große Konferenz über Derivate abzuhalten. Zum Glück konnte ich mir eine Einladung sichern.

Viele Top-Kommentatoren der jüngsten Derivatedesaster waren anwesend. Auch die meisten führenden Investmentbanken waren vertreten. Als Moderator fungierte Douglas Sease, der Leiter des *Journal*-Ressorts für Märkte und Finanzen; weitere Diskussionsteilnehmer des *Journals* waren unter anderem Barbara Donelly Granito, Laura Jereski, Steve Lipin und Jeffrey Taylor, Redakteure, die täglich über verschiedene Finanzthemen schrieben, etwa über Regulierung, Banken oder Hedge Fonds, über High-Tech-Finanzinstrumente – und über Derivate. Sie gehörten zu den am besten informierten Finanzjournalisten der Welt. Es würden auch einige Akteure von der Wall Street an den Diskussionen teilnehmen: Fred Chapey, Leiter des Derivatemarketings bei der Chase Manhattan Bank, Patrick Thompson, Präsident des New Yorker Mercantile Exchange, und Leslie Rahl, Principal von Capital Markets Risk Advisers, die viele Opfer und Täter der Derivatedesaster beriet. Natürlich nahm ich an, daß jemand zumindest die Arten von Derivaten erwähnen würde, die wir verkauft hatten. Welche Fragen würden die Journalisten stellen? Würde „Ich weiß nicht" als Antwort der Banker akzeptiert werden?

Ich war enttäuscht. Die Fragen und Antworten waren unbedeutend, und es gab keinerlei Diskussion über irgendwelche Derivate, geschweige denn über solche, die zumindest im weitesten Sinn mit unseren jüngsten Geschäften zu tun gehabt hätten. Die Reporter wußten offensichtlich nichts davon, und die Banker zogen es vor zu schweigen. An einem Punkt wandte sich die Diskussion generell dem Thema zu, ob die jüngsten Derivatgeschäfte für Investoren ungeeignet gewesen seien. Es kursierten viele Geschichten über Investoren, die sich Einnahmen aus exotischen Swapgeschäften erhofften, welche etwa einen Zinssatzindex wie den LIBOR beinhalteten, aber „gehebelt" – oder dreimal mit sich selbst multipliziert. Solche Investments waren offensichtlich pure Spekulation. Die Investoren hatten die LIBOR-Verbindlichkeiten nicht mit LIBOR-Swaps abgesichert. Gleichwohl waren die Vertreter aus der Industrie nicht bereit einzuräumen, daß solche Swaps als Spekulationsobjekte für bestimmte Käufer ungeeignet waren. Als gefragt wurde, zu welcher Hedge-Sorte ein gehebelter LIBOR-Swap zählen könnte, antwortete Fred Chapey von der Chase – nur zur Hälfte scherzhaft –, daß der Swap ein LIBOR-gehebelter Hedge sei. Dieser Kommentar rief nervöses Gelächter hervor. Auf dem Podium folgerte ein Rechtsprofessor, die einzige perfekte Hecke sei in japanischen Gärten zu finden.[1] Aufgrund des niederen Niveaus dieser Konferenzdebatte schien es mir, daß wahrscheinlich niemand jemals unsere Praktiken aufdecken würde. Was brauchte es denn noch, um die allgemeine Aufmerksamkeit zu erregen?

[1] *Anm. d. Ü.:* Wortspiel mit Hedge = Hecke

7

Don't Cry for Me, Argentina

María Eva Duarte de Perón, weithin bekannt als Evita, die Frau des früheren argentinischen Staatspräsidenten Juan Domingo Perón, starb 1952 mit 33 Jahren eines tragischen Todes, genau 40 Jahre bevor die Republik Argentinien den scheußlichsten Bond in der Geschichte emittierte. Hätte Evita noch gelebt und diesen Bond gesehen, dann hätte der bloße Anblick nicht nur ihre kulturelle Empfindsamkeit beleidigt, sondern sie wahrscheinlich umgebracht.

Die Bondemission im gewaltigen Umfang von 5,5 Milliarden Dollar hieß Bonos de Consolidación de Deudas Previsionales, war aber allgemein unter dem Namen BOCONs bekannt. Die argentinische Zentralbank gab die BOCONs am 1. September 1992 aufgrund eines Gesetzes aus, das die Republik Argentinien zur Bündelung der breit gestreuten Schulden zwang, die das Land bei seinen Provinzialregierungen, Lieferanten, Rentnern, Pensionären und Klägern angehäuft hatte. Die neuen Bonds wurden in verschiedenen Serien ausgegeben. Eine davon, BOCON Pre4s genannt, war bei weitem die abscheulichste Tranche.

BOCON Pre4s waren aus vielen Gründen abscheulich. Erstens brachten diese Bonds weder anfangs noch während der ersten sechs Jahre nach ihrer Plazierung Zinsen. Für die argentinische Zentralbank war es sehr angenehm, keine Zinsen zahlen zu müssen, weniger gut war es wohl für die Rentner und Pensionäre, denen es nicht leichtgefallen sein kann, mit null Dollar monatlich auszukommen. Nur wenige Investoren waren bereit, Bonds zu halten, die keine Zinsen abwarfen, wenn sie nicht zumindest von einem kreditwürdigeren Emittenten als dem verschuldeten Argentinien stammten. Zweitens stieg der Nominalwert der Bonds jeden Monat nach Maßgabe des gewichteten Durchschnitts aus mehreren monatlichen Zinssätzen. Folglich wußte man nie, wie viele Bonds man im aktuellen Monat gerade hielt. Anfangs konnte man Pre4s im Wert von 100 Dollar besitzen, im nächsten Monat mochten es bereits 100,43 Dollar sein, dann 100,79 Dollar und so weiter. Auch nur genaue Listen über die Bonds, die man besaß, zu führen, war eine alptraumhafte Aufgabe. Drittens: Wenn man dann endlich Zinsen bekam, begann der Nominalwert, der sechs Jahre lang gestiegen war, zu sinken. Da man nun sein investiertes Kapital in 48 Monatsraten zurückerhielt, fielen auch die Zinszahlungen, die sich jeweils am gegenwärtigen Nominalkapital orientierten, auf unkalkulierbare Weise. Daß man in den ersten sechs Jahren Nullzinsen erhielt, war zumindest voraussehbar. Wie hoch die 48 Zahlungen im Anschluß sein würden, konnte man jedoch nicht einmal ahnen. Nach sechs Jahren erhielt man jeden Monat 2,08 Prozent auf den Nominalwert – wie hoch auch immer der sein mochte –, bis zum 48. Monat, in dem man 2,24 Prozent erhielt. Außerdem bekam man unterschiedlich hohe monatliche Zinsen, basierend auf der komplexen Rechenformel und dem jeweiligen Restnominalwert. Warum so kompliziert? Evita wäre nicht erfreut gewesen.

Für die Besitzer der BOCON Pre4s war es nahezu unmöglich herauszufinden, was die Bonds wert sein mochten, und folglich mochten die Investoren sie nicht. Überdies beunruhigte die Investoren die sehr naheliegende Möglichkeit, daß Argentinien nach sechs Jahren beschließen könnte, überhaupt keine Zinsen auf den Bond zu bezahlen. Die meisten Investoren sahen solche drohenden Zahlungsausfälle als signifikantes Risiko an, und die Bonds bekamen ein sehr niedriges Kreditrating. Sie hatten noch weitere unattraktive Eigenschaften: Die Steuern richteten sich nach den Bondzahlungen, und ob solche Zahlungen jemals erfolgten, war unsicher; die Zentralbank konnte die Bonds jederzeit ungestraft kündigen. Einen positiven Aspekt hatten die Pre4s: Sie lauteten auf US-Dollar; aber das schien nur eine geringe Rolle zu spielen, da der argentinische Peso wenig vorher im Verhältnis 1:1 an den US-Dollar gekoppelt worden war.

Die Pre4s waren nicht gerade meine erste Wahl, als mich meine Bosse beauftragten, Ausschau nach einem Derivatgeschäft in Argentinien zu halten. Diese Bonds waren zu sperrig. Doch je näher das Jahresende rückte, desto mehr wollten wir sichergehen, daß möglichst viel von den Profiten, die am Bonuszahltag zur Ausschüttung gelangten, auf unser Konto gehen würde. Immer noch hielten wir nach dem „Geschäft des Jahres" für die Derivategruppe Ausschau. Mit Mexiko, Brasilien und den Philippinen hatten wir es bereits versucht. Jetzt war Argentinien an der Reihe.

Wir begannen mit der bewährten PLUS-Notes-Idee, wobei wir die Mexikobonds durch Argentinienbonds ersetzten. Wir versuchten Argentinienbonds namens FRBs – die sehr viel attraktiver waren als die Pre4s – in einen RAV einzubringen und einen RAV-Anteil an US-Käufer zu veräußern. Aber es gelang uns nicht, ein akzeptables Kreditrating für die Notes zu erlangen, die wir verkaufen wollten, und das schreckte viele große US-Käufer ab. Das aggressive PCS-Verkaufsteam versuchte einige reiche Individualkunden zum Kauf zu bewegen, aber sie scheiterten ebenso.

Als nächstes versuchten wir Derivate anzubieten, die von den diversen Risiken abgelöst waren, welche in Verbindung mit argentinischen Brady Bonds auftraten; auch sie waren sehr viel attraktiver als die Pre4s. Wir versuchten die Brady Bonds in drei Stücke aufzuteilen: kurzfristige Zinszahlungen, langfristige Zinszahlungen und Rückzahlung des investierten Kapitals. Einige Stücke boten wir verschiedenen Investorengruppen an, einschließlich der Republik Argentinien selbst, um sie bei ihrer Strategie der Schuldenkonsolidierung zu unterstützen. Jedoch wiesen die Investoren den Deal zurück, und obwohl wir ein Treffen mit argentinischen Regierungsvertretern arrangieren konnten, war das Ergebnis katastrophal. Die höheren Regierungsbeamten machten sich gar nicht erst die Mühe zu kommen; die rangniedrigeren kamen mit einigen Stunden Verspätung und wiesen unser Angebot sofort zurück. Wir waren entsetzt. Ist das die Möglichkeit? Die Republik Argentinien erteilt Morgan Stanley eine Abfuhr!

Unsere dritte Idee bestand aus dem radikaleren Vorschlag, das gesamte innerargentinische Hypothekarkreditsystem zu restrukturieren, und zwar in derselben Weise, wie das US-System ein Jahrzehnt zuvor restrukturiert worden war. Das schien vor allem deshalb dringend erforderlich zu sein, weil der Banco Hipotecario, die argentinische Hypothekenbank, 400 Millionen Dollar Kapital aufbringen mußte, um die Erstkäufe von Grundstückshypotheken zu finanzieren, welche sie schließlich ebenso zusammenfassen wollte, wie die Hypotheken in den USA gepoolt worden waren. Viele Hypotheken des Banco Hipotecario waren unbefriedigend, besonders die niedrigverzinslichen, politisch motivierten Kredite, und Argentiniens neuer Wirtschaftsminister, Domingo Cavallo, hatte die Bank angewiesen, ihre Probleme zu bereinigen. Wir verpflichteten eine argentinische Bank, uns bei der Vorlage eines Vorschlags zu helfen, und verbrachten Wochen mit der Ausarbeitung eines Plans, aber die Republik Argentinien wies auch diesen Vorschlag zurück. Die Antwort eines Beamten lautete: „Zu viele Köche, zu wenig Fleisch."

Wir unternahmen dennoch einen weiteren Versuch und machten weiter Jagd auf argentinische Derivatgeschäfte. So hörten wir von einem Kunden, daß Goldman, Sachs kurz vorher einen großen Derivatedeal in Argentinien abgeschlossen hatte. Ein DPG-Verkäufer besorgte rasch ein Exemplar des betreffenden Goldman-Verkaufsprospekts. Wie es aussah, hatte Goldman einige BOCONs genommen, durch Anreicherung mit

Derivaten vereinfacht und diese Mischung an US-Investoren verkauft. Diese hatten die BOCONs widerstandslos akzeptiert und für mehr als 100 Millionen Dollar gekauft. Nach unseren Berechnungen hatte Goldman mehrere Millionen Dollar gemacht.

Wir begannen den Goldman-Deal schamlos zu kopieren. Die Idee war simpel, und das Produkt von Goldman wies einige strukturelle Schwächen auf, die wir korrigieren wollten. Goldman hatte eine BOCON-Serie namens Pre2 verwendet, die der Pre4-Serie ähnelte, allerdings ein wenig attraktiver war. Unsere Maxime hieß jedoch: je abscheulicher, desto besser. Pre4s waren die scheußlichsten Argentinien-Bonds, folglich auch die billigsten. Demnach würde ein vereinfachter Pre4-Deal für Investoren sogar noch attraktiver sein als ein Handel mit simplifizierten Pre2s. Wir wählten die Pre4s.

Unser Pre4-Handel bestand aus drei schlichten Schritten. Erstens brachten wir die Pre4s in ein Trustgebilde ein, diesmal in einen Cayman Island Trust. Sämtliche Zahlungen bezüglich der Pre4s sollten an den Cayman Trust gehen, und zwar bis zur Fälligkeit der Pre4s im September 2002. Zweitens wurde eine Übereinkunft zwischen dem Trust und Morgan Stanley getroffen, nach der Morgan Stanley sämtliche Pre4-Zahlungen erhielt, wann immer sie geleistet wurden, und dem Trust im Gegenzug einen festen Zinssatz von 14,75 Prozent bezahlte. Da die Pre4s zunächst überhaupt keine Zinsen erwirtschafteten, lieh Morgan Stanley dem Trust effektiv 14,75 Prozent – zumindest anfangs. Natürlich war es riskant, dem Cayman Trust Geld zu leihen, weil sich Morgan Stanley das in den Trust einzuzahlende Geld borgen mußte und wahrscheinlich nicht rekompensieren könnte, falls Argentinien seinen Zahlungsverpflichtungen in bezug auf die Pre4s nicht nachkäme. Schließlich sollte der Trust Anteile ausgeben, die durch Morgan Stanleys Einwilligung, Zinszahlungen an den Trust zu leisten, gedeckt waren.

Diese Trustanteile waren von schlichter Machart: Sie erbrachten einen hohen 14,75-prozentigen Zins und waren teilweise durch Morgan Stanley gesichert. In den Augen potentieller Käufer stellten sie eine enorme Verbesserung gegenüber den Pre4s selbst dar: Sie brachten sofort Zinsen, ihr Nominalkapital schwankte nicht, und von Anfang an stand fest, welche Zahlungen zu erwarten waren. Im Vergleich zu den Pre4s waren die Trustanteile großartig.

Die Investoren mochten diesen Deal, und wir hatten mit dem Verkauf keinerlei Probleme, obwohl wir kein cleveres Akronym dafür gefunden hatten. Wir einigten uns auf „Repackaged Argentina Domestic Securities Trust I“. Dieser Titel konnte mit RADS abgekürzt werden, aber wir bezeichneten den Deal einfach als „Pre4-Trust“. Die Investoren kauften das Papier trotz des zum Gähnen langweiligen Namens.

Der Pre4-Trust paßte zum Muster der RAVs, die wir im gesamten Vorjahr verkauft hatten. Zuerst suchten wir Bonds, die verschiedenen kostspieligen Investmentbarrieren oder Restriktionen außerhalb der USA unterworfen waren. Bei den BIDS bestand die Barriere aus Regulierungen, bei den PLUS Notes und dem FP-Trust aus dem Kreditrating, bei den Pre4s aus der reinen Abscheulichkeit dieser Bonds. Dann machten wir für ausländische Investoren einen Weg ausfindig, wie sie die Bonds kaufen und die Barrieren umgehen konnten. Diese Rezeptur hatte uns Geschäfte mit hohen Provisionen eingebracht.

Bei unseren Geschäften gab es typischerweise einen Hauptkäufer, den man als Hauptorder bezeichnete. Bei vielen unserer RAVs war die Hauptorder von einer ländlichen Versicherungsgesellschaft plaziert worden, häufig aus dem Mittleren Westen. Der Pre4-Trust bildete keine Ausnahme, auch hier kam die Hauptorder von einem Versicherungsunternehmen aus dem Landesinneren. Andere Pre4-Trust-Käufer waren weniger provinziell, darunter Serfin, die immer noch hungrige mexikanische Bank mit dem Nuklearmüll-Logo, mehrere große US-Investmentgesellschaften und sogar ein paar aggressive PCS-Konten. Jedoch verstanden selbst die qualifiziertesten Investoren die Mechanik dieses Geschäfts offenbar nicht. Es war eben unglaublich schwierig, die Umwandlung der abscheulichen Zahlungen in einfache Zahlungen zu valutieren. Wir hatten ein ausgeklügeltes Computerprogramm entwickelt, um diese Kalkulationen durchzuführen, ich glaube aber nicht, daß einer der Käufer etwas Gleichwertiges zu entwickeln vermochte. Andernfalls wären sie wohl kaum bereit gewesen, Morgan Stanley einige Millionen Dollar mehr zu bezahlen, als der Trust nach unserer Einschätzung wert war. Diese Überzahlungen waren unsere Provision.

Anders als beim FP-Trust endeten beim Pre4-Trust überraschend wenige Verkaufsgespräche desaströs. Eine dieser Verhandlungen ist mir jedoch im Gedächtnis haften geblieben. Ein Verkäufer – ein großer, blonder junger Mann – wollte den Deal einer Direktorin des Privatanlagen- und Kreditressorts einer Versicherungsgesellschaft andrehen und bat mich, ihm beizustehen. Ich stimmte zu, teilweise deshalb, weil ich ein Gespür dafür entwickeln wollte, wie die jüngeren Verkäufer unsere Klienten einschätzten.

Unser Meeting verlief gut. Ich erklärte den Pre4-Trust, und die Direktorin – eine sehr attraktive Frau – schien an diesem Konzept interessiert zu sein. Sie stellte mehrere Detailfragen, und wir besprachen einige andere Anlageobjekte, die ihre Gesellschaft kürzlich gekauft hatte. Der blonde Verkäufer sah die Frau während des gesamten Meetings intensiv an und sprach kaum ein Wort. Nachdem sie gegangen war, zog er mich zur Seite und erklärte mir, daß er über das Thema sorgsam nachgedacht und sich sein Urteil gebildet habe.

Ernsthaft sagte er: „Ich würde nie im Leben mit ihr ficken." Ich war ziemlich überrascht. Ich sah den Verkäufer an und wartete, ob er lachen oder zumindest lächeln würde. Aber er blieb ernst. Ohne die näheren Einzelheiten des Geschäfts oder die Fragen der Direktorin zu berühren, hatte er während dieses Meetings ein wichtiges Problem gelöst: Er würde niemals mit dieser Direktorin schlafen. Die zweite Feststellung lautete, daß sie niemals den Pre4-Trust kaufen würde.

Einige Investoren sorgten sich, ob wir den Kauf zu einem fairen Preis rückgängig machen würden. Viele Käufer wollten das Investment nur ein paar Jahre halten und fürchteten wegen der ungewöhnlichen Struktur der Bonds, daß sie außer Morgan Stanley niemanden finden würden, der ihnen die Bonds abkaufte. In einer solchen heiklen Situation hatten sie Angst, daß Morgan Stanley sie ausnehmen würde.

Sie hatten allen Grund zu dieser Befürchtung. Ein Fondsmanager aus San Francisco lehnte den Pre4-Trust ab, da er ihn an PERLS auf der Basis von schwedischen Kronen und Schweizer Franken erinnerte, die er einmal von Morgan Stanley gekauft hatte. Diese PERLS waren praktisch über Nacht von 100 auf 75 Dollar gefallen. Wir versicherten dem Verkäufer, daß der Pre4-Trust nichts mit PERLS gemeinsam habe, konnten aber nicht garantieren, daß er nicht im Preis fallen würde. Die Entwicklung der Finanzmärkte konnten wir nicht vorhersehen, besonders nicht in Argentinien.

Trotz dieser Proteste erwiesen sich die Bonds als leicht verkäuflich. Ungefähr ein Dutzend Investoren waren mit den Konditionen des Geschäfts einverstanden und zum Kauf bereit. Alles in allem verkauften wir für 123 Millionen Dollar Pre4-Trustanteile.

Die typische Provision für ein komplexes Derivatgeschäft lag bei ein bis zwei Prozent. Den richtigen Wert des Pre4-Trusts festzustellen war allerdings so kompliziert und schwierig, daß die Investoren bereit waren, viel mehr für die Bonds zu bezahlen, als diese wohl wert waren. Die Profite aus dem Pre4-Trust – zirka vier Millionen Dollar – waren höher als die Gewinne aus jedem anderen Derivatehandel, der 1994 bei Morgan Stanley durchgeführt worden war. Der Pre4-Trust war unser Geschäft des Jahres, ein klarer „home run" und mein erster „Elefant". In der Derivategruppe herrschte Euphorie.

Dennoch rieten mir die Derivatemanager, nicht schon zu feiern. Die Investoren hatten uns beauftragt, die Trustanteile für sie zu kaufen, aber noch hatten wir ihr Geld nicht bekommen. Der Pre4-Trust war kompliziert, und es würde mindestens eine Woche dauern, bis die Dokumentationen ausgehandelt, die endgültigen Prospekte versandt waren und der Handel abgeschlossen war. Dies war ein entnervender Aspekt meines Jobs: Selbst wenn ein Deal verkauft war, war er noch nicht abgeschlossen. Der Pre4-Trust konnte jederzeit zusammenbrechen, bevor das Geschäft durchgeführt war und wir unser Geld bekommen hatten.

Mein Job war besonders in jener Woche so nervenzehrend, weil es so aussah, als ob ich den Pre4-Trust allein abschließen müßte. Alle anderen waren im Begriff, die Stadt zu verlassen. Die Königin war auf dem Weg nach Mexiko, um wegen anderer Geschäfte mit mexikanischen Bankern zusammenzutreffen. Die anderen Mitglieder des RAVs-Teams hatten Urlaub. Marshal Salant sagte, er sei zuversichtlich, daß ich die Arbeit erledigen könne.

Während ich mit den Anwälten in Argentinien und den USA zusammenarbeitete, um das Geschäft abzuschließen, versuchten mehrere DPG-Verkäufer mir zu erklären, daß eine Provision von vier Millionen Dollar keine große Sache sei. Ein Verkäufer sagte, er habe mit einem einzigen Leverage-Swap acht Millionen Dollar gemacht. Andere Verkäufer behaupteten, sie hätten fünf oder sogar zehn Prozent Provision für Derivatgeschäfte erhalten. Selbst Bidyut Sen versetzte mir einen Dämpfer, indem er sagte, vier Prozent Provision seien „okay, aber nicht überwältigend. Wir haben schon mehr herausgeholt, zehn, zwanzig oder mehr Punkte.“ Ich konnte nicht glauben, daß die DPG bei irgendeinem Handel eine 20-prozentige Provision erzielt hatte, wie dumm der Käufer auch gewesen sein mochte. Die Finanzmärkte standen im Wettbewerb, und eine Provision von weit unter einem Prozent war eher die Regel als die Ausnahme. Ich war stolz auf das Pre4-Geschäft, und ich nahm an, daß Derivatgeschäfte mit Provisionen von vielen Millionen Dollar selten seien. Vier Millionen Dollar waren zweifellos die höchste Kommission, die ich je gesehen hatte. Ich versuchte die Kommentare meiner Kollegen zu ignorieren.

Der Handelsabschluß ging gut voran. Ich hatte besonders auf den Abschluß auf der argentinischen Seite geachtet, wozu Verhandlungen mit argentinischen Anwälten und Banken gehörten, die für die Pre4s bürgten. Jede Bank und jedes Unternehmen in Argentinien schien „Stars and Stripes Forever" als Wartemusik in den Telefonanlagen abzuspielen, und ich war dankbar, als ich auf die US-Seite des Closings überwechseln und endlich wieder andere Melodien hören konnte. Unsere Anwälte waren Cravath, Swaine & Moore, die aggressive alteingesessene Kanzlei, die unsere Derivategruppe der prominenten und auf allgemeines Recht spezialisierten Sozietät Davis, Polk & Wardwell vorzog.

Zweierlei konnte dem Pre4-Trust-Deal noch zum Verhängnis werden. Zum einen ging es um die Frage, ob wir den Pre4-Trust als „Derivat" bezeichnen sollten. Zum Teil aufgrund von Gesprächen, die ich mit einem Anwalt von Cravath führte, beschloß ich, die Titelseite des Pre4-Trust-Prospekts um die Erklärung zu ergänzen, daß die von uns verkauften Trustanteile „Derivate" seien und die Risiken beinhalten, die ein Investment in Derivate mit sich bringe. Wenn Morgan Stanley, dachte ich, wegen des Pre4-Trustgeschäfts verklagt werden sollte, konnte das Unternehmen so zumindest nachweisen, daß die Investoren über die Risiken dieses Geschäfts nicht getäuscht worden waren und man sogar so weit gegangen war, die Trustanteile als „Derivate" zu kennzeichnen.

Dieser Begriff wurde damals immer gebräuchlicher, aber das war Nebensache. Jedermann wußte, daß der Pre4-Trust ein Derivat war. Dennoch, dachte ich, würde ein unmißverständlicher Hinweis, daß es sich bei den Trustanteilen um Derivate handelte, die Position des Unternehmens in jedem künftigen Gerichtsverfahren stärken. Nachdem wir letzte Nuancen redigiert hatten, fügten wir den Begriff „Derivat" hinzu und gaben den Prospekt in Druck.

Als die Königin der RAVs aus Mexiko zurückkehrte, überreichte ich ihr ein druckfrisches Exemplar und teilte ihr mit, daß wir gut in der Zeit lagen. Kistenweise waren die Prospekte auf dem Weg zu den Investoren, und ich hatte einen großen Karton zur morgigen Verteilung an die Verkäufer fertiggestellt. Ein paar Minuten darauf hörte ich einen Aufschrei, der mir das Blut in den Adern gefrieren ließ. Als die Königin im Prospekt das Wort „Derivate“ entdeckte, explodierte sie. Sie begann mich anzuschreien und warf mir jedes Schimpfwort, das ihr gerade einfiel, an den Kopf.

„Verdammt noch mal, hier steht Derivate! Das sind keine Derivate! Warum steht da Derivate? Wie kommst du auf die Idee, daß das Derivate wären?“

Ich versuchte zu erklären, daß uns das Wort „Derivat“ bei künftigen Rechtsstreitigkeiten helfen könne. Sie scherte sich jedoch nicht darum, wobei es hilfreich sein konnte oder was der Anwalt von Cravath gesagt hatte. Sie lehnte es ab, irgendeinen ihrer Deals als Derivat bezeichnen zu lassen, da dieser Begriff gerade jetzt einen so negativen Beigeschmack hatte, und wies mich an, die Verteilung aller Prospekte, die dieses schmutzige Wort enthielten, zu stoppen. Da ich ihr noch immer nicht zustimmte, machte sie Marshal Salant in St. Louis ausfindig und überzeugte ihn davon, daß dieses üble Wort getilgt werden sollte. Ich verteidigte noch einige weitere Minuten lang meine Position: Wir waren noch immer die Derivat-Produkt-Gruppe, oder etwa nicht? Es gab doch immer noch das D in unserem Kürzel DPG? Leugnete sie etwa, daß es sich bei diesem unglaublich komplexen Produkt um ein Derivat handelte? Aber es war zwecklos.

„Nein“, sagte sie. „Schick es bloß nicht raus. Versteck die verdammte Schachtel.“ Als ein Verkäufer hereinschaute und um ein Exemplar bat, schrie sie *„Neiiiiiin!“* und riß es ihm aus der Hand.

Ich konnte Federal Express gerade noch rechtzeitig überreden, den Prospektversand aus ihren Auftragsbüchern zu streichen. Ich rief die Kurierdienste in allen Städten an, wohin die Prospekte verschickt wurden, und wies sie an, alle Exemplare zu zerstören, die sie erhielten, falls Federal Express ein Fehler unterliefe. Den Cravath-Anwalt mußte ich instruieren, das dreckige Wort „Derivat“ aus dem Prospekt zu entfernen, und neue Exemplare drucken lassen. Er mußte das *D*-Wort in dem 60-seitigen Dokument per Generalbefehl suchen, um sicherzugehen, daß es nirgendwo mehr erschien.

Ich war sauer und fühlte, daß ich im Recht war. Wenn dieses Produkt kein Derivat war, dann gab es überhaupt keine Derivate. Ich fragte die Königin, ob sie die alten Prospekte als Souvenir aufbewahren wolle. Besser hätte ich sie nicht gereizt. Sie schrie: „Ist mir scheißegal, was du damit machst! Verbrenne sie, tapeziere dein Apartment damit – was auch immer! Hauptsache, weg damit!"

Als dann die korrigierten Prospekte verteilt und die Verkaufsdokumente zur Unterzeichnung fertig waren, brauchten wir nur noch auf den Abschlußtag zu warten. Am Freitag, dem 30. September, waren die Details erledigt. Das Geschäft sollte wie geplant am darauffolgenden Montag abgeschlossen werden. Ich blieb an jenem Freitag abend noch lange da, nachdem alle anderen ins Wochenende gegangen waren, nur um sicherzugehen, daß ich nichts vergessen hatte. Ich war allein im leergefegten Handelssaal. Ohne das Chaos der verärgerten Händler und rasenden Verkäufer war der Platz grauenhaft still. Das Telefon läutete. Ich stand kurz davor, das zweite potentielle Verhängnis zu erleben, das dem Pre4-Trust-Geschäft noch widerfahren konnte.

Am Apparat war die kleine Versicherungsgesellschaft aus dem Mittleren Westen, der Hauptkäufer des Pre4-Trusts. Indem wir sie überzeugt hatten, die Anteile zu kaufen, hatten wir auch die anderen Orders erreicht. Als Hauptorder waren sie die Stütze des ganzen Geschäfts. Ich fragte mich, was um alles in der Welt sie zu dieser späten Stunde wollten.

„Frank?"

„Ja?"

„Wir haben beschlossen, uns aus dem Pre4-Trust-Geschäft zurückzuziehen."

Pause. „Entschuldigung?"

„Wir sind zu dem Schluß gekommen, daß der Deal für uns nicht geeignet ist. Ich hoffe, das macht Ihnen keine Unannehmlichkeiten."

„Unannehmlichkeiten? Wovon sprechen Sie überhaupt?" Ich versuchte, nicht in Panik zu geraten. Das war schlecht. Ich hatte mehr als einen Monat an dem Pre4-Geschäft gearbeitet, und nun drohte die Hauptorder es zu dezimieren. Wenn die absprangen, war das eine Katastrophe. Die Derivategruppe würde eine gewaltige Provision verlieren, die größte in diesem Jahr, und ich konnte meinen Job verlieren. Ich schaute die Reihen leerer Stühle rauf und runter. Alles hing davon ab, daß ich die Investoren dazu brachte, nicht abzuspringen.

Ich antwortete so ruhig, wie ich konnte: „Das können Sie nicht tun. Wir schließen den Pre4-Trust wie geplant am Montag. Wir haben bei diesem Geschäft auf Sie gebaut. Wir haben wochenlang mit Ihnen zusammengearbeitet. Sie können sich jetzt nicht zurückziehen." Wieder schwieg ich einen Moment, ehe ich hinzufügte: „Es ist überhaupt niemand mehr hier. Um Himmels willen, es ist Freitag abend, sieben Uhr vorbei!"

„Eine Anwältin von uns ist hier bei mir. Sie sagt, daß es einige Änderungen im Verkaufsprospekt gegeben hat; wir haben bei diesem Geschäft kein gutes Gefühl mehr. Daher werden wir nicht daran teilnehmen."

Änderungen im Prospekt? Mir schwirrte der Kopf. Wie konnte das passiert sein? Der gesamte Trust war am Zusammenbrechen. Wenn die ausstiegen, würden auch alle anderen das Geschäft in Frage stellen, und wahrscheinlich würde es nicht zustande kommen. Unsere größte Provision des Jahres war ernsthaft in Gefahr. Vier Millionen Dollar – jetzt exakt der auf meinen Kopf ausgesetzte Preis – standen auf dem Spiel.

Ich erklärte der Anwältin, daß sich der Prospekt nicht in wesentlichen Punkten geändert habe. Sie beharrten auf ihrer Position. Ich sagte, daß die Versicherungsgesellschaft verpflichtet sei, den Deal zu zeichnen. Sie war anderer Meinung. Schließlich bat ich sie, in der Nähe des Telefons zu bleiben, bis ich einen meiner Vorgesetzten erreicht hätte, der ihnen erklären würde, welche schwerwiegenden Konsequenzen ein jetziger Rückzug aus diesem Vertragsgeschäft hätte. „Was auch immer Sie vorhaben, gehen Sie nicht weg", ermahnte ich sie. Um sicherzugehen, notierte ich mir ihre privaten Telefonnummern, bevor ich auflegte.

Ich sah mich im gesamten Handelssaal um. Weit und breit niemand. Mittlerweile war es 19 Uhr 30. Ich versuchte verschiedene Managing Directors zu Hause zu erreichen, aber niemand antwortete. Sie waren entweder auf der Heimfahrt oder übers Wochenende verreist. Auch die Königin war nirgendwo zu finden. Desgleichen war keiner der Händler zu Hause. Ich hinterließ ihren Ehefrauen dringende Mitteilungen. Ich versuchte die hauseigenen Anwälte von Morgan Stanley anzurufen, aber sie waren gleichfalls alle unterwegs. Nachdem ich mehr als ein Dutzend Mitteilungen hinterlassen hatte, erreichte ich endlich den Anwalt von Cravath. In dieser Kanzlei waren sie immer am Arbeiten.

Zu unserem Gespräch sei hier nur soviel gesagt, daß er die Sätze „Was für ein Scheiß?“ und „Schieb's dir in den Hintern“ häufiger gebrauchte, als dies Cravath-Anwälte normalerweise tun. Nachdem ich ihn informiert hatte, riefen wir bei der Versicherung an.

Die Anwältin der Versicherungsgesellschaft begann zu erklären, daß sie einige Probleme mit der Transaktion hätten. Wir fragten sie höflich, worin diese bestünden.

„Als erstes“, sagte sie, „woher wissen wir, daß die Pre4-Bonds überhaupt existieren?“

Es entstand eine lange Pause. Dies schien mir eine nette Grundsatzfrage zu sein, selbst für einen Anwaltsneuling. Sollte ich sie auslachen? Oder sollte ich schreien? Ihre Frage war nicht nur naiv und irrelevant, sie war absurd. Ontologie? Um diese Uhrzeit? Irgendwie gelang es mir, mich zu bezähmen. Mir war bewußt, daß von diesem Telefonat alles abhing, und so wartete ich geduldig auf die Antwort des Cravath-Anwalts. Der machte seine Sache tadellos.

„Tatsache ist, daß sie nicht existieren“, sagte er. Ich konnte fast hören, wie der Dampf aus den Ohren der Anwältin zischte. „Die Pre4-Bonds werden im Namen des Trusts bei der Citibank in Argentinien buchmäßig gehalten. Es sind keine effektiven Stücke.“

Unverzagt versuchte es die Anwältin mit einem anderen Argument. Sie hatte offenbar die Anweisung erhalten, einen

Ausweg zu finden – *irgendeinen* Ausweg –, damit ihre Gesellschaft sich aus dem Geschäft zurückziehen konnte. Fast eine Stunde lang brachte sie Einwände vor, die wir allesamt abschmettern konnten, bis nur noch ein Punkt übrigblieb. Sie verlangte, daß die Trusturkunde um eine auf diesen Deal bezogene Klausel ergänzt würde. Sie sagte, wenn Morgan Stanley dieser Ergänzung noch an diesem Abend zustimmen könnte, würden sie im Geschäft bleiben. Wenn nicht, würden sie aussteigen.

Wie konnte Morgan Stanley einer Ergänzung noch an diesem Abend zustimmen? Morgan Stanley war eine Gesellschaft, und nur ein Unternehmensvertreter konnte eine solche rechtsgültige Verpflichtung eingehen. Wie sollte ich um diese Stunde ein Mitglied der Geschäftsleitung auftreiben? Dann erinnerte ich mich. Bidyut Sen hatte mir eine Vollmacht erteilt, was die Einbindung von Morgan Stanley bezüglich des Pre4-Trusts betraf. Also konnte ich der Ergänzung im Namen von Morgan Stanley zustimmen, womit ich mir allerdings höllische Verantwortung aufbürdete. Ich sagte allen Beteiligten, daß ich zurückrufen würde, und legte auf.

Sorgfältig studierte ich die Ergänzungsklausel. Sie konnte uns nicht wirklich schaden. Tatsächlich war ich überrascht, daß niemand schon früher gefordert hatte, eine solche Klausel einzufügen. Aber war es wirklich ratsam, Morgan Stanley im Alleingang an diese Vereinbarung zu binden, ohne die Zustimmung irgendeines Vorgesetzten einzuholen? Wenn ja, konnte ich auf eigene Faust handeln. Ich war ermächtigt, mit meiner Unterschrift die gesamte Investmentbank mit weltweit 10 000 Mitarbeitern an neue Vereinbarungen bezüglich des Pre4-Trusts zu binden. Auf diese Weise könnte ich mir das lukrativste Geschäft des Jahres sichern. Oder ich könnte meinen Rauswurf provozieren. Geschah dies alles in der Wirklichkeit? Was sollte ich bloß tun?

Ich beschloß, es zu wagen. Nach einem letzten vergeblichen Versuch, meine Vorgesetzten zu erreichen, rief ich den Vertreter der Versicherung an und bat ihn, mir die vorgeschlagene Ergänzung zu faxen. Nachdem sich die Anwälte auf die Formulierung geeinigt hatten, faxte er mir die Ergänzungsklausel zur Unterschrift zu.

Wenige Minuten, bevor ich daran ging, Morgan Stanley eigenhändig an diese neuen Verpflichtungen zu binden, rief die Königin von zu Hause aus an. Ich erklärte schnell die Situation, und sie stimmte der Ergänzung zu. Erleichtert dankte ich ihr. Dann unterzeichnete ich die Ergänzungsklausel im Namen von Morgan Stanley, faxte sie dem Vertreter der Versicherung zurück und erhielt einige Minuten später, um kurz nach 21 Uhr, seine unterzeichnete Bestätigung. Das Geschäft war gerettet.

Ich war ein Nervenwrack, schweißgebadet und halb im Delirium. Niemand war da, um mir zu gratulieren. Meine Bosse würden gut daran tun, mir dieses Verdienst anzurechnen, dachte ich.

Mit dem unterzeichneten Ergänzungstitel schloß der Pre4-Trust-Handel wie geplant am Montag, dem 3. Oktober. Freudig wies ich Cravath das Anwaltshonorar an, das ungefähr dem Jahresgehalt eines Freundes von mir entsprach, der dort als Sozietär arbeitete. Außerdem fand ich eine Möglichkeit, einen zusätzlichen Profit in Höhe von 300 000 Dollar herauszuholen, indem ich die Swapzahlungen restrukturierte, um die Profite aus späteren Jahren umverteilen zu können. Mit diesem Zusatz erzielten wir aus diesem Handel weit über vier Millionen Dollar.

Viele Leute gratulierten mir zu diesem Geschäft, darunter alle aus dem RAVs-Team und Steve Benardete aus der Viererbande, der diesen Handel als perfektes Beispiel für die „Brot-und-Butter-Geschäfte“ der DPG bezeichnete. Bidyut Sen bat mich, den Handel mit einfachen Worten in Form eines Memos zusammenzufassen, was ich tat. Als Peter Karches, der Chef des Handelssaals, am nächsten Tag die DPG besuchte und fragte: „Wer hat diesen Pre4-Handel gemacht?“, erntete Sen die Lorbeeren. Ich war sauer und wünschte mir, imstande zu sein, die volle Anerkennung zu erzwingen. Aber mittlerweile kannte ich mich mit der Unternehmenshierarchie aus. Zumindest würde nun jeder Sen, nicht mich verantwortlich machen, wenn etwas mit dem Geschäft schieflaufen sollte.

Sen wirkte nun glücklicher. Er und ich hatten kurz zuvor darüber diskutiert, ob die Finanzmärkte effizient seien, wobei ich die geläufigere Meinung vertreten hatte, daß sie effizient seien. Nun sagte er zu mir: „Wenn ich dich jemals wieder über effiziente Märkte reden höre, lasse ich dich in die Ecke stellen." Ich lachte. Ein Punkt für ihn. Wie konnte man in einem effizienten Markt in so kurzer Zeit praktisch ohne Risiko vier Millionen Dollar machen? Auf der anderen Seite war es für mich nicht gerade leicht gewesen.

Der Pre4-Trust erlangte hohes Ansehen bei Morgan Stanley. Ein Controller erzählte mir, daß John Mack die wöchentliche Vorstandssitzung unterbrochen und mehrere Fragen über den Pre4-Trust gestellt habe. Unter anderem habe er sich erkundigt, wie dieser Handel so viel Geld einbringen konnte. Sogar Mack das Messer war beeindruckt. Ich war stolz.

Währenddessen versuchte die Republik Argentinien – in Unkenntnis unseres Pre4-Trust-Geschäftes – eine globale Anleiheemission im Fünfjahresbereich zu plazieren. Zuerst schien es, als könnte sich die Republik innerhalb einer zu den risikolosen US-Treasury-Bonds bestehenden Spanne von 2,5 und 2,75 Prozent Geld borgen. Als dann allerdings die Globalemission mit anderen Deals konkurrierte, darunter auch mit unserem Pre4-Trust, sackte die Nachfrage nach argentinischen Bonds stark ab. Die Spanne stieg auf 3,5 Prozent. Wie es aussah, hatte unser Deal zum Anstieg der Fremdkapitalkosten des Landes beigetragen. Soweit es uns betraf, hatte die Republik Argentinien das verdient. Das war unsere Rache dafür, daß sie uns mit unseren ursprünglichen Vorschlägen hatte abblitzen lassen.

Natürlich konnten andere Banken unser Pre4-Produkt genauso leicht nachmachen, wie wir Goldmans Pre2-Deal kopiert hatten. Ein paar Tage später bekundete die Mexikanische Bank Banamex, die vom Erfolg unseres Pre4-Geschäftes gehört hatte, Interesse an Investitionen in ein ähnlich gelagertes Geschäft. Wir schätzten den Preis und nahmen an, sie würden gleich alles wegschnappen. Statt dessen riefen sie an und sagten, sie hätten eine andere Bank gefunden, welche die Transaktion nachahmen wolle. Sie sagten uns nicht, um wen es sich handelte, aber wir nahmen an, daß Goldman, Sachs das Geschäft zurückgestohlen hatte.

Dann läutete mein Telefon. Es war ein Verkäufer, mit dem ich bei First Boston zusammengearbeitet hatte. Er hatte ein Exemplar unseres Werbeprospekts in die Hand bekommen – eines ohne das schmutzige D darin –, und First Boston hatte das Produkt einfach kopiert. Der Verkäufer lachte dreckig. Im Hintergrund hörte ich jemanden „Zirka, zirka!" schreien und nahm an, daß es mein ehemaliger Vorgesetzter war, der mit Vorliebe diesen Schrei ausstieß, um sich selbst zu decken, für den Fall, daß er wieder einmal übertrieben hatte, und um zu signalisieren, daß seine Stellungnahme als vorläufig anzusehen sei. Der First-Boston-Verkäufer lachte und sagte zu mir, er habe „diesen Monat ein gutes Jahr".

Außerdem sagte er, daß es bei First Boston einen neuen Manager für die Emerging-Markets-Abteilung gebe und dieser mit mir ein Vorstellungsgespräch führen wolle. First Boston war offensichtlich beeindruckt von den Geschäften, die ich machte. Sollte ich den Kreis vollenden und zu First Boston zurückkehren? Das war an der Wall Street so üblich. Viele meiner Freunde hatten ihre Gehälter auf diese Weise vervielfacht. Sicher, warum nicht? Ich willigte ein, mich mit ihm zu treffen.

In den ersten Wochen, nachdem der Pre4-Trust geschlossen war, gab es noch einen Moment des Schreckens. Am 25. Oktober begann sich das Computerprogramm, das wir entwickelt hatten, um Preise zu kalkulieren, merkwürdig zu verhalten. Es wies uns darauf hin, daß der Preis für den Pre4-Trust signifikant gefallen sei. Konnte das sein? Das Computerprogramm war unglaublich kompliziert, und wir beauftragten mehrere Raketenforscher, den Wert des Geschäfts zu ermitteln, aber aus irgendwelchen Gründen kam jeder zu einem anderen Ergebnis. Ich fragte mich, wie die Käufer dieses Investment verstehen konnten, wenn schon wir außerstande waren, den Marktwert festzustellen.

Als die Preise für andere Argentinienbonds zu sinken begannen, riefen einige Käufer an und erkundigten sich, um wieviel der Pre4-Trust gefallen sei. Ein Manager eines fortschrittlicheren Emerging-Markets-Investmentfonds war sichtlich unglücklich mit seinem Kauf und beschloß, uns zu testen, indem er sagte, er wolle verkaufen. Das war alarmierend, denn wir waren nun nicht mehr überzeugt davon, daß wir den korrekten Marktwert des Pre4-Trusts ermitteln konnten. Um sicherzugehen, bot uns ein Derivatehändler an, einige Bonds für 95 Dollar per 100 Dollar Nennwert zurückzukaufen. Die Händler sagten, sie könnten den Preis nicht zu stark senken, sonst könnten die Käufer herausfinden, wieviel Geld wir mit diesem Geschäft gemacht hatten. Anscheinend war keinem Käufer bewußt, daß der von ihnen für 100 Dollar erworbene Bond in Wirklichkeit sehr viel weniger wert war, wenn man Morgan Stanleys Provision abrechnete. Andererseits waren die Bonds um etliche Punkte gefallen, da Argentinien seit einigen Wochen mit Problemen zu kämpfen hatte, und so schienen 95 Dollar ein fairer Preis zu sein.

Am 27. Oktober 1994 verkaufte dieser Fondsmanager Pre4-Trustanteile im Wert von acht Millionen Dollar für 95 Dollar per 100 Dollar Nennwert an Morgan Stanley zurück. Dieser Verkauf machte unsere Händler nervös, und sie hofften, daß keine weiteren Rückverkäufe folgen würden. Genauso plötzlich, wie er verkauft hatte, kaufte dann derselbe Investor Bonds für sechs Millionen Dollar zu 95,50 Dollar pro Stück zurück. Mit diesen beiden Handelsgeschäften hatten die Derivatehändler einen Markt zum Kauf und Verkauf des Pre4-Trusts geschaffen, und zwar bei ungefähr 95 Dollar pro Stück. Was waren die Bonds tatsächlich wert? Trotz Computersimulation war ich mir nicht länger sicher. Warum hatte der Investor Bonds verkauft und dann unverzüglich zu einem höheren Preis zurückgekauft? Ich hatte keine Ahnung. Vielleicht war es ihm einen halben Verlustpunkt wert gewesen, zu seiner Beruhigung festzustellen, daß wir die Bonds zurücknehmen würden.

Ich selbst habe niemals mitbekommen, daß Händler einem Kontoinhaber einen inkorrekten Preis weitergegeben hätten, auch wenn es sicherlich Spekulationen in dieser Richtung gab. Glücklicherweise hatte ich mit dem Handel der Bonds nichts zu tun und konnte delikate Situationen dieser Art vermeiden.

Auch wenn unser Verhalten die Händler beunruhigte, generierte unser Computermodell derart schwankende Preise, daß fast jeder Preis vertretbar war, den die Händler innerhalb einer großen Spanne festlegten. Telefongespräche in der Derivategruppe wurden ohnehin nicht aufgezeichnet, und es wäre nahezu unmöglich gewesen nachzuweisen, daß die von den Händlern gemachten Preise unzutreffend waren.

Das ließ sich von Bankers Trust nicht behaupten, wo Händler zum Nachteil von BT erkennbar unkorrekte Preise festgelegt hatten – und das aus aufgezeichneten Gesprächen auch klar hervorging. Als wir den Handel mit dem Pre4-Trust einstellten, untersuchte die Securities and Exchange Commission gerade eines dieser aufgezeichneten Telefongespräche und verhandelte mit BT über ein einvernehmliches Urteil hinsichtlich der Anklage wegen Wertpapierbetrugs bei Geschäften mit Gibson Greetings. Dieses aufgezeichnete Telefongespräch vom 23. Februar 1994 enthielt folgendes Statement eines Managing Directors von BT:

„Ich denke, daß wir diese Gelegenheit [die Börsenkursschwankungen] nutzen sollten. Wir sollten einfach ... ein bißchen mehr von der Differenz abtragen. Ich meine, wir sagen ihm 8,2 Millionen Dollar, wenn die echte Zahl 14 war. Und wenn die echte Zahl 16 ist, sagen wir ihm, daß es 11 ist. Verstehen Sie, sahnen Sie nur etwas ab von der Differenz zwischen dem, was wirklich ist, und dem, was wir ihm sagen."

Um dieses Statement zu übersetzen: Die „Differenz", von welcher der BT-Manager sprach, war der Unterschied zwischen dem wahren Wert einer Order an Gibson (die „echte Zahl„) und dem Wert, den BT für das Investment repräsentierte. Die Differenz von 5,8 Millionen Dollar (14 Millionen minus 8,2 Millionen) beinhaltete die Provision von BT. Beispielsweise mochte Gibson anfangs annehmen, man habe Verbindlichkeiten in Höhe von 8,2 Millionen Dollar aus dem Swap, während sie in Wirklichkeit 14 Millionen Dollar schuldeten. BT wollte Gibson nicht sofort etwas von den „realen“ 14 Millionen Dollar erzählen, denn dann hätte Gibson fragen können, warum es BT den Extrabetrag von 5,8 Millionen Dollar schulde. BT wartete daher auf eine Preisbewegung am Markt, rückte dann die beiden Ziffern näher zusammen und verringerte dabei die Differenz, wie die Aussagen zeigen, auf fünf Millionen Dollar (die „wahren“ 16 Millionen Dollar minus die elf Millionen Dollar, die BT anführte). Zuletzt schloß BT die Lücke zwischen diesen beiden Beträgen, und Gibson sollte niemals erfahren, daß BT eine Provision von 5,8 Millionen Dollar abgezweigt hatte.

Das war lediglich einer von vielen solcher Dialoge bei BT und, wie ich vermutete, bei vielen anderen Investmentbanken. Wenn ein Klient nicht herausfinden konnte, wieviel ein komplexes Derivatgeschäft an einem bestimmten Tag wert war, konnte die Investmentbank den ursprünglichen Ausgabepreis des Papiers unzutreffend darstellen und den Handel mit der Zeit aufwerten, bis sie eine höhere Provision herausgeschlagen hatte. Ich hoffte, daß Morgan Stanleys Händler nicht dasselbe taten.

Während Erntedank nahte, beruhigten sich die Märkte, und wir sprachen ausgiebig über verschiedene geschäftliche Themen. Bidyut Sen, der gerade in ein Schachspiel vertieft war, schrie: „Ich habe eine Dame geopfert und sie in die Enge gedrängt, genau das, was ich mit dem argentinischen Markt tun möchte.“ Alle lachten, und Sen begann zu erzählen, wie schlecht dieses Jahr gewesen sei, besonders im Vergleich zum Vorjahr. Die negative Berichterstattung über Derivate hatte unserem Markt eindeutig geschadet. Wir redeten über die großen Derivatverluste des letzten Jahres, und jeder hoffte, daß das Schlimmste vorüber sei. Mit ein wenig Glück würden die nächsten Monate besser werden. Sen wandte sich wieder seinem Schachspiel zu, das er gewann. Er verkündete: Mein Kelch ist übervoll.

8

Das sonderbare Paar

Sie waren eine Mischung aus altmodisch und ungehobelt, als Duo fast so komisch wie Neil Simons sonderbares Paar. Der 70-jährige war 40 Jahre lang mit derselben Frau verheiratet gewesen, seit mehr als zwei Jahrzehnten im selben Job und für immer am selben Ort, in Orange County, Kalifornien. Der 54-jährige hatte sich unlängst scheiden lassen und wieder geheiratet, wechselte des öfteren die Jobs und zog auch häufiger um, zuletzt in ein Millionen Dollar teures Haus im protzigen Moraga östlich von Oakland in Kalifornien. Obwohl sie offensichtlich so unterschiedlich waren, telefonierten sie seit vielen Jahren praktisch jeden Tag miteinander. 1975 waren sie einander zum ersten Mal begegnet; seit damals hatte einer dem anderen Wertpapiere für Milliarden Dollar verkauft. Der ältere der beiden war Robert Citron, der Schatzmeister von Orange County, der jüngere Mike Stamenson, Bondverkäufer bei Merrill Lynch. Zusammen erzeugten sie das nach Ansicht vieler Staatsvertreter größte Finanzfiasko der Vereinigten Staaten: den 1,7-Milliarden-Derivatverlust von Orange County.

Robert L. Citron paßte gut in die Republikaner-Hochburg Orange County, einen Bezirk, von dem es in Reiseführern heißt, er sei „am ehesten wie die Filme, die Geschichten, der Traum". Für Citron waren die 80er und 90er Jahre in der Tat wie ein Traum. Er wurde einer der bekanntesten Kommunalkämmerer der Nation, und mit seinen Anlagestrategien erwirtschaftete er kontinuierlich hohe Renditen – fast neun Prozent während der frühen 90er Jahre.

Citron galt als stolzer, aber sturer Mann, nicht unähnlich John Wayne, nach dem der Flughafen von Orange County benannt ist, oder Richard Nixon, der in Orange County geboren ist.

Wie so viele der 2,6 Millionen Einwohner von Orange County lebte auch Citron in der Vergangenheit. Er trug übergroßen türkisfarbenen indischen Schmuck, knallbunte Krawatten, Polyesteranzüge, pastellfarbene Hosen und weiße Lackledersschuhe. Leidenschaftlich unterstützte er die University of Southern California, die er in den 40ern besucht hatte. Wenn er auf seine Autohupe drückte, erklang die USC-Trojan-Kampfmelodie, und sein Schreibtisch war mit einem in Bronze gegossenen Klumpen geschmückt – Pferdedünger von Traveler, dem USC-Maskottchen. Bei Geschäftsessen pflegte Citron seine Kollegen um das Piano zu versammeln, um Songs der 40er Jahre zu singen. Er notierte seine Investmentaufzeichnungen auf Karteikarten, besaß Hauptbücher und sogar einen Wandkalender. Seinen Lunch nahm er bevorzugt an den Resopaltischen des Santa Ana Elks Club oder von Western Sizzlin. Seine einzige Konzession an die moderne Technologie war seine Armbanduhr mit integriertem Rechner, mit dem er die Restaurantrechnungen auf den Pfennig genau teilte. Citron lehnte es ab, die Wall Street zu besuchen, und war in seinem ganzen Leben nur viermal in New York. Er arbeitete hart und nahm niemals Urlaub, sondern zog es vor, mit seiner Frau einige Zeit in Santa Ana zu verbringen, in ihrem gemeinsamen, einfach ausgestatteten Heim im Landhausstil.

Citrons Geheimnis bestand, wie ein ehemaliger Merrill-Verkäufer zu sagen pflegte, darin, daß er „30 Prozent von dem weiß, was er zu wissen glaubt". Zum Beispiel machte Citron den Eindruck eines treuen USC-Absolventen, dabei war er in zahlreichen Kursen durchgefallen und hatte niemals einen Abschluß gemacht. Oftmals demonstrierte er in der Öffentlichkeit seine Inkompetenz. In einem TV-Interview führte er einem Reporter vor, wie er eine Reihe farblich unterschiedener Telefone nutzte, von denen jedes ihn mit einem anderen

Broker verband. „Jetzt spreche ich mit Merrill", sagte er, „und jetzt spreche ich mit Solly [Salomon Brothers]." Währenddessen kaufte er unbeabsichtigt Bonds, die er gar nicht haben wollte, und mußte anschließend einen Broker anrufen, um das Geschäft rückgängig zu machen. Citron war für seine geschwätzigen und unverständlichen mündlichen Präsentationen bekannt – so bekannt, daß ihn die Aufsichtsbehörde des County zwang, seine Gedanken schriftlich niederzulegen, was allerdings auch nicht viel half. Eine Kostprobe aus einer Rede vom 26. September 1994: „Wir haben nicht diese hohen, inflationsbedingten Lohnkostensteigerungen, diese unkontrollierte Bautätigkeit im Privat- wie im Geschäftsbereich und diese hohen gläsernen Bürogebäude. ... Wenige Bürokomplexe, wenn überhaupt welche, werden derzeit errichtet." Nur wenige Angestellte von Orange County, wenn überhaupt welche, verstanden Citrons Bedenken gegen hohe Gebäude. Ein anderes Problem war seine anscheinende Unfähigkeit, das Konzept „billig einkaufen, teuer verkaufen" zu begreifen; tatsächlich brachte er es fertig, Wertpapiere zum höchstmöglichen Preis zu erwerben.

Für den jüngeren und klügeren Michael Gus Stamenson war Citron wie ein Traum. Stamenson ist körperlich klein, aggressiv und ein gewandter Verkäufer. Er ist bei den Gemeindekämmerern beliebt und war der Hauptreferent auf vielen Veranstaltungen. Schnell wurde Citron sein bester Kunde. Insgesamt zahlte Orange County fast 100 Millionen Dollar Provision an Merrill, und viele Millionen wanderten direkt in Stamensons Taschen.

Stamenson stammte aus einfachen Verhältnissen. Sein Vater war ein griechischer Einwanderer, seine Mutter kam aus Oklahoma. Er wuchs in einer ländlichen Stadt namens Livingston im Central Valley auf, und nach zwei Jahren im San Joaquin Delta College in Stockton wechselte er zum Cal State Fullerton, um anschließend zum US-Marine Corps zu gehen. In das Büro von Merrill Lynch in Newport Beach trat er Ende

1970 ein. Später wechselte er nach San Francisco, wo er zum Topverkäufer wurde.

Stamenson hat ein hitziges Temperament und war immer wieder in Auseinandersetzungen und Konflikte verwickelt. Er ist bekannt dafür, Telefone auf den Boden zu schmeißen und lautstark zu fluchen. Mit anderen Worten, er unterscheidet sich nicht sehr von anderen Personen, die in Handelssälen arbeiten. Einer seiner Lieblingssprüche ist angeblich die eloquente Wendung: „Darauf gebe ich keinen Rattenarsch." Bernhard Mikell, Vizepräsident der regionalen Bondfirma Sutro & Company, führte ein Beispiel für Stamensons Temperament an. Nach eigener Aussage befürwortete Mikell bei einer Konferenz der Gemeindekämmerer in San Mateo einen Vorschlag über öffentliche Investitionsobjekte, welche durch Autokredite gedeckt waren, die Merrill Lynch nicht verkaufte. Stamenson mißbilligte den Vorschlag, und nachdem sie einige Minuten weiter diskutiert hatten, begann er zu schreien. Nach der Konferenz stellte Stamenson Mikell in einem Korridor und sagte: „Wir klären das auf der Stelle." Dann senkte er den Kopf und griff an, trieb Mikell mit den Fäusten durch den Flur und holte sich seinerseits eine blutige Nase.

In den 80ern war Stamenson für Merrill Lynch die Schlüsselfigur beim Verkauf von Bonds an die Stadt San Jose. Nach Aussage eines Anwalts von San Jose vertrat Merrill Lynch die Ansicht, daß gewisse Vermögensanlagen, in welche die Stadt später investierte, „absolut sicher" seien und „man damit kein Geld verlieren kann". 1984, als die Stadt San Jose durch diese Investments 60 Millionen Dollar verlor und als Folge des Skandals ihren Schatzmeister feuerte, verklagte sie Merrill Lynch wegen Betrugs und Berufsvergehens. Merrill zahlte der Stadt im Rahmen eines Vergleichs 750 000 Dollar, ebensoviel wie später zur Abwendung eines Rechtsstreits an West Virginia. In keinem dieser Fälle wurde Stamenson bestraft.

Stamenson war bekannt dafür, daß er andere Klienten als Citron brüsk behandelte. Nach eigenen Angaben aß der damalige Chefinvestor von San Francisco, Daniel Patrick Daly, gerade in einem Restaurant, als Stamenson hereinplatzte und ihn bedrängte, ein Investment fallenzulassen, das er ein paar Tage zuvor eingegangen war. Wie Stamenson sagte, könnte die Stadt auf die schnelle 17 000 Dollar machen, und Daly war einverstanden. Als er später herausfand, daß er nur 12 000 Dollar verdient hatte, versuchte Stamenson die Differenz zu entschuldigen, indem er behauptete, sich „verkalkuliert" zu haben. Daly verlangte, daß Merrill die Differenz ausgleichen solle, sonst werde die Stadt mit ihnen keine Geschäfte mehr machen. Merrill zahlte dieses Extrageld nie, und San Francisco machte mit Stamenson nie wieder Geschäfte.

Gleichwohl blieb Stamenson der Topverkäufer in der Niederlassung in San Francisco, und folglich war er reich. Ein großer Teil seiner Kommissionen stammte aus Orange County. Wie Merrill bestätigt hat, erzielten sie allein in den Jahren 1993 und 1994 62,4 Millionen Dollar aus Kauf und Verkauf von Finanzinstrumenten für Orange County; dessen Behörden beharren sogar darauf, daß der Betrag noch viel höher war. Merrill räumte auch ein, daß Stamenson während dieser zwei Jahre 4,3 Millionen Dollar gemacht habe.

Während Stamenson sein Vermögen anhäufte, ging es mit Robert Citron dramatisch bergab. Als die Zinssätze 1994 zu steigen begannen, verlor Citron mit seinen großen Spekulationen, die er mit dem Kauf von gehebelten Structured Notes von Stamenson und anderen eingegangen war, mehr und mehr Geld. In den Zeitungen hieß es später, Orange County sei komplexe Spekulationen eingegangen; in Wirklichkeit waren es jedoch recht einfache Geschäfte, besonders im Vergleich zu den Derivaten, die ich verkaufte.

Citron tat folgendes: Er nahm das 7,4 Milliarden Dollar schwere Investitionsbudget von Orange County, borgte sich zusätzlich etwa 13 Milliarden Dollar von verschiedenen Wertpapierhäusern und kaufte kurzlaufende, hochprozentige Bonds, deren Rückflüsse von Veränderungen der Marktzinssätze abhingen. Das waren jene Sorten Structured Notes, die ich nur zu gut kannte. Viele von ihnen waren sogenannte

Inverse Floater: Bonds, die schnell an Wert verloren, wenn die Zinssätze stiegen. Der Coupon eines Inverse Floaters war typischerweise hoch, beispielsweise bei 13 Prozent, abzüglich eines Referenzzinssatzes, etwa des LIBOR. Solange der LIBOR niedrig blieb, war der Inverse Floater wertvoll. Beispiel: Wenn der LIBOR bei drei Prozent stand, brachten die Bonds einen Coupon von zehn Prozent (13 minus drei Prozent). Begann der LIBOR aber zu steigen, so schrumpfte der Coupon. Je weiter der LIBOR stieg, desto schlimmer wurden die Verluste.

Ein anderer Typ von Structured Notes, genannt Trigger Note, brachte für wenige Monate einen Zinssatz über dem Normalniveau, und zwar solange sich die Zinssätze zu einem bestimmten Datum (dem Trigger Date) unterhalb einer bestimmten Rate (der Trigger Rate) bewegten. Stiegen die Zinssätze jedoch über die Trigger Rate hinaus, so verschob sich die Fälligkeit dieses Papiers um einige Jahre nach hinten und belastete den Investor mit einem niedrigen Coupon.

Anders als die Inverse Floater wurden Trigger Notes nur wenig publik gemacht. Nehmen wir eine Trigger Note, die Orange County kaufte, als Beispiel. Dieses Papier sieht gefährlich aus, ist aber ein konservativerer Typus unter den Structured Notes. (Citron kaufte den Großteil seiner Structured Notes von Stamenson, erstand jedoch auch bei anderen Verkäufern Papiere für mehrere hundert Millionen Dollar, darunter etliche von Morgan Stanley. Dieses Papier ist eines davon. Glücklicherweise hatte ich mit dem Verkauf nichts zu tun.)

Am 6. Januar 1994 verkaufte Morgan Stanley dem Orange County Structured Notes für 100 Millionen Dollar, emittiert von der mit AAA bewerteten Federal Home Loan Bank of Boston, deren Bonds indirekt durch das US-Schatzamt gedeckt waren. Der Bond schien wenig riskant zu sein.

Der Bewertungsstichtag (Trigger Date) für diese Bonds war der 30. Juni 1994, weniger als sechs Monate darauf. Falls der Dreimonats-LIBOR an diesem bestimmten Stichtag bei 4,25 Prozent oder darunter lag, würde der Bond auslaufen. Für Orange County stellte sich die Sache dann so dar, daß die Zinsen niedrig geblieben wären und Citron sich nach einem anderen Investment umsehen müßte; im ersten Halbjahr 1994 aber hätte er einige Monate lang einen Zinssatz über dem Marktniveau vereinnahmt. Nicht schlecht.

Lag der Dreimonats-LIBOR am maßgeblichen Stichtag jedoch über 4,25 Prozent, so verlängerte sich die Laufzeit dieser Bonds um weitere drei Jahre; der Coupon aber läge während dieser Zeit nur noch bei konstant vier Prozent. Riskant war dieser Bond also insofern, als sich bei auch nur minimal steigenden Zinssätzen die Laufzeit verlängerte und man dann weiterhin einen niedrigen Coupon erzielte. Diese Laufzeitverlängerung war sehr riskant, weil sie gerade dann eintrat, wenn man sie nicht wollte: bei steigenden Zinssätzen. Mit anderen Worten: Citron war an einen Dreijahresbond gefesselt, der für drei Jahre nur vier Prozent einbrachte, auch wenn die Zinsen um einige Prozentpunkte stiegen. Je nach Ausmaß der Zinserhöhungen konnten auch die Bondrenditen beeinträchtigt werden, und wenn man den Bond vor Fälligkeit verkaufte, konnte man einen erheblichen Verlust erleiden.

Die Bewertung solcher Trigger Notes war schwierig, besonders für jemanden wie Citron, der über keine komplexere Investitionserfahrung verfügte. Man konnte nicht einfach eine Abzinsrechnung durchführen, weil man niemals wußte, was mit den Zinssätzen geschehen würde. Besaß man nun einen Fünfmonatsbond mit hohem Coupon oder einen dreieinhalb Jahre laufenden Bond mit niedrigem Coupon? Wie konnte man das wissen? Wollte man den Marktwert dieses Papiers bestimmen, brauchte man ein Computersimulationsmodell, um verschiedene Zinsszenarien durchzuspielen. Die Investmentbanken verpflichteten Mathematiker und promovierte Informatiker, um solche Systeme zu entwickeln. Es war offensichtlich, daß Citron mit seinen Indexkarten und Büchern den Wert dieser Bonds nicht zutreffend feststellen konnte; folglich berechneten ihm die Banken, die Citron diese Papiere verkauften, gewaltige Provisionen. Citron muß ein Mann mit vielen Gesichtern gewesen sein, bedenkt man, wie oft ihm schon „die

Haut vom Gesicht gerissen“ worden war. Allein an der eben beschriebenen Trigger Note verdiente Morgan Stanley mehr als 200 000 Dollar.

Das ganze Jahr 1994 über wurde Orange County mehrfach gewarnt, daß exotische Structured Notes, wie Citron sie gekauft hatte, erhebliche Risiken bargen. Ein Industrie-Newsletter vom März 1994 bezeichnete Citrons Investitionsstrategie als „Todesspirale“. Merrill Lynch beteuerte, man habe Citron mindestens achtmal ermahnt, seine riskanten Strategien zu überdenken, und besonders darauf hingewiesen, daß das County bei bestimmten Investments jedesmal, wenn die Zinsen um einen Prozentpunkt stiegen, 270 Millionen Dollar verlieren würde. Merrill erklärte außerdem, man habe Citron seit 1992 vor diesen Risiken gewarnt und jedesmal angeboten, die dem County verkauften Derivate zurückzunehmen.

Bob Citron aber beachtete keine dieser Warnungen und wies jede Kritik zurück. Als das renommierte Investmenthaus Goldman, Sachs Citrons Investitionspraktiken öffentlich anprangerte, schrieb er Goldman in einem Brief, daß sie die von Orange County eingesetzten Investitionsstrategien nicht verstünden, und empfahl Goldman, sich nicht um Geschäftsbeziehungen mit Orange County zu bemühen. Als Citron gefragt wurde, woher er wisse, daß die Zinssätze nach 1993 nicht steigen würden, antwortete er: „Ich bin einer der größten Investoren in Amerika. Ich kenne mich mit solchen Dingen aus.“

Nachdem die Zinssätze begonnen hatten zu steigen und Derivate entsprechend fielen, rief die Securities and Exchange Commission (SEC) in Los Angeles Citron im April 1994 an, um ihn zur Investitionspolitik des County zu befragen. Sie hielten ein dreistündiges Meeting ab, bei dem Citron extrem nervös und wortkarg war. Auf Empfehlung gewisser Anwälte überzog Orange County die von der SEC gesetzte Frist zur Gewährung von Akteneinsicht um einen Monat. Citron bereitete sich auf seine Wiederwahl vor und wollte sich diesen Fragen erst nach der Wahlkampagne stellen.

Der Wahlkampf war anstrengender und persönlicher als vorausgesehen. Während die Zinssätze kontinuierlich weiter stiegen, griff Citrons Gegner John Moorlach die Warnungen vor hohen Risiken im Derivate-Anlageportfolio des County auf und bombardierte Citron mit Fragen zu riskanten Derivate-Investments. Im Mai 1994 sagte er einen Verlust von 1,2 Milliarden Dollar für das County voraus (was sich als ziemlich gute Schätzung erwies). Trotz der häßlichen Kampagne wurde Citron im Juni wiedergewählt.

Jedoch zehrte die Kampagne sehr an seinen Kräften, und er begann sich seltsam zu benehmen. Er kam spät zur Arbeit und ging früh. Er entwickelte den nervösen Tick, zwischen den Zähnen zu pfeifen. Dann entschloß er sich zu dem bizarren Schritt, wegen seiner Investments Hellseher zu konsultieren, und ließ sich von Medien und Astrologen Schwankungen der Zinssätze voraussagen. Ein übersinnlicher Berater prophezeite, Citron werde ab November in finanzielle Schwierigkeiten geraten, die jedoch nur bis Ende des Monats anhalten würden. Diese Prophezeiung stellte sich später als ebenso falsch heraus, wie sich die Voraussage von Moorlach als richtig erwies.

Citron hatte den Halt verloren. Er schlief an seinem Schreibtisch ein, sah geistesabwesend ins Leere und verpaßte Termine. Ein Neuropsychologe diagnostizierte, daß seine Fähigkeit, rational zu denken, Informationen zu verknüpfen und relevante Einzelheiten zu erkennen, eingeschränkt sei. Wie Citrons Anwälte vor einer mündlichen Vorverhandlung betonten, litt er unter Geistesschwäche und war ein Mann mit „beschränkten intellektuellen Fähigkeiten“. Anwälte von Orange County behaupteten, Merrill habe Citron übervorteilt und „ausgenommen“.

Anfang November 1994 wandte sich der stellvertretende Finanzverwalter Matthew Raabe an Vertreter des County, um sie vor der Krise im Anlageportfolio zu warnen. Das County beauftragte schließlich einen externen Berater, den Risikograd festzustellen. Am 8. November 1994 erhielten die County-Offiziellen einen, wie sie es nannten, „Todesengel“-Anruf von diesem Berater, der ihnen anschaulich die Konsequenzen darlegte, die dem Investmentpool im schlimmsten Fall drohten. Als die Funktionäre diese Informationen erhielten, war es schon viel zu spät: Orange County hatte mehr als eine Milliarde Dollar verloren.

Ich hörte zum ersten Mal von den Orange-County-Verlusten, als sie am Donnerstag, dem 1. Dezember 1994, um 15 Uhr 45 bei Morgan Stanley bekanntgegeben wurden. Die US-Öffentlichkeit erfuhr diese Nachrichten um 17 Uhr durch eine Pressekonferenz in Orange County. Der größte Teil der weltweiten Öffentlichkeit wurde von der Tatsache, daß Orange County mehr als eine Milliarde Dollar verloren hatte, erst durch die Zeitungen am nächsten Tag unterrichtet.

Bei Morgan Stanley wurde der Verlust mit weniger Überraschung aufgenommen als anderswo. Meine Vorgesetzten wußten, daß solche Verluste möglich waren, und die Verkäufer, die Structured Notes an Orange County verkauft hatten, mußten über die finanziellen Umstände des Bezirks ein wenig Bescheid gewußt haben.

In der Tat bereitete sich Morgan Stanley zu diesem Zeitpunkt seit über einem Monat auf mögliche Auswirkungen von Derivatverlusten vor, die Orange County oder auch anderen Investoren drohten. Da die Zinssätze gestiegen waren, ließen sich weitere Verluste nicht vermeiden. Am 25. Oktober 1994, als Orange County bereits Millionen verloren hatte, aber immer noch nicht wußte, wie hoch seine Verluste waren, beriefen die Chefanwälte von Morgan Stanley eine große Derivatkonferenz ein. Ein halbes Dutzend Juristen und einige Dutzend Mitglieder der Derivategruppe strömten in einen großen Konferenzraum, um sich die Warnungen anzuhören. Wir waren erleichtert gewesen, daß Morgan Stanley nicht in die Skandale um Procter & Gamble und Gibson Greetings involviert worden war. Aber wir wußten, daß es buchstäblich Hunderte ähnlicher Situationen gab, in die wir verwickelt werden konnten.

Der Fall Orange County war nicht der erste, bei dem öffentliche Institutionen durch Spekulationen mit Investmentbanken ein Vermögen verloren hatten. Einige Jahre zuvor hatte West Virginia fast 200 Millionen eingebüßt und acht Investmentbanken auf Rückzahlung verklagt. Einzig Morgan Stanley hatte sich geweigert, den Fall außergerichtlich zu regeln, und war vor Gericht gegangen – eine Seltenheit bei Auseinandersetzungen mit Investmentbanken.

Die Beweiserhebung war für Morgan Stanley vernichtend verlaufen. Zu den Beweisen zählte ein Telefongespräch, in dessen Verlauf ein Optionsmanager die für staatliche Investitionen zuständige Direktorin, eine ehemalige Sekretärin, gefragt hatte, ob sie es für nötig halte, einen Deal, den sie in der Vorwoche abgeschlossen hatten, nochmals „in einzelnen Schritten durchzugehen". Sie hatte geantwortet: „Brauche ich etwa Hilfe? Gehen Bären in den Wald?" In diesem Fall standen sowohl West Virginia als auch Morgan Stanley schrecklich da. Der Richter bezeichnete das Unternehmen als Bande gelackter Harvard-Typen. Hinsichtlich der 190 Millionen Dollar, die West Virginia nach eigenen Angaben 1986 und 1987 verloren hatte, lautete das Urteil gegen Morgan Stanley und auf Rückzahlung von 48 Millionen Dollar.

Vor dem Hintergrund dieses Urteils verlief unsere Derivatkonferenz angespannt und hitzig. Alle waren nervös. Nachher debattierten wir, inwieweit wir als „Zielscheiben" im Kreuzfeuer der Kritik standen, und waren uns einig, daß wir sehr vorsichtig sein sollten bei unseren Verkäufen – und bei der Auswahl der Käufer. Ich bekräftigte erneut meine Ansicht, daß Structured Notes konzipiert worden seien, damit Investoren Wetten abschließen konnten, die ihnen nicht erlaubt waren. Etliche Leute stimmten zu. Viele von den jüngsten Derivatproblemen waren auf Structured Notes zurückzuführen, und ich war froh, daß ich überwiegend neu verpackte Anlageinstrumente verkaufte und nicht diese gefährlichen Papiere. Bidyut Sen, der sich noch Monate vorher darüber beschwert hatte, daß die Derivategruppe nicht genügend Structured Notes verkaufe, witzelte: „Die gute Nachricht lautet: Unser Marktanteil ist so stark gesunken, daß wir nicht in so große Schwierigkeiten geraten können."

Am Freitag, dem 2. Dezember, dem Tag, nachdem Orange County seine Verluste bekanntgegeben hatte, entdeckten wir, daß Morgan Stanley durchaus in große Schwierigkeiten geraten konnte. Wie sich herausstellte, hatte Morgan Stanley an Orange County Structured Notes im Wert von etwa 600 bis 700 Millionen Dollar verkauft, zirka zehn Prozent der Gesamtinvestitionen des Bezirks. Wir waren nicht der Haupttäter, aber sicherlich einer der Schuldigen. Die Papiere, die wir verkauft hatten, waren im wesentlichen identisch mit denen, die Merrill verkauft hatte: allesamt Wetten, daß die Zinssätze nicht steigen würden. Wie sich zeigte, hatten die Verkäufe 1992 begonnen und bis 1994 angedauert. Morgan Stanley hatte durch den Verkauf dieser Papiere an Orange County ein Vermögen gemacht. Jene Provision von 200 000 Dollar für die Trigger Note war typisch gewesen. In den Nachrichten wurde einige Male über Morgan Stanleys Rolle berichtet, und der Vorstandsvorsitzende Dick Fisher erschien kurz im Fernsehen, um die Verluste von Orange County zu kommentieren. Glücklicherweise konzentrierte sich diese Sendung größtenteils auf Mike Stamenson und Merrill.

Aber Morgan Stanley hatte ein anderes Problem. Wie sich herausstellte, hatte das Unternehmen Orange County zirka 1,6 Milliarden Dollar geliehen, und nun bestand ein gewisses Risiko, daß der Bezirk diese Summe nicht zurückbezahlen würde. Das County hatte insgesamt etwa 13 Milliarden Dollar bei verschiedenen Investmentbanken aufgenommen und die gekauften Structured Notes als Sicherheit hingegeben. Diese Kredite wurden als „reverse repurchase agreements" oder als „reverse repos" bezeichnet. Die gute Nachricht war, daß zumindest die Derivategruppe nicht für die Kreditvergabe verantwortlich war. Der Lombardtisch bei Morgan Stanley, nicht die DPG, hatte die Darlehen vergeben – und der Lombardtisch war nun in großen Schwierigkeiten. Sie brauchten jetzt unbedingt unsere Hilfe, vor allem deshalb, um den Wert der für die Kredite gegebenen Sicherheiten zu bestimmen. Die zentrale Frage lautete: Reichte der Wert der Deckung aus, um sicherzustellen, daß die Kredite zurückbezahlt würden?

Rasch organisierten die Derivatemanager eine Konferenzschaltung mit Orange County sowie zahlreichen Anwälten und Beratern. Seitens Morgan Stanley nahmen nur Managing Directors teil, ich nicht. Nachdem sie dieses Gespräch beendet hatten, begannen sie Befehle zu bellen: *Sagen Sie den Lunch ab! Besorgen Sie mir diese Daten! Faxen Sie das!* Ein Direktor warnte uns, daß diese Feuerwehrübung eine Woche dauern werde, weil die Funktionäre des Bezirks und selbst die Berater „sich mit solchem Mist nicht auskennen".

Der Handelssaal war in hellem Aufruhr. Die Feuerwehrübung bezog die gesamte DPG-Gruppe ein, auch Peter Karches, den Leiter der Festverzinslichen, der alle paar Minuten hereinkam, um sich zu erkundigen, ob es etwas Neues gebe. Reporter begannen uns anzurufen, und wir waren angewiesen, keine Kommentare abzugeben. Jemand rief ständig die Königin an, gab sich andauernd als jemand anders aus – unter anderem als Harvard-Student für Steuerwesen – und fragte nach Prospektmaterial über Structured Notes. Karches demonstrierte eifrig, warum er als Kandidat für die Unternehmensleitung gehandelt wurde. Er hatte vollkommen die Kontrolle behalten und war bei weitem der rationalste und umsichtigste Akteur bei dieser Übung. Ein Verkäufer fragte Karches, ob er sämtliche Dokumente vernichten solle, worauf Karches gelassen antwortete: „Nein." Karches fragte, wer Insiderwissen über die Details von Orange County habe, und brachte diese Leute an einem Tisch zusammen, um eine geeignete Strategie auszuarbeiten. Wieder blieb ich glücklicherweise unbehelligt.

Am Montag, dem 5. Dezember, war Robert Citrons Gesicht mehrspaltig auf der Titelseite des Wirtschaftsteils der *New York Times* abgebildet. Bidyut Sen machte sich über Citron lustig, indem er sagte: „Schau dir das Gesicht dieses Kerls an. Kannst du das glauben? Er trägt indischen Schmuck. Hättest du geglaubt, daß dieser Kerl Structured Notes kaufen und beleihen würde?“ Niemand mochte es glauben. Am Vortag waren Repräsentanten des Orange County vor Citrons Tür erschienen und hatten ihm ein kurzes Rücktrittsgesuch ausgehändigt, das Citron unterzeichnet hatte. Angeblich murrte Citron und weigerte sich selbst da noch, die Verluste zur Kenntnis zu nehmen. Die Bezirksfunktionäre waren über Citrons geistigen Gesundheitszustand so besorgt, daß sie dafür sorgten, daß sich ein Psychiater zur Verfügung hielt.

Ebenfalls am 5. Dezember reichte Orange County die größte kommunale Bankrotterklärung in der Geschichte ein. Die Fonds des Bezirks deckten nahezu 200 Schulen, Städte und Kreise ab. Die Verluste beliefen sich auf knapp 1000 Dollar pro Kopf der gesamten Bevölkerung des Bezirks. Das Portfolio des County, einschließlich der Structured Notes, hatte 27 Prozent seines Wertes verloren, und wie der County erklärte, konnte er seine Verpflichtungen nicht mehr erfüllen.

Nach dieser Bankrotterklärung standen die Ratingagenturen als Narren da. Wenige Monate vorher, im August 1994, hatte Moody's Investor Service dem Orange County das Kreditrating Aa1 verliehen, das höchste Rating für einen County in Kalifornien überhaupt. Eine Notiz auf dem Umschlag des Ratingbriefes lautete: „Gut gemacht, Orange County“. Nun aber, am 7. Dezember, erklärte Moody's die Anleihen von Orange County verlegen zu „Junk“ – und Moody's galt als die Ratingagentur mit der fortschrittlichsten Technik. Auch die anderen großen Agenturen, darunter S&P, hatten den Bankrott nicht vorausgesehen. Bald danach wurden diese Agenturen wegen ihrer Praktiken bei der Bewertung von Derivaten verklagt.

Während eines ganztägigen Hearings vor dem California Senate Special Committee on Local Government Investments am Dienstag, dem 17. Januar 1995, gaben Robert Citron und Michael Stamenson, die Vorladungen erhalten hatten, vorbereitete Stellungnahmen ab. Es war ein erbarmungswürdiger Anblick. Citron ließ seine wilden Klamotten zu Hause und trat in mattgrauem Anzug mit Bifokalbrille auf. Er entschuldigte sich und plädierte auf Unwissenheit. Er sagte: „Im nachhinein wünschte ich, mehr Wissen und Erfahrung in komplexen Regierungswertpapieren besessen zu haben." Stotternd und niedergeschlagen, mit allen Anzeichen eines Opfers, versuchte Citron sich für sein ganzes Leben zu entschuldigen: Er habe nicht in der Armee gedient, weil er an Asthma leide; er habe sein USC-Studium wegen finanzieller Probleme nicht beendet; er sei ein unerfahrener Investor, der niemals auch nur eine Aktie besessen habe. Es war zum Erbarmen.

Auch Stamenson sagte, daß es ihm leid tue, und verwies auf die gewaltige persönliche Qual, die diese Angelegenheit mit sich bringe. Er spielte den Naiven und sagte, Citron sei ein überaus erfahrener Investor, von dem er „eine Menge gelernt" habe. Stamensons Geschichte war so absurd wie Citrons Story traurig. Als Stamenson versicherte, er sei für den Bezirk nicht als Anlageberater tätig gewesen, hielt Senator William A. Craven es nicht mehr aus und bezeichnete ihn als Lügner. Stamenson räumte schließlich ein, oftmals mit Citron gesprochen zu haben – laut Citron täglich –, leugnete aber, Berater gewesen zu sein. An diesem Punkt explodierte Craven wieder und fragte: „Über was zum Teufel haben Sie denn mit diesem Mann tagtäglich gesprochen? Über das Wetter?" Citrons Anwalt David W. Wiechert war genauso verärgert. Er sagte: „Sich von dieser Krise zu distanzieren wäre für Merrill Lynch dasselbe, wie wenn sich Exxon von der *Valdez* distanzierte."

Stamensons Ziel war eindeutig Schadensbegrenzung, und sein Name stand weiterhin auf der Gehaltsliste von Merrill. Orange County hatte Merrill Lynch auf zwei Milliarden Dollar verklagt, und das Investmenthaus war offensichtlich besorgt, was Stamenson aussagen würde. Er war ein guter Angestellter. Als ein Reporter ihn in seinem Büro in Merrills rosafarbenem Marmorhochhaus im Herzen von San Franciscos Finanzdistrikt ausfindig machte – 14. Stock, 101 California Street, falls es jemand nachprüfen will –, weigerte sich Stamenson zu sprechen und sagte lediglich: „Sehen Sie zu, daß Sie auf demselben Weg verschwinden, auf dem Sie hereingekommen sind."

Praktisch über Nacht verwandelte sich Citron von einer der populärsten Persönlichkeiten in der Geschichte von Orange County zum Staatsfeind Nummer eins. Kurz nachdem der Bankrott bekanntgegeben worden war, sah ein kalifornischer Steuerzahler Citrons Foto in einem Bezirksbüro und drohte, mit einem Gewehr wiederzukommen und das Bild von der Wand zu schießen.

Citron galt nun nicht nur als Paria, er wurde auch zum Kriminellen gestempelt. Später befand man ihn für schuldig, verschiedene staatliche Investmentgesetze mißachtet zu haben. Bei Ermittlungen wurde aufgedeckt, daß er nicht nur sein Studium abgebrochen hatte, auch seine mathematischen Fähigkeiten entsprachen lediglich denen eines Mittelstufenschülers. Aufgrund eines Standardtests kamen Psychologen zu dem Schluß, daß er hinsichtlich seines logischen Denkvermögens zu den untersten fünf Prozent der Bevölkerung gehörte. Ein Gerichtspsychologe sagte zu dem Richter, der Citron verurteilte: „Bob Citron war wie eine leere Flasche im Ozean, die von einer Welle mitgerissen wird."

In einem Brief an seinen Richter flehte Citron um Milde. Er schrieb, daß er nach seinem Rücktritt erwogen habe, sich umzubringen. Er räumte ein, Produkte gekauft zu haben, die nicht als Derivate bezeichnet wurden, aber gleichwohl solche waren. Citron erwähnte auch seine 41-jährige Frau und erklärte, daß es Liebe auf den ersten Blick gewesen sei und sie während ihrer Ehe nur sechsmal eine Nacht getrennt verbracht hätten. Er fügte hinzu, daß das Gefängnis für ihn wegen seines Alters und seiner physischen Probleme nur schwer zu ertragen sei. Schließlich wurde er zu lediglich einem Jahr Strafe verurteilt, die er im sozialen Dienst ableisten durfte.

Bei Morgan Stanley rangen die Lombardhändler immer noch mit dem Problem, Risiken des Unternehmens hinsichtlich der Kredite an Orange County zu spezifizieren. Der Lombardtisch hatte keine täglichen Preisänderungen für das Beleihungsobjekt einkalkuliert, teilweise deshalb, weil sie nicht wußten, wie man den Marktwert von Structured Notes präzise feststellen konnte. Statt dessen hatten sie den Marktwert des Beleihungsobjekts nur einmal monatlich aktualisiert. Ein Händler sagte, als er gewarnt wurde, daß der Wert der Besicherung täglich rapide sank: „Ach, verdammt, hätte ich nur besser aufgepaßt."

Der Lombardtisch ist niemals der qualifizierteste Bereich einer Investmentbank. Als Trainee bei First Boston hatte ich einige Zeit am Lombardtisch verbracht, ebenso in einem verwandten Bereich, beim Verkauf von Kurzläufern. Verkäufer solcher Anleihen mit kurzer Laufzeit offerieren sehr niedrige Risiken und niedrige Margen. In einem Footballteam wäre der Verkäufer ein offensiver Linienläufer aus der dritten Reihe; viele Verkäufer sahen in der Tat wie Linemen aus oder waren es tatsächlich einmal gewesen. Ein Bursche, mit dem ich an einem Tisch saß, war von massiver Statur. Sein gewaltiger Schädel hatte den Umfang eines großen Computermonitors. Sein Job war so einfach, daß ihm viel Zeit zum Essen und zum Reden blieb, was er auch beides begierig tat. Wir sprachen nur über zwei Themen: Profi-Football und McDonald's. Er schien vom Umfang meiner Kenntnisse in beiden Bereichen beeindruckt zu sein, besonders über mein Wissen zu den Themen American Football Conference und McDonald's-Menü. Wir diskutierten über alle wesentlichen Details des Menüs, verglichen und stellten die verschiedenen Geflügelgerichte gegenüber, feierten den Tod des McLean- und des McDLT-Menüs und äußerten gemeinsam unseren Ärger über das McRib-Menü. Wir handelten mit Essensgeschichten; allerdings nahm sich selbst meine stolzeste Leistung – der Verzehr von vier Dreifach-Hamburgern bei Wendy's, drei Pfund Fleisch, um eine 250-Dollar-Wette zu gewinnen – neben seinen Meisterleistungen bescheiden aus. Besonders von den Erzählungen über meinem High-School-Job bei McDonald's schien er hingerissen. Kurz gesagt, er ähnelte Steinbecks Lenny mehr als irgendein menschliches Geschöpf, das ich jemals getroffen habe – abgesehen davon, daß er viele hunderttausend Dollar im Jahr machte und sich mit mir statt mit einer Maus angefreundet hatte.

Bedauerlicherweise waren die Lombardhändler bei Morgan Stanley nicht sehr viel gebildeter als Lenny, und jeder Fehler konnte nun katastrophale Konsequenzen haben. Im Dezember 1994 hatten Orange-County-Funktionäre das Vermögen des Investmentpools eingefroren. Jede Veräußerung von Sicherheiten durch Morgan Stanley oder andere war von diesem Moment an äußerst heikel, möglicherweise sogar illegal. Am 8. Dezember 1994 erfuhr ich, daß die Deckung für Morgan Stanleys 1,6 Milliarden schweren Lombardkredit etwa je zur Hälfte aus hochwertigen US-Regierungsanleihen und aus Structured Notes bestand. Morgan Stanley und andere Banken koordinierten die Liquidierung der Structured Notes. Wenn sie die Papiere in geordneter Weise verkaufen könnten, würden die Banken vielleicht sogar etwas Geld aus dem Verkauf erzielen.

Normalerweise darf ein Darlehensgeber Kreditsicherheiten nicht mehr veräußern, wenn der Darlehensnehmer Konkurs angemeldet hat; Kreditoren müssen nach diesem Akt das Konkursverfahren absolvieren. Morgan Stanley und andere hatten jedoch beschlossen, daß sie trotz der Bankrotterklärung von Orange County zum Verkauf der Structured Notes berechtigt seien, da Kapitel 9, welches das Konkursverfahren der Gemeinden behandelt, eine Ausnahmeregelung für Lombardkredite enthielt. Die Manager entschieden, die Verluste des Unternehmens durch sofortigen Verkauf der Structured Notes zu begrenzen, anstatt auf die Eröffnung des Konkursverfahrens zu warten, selbst auf die Gefahr hin, daß sich diese Rechtsauffassung später als irrig erweisen könnte.

Mit dem Segen der Anwälte von Morgan Stanley begann um 13 Uhr eine vorbereitete Auktion der Structured Notes. Die Versteigerung wurde mittels Freisprecheinrichtung im Konferenzraum 2 veranstaltet, direkt neben dem Handelssaal nahe der Derivategruppe. Es war eine der bedeutendsten Auktionen in der Firmengeschichte. Alle waren zugegen, selbst Präsident John Mack und Peter Karches, der Leiter der Festverzinslichen, der gerade von London eingeflogen war, sowie Ken de Regt, der bald darauf als Nachfolger Karches nominiert wurde und von Hongkong gekommen war. Die Derivatehändler hatten die Preise für diese Structured Notes ungefähr zwei Tage lang rund um die Uhr kalkuliert, mit kurzen Unterbrechungen, um ab und an etwas zu essen oder auf die Toilette zu gehen. Einer von ihnen murrte, daß die Angestellten von Ratingagenturen ins Gefängnis geworfen werden sollten, die Orange County so hoch klassifiziert hatten. Am Tisch gingen Gerüchte um, nach denen sich unsere potentiellen Verluste auf 50 Millionen Dollar beliefen.

Diese Structured-Notes-Auktion erschütterte den gesamten Bondmarkt. Alle institutionellen Handelsmärkte gingen in die Knie, als die Verkäufe bekanntgegeben wurden. Vogelscheuche, der nie eine Gelegenheit zum Lachen verpaßte, gab während der Auktion bekannt, daß eine Geschichte über die Fernschreiber ging, wonach Robert Citron beobachtet worden sei, wie er L.A. in einem weißen Ford Bronco umkreise.

Ich nahm an dieser Auktion nicht teil. Statt dessen war ich – zusammen mit einigen anderen Mitarbeitern – damit beauftragt, bei der Verteilung eines wichtigen Dokumentenpakets zu helfen, das an jede Bank ging, die bei dieser Verkaufsaktion teilnahm. Diese Aufgabe war viel zu wichtig, als daß man sie einem Kurier hätte übertragen können. Ich war beauftragt, Goldman, Sachs die Dokumente zu überbringen. Während der Taxifahrt Richtung Downtown hielt ich das Paket fest, und obwohl ich fast starb vor Neugierde, was dieses sorgfältig versiegelte Päckchen enthalten mochte, öffnete ich es nicht.

Nach Abgabe der Dokumente machte ich eine Pause, um am Gebäude der Aktienbörse – des New York Stock Exchange (NYSE) – vorbeizugehen, das sich an der Wall Street nahe Goldman befindet. Jahre zuvor, ehe ich bei First Boston anfing, hatte ein Freund von mir arrangiert, daß ich einmal durch den Handelssaal des Stock Exchange gehen durfte. Es war ein aufregendes Erlebnis, mit dem ganzen Geschrei, den blinkenden Lichtern und läutenden Telefonen. Damals hatte ich gedacht, der NYSE sei das Zentrum der Finanzwelt. Wie falsch ich damit doch gelegen hatte! Der gesamte NYSE war aufgrund der modernen Praktiken der Investmentbanken nahezu bedeutungslos geworden. Die wichtigsten Aktivitäten geschehen heute hinter verschlossenen Türen, bei geheimen Treffen, oftmals außerhalb der Vereinigten Staaten.

Als ich zurückkam, behauptete der Lombardtisch zunächst, er habe nur einen sehr kleinen Geldbetrag eingebüßt, später aber stellte sich heraus, daß der Tisch viele hunderttausend Dollar verloren hatte, da ein Mitarbeiter einige Daten falsch in den Computer eingegeben hatte. Unsere Gruppe hatte durch den Verkauf der Structured Notes tatsächlich Geld *gemacht*. Jedermann war erleichtert.

Jedermann – mit Ausnahme von Orange County und seinen Anwälten. Am 8. Dezember um 13 Uhr 54 schlossen Morgan Stanley und die anderen Banken ihre Verkäufe der Structured Notes ab. Um 14 Uhr 36 verkündete Orange County, es werde alle Broker verklagen, die bei dieser Liquidierungsauktion mitgemacht hätten. Der Bezirk verklagte zwar unverzüglich Nomura Securities, einen der Broker, die an dieser Auktion teilgenommen hatten, dennoch hörte ich nie wieder etwas von einem Rechtsverfahren gegen Morgan Stanley.

Das Finanzdesaster von Orange County erregte in der Öffentlichkeit das größte Aufsehen, aber es war nicht das einzige dieser Art in Südkalifornien. Im September 1994 wurde der Derivategruppe bekannt, daß San Diego County ein Derivateportfolio von 700 Millionen Dollar umstrukturiert hatte, um aufgedeckte Verluste verschieben zu können. Unsere Gruppe hatte San Diego County eine ähnliche Restrukturierungsempfehlung vorgelegt, aber der Bezirk hatte sich für eine andere Investmentbank entschieden. Die betreffenden Derivate hießen CERLS – Coupon Exchange Rate-Linked Securities – und waren mit den PERLS verwandt, abgesehen davon, daß die Formel auf den Zinscoupon statt auf den Nominalbetrag angewendet wurde (daher auch das C anstelle des P). Zu der Zeit, als Morgan Stanley seinen Vorschlag vorlegte, hatte ich erwähnt, daß die Funktionäre von San Diego versuchen könnten, ihre Verluste erst nach der nächsten Wahl anzuerkennen, und mich an das Wahlkomitee von San Diego gewandt, um festzustellen, wann die nächsten Wahlen stattfanden. Ohne Zweifel würden die restrukturierten Papiere auslaufen und die Verluste gleich nach der nächsten Wahl bestätigt werden. Das reichte, um einen zum Anhänger von Verschwörungstheorien zu machen.

Auch andere öffentliche Einrichtungen des Schönwetterstaates Kalifornien verwendeten Derivate. Morgan Stanley verkaufte Structured Notes an Sonoma County, San Diego County, San Bernardino County und Orange County. Das 74 Milliarden Dollar schwere California Public Employees Retirement System, bekannt als CALPERS, setzte Derivate im Wert von Hunderten von Millionen Dollar um. Auch andere Bundesstaaten mußten ihren Derivatverlusten ins Auge sehen, darunter Florida, Louisiana, Ohio, Wisconsin und Wyoming – und natürlich West Virginia. Sogar die Stadtverwaltung von Cleveland, die gerade die Rock and Roll Hall of Fame errichtete, hatte Derivate gekauft, um ihre Floater-Anleihen im Wert von 38 Millionen Dollar, die sie verkauft hatte, abzusichern.

Unter der Leitung von Fondsmanager Skip Gibson, der bei den Derivateverkäufern an der Wall Street sehr beliebt war, gehörte der 32 Milliarden Dollar schwere Investmentausschuß des Staates Wisconsin zu den aggressivsten Käufern von Derivaten. Wisconsin hatte sogar PERLS erworben. Im August 1994, nachdem ein PERLS-Geschäft des Bundesstaates schiefgelaufen war, restrukturierte Morgan Stanley das Geschäft, um die Laufzeit um einige Jahre zu verlängern und vielleicht auch – wie im Fall San Diego County – Verluste zu verstecken und fortzuschreiben. Was auch immer der Zweck dieses Geschäfts war, meine Gruppe hatte Wisconsin eindeutig geschröpft. Für einen relativ schmalen Handel von 35 Millionen Dollar hatten wir fast eine Million Dollar Provision berechnet. Wisconsin schien jedoch keinen Anstoß daran zu nehmen, sondern fuhr mit den riskanten Investitionen fort. Selbst während unserer hitzigen Bemühungen, das Feuer in Orange County zu löschen, zeigte sich Wisconsin am Kauf einiger exotischer Nullcoupon-Yen-Call-Scheine interessiert. Einige Monate später sollten Funktionäre von Wisconsin schließlich entdecken, daß ein Großteil der Verluste aus solchen exotischen Investments herrührte – woraufhin Manager Skip Gibson seinen Job verlor.

Die Manager solcher Fonds schienen gewillt zu sein, die Gelegenheiten zu ergreifen, die sich durch den Kauf riskanter Derivate boten, selbst wenn sie damit auch ihre Jobs riskierten. Diese Manager waren wie Teilnehmer des Spiels *Let's Make a Deal,* die sich zwischen Tür Nummer eins und Tür Nummer zwei entscheiden müssen. Hinter der einen Tür befand sich eine bescheidene Rendite über Marktniveau, hinter der anderen eine finanzielle Zeitbombe.

Angenommen, man managt einen dieser Fonds mit Otto und Lieschen Normalverbrauchers Pensionen oder Investments oder sogar mit Steuergeldern, die man sicher anlegen soll. Wenn man nun eine Rendite von sechs statt 5,5 Prozent erwirtschaftet, werden Otto und Lieschen Normalverbraucher sehr zufrieden mit einem sein, desgleichen die Vorgesetzten. Dann ist man ein Star – und dafür muß man lediglich Tür Nummer eins wählen. Für einen Fondsmanager ist ein halbes Extraprozent Rendite pures Gold. Schon ein paar zusätzliche Basispunkte bringen einen auf die oberen Hierarchiestufen der Manager. Und wenn sich dieses Investment noch als wenig riskantes Papier mit einer hohen Bonitätsklasse entpuppt, war es ein leichter Kauf, selbst wenn eine Bank dafür hohe Gebühren verlangt hat. Man könnte es sich nicht leisten, solche Derivate *nicht* zu kaufen.

Stellen wir uns nun die Gesichter von Otto und Lieschen Normalverbraucher vor, wenn sie erfahren, daß sie geschröpft worden sind. Wie werden sie reagieren, wenn sie entdecken, daß sie statt risikoarmer Kurzläufer „Yield Enhanced Floating Rate Notes" gekauft haben – Derivate, deren Zinszahlungen größtenteils auf den Veränderungen im LIBOR basieren, der dreimonatlichen London Interbank Offered Rate? Werden sie dann über das halbe Extraprozent überglücklich sein? Vielleicht. Werden sie erfreut sein, daß sie der Volatilität des Dreimonats-LIBOR ausgesetzt waren? Werden sie die Entwicklung des Dreimonats-LIBOR regelmäßig verfolgen, der täglich um elf Uhr Londoner Zeit festgestellt wird, abhängig von den durchschnittlichen Zinssätzen des US-Dollar, durch verschiedene Banken ermittelt und von der British Bankers Association im Telerate-Informationsservice (Seite 3750) veröffentlicht? Wahrscheinlich nicht. Was also, wenn man die falsche Tür wählt?

Wäre man als Fondsmanager dennoch bereit, diese Risiken zu tragen? Absolut. Denn höchstwahrscheinlich wird man die *richtige* Tür erwischen, Otto und Lieschen Normalverbraucher werden niemals den Unterschied herausfinden, die Vorgesetzten werden einen für ein Genie halten, und man selbst wird einen dicken, fetten Bonusscheck entgegennehmen. Im weniger wahrscheinlichen Fall, daß man die falsche Tür erwischt hat und der Dreimonats-LIBOR dramatisch steigt, mag der Fonds zusammenbrechen, der County ein Vermögen verlieren, und die Fondseigner werden möglicherweise vor Gericht ziehen. Aber selbst wenn man dann gefeuert wird, kann man leicht einen neuen, besseren Job finden. Aggressive Fondsmanager werden immer gesucht.

Viele Papiere, die Orange County und andere gekauft hatten, waren sogar noch exotischer als die Yield Enhanced Floating Rate Notes; etliche enthielten komplexe Spekulationen außerhalb der Vereinigten Staaten. Wisconsin setzte auf japanische Yen, kanadische Dollars und italienische Lire, um nur einige zu nennen. Viele öffentliche Einrichtungen kauften PERLS, die von der Währung jedes Staates abhängen können.

Ich hatte mit Interesse festgestellt, daß Bezirksregierungen, staatliche Investmentboards und kommunale Investmentfonds „Brits“ mochten. „Sterling Inverse Floaters“ – inverse Floater-Anleihen, die auf dem britischen Zinsniveau basieren – waren besonders während der frühen 90er Jahre populär, und diese Regierungseinrichtungen kauften die Sterling-Papiere so, als wären es Guinnesskrüge für zehn Pfennig das Stück. Während des ganzen Jahres 1992 wurden Sterling-Neuemissionen im Wert von etwa einer Milliarde Dollar plaziert. 1993 waren es in einer einzigen Woche 813 Millionen Dollar an Neuemissionen.

Besonders interessant fand ich ein Papier, das als „Three-Year Currency Protected Sterling Inverse Floater" bezeichnet wurde. Wie der letzte Teil dieses Namens sagte, entwickelten sich bei diesem Papier die Zinszahlungen gegenläufig zu den Zinssätzen, die auf einer im Konditionenblatt aufgelisteten Formel basierten. Deshalb verringerten sich die Ausschüttungen in dem Maß, wie die Zinssätze stiegen.

Der Referenzsatz für diese Papiere war jedoch nicht einfach ein alter LIBOR-Satz. In solchen Fällen wurde der Referenzsatz als „Two-Year Constant Maturity Sterling Swap Rate" bezeichnet. Die zweijährige Swaprate ist der fixierte Zinssatz, der für einen Zinsswap offeriert wird, wenn man sich verpflichtet, eine Floatingrate gleich zum LIBOR-Satz zu zahlen, zuzüglich eines bestimmten Aufschlages (LIBOR-flat). In diesem Fall wurden die Raten in britischer Währung, dem Pfund Sterling, ausgedrückt. Man stellte alle sechs Monate diesen Satz fest, und der Coupon, den man bekam, errechnete sich aus einem fixen Zinssatz abzüglich einem aus der Zweijahres-Swaprate errechneten Vielfachen. Im Grunde spekulierte man mit dem Kauf dieses Papiers auf fallende Zinssätze in Großbritannien – mit einer Ausnahme: Wie bei den anderen Papieren wettete man auch hier indirekt, anstatt direkt zu spekulieren, und das in einer unglaublich verzwickten und komplexen Form.

Die Schönheit dieser Structured Notes bestand darin, daß sie den eigentlichen Derivatehandel vor den Augen der Öffentlichkeit wirkungsvoll verbargen. Wer als Fondsmanager Sterling Structured Notes kaufte, brauchte seinem Vorgesetzten oder seiner Aufsichtsbehörde nicht zu sagen: „Seht, was ich gerade gekauft habe – einen Three-Year Currency Protected Sterling Inverse Floater." Die Verpackung verbarg all das. Auch das Papier selbst sah harmlos aus, in diesem Fall wie eine Dreijahresanleihe, emittiert von der mit AAA bewerteten Federal Home Loan Mortgage Corporation, die allgemein als Freddie Mac bekannt war. Die Käufer ähnelten Halbwüchsigen, die dem örtlichen Pennbruder Geld gaben, damit er ihnen Schnaps kaufte, und den Fusel dann in eine Coladose schütteten, damit die Eltern nichts bemerkten. In diesem Fall erhielt der Pennbruder, eine Investmentbank, allerdings mehr als nur ein paar Dollar für seine Bemühungen.

Freddie Mac mit Hauptsitz im protzigen McLean, Virginia, war das perfekte Sicherheitspaket. Freddie Mac ist eine Agentur der US-Regierung, die Bürgschaften für Darlehen zur Anschaffung privater Wohnimmobilien gewährt und seit 1993 auch komplexe Derivate emittiert. Die Agentur verwendet die Derivate, die von Investmentbanken entwickelt wurden, einfach dazu, sich zu niedrigeren Kosten zu refinanzieren. Die Bank strukturiert die Emissionen und klammert hierbei das Risiko aus; Freddie Mac gewährt die Kreditbürgschaft. Kein Grund zur Sorge, wenn die Couponzahlungen 16,050 Prozent betragen, abzüglich des zweifachen Zweijahres-Pfund-Sterling-Swapsatzes, zahlbar auf drei Jahre halbjährlich in US-Dollar. Gott sei Dank steckt Freddie Mac dahinter. Die Agentur hat die Bonitätsstufe AAA und ist indirekt durch das US-Schatzamt gedeckt. *Jedermann* kann das kaufen.

Nun stelle man sich vor, daß ein lokaler Investmentausschuß dieses Papier kauft. Sollen wir etwa annehmen, daß er bei seinen monatlichen Sitzungen, nachdem er den neuen Zonenplan abgesegnet und Beschwerden über das neue Neighborhood-Watch-Programm angehört hat, die Handelscomputer anschaltet und zwei Tage vor der Couponzahlung gespannt auf die Zweijahres-Pfund-Sterling-Swaprate, veröffentlicht in der *International Financing Review* oder im Telerate-System auf Seite 42279, wartet?

Als ich diese Papiere entdeckte, betrat ich die Grauzone des Investmentbankings, wo zu den Investoren, die Geld mit rätselhaften und komplexen Inverse-Floater-Derivaten verloren, nicht nur das mittlerweile berühmt-berüchtigte Orange County in Kalifornien gehörte, sondern auch Escambia County und St. Petersburg in Florida, Sandusky County und verschiedene Gemeinden in Ohio, das Odessa Junior College in Texas und selbst die Amerikanische Baptistische Missionsvereinigung.

Warum spekulieren hierfür nicht qualifizierte Staatsregierungen und Gemeindeverwaltungen darauf, daß die britische Zweijahres-Swaprate sinkt? Zum Mississippi sind es für die meisten dieser Käufer Hunderte von Meilen, und Tausende bis zur Themse. Warum glauben die Leiter kommunaler Hochschulen oder Stadträte auf dieser Seite des Atlantiks, daß die britischen Swapsätze fallen werden?

Einzig deshalb, weil die Bankanalysten gesagt hatten, daß sie fallen würden. Und welchen Derivatehandel werden solche unvoreingenommenen Analysten empfehlen, um Vorteile aus den prognostizierten niedrigeren Raten zu ziehen? Die Analysten waren der Meinung, daß die Inflation in Großbritannien abklingen und dies zu niedrigeren Zinssätzen führen werde. Zur selben Zeit verlief die Sterling-Renditekurve sehr steil, was bedeutete, daß die „vergrößernde“ Forward-Kurve selbst noch höher und steiler verlief und somit Zinssatzerhöhungen prognostizierte. Das erschien als perfekte Gelegenheit, gegen die Forward-Kurve zu wetten. Konnte man es sich leisten, es nicht zu tun?

Die Analysten von Investmentbanken trafen in erstaunlichem Ausmaß Voraussagen, die denen der Forward-Kurve widersprachen. Und jedesmal entwickelte die Derivategruppe der betreffenden Investmentbank ein von den Analysten befürwortetes Derivat. Oder auch umgekehrt.

Der internationale Beigeschmack der US-Derivatverluste erklärte sich damit, daß viele Emittenten der von US-Institutionen gekauften Structured Notes aus dem Ausland stammten, darunter europäische Banken wie Rabobank, Nordic Investment Bank, Svenska Handelsbanken, Deutsche Bank und Abbey National. Das Derivatproblem der öffentlichen Institutionen reichte also weit über die US-Grenzen hinaus. Ein britisches Gericht hatte wenig zuvor entschieden, daß die Londoner Stadtbezirke Hammersmith und Fulham, die durch Swaps hohe Summen verloren hatten, berechtigt waren, diese Swaps für nichtig zu erachten. Folglich brauchten die Bezirke nichts zurückzuzahlen, da sie als öffentliche Institutionen nicht berechtigt waren, in solche Derivatgeschäfte einzutreten. Diese waren daher null und nichtig. Das Urteil zog Hunderte Klagen vor britischen Gerichten nach sich, von denen die meisten mit Vergleichen endeten. Prozeßbeteiligte in den USA haben diese britischen Fälle genau beobachtet, zumal währenddessen die zahlreichen Orange-County-Gerichtsverfahren weitergingen.

Es erschien logisch, daß europäische Emissionsbanken involviert waren. Der erste aktive Derivatemarkt wurde 1688 in Europa eröffnet, als Händler an der Amsterdamer Aktienbörse Derivatkontrakte zu schreiben begannen. Nach Jahren des stetig wachsenden Derivatgeschäfts in den USA verlagerte sich nun ein großer Teil des Geschäfts ins Ausland. Die Derivate kehrten nach Hause zurück.

Die Globalisierung der Finanzmärkte war unvermeidlich und nicht auf Derivate beschränkt. Selbst Morgan Stanley hatte kurz zuvor eine Fusion mit einer europäischen Bank in Erwägung gezogen, um aus der Verlagerung der Geschäfte nach London und Kontinentaleuropa Vorteile zu ziehen. Die beabsichtigte Fusion mit S. G. Warburg scheiterte teilweise deshalb, weil man sich auf keinen gemeinsamen Firmennamen einigen konnte. Vogelscheuche schlug vor, daß die neue Bank Mor-War heißen solle; ihr neuer Slogan könnte „Britisch aussehen, jüdisch denken“ lauten. Aber das war nur ein Scherz. Keine wirkliche globale Expansion seitens Morgan Stanley dürfte den geheiligten Namen des Unternehmens aufs Spiel setzen.

9

Der Tequila-Effekt

Auch bei seiner neuen aggressiven Globalstrategie plante das Investmenthaus Morgan Stanley stets den schlimmsten Fall ein. Die Geschäftsleitung war auf jede große Finanzkatastrophe vorbereitet. Was würde passieren, wenn der Aktienmarkt zusammenbräche? Was, wenn alle großen Institute pleite machten? Was, wenn Mexiko ...? Die spezielle Methode, mit der sich das Unternehmen vor Finanzkatastrophen schützte, war in Investorenkreisen gut bekannt und einige Jahre zuvor im *Institutional Investor* dargestellt worden. Dieses Sicherheitssystem wurde „blaues Buch" genannt.

Selbstverständlich verwendete Morgan Stanley keinerlei blaue Notizhefte. Anders als jene Kladden mit blauem Einband, die in Schulen gebräuchlich sind, enthielten diese blauen Bücher Detailbeschreibungen der Auswirkungen, die das Unternehmen aufgrund verschiedener Worst-Case-Szenarien an den Finanzmärkten gewärtigen mußte. Regelmäßig trat eine Expertengruppe altgedienter Industriemanager zusammen, um in den blauen Büchern verzeichnete Mitarbeiterreporte hinsichtlich der Folgen verschiedener Risikopositionen zu analysieren. Die Manager mochten diese Meetings nicht besonders. Sie beschwerten sich darüber, daß sie ständig diese dummen blauen Bücher führen mußten, die sie mit Arbeitsberichten verglichen. Jedoch bestritt niemand, daß der Nutzen derart detaillierter Analysen die Kosten überwog. Schwerwiegende Fehler unterliefen dem Unternehmen nicht. Vor dem Börsengang hatte die Bank große Katastrophen überstanden, in den sechs Jahren danach aber den höchsten Gewinn pro Aktie von allen US-amerikanischen Wertpapierhäusern erzielt, ein Durchschnittsergebnis von 25 Prozent. Die blauen Bücher bewiesen, daß sich das Unternehmen zwar riskanteren Geschäften zugewandt hatte, ein wenig aber von dem alten, konservativen Geist bei Morgan Stanley übrig geblieben war. Und es funktionierte.

Gegen Ende des Jahres 1994 war die Party in Mexiko noch nicht vorbei, aber das Szenario im blauen Buch ließ nichts Gutes erwarten. Ein Emerging-Markets-Händler von Morgan Stanley nahm bis zu zwei Millionen Dollar an Risiken pro Basispunkt-Veränderung bei den Zinssätzen auf, eine gewaltige Position, und wir verkauften weiterhin „kreative", auf Mexiko bezogene Derivatprodukte. Etliches deutete darauf hin, daß sich einige Manager bei Morgan Stanley wegen einer möglichen Überhitzung des mexikanischen Marktes zu sorgen begannen. Viele Experten glaubten, daß eine Kernschmelze in einem lateinamerikanischen Land auf alle anderen übergreifen würde. Wir nannten dieses Potential an überspringenden Verlusten „Tequila-Effekt", in Anlehnung an den Dominoeffekt einige Jahrzehnte zuvor. Meine Vorgesetzten glaubten, daß die Theorie zutreffen könnte, bezweifelten aber, daß solche Verluste unmittelbar bevorstünden.

Ich war überzeugt davon, daß sich meine Märkte weiterhin entwickeln würden, und beschloß, einen überfälligen Urlaub zu nehmen. Am 1. Dezember kehrte ich zurück, eben rechtzeitig zur Ernennung von Ernesto Zedillo, dem neuen Präsidenten Mexikos. Zedillo war bei dieser Wahl nicht der Favorit gewesen; dieser war während des Wahlkampfes erschossen worden. Aber nicht einmal die Ermordung des aussichtsreichsten Präsidentschaftskandidaten hatte das Vertrauen in Mexikos Märkte erschüttern können. Zedillo war an seine Stelle getreten und hatte mühelos die Wahl gewonnen. Nach dem Attentat hatte Morgan Stanley ein kurzes Memorandum in Umlauf gebracht, in dem es hieß: „Das Attentat in Mexiko hatte, wie erwartet, einen negativen Einfluß auf den Markt." Die Märkte erholten sich rasch. Bidyut Sen bemerkte sarkastisch: „Jedesmal, wenn ich in Mexiko ein Geschäft machen will, wird jemand erschossen.“ Das war nicht weit von der Wahrheit entfernt. Gleichwohl war die Stimmung in Mexiko optimistisch.

Anfang Dezember bekam die DPG einen Schrecken, als ein Käufer des argentinischen Pre4-Trusts sagte, er wolle ein paar weitere Anteile kaufen. Zwei Monate zuvor hatten wir demselben Käufer mitgeteilt, der Preis betrage um die 95 Dollar. Seither war der Preis für die Bonds stetig gefallen. Während wir den neuen Marktwert dieser Bonds festzustellen versuchten, schaute ein Derivatehändler bei uns vorbei, um sich auf den neuesten Stand zu bringen. Ihn machte die Frage nervös, ob wir die Bonds zu einem fairen Preis zum Kauf anbieten würden. Wenn wir den Preis zu sehr verringerten, sorgte er sich, könnten die Investoren entdecken, wieviel Geld Morgan Stanley mit diesem Geschäft gemacht hatte. Beunruhigt fragte mich der Händler: „Wie machen wir das mit Orange County?“

Ich unterbrach meine Arbeit und sah ihn an. „Orange County?“ fragte ich. „Wovon reden Sie?“

Er lachte und korrigierte sich schnell: „Ein Freudscher Versprecher, ähm ... Ich meine, wie machen wir es mit dem Preis?“

Ich erklärte es ihm, und wir witzelten über das Glück des Unternehmens, das in diesem Jahr von jeder Katastrophe verschont geblieben war. Ein anderer Manager kam hinzu und beschwerte sich über die Firmenanwälte, die ihn gehindert hätten, möglicherweise illegale Geschäfte zu tätigen. Er scherzte über die Aussichten, hinter Gittern zu landen, und stellte sich vor, was seine Tochter sagen würde, wenn sie ihn in gestreiftem Gefängnisdrillich sehen müßte: „Mami, sieh nur, Papis neuer Anzug. Hat er einen neuen Job?“ Von solchen Aussichten schienen wir weit entfernt zu sein.

Trotz des Desasters von Orange County war die Stimmung in der Derivategruppe Anfang Dezember gut, geprägt durch die für das Jahresende typische Mischung aus Spannung und Fröhlichkeit. Wir besprachen unsere bevorstehenden Bonuszahlungen, spekulierten über das Privatleben von Kollegen, tratschten über unsere Vorgesetzten und kümmerten uns kaum um Geschäftliches. Weihnachten stand vor der Tür, es war die richtige Zeit zum Nachdenken. Am Nachmittag der Weihnachtsfeier herrschte auf den Märkten Ruhe, und einige Verkäufer versammelten sich, um das Jahr Revue passieren zu lassen. Wir sprachen über die fragwürdige Legalität einiger Derivateverkäufe der Gruppe, und ein Verkäufer sagte: „Um in diesem Geschäft gut zu sein, muß man eine kriminelle Ader haben." Fast jeder stimmte zu. Viele Verkäufer trugen sich mit dem Gedanken, die DPG zu verlassen. Einer erwog, nach Indien zurückzukehren, um dort in das Familiengeschäft einzusteigen. Andere studierten Angebote von Konkurrenzunternehmen. Einige liebäugelten mit einem Wechsel in andere Abteilungen von Morgan Stanley. Niemand war begeistert von der Aussicht, weiter Derivate zu verkaufen. Vogelscheuche, der um gute Ideen nie verlegen war, schlug vor, die DPG in „Deviant Products Group" umzubenennen, um etwas Aufmerksamkeit zu erlangen.

Wir witzelten über die anderen, weniger profitablen Abteilungen und über den schlechtesten Verkäufer bei Morgan Stanley. Ungeschickte Verkäufer litten am Jahresende unter extremem Druck. Eine Geschichte über einen sehr sensiblen und nervösen Verkaufsmanager von Morgan Stanley spiegelt exakt die Gemütslage wider, die am Jahresende vorherrscht, wenn ein Verkäufer seine Vorgaben verfehlt hat.

In dieser Geschichte versuchte der Manager einem Verkäufer ein relativ einfaches Geschäft zu erklären, aber der Typ kapierte es einfach nicht. Der Verkäufer war nicht sehr hell und hatte in diesem Jahr nicht viele Bonds verkauft. Der Manager wurde immer ärgerlicher. Er versuchte ein letztes Mal das Geschäft zu erklären, aber es war zwecklos. Schließlich stellte der Manager die Gretchenfrage: „Warum können Sie diese Arbeit nicht erledigen?"

Keine Antwort.

„Hören Sie, wie dumm sind Sie eigentlich? Das ist eine simple Sache. Jeder würde das schaffen. Sie rufen einfach Ihre Kundenkonten an und verkaufen ihnen diese Bonds. Die Kunden lieben Bonds. Wo ist das Problem?"

Wieder keine Antwort. Da verlor der Manager die Beherrschung.

„Verdammt noch mal, jeder kann diese Arbeit tun! Ein Zwölfjähriger könnte das machen! Tatsächlich könnte ein verfluchter *Hund* diesen Job erledigen!" Der Manager starrte den Verkäufer an, und plötzlich kam ihm eine brillante Idee. Er schrie: „Jemand muß mir einen Hund bringen! *Besorgt mir einen Hund!*"

Niemand rührte sich. Der Manager schrie weiter:

„Ich meine es ernst! Schafft mir diesen Verkäufer vom Hals! Ich will einen Hund an seiner Stelle! Bringt mir einen Hund! Ich will einen Hund! Auf der Stelle! Besorgt mir einen verdammten Hund!" Es entstand eine Menschenmenge, während der Manager immer weiter brüllte.

Einige Verkaufsassistenten eilten davon, um zu versuchen, in so kurzer Zeit mitten in Manhattan einen Hund aufzutreiben. Der Verkäufer setzte sich leise hin, gedemütigt, während sein Vorgesetzter in grimmiger Laune weiter schrie: *„Besorgt mir einen verdammten Hund!"*

Diese Geschichte wurde seither überall an der Wall Street erzählt, und seit damals ist es nicht ungewöhnlich, daß leitende Verkäufer oder Händler ihre Enttäuschung und Unzufriedenheit über einen Untergebenen zum Ausdruck bringen, indem sie jemanden anweisen, diesen Mitarbeiter durch einen Hund zu ersetzen.

Ich glaubte nicht, daß sich einer von uns durch einen Hund ersetzen ließe.

Ich witzelte weiter mit den Verkäufern herum, während wir den Handelssaal verließen, um quer durch die Stadt zum Szenelokal Maxim's an der Madison Avenue zu gehen, wo in diesem Jahr unsere Holiday Party stattfand.

Es war ein Bild verschwenderischen Überflusses. Zwei mit rotem Teppich bespannte Wendeltreppen wanden sich zu einer verspiegelten Bar empor. Die große Speisehalle daneben war mit elegant gedeckten Tischen gefüllt. Die Getränke flossen in Strömen. Ich stand an der Bar und trank ein paar Scotch mit Vogelscheuche, dann entdeckte ich Peter Karches, den Leiter des Handelssaals und wahrscheinlichen Nachfolger von John Mack, falls der oberste Boß von Morgan Stanley jemals in den Ruhestand gehen sollte. Während der Arbeit hatte ich nur ein paarmal kurz mit Karches gesprochen. Jetzt war ich ein wenig beschwipst, und so beschloß ich, mich ihm zu nähern. Ich sagte Hallo, schüttelte ihm die Hand und erzählte ihm, daß ich in der Derivategruppe sei. Er sagte, er habe mich bereits bemerkt, und wir sprachen über einige bedeutendere Derivatgeschäfte des Jahres. Er sagte, im folgenden Jahr werde es schwierig sein, mit Derivaten Geld zu machen. Als ich ihn bat, mich nicht zu feuern, lachte er. Wir witzelten über die negative Publizität von Derivaten, Orange County und Bankers Trust. Mir kam es vor, als ob wir alte Freunde wären. Ich wünschte mir, für ihn statt für die Königin oder für Vogelscheuche zu arbeiten.

Die Party war ein Erfolg und verlief ohne Handgemenge, eine Seltenheit bei Investmentbanking-Veranstaltungen. Einer meiner früheren Kollegen war aus einer Unternehmensversammlung hinausgeworfen und später zur Kündigung aufgefordert worden, nachdem er mit dem Bondhändler im Hauptsitz der Firma in einen Faustkampf geraten war. Auch ich hatte schon häufig beobachtet, wie betrunkene Verkäufer Raufereien anzettelten, darunter auch einen, dessen Kopf von einer zerbrochenen Bierflasche getroffen worden war. Im Vergleich dazu verlief diese Party zivilisiert. Es gab Diashows und Sketches, Tanz und jede Menge Alkohol. Aber kein Handgemenge.

Bei der Arbeit stieg die Spannung ein wenig, als es einige Stunden lang so aussah, als ob der Banco Serfin, die mexikanische Bank mit dem Nuklearmüll-Logo, es versäumt hätte, die 65 Millionen Dollar zurückzuzahlen, die er Morgan Stanley aufgrund einer Devisentransaktion schuldete. Glücklicherweise erwies sich das als falscher Alarm, hervorgerufen durch eine Verzögerung beim Fed Wire Service; das Geld wurde später am Tag dem Konto der Derivategruppe gutgeschrieben.

Obwohl dieser Beinahe-Verlust die Gruppe finanziell nicht schädigte, erweckte er gewisse Bedenken bezüglich Mexiko, mexikanischen Banken und besonders MEXUS, des PLUS-Notes-Handels, an dem ich im Juni gearbeitet hatte. MEXUS war nur ein Sechsmonats-Kontrakt, der bald schon, am 20. Dezember, auslaufen würde. Der Banco Serfin besaß den sehr viel riskanteren Teil des MEXUS-Deals, die „Junior Note", deren Wert zum großen Teil vom Schlußkurs des Peso am kommenden Freitag abhing. Es kursierten einige schlechte Nachrichten bezüglich eines Rebellenaufstandes in Chiapas, und die mexikanischen Märkte waren ein wenig zittrig, aber glücklicherweise schloß der Peso am Freitag innerhalb des „Peso-Zielkorridors", mit dem die mexikanische Zentralbank ihre Währung zu kontrollieren versuchte. Der MEXUS-Deal schien sich also ohne Probleme auszuzahlen.

Dennoch waren wir wegen Mexiko weiterhin besorgt. Die Devisenreserven der Zentralbank sanken rapide, und Mexikos Handelsdefizit summierte sich auf bis zu 17 Milliarden Dollar. Der mexikanische Peso, bei weitem das größte Risiko für die Käufer mexikanischer Bonds, stand unter massivem Abwertungsdruck. Neben MEXUS war am 15. Januar ein weiterer PLUS-Notes-Deal fällig. Viele Großinvestoren, darunter auch Morgan Stanley, begannen sich aus dem Land zurückzuziehen. In den Wochen zuvor waren Dollars außer Landes geschafft worden, teilweise buchstäblich in Aktenkoffern. Die kommenden Wochen versprachen spannend zu werden.

Darüber hinaus drohten weitere Probleme. Die PLUS Notes waren für einige Investoren zu riskant gewesen, während die Investmentmanager sie als nahezu perfekt ansahen; die mexikanischen Banken aber hielten sie für beinahe zuwenig riskant. Sie schmachteten nach Risiko, und die PLUS Notes hatten bloß ihren Appetit angeregt. Aus ihrer Sicht handelte es sich bei PLUS Notes um richtige Verkäufe, nicht um Käufe. 1994 waren die mexikanischen Banken gierig auf Kauf, nicht auf Verkauf, und wollten bessere, höherwertige Produkte kaufen. Sie wollten spekulieren und wünschten, ja verlangten „Leverage" – die Möglichkeit, Geld aufzunehmen und größere Risiken einzugehen. Wie der charismatische Gerardo Vargas von Banamex in sanftem Englisch stolz zu erklären pflegte, indem er seine dunkle Sonnenbrille abstreifte: „Ich *liebe* Leverage."

Daraufhin hatten wir uns dafür entschieden, die mexikanischen Banken mit einem reichhaltigen Festmenü aus drastisch gehebelten Derivaten namens Total Return Swaps zu beglükken. Eines dieser Geschäfte hatte ich zusammen mit meinem damaligen Boß bei First Boston getätigt, kurz vor meiner Kündigung, und Morgan Stanley hatte 1994 viele weitere dieser Geschäfte durchgeführt. Total Return Swaps sind das gleiche wie ein Kauf von Wertpapieren unter Hinterlegung einer bestimmten Einschußsumme – abgesehen davon, daß man über 50 Prozent des Gesamtinvestitionsbetrags fremdfinanzieren kann.

Auf Total Return Swaps war ich erstmals gestoßen, als ich mit einem Derivatehändler an einer Bar saß und ihn zu bewegen versuchte, mir etwas über sogenannte Equity Swaps zu erzählen. Ich hatte gehört, daß viele reiche Leute Equity Swaps einsetzten, um Steuerzahlungen zu vermeiden. Wie sich herausstellte, sind Equity Swaps eine Variante des Total Return Swap, was ich allerdings damals noch nicht wußte.

Ich wußte, daß ein „Swap" einfach eine Vereinbarung war, Zahlungen während eines bestimmten Zeitraums auszutauschen. Ich nahm an, daß es viele gute Gründe gab, in Swaps einzusteigen. So hat beispielsweise der grundlegende Swap, der Zinsswap, möglicherweise die Spar- und Darlehenskrise verhindert: Angenommen, irgendwann während der 80er Jahre hätte eine Spar- und Hypothekenbank Gelder zu einem festen Zinssatz an Kunden verliehen, die Häuser kaufen. Da diese Kreditnehmer einen festen Zinssatz an die Spar- und Hypothekenbanken zahlen, haben die Spar- und Hypothekenbanken Aktiva zu Festzinssätzen. Die Spar- und Hypothekenbanken müssen ihren Einzahlern jedoch Raten zahlen, die in täglichen Abständen „floaten“, also variieren. Da die Spar- und Hypothekenbanken an ihre Einleger kreditmarktabhängige Zinssätze zahlen, haben sie variable Verbindlichkeiten. Wenn eine Spar- und Hypothekenbank nun Aktiva zu Festzinssätzen und Verbindlichkeiten zu variablen Zinssätzen hat, steht sie vor einem Problem. Steigen die kurzfristigen Zinssätze, so steigen auch die variablen Verbindlichkeiten, nicht aber ihre zu Festzinssätzen vergebenen Aktiva. In dieser Klemme könnte die Spar- und Hypothekenbank bankrott gehen, wie es mit vielen Spar- und Hypothekenbanken in den 80ern tatsächlich geschehen ist.

Einen Ausweg aus diesem Dilemma bietet der Zinsswap. Die Spar- und Hypothekenbank sucht sich eine Investmentbank, und die Parteien einigen sich auf einen „hypothetischen Betrag“ (z. B. zehn Millionen Dollar) und eine Laufzeit (z. B. fünf Jahre). Dann zahlt die Spar- und Hypothekenbank der Investmentbank bis zur Fälligkeit des Kontrakts einen festen Zinssatz (also einen fixen Prozentsatz auf den hypothetischen Betrag), und die Investmentbank zahlt der Spar- und Hypothekenbank einen variablen Zinssatz. Damit hat die Spar- und Hypothekenbank die Zinssätze ihrer Aktiva und Passiva in Einklang gebracht. Erhält sie von ihren Kreditnehmern feste Zinssätze, so entrichtet sie den Festzinssätzen entsprechende Swapzahlungen an die Investmentbank; bekommt sie variable Swapzahlungen von der Investmentbank, so bedient sie ihre variabel verzinsten Spareinlagen. Ich dachte, dies alles spreche aus der Sicht von Spar- und Hypothekenbanken sehr für die Anwendung von Swaps – was in den 80ern sicherlich auch zutraf.

Wie ich herausfand, sind Swaps jedoch der Doktor Jekyll und Mister Hyde der Finanzmärkte und können auch zu fragwürdigen Zwecken mißbraucht werden. Equity Swaps basieren auf demselben Konzept wie Zinsswaps, werden aber für gänzlich andere Zwecke verwendet. Ein Equity Swap ist ein

Kontrakt, der normalerweise zwischen einem Individualinvestor und einer Bank geschlossen wird. Der Individualinvestor verpflichtet sich, alle Geldrückflüsse für bestimmte Aktien an die Bank abzutreten; im Gegenzug verpflichtet sich die Bank, an den Investor Bargeld zu zahlen, meist bereits bei Vertragsabschluß. Ein Equity Swap ist kein Wertpapier, und bis vor kurzem war die Verwendung von Equity Swaps nicht gesetzlich geregelt und mußte niemandem offengelegt werden, auch den Finanzbehörden nicht.

Ein Beispiel: Ein reicher Einzelinvestor – nennen wir ihn Mr. Bar –, der seine Aktie nicht verkaufen will, kann dem *Effekt* nach die Aktie veräußern, indem er in einen Equity Swap eintritt. Die Investmentbank zahlt Mr. Bar einen Betrag aus, und er tritt die gesamten Geldrückflüsse der Aktie – Dividenden plus Kursgewinne –, die über die Kontraktlaufzeit anfallen, an die Bank ab. Mr. Bar erhält also Bargeld, als hätte er die Aktie verkauft, auch wenn er sie technisch nicht verkauft hat.

Jeder, der eine bestimmte Aktie verkaufen wollte, ohne einen offiziellen Kapitalzuwachs zu erzielen und Kapitalgewinnsteuer zahlen zu müssen, konnte sich eines Equity Swaps bedienen. Equity Swaps galten nicht als Verkauf, da der Individualinvestor die zugrundeliegende Aktie weiterhin besaß. Folglich konnte der Investor die Gewinne der Aktie liquidieren, *ohne Steuern zahlen zu müssen.* Warum also sollte man weiterhin Politiker unterstützen, die sich für die Abschaffung der Kapitalgewinnsteuer einsetzten? Gegen eine Provision offerierten Investmentbanken eine streng geheime, individuelle und selbstgemachte Aufhebung der Kapitalgewinnsteuer. Zum Großteil ist es auf Equity Swaps zurückzuführen, daß die reichen Amerikaner in den letzten Jahren nahezu keine Kapitalgewinnsteuer zahlten.

Investmentbanken gehen mit den Equity Swaps *keinerlei* Marktrisiko ein, da sie ihre Abhängigkeit von Geldzuflüssen aus dem Aktienkapital des Investors durch Leerverkäufe absichern können – also durch Verkauf von Aktien, die sie nicht besitzen. Fällt der Aktienkurs, so erhält die Bank niedrigere

Zahlungen vom Investor, schuldet aber im Gegenzug eine entsprechend geringere Zahlung aus ihrem Leerverkauf. Für Investmentbanken ist der Equity Swap eine praktisch risikofreie Goldgrube.

Mehr als ein Equity Swap ist seither ans Licht der Öffentlichkeit gekommen, und die Beamten der Aufsichtsbehörden zerbrechen sich die Köpfe, wie sie diese Deals unterbinden können. Beispielsweise ging A. Lorne Weil, der wohlbekannte Vorstandsvorsitzende und Präsident der Autotote Corporation, ein Anbieter von Lotterie- und Spieleinrichtungen, am 29. März 1994 einen Equity Swap mit Bankers Trust ein, der Schlagzeilen machte. Weil verkaufte im Grunde seine Autotote-Anteile, ohne Kapitalgewinnsteuer zu bezahlen und seine Stimmrechte zu verlieren. BT zahlte Weil 13,4 Millionen Dollar für 500 000 Autotote-Aktien zuzüglich einer variablen Verzinsung für die 13,4 Millionen Dollar. Im Gegenzug willigte Weil ein, BT alle Quartalsdividenden aus den Aktien zukommen zu lassen. Nach fünf Jahren würde Weil zusätzliche Zahlungen erhalten, falls der Aktienkurs gesunken wäre, und zusätzliche Zahlungen an BT entrichten, falls der Aktienkurs gestiegen wäre. Wirtschaftlich gesehen, hatte Weil keine Aktienpositionen mehr, auch wenn er technisch betrachtet weiterhin der Eigentümer war.

Ich weiß noch, als ich den Artikel über diesen Handel sah, mochte ich nicht glauben, daß diese Geschäfte so weit verbreitet waren. Equity Swaps waren Steuerschlupflöcher, nichts sonst. Ich fragte einen Verkäufer, ob die Equity-Swap-Angebote den Banken viel Geld einbrächten. Er stöhnte, verdrehte die Augen und murmelte: „Herrje, willst du mich auf den Arm nehmen? *Punkte!*" Ein „Punkt" war ein Prozent des „individuell festgesetzten Kontraktbetrags", der sich typischerweise am aktuellen Aktienkurs orientierte. *„Punkte!"* bedeutete also, daß die Banken mit den Gebühren ein Vermögen gemacht hatten. Nehmen wir beispielsweise an, daß Mr. Bar Aktien für 100 Millionen Dollar besitzt und im Fall eines Verkaufs zehn Millionen Dollar Steuern zahlen müßte. An einem Aktienswap von 100 Millionen Dollar verdient die beteiligte Investmentbank risikolos und mit sehr wenig Arbeit mehr als eine Million Dollar Provision. Mr. Bar spart immer noch etliche Millionen Dollar an Steuern ein, der Derivateverkäufer erhält eine hohe Kommission, und alle sind zufrieden – mit Ausnahme des Finanzministeriums der Vereinigten Staaten. Ach so, ja – und mit Ausnahme des Steuerzahlers.

Nicht zuletzt wegen der Equity Swaps zahlten US-Unternehmen praktisch keine Kapitalgewinnsteuer. Nicht lange, und die Wall Street griff die Idee der Equity Swaps auf und wandte sie auf andere Märkte an, darunter auch Mexiko. Eine der bekannteren Versionen dieses Swap, die Morgan Stanley einsetzte, war der oben erwähnte Total Return Swap. Er funktioniert folgendermaßen:

Angenommen, eine mexikanische Bank will mit der DPG einen Total Return Swap eingehen. Beide unterzeichnen einfach einen Kontrakt des Inhalts, daß (1) die mexikanische Bank Zinsen an die DPG und (2) die DPG den „total return" auf einige ausgewählte Wertpapiere an die mexikanische Bank zahlt. Für die meisten mexikanischen Banken wurden im Vorfeld mexikanische Bonds als Wertpapiere ausgewählt, üblicherweise Kurzläufer und auf Peso lautende mexikanische Regierungsanleihen namens Cetes. Wir nannten solche Kontrakte meist Cetes- oder Peso-Swaps. Beispielsweise erklärte sich eine mexikanische Bank bereit, der DPG für sechs Monate acht Prozent Zinsen auf 100 Millionen Dollar zu zahlen; im Gegenzug trat die DPG die Zinseinnahmen aus den Cetes-Regierungsanleihen im Nominalwert von 100 Millionen Dollar für den gleichen Zeitraum an die Bank ab. Verlor der Peso gegenüber dem US-Dollar nicht an Wert, so konnten die Cetes 16 Prozent Rendite einbringen. Solche Konditionen waren typisch für Peso-Swaps. Aus Sicht der mexikanischen Bank war der Peso-Swap ein hebelunterstütztes Investment in Mexiko. Die Bank lieh sich Geld von Morgan Stanley und erhielt die Zinsen aus einer mexikanischen Anleihe.

Warum waren mexikanische Banken so erpicht darauf, Peso-Swaps zu erwerben? Zum einen waren sie hinsichtlich Mexiko optimistisch. Daher wollten sie große Wetten in relativ hohen einheimischen Zinssätzen eingehen, denn sie glaubten, daß der mexikanische Peso stark bleiben würde und mexikanische Bonds sich gut entwickeln würden. Wurden die Cetes bei Fälligkeit voll zurückgezahlt und war der Peso nicht abgewertet worden, so erzielten die mexikanischen Banken auf die Cetes-Anleihen eine Rendite von beispielsweise 16 Prozent, mußten aber an Morgan Stanley nur ihre Zinsen für das geliehene Kapital – beispielsweise acht Prozent – entrichten. Hatten die 16 Prozent in Peso währenddessen in Relation zu den acht Prozent in Dollar nicht an Wert verloren, so hatten die Banken eine Marge von acht Prozent erzielt. Da sie hohe Beträge in Peso-Swaps investierten, summierte sich diese Marge zu einem Vermögen.

Noch wichtiger war, daß die mexikanischen Banken mittels Peso-Swaps ihr Spekulationsvolumen erhöhen konnten, ohne negative Konsequenzen oder Publizität befürchten zu müssen. Im Idealfall nahmen die Banken soviel auf wie möglich und erwarben so viele mexikanische Bonds, wie sie bekommen konnten. Peso-Swaps waren im Prinzip nichts anderes als eine Kombination aus der Aufnahme von Dollarkrediten und dem Kauf mexikanischer Bonds; jedoch unterlagen die Banken Kreditlimiten und – in Mexiko – Restriktionen, wenn sie sich auf direktem Weg Gelder besorgten.

Borgte sich eine Bank Geld und kaufte einen Bond, so erschienen solche Positionen in ihrer Bilanz, was Kosten verursachte. Der Kredit war eine Verbindlichkeit, der Bond war Anlagevermögen. Internationale Richtlinien für das Kreditgeschäft verlangen aber, daß die Banken einen bestimmten Mindestbetrag, basierend auf den in ihren Bilanzen ausgewiesenen Aktiv- und Passivposten, als Eigenkapital halten. Wenn solche Vermögens- und Schuldpositionen ansteigen, braucht die Bank mehr Eigenkapital, als Sicherheit bei möglichen Verlusten. Diese Bestimmungen zur Verhinderung von Bankpleiten wurden geschaffen, um sicherzustellen, daß die Banken immer über genug Kapital verfügen, um jegliche Verluste abzudekken, insbesondere im Fall eines Zusammenbruchs der Finanzmärkte.

1994 waren die Bilanzen der Banken, gemessen an den mexikanischen Regelungen für die Kreditwirtschaft, „voll“. Sie hatten sich mit hebelunterstützten Pesospekulationen vollgestopft, und die hohen Kapitalforderungen und strikten Bankregulierungen hinderten sie an weiterer Kreditaufnahme oder an Zukäufen. Doch die Peso-Swaps ermöglichten es den mexikanischen Banken, unter Vermeidung solcher Kosten und Restriktionen ihre Wetten zu erhöhen. Die Banken liebten Swaps, denn im Unterschied zur Darlehensaufnahme und zu anderen Fremdfinanzierungsformen erschienen die Swaps nicht in ihren Bilanzen und waren daher nicht von Mindestkapitalforderungen und anderen Vorschriften betroffen. Mit anderen Worten: Von der Bilanz her gesehen waren die Peso-Swaps gratis.

Mexiko war nicht das einzige Land mit liberalen und attraktiven Bestimmungen für Swaps. Die International Swaps Association, eine Vereinigung, die weltweit 150 Swapshändler repräsentiert, hatte sich dafür eingesetzt, Swaps für mehrere Jahre von den Regulierungen auszunehmen. Begründung: „Hervorzuheben ist, daß Swapgeschäfte nicht von Betrügereien, anderem illegalen Verhalten oder erpresserischen Praktiken gekennzeichnet sind.“ Im Oktober 1992 ermächtigte das US-Parlament die Commodity Future Trading Commission (CFTC), Swaps von jeglichen Restriktionen auszunehmen. Die Lobbyisten der Swapshändler setzten sich während der Amtszeit von Präsident Bush dafür ein, daß die CFTC von dieser Vollmacht Gebrauch machte, und kurz bevor Bill Clinton im Januar 1993 als US-Präsident vereidigt wurde, billigte die CFTC unter Leitung von Präsidentin Wendy Gramm – der Frau von Phil Gramm, dem US-Präsidentschaftskandidaten der Republikaner – schließlich die Ausnahmeregelung. Diese Billigung wurde als „Abschiedsgeschenk“ der Republikaner an die Swapshändler verstanden.

Peso-Swaps boten den mexikanischen Banken eine inoffizielle Möglichkeit, Dollarkredite aufzunehmen und mexikanische Regierungsanleihen zu kaufen. Die mexikanische Bankenaufsicht hätte sicherlich jede Bank gemaßregelt, die versucht hätte, offen mehr Gelder aufzunehmen und mehr Bonds zu kaufen. Diese Taktik war leicht zu durchschauen; dagegen bestand nur ein geringes Risiko, daß die mexikanischen Behörden einen auf privater Ebene ausgehandelten Vertrag aufspüren würden, den die Bank nicht veröffentlichen mußte.

Die mexikanische Banken-Fiesta kannte keine Grenzen, und die profitable Pesoparty in Mexiko wurde schnell obszön – doch solange die Währung nicht kollabierte, sollten die mexikanischen Bankenaufsichtsbehörden nichts davon erfahren. Durch ihren heimlichen Konsum so großer Mengen Peso-Swaps zogen sich die mexikanischen Banken jedoch eine ernsthafte Magenverstimmung zu. Sie hätten sich besser einer Gesundheitsdiät unterziehen sollen, damit die Post-NAFTA-Wirtschaft in ihrem Land eine Chance bekam. Statt dessen hatten sie sich selbst mit PLUS Notes erdrosselt und stopften nun Peso-Swaps in sich hinein. Wenn eine Bank so viel ißt und dabei nicht zuzunehmen scheint, ist etwas faul.

Morgan Stanley hatte ein viel gesünderes Verhältnis zu diesen Geschäften. Bei Peso-Swaps nahmen wir die Gegenseite der Wetten der mexikanischen Banken ein. Unsere Seite der Wette war genauso komplex und riskant wie die der mexikanischen Banken. Wir erklärten uns bereit, US-Dollar entgegenzunehmen und mexikanische Pesos dafür zu zahlen, beides zu spezifizierten Raten. Unternahmen wir nichts, um unsere Position abzusichern, so gewannen wir Geld, wenn eine dieser drei Möglichkeiten eintrat: die US-Zinssätze fielen, die mexikanischen Zinsen stiegen oder der mexikanische Peso gegenüber dem Dollar fiel.

Morgan Stanley hatte allerdings kein Interesse daran, „long“ mit Dollars und „short“ mit Pesos zu sein (man ist „long“ mit dem, was man kauft, und „short“ mit dem, was man verkauft), und so wollte das Investmenthaus einige dieser Risiken durch

Verlagerung auf einen anderen Investor absichern. Wir wollten unsere Profite nicht von Fluktuationen US-amerikanischer und mexikanischer Zinssätze abhängig machen. Wir wollten nur unsere Provisionen kassieren.

Einen Großteil des Risikos schalteten wir durch Hedging aus, indem wir einfach Cetes kauften und hielten, dieselben mexikanischen Regierungsanleihen, die als Benchmark (Vergleichsmaßstab) für Peso-Swap-Zahlungen dienten. Wenn wir Cetes kauften, waren wir gedeckt, was auch immer mit den verschiedenen Zinssätzen passierte. Stiegen die Cetes im Wert an, so stiegen unsere Zahlungen an die mexikanischen Banken aus dem Peso-Swap um exakt denselben Betrag und umgekehrt. Die mexikanische Bank zahlte uns hohe Zinsen für den Dollarkredit, mit einem typischen „Spread" von zirka 200 Basispunkten oder zwei Prozent über den Sätzen von US-Regierungsanleihen; dagegen konnten wir uns zu einer sehr viel niedrigeren Spanne von ungefähr 25 Basispunkten refinanzieren. Durch den Kauf der Cetes wurden wir zum Intermediär und verdienten die Differenz aus den Refinanzierungsmargen. Diese Differenz konnte enorme Provisionen bedeuten, je nach Volumen der Peso-Swaps, die wir umsetzten.

Leider brachte der Besitz von Cetes zusätzliche Probleme mit sich. Morgan Stanleys Refinanzierungskosten waren zwar niedriger als die der mexikanischen Bank, dennoch lehnte es das Unternehmen ab, seinen Kreditrahmen für solche Aktivitäten auszuschöpfen. Die Bilanz von Morgan Stanley war zu kostbar, um Cetes zu halten, und sei es nur für ein paar Monate. Glücklicherweise konnten wir unsere Cetes-Positionen bis zur Fälligkeit des Peso-Swap „auslagern", indem wir die Bonds an eine andere Bank verliehen, deren Bilanz weniger wert war. Diesen Handel, der ziemlich selbstverständlich geworden war, nannte man „Mieten der Bilanz" einer anderen Bank. Die andere Bank, meistens Wells Fargo, „kaufte" die mexikanischen Anleihen von uns, wir verpflichteten uns, sie einige Monate darauf „zurückzukaufen", und zahlten Wells Fargo für die Benutzung ihrer Bilanz während dieser Zeit eine Gebühr. Trotz dieser Gebühr, die wir zahlten, um die Cetes auslagern zu können, waren die Peso-Swaps immer noch saftig genug; die Investmentbanken erzielten aus solchen Deals üblicherweise ein Prozent Gebühren. Bei Peso-Swaps im Wert von einer Milliarde Dollar belief sich eine einprozentige Provision für ein Jahr immerhin auf zehn Millionen Dollar.

Doch die Cetes bereiteten Morgan Stanley ein weiteres Problem: Was würde geschehen, wenn Mexiko seine Schulden nicht bediente? In diesem Fall wären wir zerschmettert (oder „total erledigt", wie meine Bosse gesagt hätten). Warum? Wir müßten den mexikanischen Banken zwar nichts zahlen, da unsere Verpflichtungen bezüglich des Peso-Swap erloschen wären, wenn Mexiko säumig würde, aber wir würden von den mexikanischen Banken überhaupt nichts erhalten und außerdem das Geld schulden, das wir uns geliehen hatten, um die Cetes zu kaufen und unsere Peso-Swaps-Risiken abzusichern. Wie groß war der Umfang unserer Verpflichtung? So groß wie der Umfang unserer Peso-Swaps. Viele Emerging-Markets-Verkäufer nahmen jedoch an, daß weder Mexiko noch die mexikanischen Banken ausfallen würden.

Die mexikanischen Banken beteuerten, sie seien gerüstet, um „bis zum Umfallen zu swappen", und in dieser Hinsicht enttäuschten sie nicht. Letztlich verkaufte die DPG Dutzende von Peso-Swaps im Wert von mehr als einer *Milliarde Dollar*. Ich entwickelte ein Computermodell, um die Risiken der verschiedenen Swaps nachvollziehen und herausfinden zu können, in welchem Umfang wir uns den verschiedenen mexikanischen Banken ausgeliefert hatten. Ich war fassungslos angesichts des Risikos, das Morgan Stanley trug. Das Unternehmen hatte beschlossen, praktisch über Nacht mehr als eine Milliarde Dollar an mexikanische Banken zu verleihen. Fast genau in dieser Höhe hatte sich auch eine große Geschäftsbank während der lateinamerikanischen Schuldenkrise in den 80er Jahren von Mexiko abhängig gemacht. Selbst bei Morgan Stanley war nur wenigen Leuten das Ausmaß dieser Risiken bewußt.

Morgan Stanley hatte Abermillionen Dollar an eine einzige

Bank verliehen, den Banco Serfin (das Institut mit dem Nuklearmüll-Logo), eine der riskantesten Banken Mexikos. Allein unsere Abhängigkeit von den Serfin-Swaps hätte Morgan Stanleys Management bedenklich stimmen sollen. Das Szenario in unserem „blauen Buch“ war beängstigend. Falls Mexiko zahlungsunfähig würde und wir uns der Verpflichtungen aus unseren Peso-Swap-Positionen nicht entledigen könnten, wäre Morgan Stanley ruiniert.

Nur wegen der Derivate konnten solche Veränderungen ganz plötzlich und unbemerkt eintreten. Binnen weniger Wochen hatte Morgan Stanley mexikanischen Banken mehr Geld geborgt, als viele Geschäftsbanken binnen Jahren verliehen. Das war das „heiße Geld“, vor dem Politiker und Aufsichtsbehörden oftmals gewarnt hatten. Solche Gelder flossen sehr schnell in ein Land – aber sie konnten genauso schnell wieder abgezogen werden. Falls Morgan Stanley eine bevorstehende Krise witterte, würde die Bank das Geld blitzschnell abziehen. Es war nahezu unmöglich, solche Geldbewegungen nachzuvollziehen. Während die mexikanischen wie auch die US-Aufsichtsbehörden Kredite von Geschäftsbanken kontrollierten, erhielt weder diese noch jene Behörde Kenntnis von den Peso-Swaps. Auch hier waren die mexikanischen Banken nicht verpflichtet, diese Transaktionen buchmäßig aufzuzeichnen, da Peso-Swaps als „off-balance sheet“ klassifiziert wurden. Morgan Stanley legte die Swaps nicht offen, denn es handelte sich nicht um Wertpapiere, und die Swaps waren dank des republikanischen Abschiedsgeschenks vom Januar 1993 von bestimmten US-Regulierungen ausgenommen. Mittels Derivaten konnten die Finanzinstitutionen ihre Anlagepolitik vollständig, rasch und mühelos umstrukturieren. Binnen sehr kurzer Zeit hatten sich die Prinzipien des mexikanischen Finanzsystems total verändert.

Ich war sehr beunruhigt wegen der Implikationen dieser Veränderungen. Meiner Computertabelle konnte ich die Risiken entnehmen, die im Zusammenhang mit dem Wechsel bestimmter Variablen in Mexiko auftraten, und die Analysen waren nicht gerade ermutigend. Mexikos Devisenreserven verringerten sich stetig, und die Zentralbank kämpfte gegen eine Abwertung des Peso. Um den Peso vor dem freien Fall zu bewahren, mußte Mexiko seine wertvollen Dollar hergeben, die es angesammelt hatte, um Pesos zu kaufen. Den Peso zu stützen wurde zu einem teuren Unterfangen.

Wenn es zur Katastrophe käme, würde sie uns mit Lichtgeschwindigkeit ereilen. In einem solchen Notfall würden keinerlei Aufsichtsbehörden die mexikanischen Banken unterstützen. Entweder die Banken oder die mexikanische Regierung selbst würden bankrott gehen. Wieviel Vertrauen hatte ich zu den mexikanischen Konkursgerichten? Überhaupt keines.

Viele unserer Derivatgeschäfte, einschließlich PLUS Notes, waren an den Wert des Peso gebunden, und wenn der Peso kollabierte, würden unsere Investoren ein Vermögen verlieren. Sie würden uns dann höchstwahrscheinlich verklagen. An diesem Punkt könnte jegliche negative Publizität tödlich wirken. Als ich diese Bedenken gegenüber meinen Kollegen äußerte, stellte sich jedoch heraus, daß kaum jemand sie teilen mochte.

So wie ich die Sache sah, resultierten die Probleme aus der Tatsache, daß der mexikanische Peso eine sogenannte gemanagte Währung war. Die mexikanische Zentralbank setzte eine bestimmte Bandbreite fest, innerhalb welcher der Peso gehandelt werden konnte. In diesem Spektrum zwischen Tiefst- und Höchstpreis konnten die Investoren Pesos kaufen und verkaufen. Wenn man Pesos kaufen oder verkaufen wollte und niemand im Markt sie zu einem akzeptablen Preis verkaufen mochte, konnte man stets auf die von der Zentralbank veröffentlichten Preise verweisen.

Das „Top" des von der Zentralbank festgelegten Spektrums saß wie ein Deckel auf den Pesokursen. Der Peso würde sich nie über das obere Limit dieses Korridors hinausbewegen, teilweise deshalb, weil sich die Zentralbank verpflichtet hatte, Pesos zu verkaufen und Dollar zu kaufen, wenn dieser oberste Limitpreis erreicht war. Im Endeffekt war das obere Ende dieses Spektrums normalerweise irrelevant, weil der Peso unter sehr viel stärkerem Abwertungsdruck stand. Immer waren viele Leute bereit, Pesos zu verkaufen und Dollar zu kaufen; auf der anderen Seite gab es sehr viel weniger Leute, die bereit waren, Dollar zu verkaufen und Pesos zu kaufen. Gerade Ende 1994 tendierten die Investoren in Mexiko zum „Ausstieg" und waren eher geneigt, ihre Pesos gegen Dollar zu tauschen als umgekehrt.

Der „Bottom" des Spektrums fungierte dagegen als Boden des Pesokurses, da sich die Zentralbank bereit erklärt hatte, Pesos zu kaufen und Dollar zu verkaufen, wenn dieser unterste Limitpreis erreicht war. Zumindest schien das jedermann zu glauben. Geriet der Peso unter signifikanten Abwertungsdruck, so reagierte die Zentralbank auf die Verkäufe von Pesos, indem sie ihre Devisenreserven einsetzte, um Pesos zu kaufen und Dollar zu verkaufen. Die Akteure auf dem mexikanischen Markt schienen zu glauben, daß die Untergrenze des Zielkorridors heilig sei und die Zentralbank den Peso um jeden Preis stützen werde.

In den Jahren davor hatte die Zentralbank die Obergrenze des Korridors stabil gehalten, aber zugelassen, daß der Boden des Schwankungskorridors tagtäglich ein wenig weiter sank, so daß der Peso allmählich abgewertet werden konnte. Eine leichte Abwertung müßte in Mexiko erwartet worden sein – in der Tat war sie notwendig –, da die mexikanischen Zinssätze über dem US-Zinsniveau lagen. Im Verhältnis zweier Länder muß das Land mit den höheren Zinsen generell damit rechnen, daß seine Währung an Wert verliert. Langfristig hat sich diese Grundregel fast immer als richtig erwiesen.

Aber Mexiko schien sich bis dahin keines langfristigen Trends bewußt zu sein. Die erwartete Abwertung des Peso war nicht eingetreten. Statt dessen verharrte der Peso lange Zeit in der Nähe der Obergrenze des Korridors. Diese Stabilität hatte das aggressive Spekulationsfieber der mexikanischen Banken genährt. Blieb der Peso nahe am Top des Korridors, so konnten die mexikanischen Banken leichte Profite einstreichen, wenn sie sich weiterhin US-Dollar ausliehen und mexikanische Pesobonds kauften. Natürlich konnte eine solche Strategie nur kurzzeitig funktionieren, denn der Peso würde nicht für immer an der Obergrenze des Spektrums verharren. Auf lange Sicht würden die ökonomischen Grundregeln den Peso zum Nachgeben zwingen.

Die Frage war, ob die Banken auf lange Sicht tot oder lebendig sein würden. Trotz meiner schmerzlichen Erfahrung mit dem langfristig orientierten Denken betonte ich, daß wir den fundamentalen volkswirtschaftlichen Grundprinzipien Beachtung schenken sollten. Letztlich, beharrte ich, würden die volkswirtschaftlichen Theorien obsiegen und der Peso kollabieren. Ich war von meiner Ansicht so überzeugt, daß ich nach einer heißen Peso-Debatte mit einem Kollegen um zehn Dollar wettete, daß der Peso binnen eines Jahres den Boden seines Spektrums durchbrechen würde. Im Handelssaal galten Wetten über 100 oder selbst über 10 000 Dollar als bedeutungslos. Bei solchen Wetten ging es lediglich um Geld. Wettete man aber um zehn Dollar, dann bedeutete dies etwas. Bei meiner Zehn-Dollar-Wette gegen den Peso ging es nicht nur ums Geld, sondern auch um meinen Stolz.

Währenddessen verbuchten Morgan Stanley und die mexikanischen Banken im Dezember 1994 weiterhin Gewinne. Der Peso lag innerhalb seines Spektrums gut. Aber ein Problem blieb für Morgan Stanley: Was würde geschehen, wenn Mexiko zwar seine Pesoschulden begleichen, aber beschließen würde, seine Anleihen in Pesos zurückzuzahlen, und die Anleihebesitzer daran hindern würde, diese in Dollar zu konvertieren? Wie bereits erwähnt, war es für Mexiko viel einfacher, Pesos zu drukken als sich Dollars zu verschaffen.

Die mit der Bindung an den Peso verknüpften Risiken bezeichneten wir als „Konvertibilitätsrisiko“. Dieses Risiko bestand in der Tat. Schon einmal hatte die mexikanische Regierung die Konvertibilität ihrer Währung aufgehoben, indem sie ausländische Devisentransaktionen verbot. Falls sie diesen

Schritt wiederholte, würde Morgan Stanley am Ende mit einer Unmenge mexikanischer Pesos anstelle von US-Dollar dastehen. Wie konnten wir uns von diesem Risiko befreien?

Unsere Methode, Konvertibilitätsrisiken auf andere Parteien zu verlagern, war so kreativ wie spaßig. Wir kreierten ganz einfach einen neuen Bond, der rundum normal aussah, wenn man davon absah, daß er mexikanische Pesos statt US-Dollar einbringen würde, falls Mexiko die Konvertibilität des Pesos aufheben sollte. Durch einen solchen Bond würden wir, wenn wir ihn verkaufen könnten, alle unsere Konvertibilitätsrisiken auf den Eigentümer des Bonds abwälzen.

Wer würde einen solchen Bond kaufen? Man könnte annehmen, das müsse jemand sein, der nichts dagegen hätte, eine Menge Pesos zu besitzen. Wir dachten darüber nach. Wie wäre es mit einem ausgeklügelten Hedge Fonds? Oder mit einem mexikanischen Unternehmen? Einem Emerging Markets Investment Fonds? Nein, nichts von alledem. Sehr viel besser war es, die rückständigsten und schläfrigsten Investoren ins Auge zu fassen. Das war die Lösung. Morgan Stanley verkaufte seine Peso-Konvertibilitätsrisiken an eine kleine Versicherungsgesellschaft aus dem Mittleren Westen.

Für den Verkauf dieser Bonds mußte die Derivategruppe einen der aggressivsten Verkäufer des Unternehmens gewinnen. Aus Gründen, die ich nie verstanden habe, arbeiteten viele der aggressiven Verkäufer in den San Franciscoer Büros von Investmentbanken, auch wenn ihre Klienten nicht notwendigerweise in San Francisco waren. Mike Stamenson aus dem legendären Fall Orange County war ein typischer San-Francisco-Mitarbeiter. Wenn Sie täglich um vier Uhr früh an Ihrem Arbeitsplatz sein müßten, würden Sie wohl auch aggressiv werden. Aus welchen Gründen auch immer, dieser Verkäufer von Morgan Stanley war für unseren Zweck der richtige Mann. Er rief sofort einen seiner Klienten an, eine kleine Versicherungsgesellschaft aus dem Mittleren Westen. Sie können sich das Verkaufsgelaber vorstellen. Es klang ungefähr so:

„Hallo, Jungs, wie stehen die Dinge in D**? Nicht schlecht?

Tja, ich habe da einen einjährigen Bond für euch: ausgegeben von einer Bank mit hoher Bonitätsklasse – sucht euch einen aus –, von der Republic Bank of New York oder der Deutschen Bank. Sie bringt 50 Basispunkte extra, ein halbes Prozent mehr als die Londoner Interbankenrate. Das sind 50, in Worten *fünfzig* Basispunkte, alle praktisch umsonst. Was gibt's da noch nachzudenken? Wo der Haken ist? Da gibt es keinen Haken. Ach, übrigens, wenn die mexikanische Regierung ausländische Devisentransaktionen untersagen sollte, dann bekommen Sie wohl mexikanische Pesos statt US-Dollar. Was halten Sie davon?"

„Sagten Sie etwas über Mexiko?"

„Ja, Mexiko. Was halten Sie davon?"

„Waren das mexikanische Pesos?"

„Ja. Wie viele Bonds wollen Sie?"

„Ja, wenn ich 50 Basispunkte extra bekomme, dann nehme ich, sagen wir, 40 Millionen Dollar für den Anfang."

Und so kaufte die kleine Versicherungsgesellschaft aus dem Mittleren Westen Morgan Stanleys neue High-Tech-Peso-Konvertibilitätspapiere.

Versuchen Sie sich die potentiellen Folgen dieses Kaufs vorzustellen: Eine arme, plötzlich verwitwete Großmutter aus dem Mittleren Westen unterrichtet die Versicherungsgesellschaft ihres verstorbenen Mannes. Sie erhält gute und schlechte Nachrichten. Die gute Nachricht ist, daß sie die Versicherungsleistungen sehr bald erhalten wird. Die schlechte Nachricht: Sie muß ihren Altersruhesitz nach Acapulco verlegen, wenn sie das Geld ausgeben will. Ich konnte mir keine weniger geeignete Kombination aus Investor und Investment vorstellen. Diese Bonds würden in einem Jahr auslaufen. Die Versicherungsgesellschaft konnte nur beten, daß ich meine Wette verlor und Mexiko das Jahr 1995 ohne Katastrophe erreichen würde. Wieder war dank der Derivate eine geheime Wette abgeschlossen worden. Für Außenstehende sah es so aus, als hätte die Versicherungsgesellschaft ein einfaches Bankzertifikat mit hohem Rating erworben. Die mögliche Rückzahlung in mexikanischen Pesos wurde nur im Kleingedruckten erwähnt. Und falls die Finanzkatastrophe ausblieb, würden den Versicherten die eingegangenen Risiken für immer verborgen bleiben.

Anscheinend waren die Investoren in Mexiko auf den großen Kurssturz vorbereitet worden. Warnsignale hatte es ohne Zweifel gegeben. Mexikos Devisenreserven waren zusammengeschrumpft. Als zahlreiche Investoren den Peso abzustoßen begannen, mußte die mexikanische Zentralbank ihre wertvollen Devisenreserven angreifen, um den Pesohandel auf dem derzeitigen Niveau zu halten. Zur selben Zeit wuchsen die politischen Spannungen im Land. Jeden Tag kursierten neue Gerüchte über gewaltsame Aufstände.

Erstaunlicherweise setzte Morgan Stanley trotz dieser Warnungen weiter auf Mexiko, zumindest öffentlich. Chip Brown, der Mexiko-Analyst des Investmenthauses, sprach weiterhin positiv über das Land. Barton Biggs, der Emerging-Markets-Guru bei Morgan Stanley Asset Management, hatte positive Berichte über die aufstrebenden Märkte verbreitet. Die optimistischste Stimme bei Morgan Stanley war Robert J. Pelosky Jr., ein anderer Research-Analyst, der in einem Dezember-Report schrieb, eine kürzlich unternommene Erlebnisreise habe ihn davon überzeugt, daß Mexiko „im Kommen" und sein „Lieblingsmarkt" sei. Pelosky prognostizierte, daß der Peso innerhalb seiner Bandbreite verbleiben würde.

Ich war nicht sicher, ob diese Anmerkungen unseriös oder schlicht naiv waren. Bestimmt traf *irgendwer* bei Morgan Stanley Vorkehrungen gegen einen mexikanischen Kollaps. Der angesehene Professor Rudi Dornbusch vom Massachusetts Institute of Technology beschuldigte viele dieser Analysten, sich für Mexiko auszusprechen, während ihre Unternehmen „durch die Hintertür das Weite suchten". Ich wußte, daß einige Leute bei Morgan Stanley die Mexiko-Analysten des Unternehmens ignorierten und lieber selbst beobachteten, wie sich Mexiko entwickelte. Ungeachtet dessen, ob die Kommentare der Analysten beabsichtigt waren oder nicht, bald darauf hätten sie sie am liebsten wieder hinuntergeschluckt.

Am 20. Dezember 1994, einem Dienstag, brach der Kurs des mexikanischen Peso ein. Die mexikanische Zentralbank schokkierte die Finanzwelt mit einer sofortigen 12,7-prozentigen Abwertung des Peso. Ohne Unterstützung der Zentralbank durchbrach der Peso den Boden seiner Schwankungsbandbreite und stürzte binnen zwei Minuten von 3,46 auf 3,92 Pesos pro Dollar ab. Der mexikanische Aktienmarkt kollabierte zusammen mit der Währung, und die mexikanischen Zinssätze schossen in die Höhe. Nachdem er einmal den Halt verloren hatte, fiel der Peso weiter und weiter – um ungefähr 40 Prozent in wenigen Tagen.

Wir kontaktierten unsere Klienten bei verschiedenen mexikanischen Banken, aber vielen von ihnen hatte es die Sprache verschlagen. Einer schluchzte unkontrolliert. Der Sturz des Peso hatte die gemästeten mexikanischen Banken über den Klippenrand geschubst, und nun zerfielen sie in ihre Bestandteile. Wer die Banken immer noch als Nüsse angesehen und gewartet hatte, bis die Schale aufbrach, war nun enttäuscht: Das Gehäuse war so leer wie – nach der Währungsabwertung – die Bilanzen der mexikanischen Banken. Möglicherweise würde auch Morgan Stanley in Tränen ausbrechen, wenn eine dieser Banken ausfiel. Obwohl die Derivategruppe einige ihrer Peso-Swap-Positionen verringert hatte, schuldete man uns Abermillionen Dollar aus den verbliebenen Swaps. Es war unklar, ob diese Schulden beglichen würden.

Mein erster Gedanke galt der bedeutungsschweren Zehn-Dollar-Wette, die ich mit einem Kollegen eingegangen war. Ich hatte vorhergesagt, daß der Peso den Boden seines Zielkorridors durchbrechen würde, und nun hatte ich die zehn Dollar gewonnen.

Am folgenden Tag fiel der Pesokurs auf mehr als vier und weiter in Richtung fünf Pesos pro Dollar. Die mexikanische Zentralbank richtete eine Konferenzschaltung ein, in der sie den Investoren erklärte, daß alles in Ordnung kommen würde. Niemand glaubte ihnen. Mexikanische Repräsentanten und Vertreter der US-Regierung traten im Fernsehen auf, um die

Investoren zu beruhigen. Auch ihre Plädoyers fanden keine Beachtung, und der Peso geriet in freien Fall. Zu einem Zeitpunkt waren die Sicherheiten für unsere verschiedenen Peso-Swaps so sehr geschrumpft, daß wir bei den mexikanischen Banken ohne die geringste Deckung mit einigen hundert Millionen Dollar in der Kreide standen. Das erregte die Aufmerksamkeit des oberen Managements. Zusammen mit Peter Karches und Ken de Regt schritten wieder einmal mehrere Mitglieder der Viererbande nervös im Handelssaal auf und ab. Das Worst-Case-Szenario war Wirklichkeit geworden.

Glücklicherweise war der MEXUS-Bond am 20. Dezember, wenige Stunden vor dem Absturz des Peso, zurückbezahlt worden, wodurch Dollarverluste in Höhe von Zigmillionen mit knapper Not vermieden wurden. Mein Deal war gerettet, buchstäblich in letzter Minute. Andere Investoren hatten weniger Glück. Vogelscheuche, immer schon ein Anhänger von Verschwörungstheorien, war der Meinung, daß Serfin und möglicherweise weitere mexikanische Banken mit der mexikanischen Regierung unter einer Decke steckten, was das Timing der Peso-Abwertung betraf. War es bloß Zufall, daß Mexiko den Peso abgewertet hatte, kurz nachdem die MEXUS-Papiere von Serfin ausgelaufen waren? Aber noch immer standen Papiere für 100 Millionen Dollar offen, und Serfin hätte als erste Bank unter den Verlusten der Peso-Abwertung gelitten. Überdies kristallisierte sich heraus, daß Serfin mit den Peso-Swaps ein Vermögen verlieren würde, da die US-Währung, in der sie Schulden hatte, ebenso drastisch an Wert gewonnen hatte, wie der Wert der Peso-Verbindlichkeiten gesunken war.

Wie Vogelscheuche behauptete, besaß die Serfin-Bank politische Verbindungen und konnte sich wegen ihrer prekären finanziellen Situation keinerlei Verluste aus den MEXUS-Geschäften leisten. Wie weit hergeholt war diese Idee? Serfin war Mexikos drittgrößte Bank, und in der Tat verfügten ihre Manager über gute Beziehungen. Allerdings gab es keine direkten Beweise für eine Verschwörung. Doch der eine oder andere runzelte erstaunt die Stirn, als Serfin für das vierte Quartal des

Jahres 1994 einen Gewinn aus Devisentransaktionen veröffentlichte. Entweder waren Serfins Buchführungspraktiken absurd schlampig (und die Bank hatte in Wirklichkeit Geld verloren), oder sie hatten dank ihrer politischen Beziehungen verkaufen können, bevor der Peso zusammengebrochen war. Das erstere hielt ich für wahrscheinlicher. Trotz ihrer „Gewinne“ ging es der Bank ersichtlich schlecht. Sie gab bekannt, daß sie ihre Belegschaft in New York um ein Drittel verringern werde.

In Investorenkreisen wurde mit Überraschung aufgenommen, daß zahlreiche Unternehmen und Investmentfonds große Wetten auf Mexiko abgeschlossen hatten. Zum Beispiel gab die Citicorp, die einst kaum imstande gewesen war, eine mexikanische Diners-Club-Kreditkarte einzuführen, nun bekannt, daß 40 Prozent ihres Gewinns von 3,2 Milliarden Dollar im Jahr 1994 durch Emerging-Markets-Operationen erwirtschaftet worden seien. Die Chemical Bank gab einen Verlust von 70 Millionen Dollar aus mexikanischen Peso-Geschäften bekannt, die „unautorisiert“ gewesen seien, wie es nun hieß. Das Flaggschiff unter den Investmentfonds von Fidelity's, der „Asset Manager“ – weltweit einer der größten individuellen Investmentfonds –, hatte 20 Prozent seines Fondsvermögens in lateinamerikanischen Schuldscheinen investiert. Allein 1994 waren 60 neue Emerging-Market-Fonds geschaffen worden. Gut möglich, daß auch Sie Anteile an einem dieser Fonds besaßen. Wie das *Wall Street Journal* berichtete, habe Morgan Stanley zu den größten Verkäufern gehört, die mexikanische Derivate an diesen Fonds vertrieben. Das war nicht gerade gute PR, und wir waren auf das Schlimmste vorbereitet. Ein Managing Director eines Hedge Fonds erzählte der Presse, daß „Blut auf der Straße“ sei.

Die Ratingagenturen werteten jeden mexikanischen Bond ab, den sie auftreiben konnten. Standard & Poor's stufte zahlreiche Emissionen herunter, darunter auch die PLUS Notes, die zum 15. Januar zur Rückzahlung anstanden. Abrupt änderten auch die Analysten von Morgan Stanley ihre Meinung über Mexiko und riefen einen „Wirtschaftsnotstand“ aus. Als er dem *Wall Street Journal* erzählte, daß Emerging Markets zu den heißesten Jobs im Investmentbanking gehörten, seufzte Barton Biggs: „Eine Menge cleverer junger Burschen, die in der Vorbereitungsschule Spanisch gelernt haben, wurden für 400 000 Dollar als Lateinamerika-Analysten angeheuert." Zumindest wußte ich, daß er mich nicht meinen konnte. Ich hatte niemals Spanisch belegt.

Die mexikanische Krise griff schnell und unverkennbar auf andere lateinamerikanische Länder über – der „Tequila-Effekt", den wir befürchtet hatten. Argentiniens Aktienmarkt fiel um acht Prozent, Brasiliens Börse gab um sechs Prozent nach. Der Zusammenbruch wirkte sich auf alle Schwellenländer aus, die Brady Bonds emittiert hatten, einschließlich Argentinien, Brasilien, Nigeria und Polen. Auch andere Länder, darunter China, waren betroffen. Die Investoren fragten sich perplex, wie eine Währungsabwertung in Mexiko völlig autonome Märkte auf dem halben Erdball zum Crash bringen konnte. Eine Erklärung lautete: Wenn die Besitzer der Emerging-Markets-Investmentfonds ihre Anteile zu verkaufen begannen, mußten die Fondsmanager etwas verkaufen, um sie auszuzahlen, und stießen die Investments ab, die am wenigsten einbrachten. Dieser Abwärtstrend breitete sich über Tausende von Meilen aus. Wie Morgan Stanley hatte sich auch der Tequila-Effekt globalisiert.

Zu den Opfern gehörte auch der argentinische Pre4-Trust. Er verlor binnen weniger Wochen 50 Millionen Dollar. Die Investoren waren bestürzt und riefen ständig an, um Erklärungen und minutengenaue Börsenkurse zu erhalten. Die Händler mußten nicht länger darüber nachdenken, ob der faire Preis bei 90 oder 95 Dollar lag. Plötzlich schienen 60 Dollar gut genug. Ein Händler sagte, wir sollten uns darauf einstellen, verklagt zu werden.

Der Pre4-Trust war bei weitem nicht das am schlechtesten abschneidende Derivat. In den Wochen nach dem Kollaps, als wir Kriegsgeschichten austauschten, hörte ich immer wieder von Derivatgeschäften, die zu mehr als 50 Prozent im Wert gefallen waren. Wie ein Käufer des Pre4-Trusts, ein Fondsmanager der Vermögensverwaltungsgruppe von Morgan Stanley selbst, sagte, war der Pre4-Trust nur das Investment mit der zweitschlechtesten Performance. Eine andere Bank hatte ihm ein auf den mexikanischen Peso zugeschnittenes Papier verkauft, das an einem einzigen Tag von 100 auf 27 Dollar gefallen war. Ich hörte auch von einigen weiteren Derivaten, die von 100 auf null Dollar gefallen waren. Im Vergleich dazu sah der Pre4-Trust gar nicht so schlecht aus, und der FP-Trust war davon unberührt.

Der Beginn des Jahres 1995 versprach neue Hoffnung und, was viel wichtiger war, ein über 50 Milliarden Dollar schweres Rettungspaket für Mexiko. Die Investoren waren nicht überzeugt, daß das Wirtschaftshilfepaket helfen würde, und der Peso fiel weiter in Richtung sechs Pesos pro Dollar, auf nahezu die Hälfte dessen, was er zwei Wochen zuvor wert gewesen war. Die mexikanischen Banken waren wenig optimistisch. Als ich Blades von der Banamex ein frohes neues Jahr wünschte, antwortete er mir: „Nein, kein frohes neues Jahr, nur ein besseres neues Jahr. Auf mehr können wir nicht hoffen." Die Banamex hatte für Investoren eine Konferenzschaltung eingerichtet, um ihre Probleme zu diskutieren. 1994 gab die Bank Verluste aus dem Devisengeschäft in Höhe von 508 Millionen Pesos bekannt, mehr als 100 Millionen Dollar, wenn man den Jahresdurchschnitt des Pesokurses zugrunde legte. Die Bank vertrat den Standpunkt, daß sie zur Bekanntgabe dieser Verluste nicht verpflichtet gewesen sei, da es sich überwiegend um „außerbilanzmäßige" Verluste handelte. Das galt auch für die Peso-Swaps, die wir ihnen verkauft hatten. Das Banamex-Management gab den Verlust dennoch bekannt, nicht unbedingt, weil sie ehrliche Bürger waren, sondern teilweise aus steuerlichen Gründen. Serfin war in noch schlechterer Verfassung. Die Bank stand unter ernsthaftem Druck, ihr Geldvermögen zu erhöhen, und mußte ihre Positionen in Geschäften veräußern, die wir ihr vermittelt hatten, darunter BIDS und der Pre4-Trust.

Morgan Stanley war kaum besser dran. Ein Händler von Morgan Stanley prophezeite der Investmentbank einen aus der Abwertung resultierenden Gesamtverlust von mindestens 30 Millionen Dollar. (Beunruhigt, daß die Verluste seinen im Februar fälligen Bonus schmälern könnten, seufzte er: „Warum konnte Mexiko nicht noch einen Monat warten?") Unser verbliebenes PLUS-Notes-Geschäft war in ernsthafter Gefahr. Wir mußten eine ziemlich große Devisentransaktion durchführen, um Pesos in US-Dollar umzutauschen. Der Peso verlor, während wir verkauften, einen weiteren Viertelpunkt, aber wir brachten es fertig, den Gesamtbetrag in Dollar zu tauschen und unseren Investoren zurückzuzahlen.

Einige Deals endeten glücklich. BIDS, der brasilianische Deal, brachte wegen Diskrepanzen hinsichtlich der komplexen Inflationsindizes sogar mehr, als wir erwartet hatten. Die kleine Versicherungsgesellschaft aus dem Mittleren Westen, die in Pesos konvertierbare Papiere gekauft hatte, erhielt Dollar, keine Pesos, denn Mexiko hob die Konvertibilität nicht auf. Aber solche Geschäfte waren Ausnahmen.

Die Verkäufer sagten allesamt, daß sie „große Käufer" seien, sofern sich eine spezifische Transaktion zu einem bestimmten Preis ergebe. Beispielsweise sagten sie: „Ich bin ein großer Käufer von MEXUS zu 99 Dollar." Als auf den lateinamerikanischen Märkten die Kurse weiter einbrachen, gehörte der Pre4-Trust zu den am stärksten betroffenen Opfern. Der DPG-Verkäufer, der Pre4-Trustanteile ausgab, war kurz davor, den Verstand zu verlieren. Wenn ein Klient wegen eines Preises anrief, sagte er: „Ob fünfzig oder sechzig, ist mir scheißegal. Wir sind sowieso alle beim Teufel." Mitte Januar offerierte die DPG den Pre4-Trust bei 42 Dollar zum Kauf und bei 50 Dollar zum Verkauf. Eine Angebot-Nachfrage-Marge von acht Punkten war bis dahin noch nie dagewesen. Konnte die Lage noch schlimmer werden? Ein Verkäufer sagte, er sei ein großer Käufer des Pre4-Trusts zu null Dollar.

Wie die meisten Menschen in einer Krise versuchten auch die Verkäufer und Händler, sich ihre prekäre Lage durch Humor zu erleichtern. Mit der Zeit hatte ich gelernt, daß viele Wall-Street-Witze auf den Film *Caddyshack* anspielten. Ein Beispiel: Bill Murray spielt in dem Film den Caddy eines Priesters, der gerade die beste Runde seines Lebens spielt, als ein heftiger Platzregen beginnt, und Murray sagt: „Ich glaube nicht, daß es jetzt zu stark regnet." Dieser Satz wurde in den Wochen nach dem Pesoverfall ständig zitiert.

(Übrigens, um an der Wall Street erfolgreich zu sein, müssen Sie Passagen aus diesem Film mit großer Leichtigkeit wiedergeben können. Gründliche Kenntnisse von *Caddyshack* sind wichtiger als alle finanztechnischen Fertigkeiten. Der Film erfaßt alle Aspekte des Investmentbankings. Oft reicht schon ein kurzer Hinweis auf „cinch bugs" oder „Mangan", um einen Deal abzuschließen. Manchmal kann man einen hitzköpfigen Gegner beruhigen, indem man ihm eine Zwanzigdollarnote in die Hand drückt und flüstert: „Laß es fair bleiben." Und wenn einem das Wasser bis zum Hals steht, begrüßen alle den Kommentar des oben zitierten Bill Murray. Als eine Manhattan-Bar namens Caddyshack eröffnete – wo sie diesen Film ununterbrochen auf mehreren Monitoren zeigten –, strömten die Investmentbanker wie trunkene Hasen dorthin.)

Am 19. Januar gab Morgan Stanley bekannt, daß die Nettoerlöse des vierten Quartals erheblich niedriger seien als erwartet. Am gleichen Tag führte das Bundesgericht von West Virginia Anhörungen im Fall Morgan Stanley durch, und die Sorge wuchs, daß andere Streitfälle in Kürze folgen würden. Der Vorstandsvorsitzende von Morgan Stanley, Dick Fisher, erzählte einem Nachrichtenreporter, die Einstellung so vieler Mitarbeiter im vergangenen Jahr habe dem Unternehmen immense Kosten verursacht, etwa vier Prozent des jährlichen Ertrages aus dem Wertpapiergeschäft. Plötzlich schwebte über allen die Drohung, gefeuert zu werden.

Ende Januar sollte Peter Karches, der Direktor des Bondhandels, dem gesamten Bereich der Festverzinslichen seinen „Handelssaal-Jahresbericht" präsentieren. Ich hörte gerne Reden von Wall-Street-Führungsspitzen, die fast immer unverblümt und witzig sprachen. Ich hoffte, daß Karches eine Möglichkeit finden würde, die Leute zum Lachen zu bringen, was angesichts des aktuellen Marktumfeldes dringend nötig war.

Karches ging direkt auf die jüngsten Probleme bei Morgan Stanley ein, aber daran war überhaupt nichts zum Lachen. Wie er sagte, sei 1994 ein lausiges Jahr gewesen, aber wir alle wußten, daß dieses Geschäft bestimmten Zyklen unterlag. Er sagte, daß wir „unsere Betten gemacht“ hätten, und erwartete empfindliche Einbußen bei den Ausgleichszahlungen, wenn die Bonusse in einigen Wochen fällig würden. In puncto Arbeitsplatzsicherheit versuchte er uns zu beruhigen, konnte hierzu aber lediglich sagen, daß es „keine Massenentlassungen“ geben würde. Was bedeutete das?

Etwas später am selben Tag gab Marshal Salant einen Lagebericht über die DPG ab, der noch trostloser war. Wie Salant betonte, würde das Investmenthaus den Gürtel enger schnallen und die DPG Sparmaßnahmen einleiten, um ihre nicht ausgleichsfähigen Ausgaben zu reduzieren, insbesondere für Mitarbeiter aus den unteren Rängen. Er beschuldigte die Associates, das Rückerstattungssystem mißbraucht zu haben, und sagte, wir hätten die Begrenzung von Bewirtungsspesen für DPG-Mitarbeiter auf 25 Dollar als Ziel, nicht als Grenze gesehen. In Zukunft würden die DPG-Manager unsere Essens- und Taxispesen sorgsam kontrollieren.

Außerdem plante die DPG die Umstrukturierung der Belegschaft. Etliche Mitarbeiter würden gehen, andere innerhalb der Gruppe versetzt werden. Vogelscheuche führte bereits Gespräche wegen eines Vermögensverwaltungsjobs außerhalb der DPG, und ich nahm an, daß er auf dem Weg nach draußen war. Wie mir Marshal Salant sagte, erwog das DPG-Management, mich an eine neue Position zu versetzen. Sie glaubten nicht daran, daß die DPG 1995 durch den Verkauf exotischer Emerging-Markets-Derivate größere Erträge erwirtschaften könne. Salant sagte: „Wir sind nicht mehr im turbounterstützten Geschäft. Wir wissen, daß heute niemand mehr diesen

Dreck kauft." Er dachte, daß ich eine direktere Rolle übernehmen und einfache Derivate verkaufen sollte, anstatt komplizierte zu entwerfen. Wie er sagte, seien meine bisherigen firmeninternen Beurteilungen sehr positiv, und ich solle die mögliche Versetzung als Beförderung ansehen – aber ich war mir da nicht so sicher.

Etliche Leute dachten über einen Austritt aus dem Unternehmen und einen Wechsel auf die „Käuferseite" nach. Morgan Stanley und andere Investmentbanken wurden als „Verkaufsseite" betrachtet, weil wir Bonds an Investoren verkauften. Investmentfonds, Hedge Fonds und andere Vermögensverwalter wurden „Käuferseite" genannt, da sie Bonds von uns bezogen. Ein Verkäufer erklärte es mir so:

„Weißt du, was der Unterschied zwischen Kauf- und Verkaufsseite ist?"

„Nein, was denn?"

„Die Kaufseite sagt ‚Leck mich am Arsch', dann legt sie auf. Die Verkaufsseite legt auf und sagt dann erst ‚Leck mich am Arsch'."

Heiß waren auf der Kaufseite vor allem die Hedge Fonds, von denen es mehr als 6000 gab. Der Begriff „Hedge Fonds" war zweifellos irreführend, denn gerade die Hedge Fonds verzichteten typischerweise auf Absicherung. Betrieben wurden sie von risikofreudigen Offshore-Managern, die einige der größten Spekulationen am Anleihemarkt plaziert hatten. Viele Hedge Fonds unterlagen keinerlei gesetzlicher Regulierung, auch nicht dem Geltungsbereich amerikanischer Finanzmarktgesetze, da sie als private Anlagevereinigungen ausgelegt und auf 99 Investoren begrenzt waren. Die Tatsache, daß solche Institutionen den amerikanischen Wertpapiergesetzen nicht unterworfen waren, schürte die Aggressivität der Fondsmanager, die oftmals das von ihren Investoren ursprünglich eingebrachte Kapital einem bis zu zwanzigfachen Hebelrisiko aussetzten.

Als meine Freunde weiterhin erklärten, daß sie daran interessiert seien, zu Hedge Fonds zu wechseln, mußte ich unwillkürlich lachen über den Unterschied zwischen Mitarbeitern von Hedge Fonds und den Verkäufern bei Investmentbanken, die sie deckten. Ich erinnerte mich an einen Morgen, den ich vor langer Zeit mit einem Verkäufer von First Boston verbracht hatte, der als der Säufer des Unternehmens galt. Er war ein harter, arroganter Verkäufer, und er deckte einen der aggressivsten Hedge-Fonds-Klienten der Bank. Der Verkäufer war schon um halb acht, als ich eintraf, betrunken. In der Nacht (und an diesem Morgen) war er in Atlantic City gewesen und prahlte nicht nur mit dem Geld, das er gewonnen hatte, sondern auch mit der Anzahl und Vielfalt von Käsesteaks, die er gegessen hatte.

Ich erinnere mich an unser Gespräch nur deshalb so genau, weil ich bei keiner anderen Gelegenheit im Handelssaal so kurz davor war, mich zu übergeben. Er beschrieb jedes Käsesteak, das er gegessen hatte, in allen Details. Eines war fettreich mit Pfeffer, ein anderes mit zerlassenem Käse getränkt und mit saftig gegrillten Zwiebeln bedeckt. Ich habe einen eisernen Magen, und ich liebe die Käsesteaks von Atlantic City, aber plötzlich wurde mir übel. Er fragte, ob ich bei DiFranco's auf der Uferseite gegessen hätte. In der Tat, das hatte ich. Das zu hören freute ihn. Und wie stand es mit dem White House Restaurant? Jawohl, auch dort gab es vorzügliche Käsesteaks.

Dann fragte er nach einem anderen Restaurant, von dem ich noch nie gehört hatte. Er wollte wissen, ob ich ein Käsesteak von dort probieren wolle. Ich dachte schon, er wollte am hellichten Tag nach Atlantic City zurückkehren. Normalerweise hätte mir ein solcher Trip Spaß gemacht, aber nach seinen intensiven Schilderungen von fettem Fleisch und Käse fühlte ich mich zu krank, um mit ihm zu fahren. Im übrigen war gerade erst die Sonne aufgegangen. Ich schüttelte den Kopf. Doch er bestand darauf, daß ich ein Steak versuchen müsse, und begann auf seinem Tisch herumzuwühlen und Papiere von einer Seite zur anderen zu räumen.

Zuerst glaubte ich, daß er nach einem Coupon oder einem Werbezettel suchte, dann aber stellte ich zu meinem Entsetzen fest, daß dem nicht so war. Nachdem er noch etwas länger gewühlt hatte, fand er es unter einem Stapel Papier: ein Stück schwammiges, verrottendes Käsesteak mit allem Drum und Dran, etwas verkommen, aber noch identifizierbar. Ich brauche Ihnen nicht zu sagen, wer von uns es gegessen hat.

Ich war mir nicht sicher, ob der aggressive Charakter der Hedge Fonds den Verkäufer vernichtet hatte oder ob die Hedge Fonds ihn wegen seines verkommenen Zustands erwählt hatten. So oder so war es klar, daß jeder, der die Wahl hätte, lieber George Soros als dieser Typ geworden wäre.

Im Zusammenhang mit der geplanten Umstrukturierung in der Derivategruppe begannen wir unsere Klientenlisten zu überarbeiten. Wenn Leute wechselten, riefen sie häufig verschiedene Investoren an. Unsere Listen waren überholt und enthielten einige Investoren, die aufgrund von Derivatedesastern im vergangenen Jahr „in die Luft geflogen" waren. Auch Robert Citron von Orange County stand auf der Liste, desgleichen viele Fondsmanager, die ihre Unternehmen verlassen hatten. Marshal Salant sagte, daß er keinen Toten auf der Liste gefunden habe, aber möglich war es immerhin. Wie Vogelscheuche sagte, stand auch O. J. Simpson auf der Liste. Alle diese Namen wurden entfernt.

Wir entdeckten, daß die DPG vor Jahren irrtümlich Telefaxe an McDonnell Douglas statt an McDonald's gesendet hatte, offensichtlich weil eine Sekretärin geglaubt hatte, „McDonald's" sei ein Druckfehler und die DPG könne unmöglich versuchen, Derivate an McDonald's zu verkaufen. Das war ein Irrtum.

Ein paar Wochen vor der Bonuszeit begann der Präbonus-Prozeß das Leben meiner Kollegen zu dominieren. Alle Gespräche drehten sich um die Bonusse. Ich war nicht besonders besorgt wegen der diesjährigen Bonusse, da ich der kleinen Gruppe von Leuten angehörte, welche die DPG kürzlich von anderen Firmen abgeworben hatte, und das Unternehmen war verpflichtet, den neu eingestellten Mitarbeitern im ersten Jahr einen bestimmten Betrag zu bezahlen. Die anderen Associates aber waren wegen ihrer Bonusse sichtlich beunruhigt.

Am Tag vor dem Bonustag konnte ich das Geschwätz über die Bonusse nicht länger ertragen. Also machte ich blau und ging zur Westminster-Hundeausstellung im Madison Square Garden. Zu Hause auf dem Anrufbeantworter fand ich später die Nachricht eines Kollegen, Bidyut Sen habe alle aufgefordert, morgen ihre Scheckbücher mitzubringen. Unsere Bonusse seien nicht nur gleich null, wir müßten auch einen Teil der bereits gezahlten Gehälter zurückerstatten. Ich hoffte, daß er nur einen Witz gemacht hatte.

Der Morgen des Bonustages war hektisch. Ein Kollege gab mir ein T-Shirt mit der Aufschrift meiner Version von Morgan Stanleys sechs Jahrzehnte altem Credo. Auf dem Hemd stand: ERSTKLASSIGE GESCHÄFTE AUF ZWEITKLASSIGE ART. Ich versuchte es vor meinen Bossen zu verstecken, die diesen Humor sicher nicht gutgeheißen hätten. Am ganzen Vormittag riefen immer wieder Kopfjäger an, um herauszufinden, ob wir mit unseren Bonussen „zufrieden" seien. Ich ignorierte die Anrufe.

Die Manager riefen verschiedene DPG-Mitarbeiter einzeln in einen Raum, um ihnen ihre „Zahl" mitzuteilen. Als Vogelscheuche seine erhaltene hatte, war er wie vom Donner gerührt und konnte kaum sprechen. Er sagte, für die Wall Street sei es das schlechteste Jahr aller Zeiten gewesen.

An diesem Tag ging er früh, um in Springfield, Massachusetts, eine Militärhelmausstellung zu besuchen. Er wollte versuchen, etwas Trost zu finden, indem er seine mehr als 200 Exemplare umfassende Sammlung aufstockte.

Ein anderer Verkäufer erklärte, er trage sich mit dem Gedanken, einen Fonds für notleidende Immobilien zu gründen und teure Häuser in Greenwich, Connecticut, zu erwerben. Wie er sagte, stünden die Häuser infolge der mageren Bonuszahlungen blockweise zum Verkauf.

Ein normalerweise ruhiger DPG-Händler, der beklagt hatte, daß er für Gewinne in Höhe von 50 Millionen Dollar verantwortlich und empfindlich unterbezahlt worden sei, stürmte aus dem Bonusraum, beauftragte sofort seinen Assistenten, alle Kreuzfahrtlinien dieser Erde anzurufen, und verkündete, daß er erst in einigen Wochen zurück sein werde. Er war jedem in der Gruppe ein Rätsel. Nach außen schien er ein sanftmütiger Typ mit dicken Brillengläsern und zurückhaltendem Wesen zu sein, aber er ging Risiken im Wert von Hunderten Millionen Dollar ein und wurde oftmals spätabends gesehen, wie er sich im Handelssaal mit attraktiven, einsachtzig großen Frauen traf. Ich vermutete, daß ich ihn nie wiedersehen würde.

Ein anderer Verkäufer, der früher Bidyut Sen nahegestanden hatte (die beiden hatten sogar einen Yogakurs zusammen belegt), schrie aus voller Lunge: *„Du Kerl, diese Zahl ist völlig inakzeptabel! Ich verlasse diesen Raum nicht, bevor du mir mindestens 500 000 Dollar gezahlt hast!"*

Männer kamen bei diesen Meetings immer besser weg als Frauen, so war es nun mal. Einer Mitarbeiterin wurde gesagt: „Es gibt zwei Arten von Frauen in diesem Geschäft: Miststükke und Umfaller. Und Sie gehören zur zweiten Kategorie."

Während meines Bonusgesprächs nannte mir Marshal Salant versehentlich die Zahl eines anderen Associates. Rasch bemerkte er seinen Fehler und teilte mir meine Zahl mit, die im Rahmen dessen war, was mir versprochen worden war. Salant flehte mich an, dem Kollegen nicht zu sagen, daß ich wisse, wieviel ihm bezahlt wurde. Ich willigte ein.

Die Neuigkeiten, die ich von First Boston hörte, waren noch schlechter. Alle Teilnehmer aus meiner dortigen Trainingsklasse hatten gekündigt oder waren gefeuert worden. Einer war jetzt Lehrer in der Bronx, ein anderer sah sich gerade nach einem Job um. Alle waren geschieden. Wie ich hörte, hatte ein langjährig tätiger Verkäufer überhaupt keinen Bonus erhalten. Der Chefhändler für Brady Bonds von First Boston rief mich an, um mir zu sagen, daß er von jetzt an der ehemalige Chefhändler für Brady Bonds sei. Das bestärkte mich in meiner Entscheidung, nicht zurück zu First Boston zu gehen. Ich sagte ihm, daß es mir leid tue. Er wollte wissen, ob vielleicht bei Morgan Stanley eine Stelle offen sei. Ich hegte keinen Groll mehr, und ich mochte ihn, daher leitete ich seinen Namen weiter. Ich hätte es nie für möglich gehalten, daß er, der mich damals eingestellt hatte, weniger als zwei Jahre später mich um einen Job anbetteln würde.

Meine Kollegen waren verärgert. Für die DPG war es unentschuldbar, wenn nicht alle große Bonusse erhielten. Immerhin hatten wir während des letzten Jahres um die *400 Millionen* Dollar gemacht. Einige Manager beklagten, daß ihre Saläre empfindlich gekürzt worden seien, um nicht weniger als 50 Prozent. Ein Verkäufer, der erst kurz davor ein weiteres bankgarantiertes Zweijahres-Zahlpaket von 1,6 Millionen Dollar zurückgewiesen hatte, sagte, dies sei die dümmste Entscheidung seines Lebens gewesen. Selbst die Bonusse des mittleren Managements waren um 30 Prozent gekürzt worden. Die an die Kopfjäger gerichteten Antworten erschallten im gesamten DPG-Handelssaal: „Nein, ich bin verdammt noch mal *nicht* zufrieden!“

Währenddessen bröckelte der mexikanische Markt weiter ab. Am 16. Februar sank der Pesokurs auf 6,1 Pesos pro Dollar. Die Rendite eines anderen mexikanischen Derivatedeals, den wir vertrieben hatten, sprang von ursprünglich weniger als zehn auf rund 71 Prozent. Wie bereits erwähnt: Wenn die Rendite einer Anleihe steigt, fällt ihr Preis. In diesem Fall ging der Preis senkrecht bergab. Eine Bodenbildung war immer noch nicht in Sicht.

Die USA hatten sich bereit erklärt, Mexiko 20 Milliarden Dollar zu leihen, damit das Land den Peso stützen und andere Schulden zurückzahlen konnte. Durch diese Maßnahme rettete die Clinton-Administration der Wall Street ein Vermögen und bewahrte viele riskante Positionen meiner Gruppe vor dem Verlust. Die Regierung hatte dann allerdings Mühe zu erklären, inwiefern die Mexiko-Wirtschaftshilfe auch für den Rest der USA – außerhalb der Wall Street – ein gutes Geschäft sei, und Finanzminister Robert Rubin hatte die größten Schwierigkeiten, plausibel zu machen, weshalb Zinssätze von 50 Prozent und mehr gut für Mexiko seien.

So wie fast alle aus meiner Gruppe begann auch ich, mich

nach einem anderen Job umzusehen. Ich hatte vor, bei Morgan Stanley zu bleiben, aber ich wollte keine weniger qualifizierte Position einnehmen müssen. Wenn Emerging-Markets-Derivate tatsächlich am Sterben waren, wollte ich versuchen, das nächste heiße Gebiet herauszufinden. Ich sprach mit dem Junk-Bond-Tisch des Unternehmens über eine passende Gelegenheit. Ein Junk-Verkäufer, der hörte, daß ich an einem Job interessiert war, warnte mich, daß der Tisch im vergangenen Jahr mit dem Handel von Emerging-Market-Bonds etwa 80 Millionen Dollar Verlust gemacht habe. Ich befragte andere wegen dieser Verluste, und die Gerüchte pendelten sich näher bei 50 Millionen Dollar ein. Dennoch warfen diese Verluste einige Fragen auf.

Wenn ich mich also nicht an den Junk-Bond-Tisch versetzen ließ, was sollte ich sonst tun? Ironischerweise war ich zum Experten für Emerging-Markets-Derivate geworden, auch wenn ich weiterhin kein Spanisch sprach und sehr wenig über Lateinamerika wußte. Vielleicht konnte ich etwas anderes finden und alle davon überzeugen, daß ich auch auf diesem Gebiet Experte war.

Während die Moral weiter sank, wurde ich zum Skeptiker und Zyniker der Gruppe und stellte unser Bedürfnis, weiter in Morgan Stanleys Handelssaal zu arbeiten, in Frage. Dieser Fleck war wirklich abscheulich, ein unangenehmer Ort der Habgier. Auf der anderen Seite hatten wir trotz des mageren Jahres ein Vermögen verdient. War es das wert? Waren wir *so* unersättlich? Das waren die drückenden Fragen unserer Zeit. Bis vor kurzem hatten die Antworten ganz klar „Ja, Ja, Ja“ gelautet. Nun aber war ich mir nicht mehr so sicher.

Ich fragte die anderen Verkäufer, ob sie meine gemischten Gefühle teilten, und war überrascht zu erfahren, daß die meisten ebenso empfanden. Sie bestanden gleichwohl darauf, daß das Geld es wert sei, und behaupteten, die Liebe zum Geld sei keineswegs die Wurzel allen Übels. Aus reiner Neugierde fragte ich jeden, welche anderen Jobs sie anstelle ihres gegenwärtigen bei Morgan Stanley nehmen würden, wenn die Bezahlung die gleiche wäre. Die Antworten waren außergewöhnlich.

Würdest du für dasselbe Geld, fragte ich, eher als Saisonarbeiter im Sommer auf der Eisenbahnstrecke Long Islands (LIRR) oder bei Morgan Stanley arbeiten? Alle entschieden sich sofort für den Montagejob bei der LIRR. Würdest du lieber bei McDonald's oder bei Morgan Stanley arbeiten? Für dasselbe Geld ohne jeden Zweifel bei McDonald's. Rasen mähen oder Morgan Stanley? Definitiv Rasen. Mist schaufeln oder Morgan Stanley? „Mist" klang in aller Ohren ziemlich gut. Prostitution? Melde uns dort an. Graben ausheben? Natürlich. Abwasserkanäle reparieren? Kein Problem.

Nur in einen Job wären die Verkäufer selbst bei gleicher Bezahlung nicht übergewechselt: in die Kanzlei eines Anwalts für Unternehmensrecht in New York. Ich hatte zwei Sommer lang bei New Yorker Anwaltskanzleien gearbeitet und mußte ihnen zustimmen. Ich bedauerte es aber, diese Fragen gestellt zu haben. Die hierdurch verbreitete Ernüchterung trug nicht gerade zur Hebung der Moral bei. Ich fragte mich, ob ich durch Mistschaufeln eine Million Dollar verdienen könnte.

Am 24. Februar verließ der Rest des RAVs-Teams die Stadt, um in Urlaub zu fahren. Ich blieb in der Firma, um über meine Möglichkeiten nachzudenken. Vielleicht würde der Frühling eine bessere Gelegenheit bringen.

10

MX

Das anregendste Frühlingsgefühl ist das „Derivate-Frühjahrsfieber", besonders wenn man in Tokio lebt. Die Bedürfnisse und Wünsche amerikanischer Teenager, die sich nach den Frühlingsferien sehnen, sind nichts im Vergleich zu denjenigen japanischer Anleiheverkäufer, die nach lukrativen Derivatgeschäften gieren. Glücklicherweise blüht alljährlich, wenn die Kirschblüte naht, auch das japanische Derivatgeschäft, und die Verkäufer und ihre Kunden verlieben sich ineinander.

Anfangs schien das Jahr 1995 eine Ausnahme von dieser Regel zu sein. Der Winter war ruhig, für viele Tokioter Verkäufer beinahe schon zölibatär verlaufen. Im Januar und Februar hatten sie Klienten mit Derivate-Süßholzgeraspel zu becircen versucht – ein sanftes, aber eingängiges Säuseln attraktiver neuer Geschäftsideen –, waren aber nur auf mäßiges Interesse gestoßen. Das japanische Fiskaljahr endete am 31. März, die Klienten wurden daher gewöhnlich im Februar vom Derivatefieber gepackt, wenn sie in letzter Minute noch Gewinne zu erzielen versuchten, um die während des Jahres entstandenen Verluste wettzumachen. Einige Investoren plazierten große Wetten in der Hoffnung, ihre Verluste ausgleichen zu können, falls sie recht behielten. Andere bedienten sich verschiedener Buchführungstechniken, um Verluste des vergangenen Jahres ins folgende fortzuschreiben und die schlechte Entwicklung des Vorjahrs zu vertuschen. Im Lauf der letzten Jahre hatte sich eines immer wieder bestätigt: Die japanischen Investoren bewiesen ein erstaunlich schlechtes Urteilsvermögen in Sachen Kreditaufnahme und Geldanlage, so daß sie regelmäßig Verluste verbergen mußten.

In diesem Jahr schienen die japanischen Investoren aber alles im Griff zu haben; wir jedenfalls hatten von keinem größeren Investmentdesaster gehört. Verluste im Immobiliensektor, das Rockefeller Center eingeschlossen, waren längst ferne Vergangenheit; Verluste in der Unterhaltungsbranche, darunter Sonys fehlgeschlagene Übernahme der Universal Studios, standen nahe bevor. Den ganzen Februar 1995 hindurch hatten die Japaner im Grunde immer nur Geld gemacht. Es war schockierend, aber wahr: Ausnahmsweise schienen sie nichts zu verbergen zu haben und ignorierten höflich die Annäherungsversuche der Derivateverkäufer.

Bis zum 27. Februar. An diesem Montag wurde publik, daß Barings P.L.C., die ehrwürdige britische Bank der Königin von England und Louisiana Purchase, bankrott gegangen war. Was für ein Schreck. Nach 233 Jahren – länger als jede andere Bank in London – im Dienst prominenter britischer Gesellschaften, reicher Privatiers und des Königshauses war Barings plötzlich verschwunden. Es mag auf den ersten Blick merkwürdig erscheinen, aber letztlich war es der Zusammenbruch von Barings, der das Interesse der japanischen Derivatekäufer weckte. Ich komme auf diesen Zusammenhang gleich zurück.

Zunächst aber: Erstens, warum war Barings zusammengebrochen? Wahrscheinlich erinnern Sie sich an die Story vom Barings-Bankrott. Nicholas („Nick“) William Leeson, ein 28-jähriger Derivatehändler aus Singapur, ließ binnen weniger Tage hohe Verluste auflaufen, die Barings schlicht nicht zurückzahlen konnte. Leeson verließ die Stadt, und als man bei Barings die Verluste entdeckte, war es zu spät.

Leeson war ein untypischer Bankenkiller. Seine Karriere begann im Back-Office, der Abwicklungsabteilung der Bank, die am wenigsten mit Risiken zu tun hatte und wo er Belege bearbeitete. 1995 wurde er zum Future-Handelstisch in Singapur befördert, wo er eine wenig riskante „Arbitrage"-Strategie mit japanischen Aktien verfolgte: Anstatt zu spekulieren, ob japanische Aktien stiegen oder fielen, verkaufte und kaufte er Terminkontrakte auf japanische Aktien, um aus den Kursunterschieden zwischen verschiedenen Aktienbörsen Kapital zu schlagen.

Wie Sie sich erinnern werden, ist ein Future ein börsennotierter Kontrakt, mit dem man sich verpflichtet, etwas zu einem vereinbarten Zeitpunkt und Preis abzunehmen oder zu liefern. Zu den Futures, die Leeson kaufte und verkaufte, gehörten Terminkontrakte auf den Nikkei-225, die Verpflichtung also, die 225 japanischen Top-Aktien zu bestimmten Terminen und Preisen zu kaufen. Leeson hatte entdeckt, daß diese Terminkontrakte sowohl in Singapur als auch im japanischen Osaka gehandelt wurden. Wenn der Singapur-Kontrakt billiger war als der Osaka-Kontrakt, konnte er in Singapur kaufen, gleichzeitig in Osaka verkaufen und sich einen risikolosen Arbitrageprofit sichern. Kaufe billig, verkaufe teuer. Diese Strategie machte Sinn, und wenn Käufe und Verkäufe simultan erfolgten, barg die Strategie geringe oder gar keine Risiken. Leesons konservativer Arbitragehandel trug in der Tat solide und wenig riskante Gewinne ein, und Barings hatte Leesons beständige Performance erst kurz zuvor gewürdigt.

Um den 26. Januar 1995 herum verabschiedete sich Leeson jedoch von seiner konservativen Strategie und versuchte sich als Glücksspieler. Anstatt einfach Käufe mit Verkäufen abzustimmen, begann er zu spekulieren, ob die japanischen Kurse steigen oder fallen würden. Um solche Wetten zu plazieren, mußte Leeson einen „Margin" genannten Bruchteil der Kontraktsumme als Einschuß vorstrecken. Diese erforderlichen Einschüsse waren gering, so daß ein Händler, der in japanischen Aktien spekulierte, mit einem Einsatz von wenigen Millionen Yen eine Wette über 100 Millionen Yen eingehen konnte.

Leesons Wetten waren simpel. Erstens spekulierte er, daß sich der japanische Aktienmarkt aufwärts entwickeln würde. Kaum war er seine Wette eingegangen, als die japanischen Aktienkurse fielen. Während er sein Kontraktvolumen erhöhte, wurden die Aktien noch billiger. Leeson vergrößerte mehrfach seine Futureposition, bis er insgesamt sieben Milliarden Dollar auf steigende Aktien gesetzt hatte. Zweitens setzte Leeson auf steigende japanische Zinssätze bzw. auf fallende Kurse japanischer Anleihen. (Zur Erinnerung: Wenn die Zinssätze steigen, fallen die Bondpreise und umgekehrt). Wieder begann er, fast im selben Moment Geld zu verlieren. Er steigerte auch diese Position, und die Entwicklung lief weiter gegen ihn. Insgesamt setzte Leeson 22 Milliarden Dollar auf fallende Bondpreise.

Leesons gewachsene Handelsaktivitäten währten nur ein paar Wochen. Gegen Ende Februar war er „out of margin" und gezwungen, seine Positionen zu schließen. Wahrscheinlich hätte Leeson es vorgezogen, weiter zu spekulieren, aber in verschiedenerlei Hinsicht war es ein Glück, daß er nicht noch größere Verluste aufhäufen konnte. Bei Morgan Stanley zitierten wir sarkastisch den Grundsatz der „Verlustbegrenzung durch die Höhe des ursprünglichen Kapitaleinsatzes". In diesem Fall waren Leesons Verluste einzig durch die Höhe des Gesamtkapitals von Barings begrenzt: Leeson konnte nicht mehr Geld verlieren, als Barings besaß. Aber für Leeson und für Barings war das Konzept der Verlustbegrenzung mehr als nur ein Witz. Leesons Performance im Februar 1995 war zwar alles andere als brillant, hätte aber noch viel schlechter ausfallen können. Von seinen fast 30 Milliarden Dollar Einsatz hatte er nur ungefähr eine Milliarde verloren.

Während ich am Freitag, dem 24. Februar, über meine Zukunft bei Morgan Stanley nachdachte, rechneten die Barings-Mitarbeiter das Resultat von Leesons Spekulationen aus und stellten erschrocken fest, daß die zum damaligen Zeitpunkt auf mindestens 750 Millionen Dollar geschätzten Verluste den Nettowert der Bank überstiegen. Die Angehörigen der Familie Barings galten nicht als die gewieftesten Bankiers der englischen Finanzbranche, sie waren nur die älteste Bankdynastie. Aber selbst ihnen war klar, daß ihre Situation sehr ernst war. Sofort wandten sie sich an die Bank von England.

Der Gouverneur der Bank von England, Eddie George, kehrte vorzeitig aus seinem Skiurlaub zurück, um sich mit der Barings-Krise zu befassen, und berief am Hauptsitz der Bank von England, in der Threadneedle Street im Zentrum Londons, eine ganztägige Konferenz ein. An jenem Sonntag morgen konnte man beobachten, wie die Spitzenbanker Großbritanniens in der Threadneedle Street durch einen nicht gekennzeichneten Eingang schritten. Die Bank hatte extreme Sicherheitsvorkehrungen getroffen; die Spitzenbanker versammelten sich hinter einer eisernen Tür nebst Schleuse. Diese Konferenz war äußerst ernst.

Bis spät in die Nacht kämpfte die Bank von England um das Überleben von Barings. Alles hing davon ab, ob sie jemanden dazu bewegen konnten, Leesons Verpflichtungen in Form der ge- und verkauften milliardenschweren Futurekontrakte zu übernehmen.

Diese Kontrakte und die zugrundeliegenden Obligationen waren extrem riskant. Stellen Sie sich vor, Sie hätten darauf spekuliert, daß der Preis für Corvettes fallen würde, und sich daher verpflichtet, eine Million Corvettes zu 40 000 Dollar das Stück zu verkaufen. Wenn der Preis wider Erwarten auf 41 000 Dollar stiege, würden Sie nahezu eine Milliarde Dollar verlieren, fast ebensoviel wie Nick Leeson. Das wäre schlimm genug, was aber, wenn der Preis weiter steigen würde? Dann wäre es wohl schwierig, solche Positionen glattzustellen, egal zu welchem Preis.

Letztlich war keine Bank bereit, Risiken solchen Ausmaßes einzugehen. Angeblich wurde Barings sogar Morgan Stanley zum Kauf angeboten, jedoch ohne Erfolg. Die Repräsentanten der Bank von England versuchten die Banker zu überreden, die Obligationen als Konsortium zu übernehmen, aber es blieb nicht genug Zeit, um die Bedingungen für ein solches Gemeinschaftsgeschäft auszuhandeln. Letztlich hing es von der Bank von England selbst ab, Barings zu retten, doch Leesons Derivatespekulationen waren so umfangreich und unsicher, daß sich die Risiken schlicht nicht quantifizieren ließen. Wie es ein Funktionär ausdrückte: „Die Bank von England kann sich nicht in eine Lage bringen, in der sie einen Blankoscheck unterzeichnen muß." Nachdem die Konferenz ohne jede Vereinbarung beendet worden war, herrschte eine trostlose Stimmung. Beobachter beschrieben diesen Tag als den „schwärzesten in der Geschichte des britischen Bankwesens" und „als das schwerwiegendste Risiko überhaupt". Im Verlauf dieser Nacht wurde Barings dann für tot erklärt.

Wo aber steckte Nick Leeson? Einiges deutete darauf hin, daß er seine Wohnung in Singapur überstürzt verlassen hatte. Vor der Tür stapelten sich Zeitungen, und auf dem Balkon hingen Hemden zum Trocknen. Nicht einmal Nicks Familie wußte, wohin er und seine Frau Lisa gegangen waren. Gerüchteweise verlautete, die beiden seien nach Kuala Lumpur in Malaysia geflohen. Einem anderen Gerücht zufolge saß das Paar auf einer Jacht im Pazifischen Ozean.

Die Behörden von Singapur drehten beinahe durch. Ihr Land war für Sauberkeit und Sicherheit bekannt. Nun aber hatten Leesons Missetaten das gesamte Finanzsystem des Staates in den Schmutz gezogen. Wie stand Singapur in den Augen der Investoren da? Die Behörden waren nicht nur beschämt wegen Leesons Verlusten, sondern auch erzürnt wegen seiner Flucht und kündigten an, ihn nach seiner Ergreifung hart zu bestrafen. In Singapur Gesetze zu ignorieren ist gefährlich. Sogar Kaugummi ist dort verboten, damit niemand die Tischunterseiten und Stühle besudeln kann. Leeson wurde schließlich in Europa verhaftet und nach Singapur ausgeliefert, wo er wegen Finanzbetrugs angeklagt wurde. Seine Verurteilung war reine Formsache; das Strafmaß betrug sechs Jahre, abzusitzen in einem Gefängnis in Singapur.

Es tat mir leid um den armen Nicky, wie man ihn nannte, und ich konnte seine Sorgen nachempfinden. Aus meinem Vorstellungsgespräch bei Bankers Trust erinnerte ich mich, wie es war, eine Milliarde Dollar zu verlieren, und seit meinem Kartenzähl-Trip nach Las Vegas wußte ich nur zu gut, wie man sich fühlte, wenn man jede Wette verlor und dabei fest davon überzeugt war, daß alles für einen sprach. Nicky war der Sohn einen Stukkateurs und auf die harte Tour in das Derivatgeschäft gelangt, aus bescheidenen Verhältnissen kommend und ohne einflußreiche Familie. Er war in meinem Alter. Einige meiner Kollegen behaupteten sogar, daß er mir ähnlich sähe. Tatsächlich hatte einer meiner Freunde die Schlagzeile 28-JÄHRIGER HÄNDLER RUINIERT BANK gesehen und mich in Panik angerufen, um festzustellen, ob ich auf der Flucht war. Armer Nick Leeson. Nicht einmal sein Buch verkaufte sich gut.

Erinnern Sie sich, wo Sie waren oder was Sie gerade machten, als Barings zusammenbrach? Wenn Sie Derivateverkäufer sind, wissen Sie es sicherlich noch. Für uns war es mehr als nur das Drama um den Barings-Bankrott und die weltweite Fahndung nach Leeson. Es war auch mehr als das Spektakel um George Soros, der sich in die Brust warf, nachdem er gegen Leeson gewettet hatte, daß die japanischen Aktienkurse fallen würden, wodurch er Hunderte von Millionen Dollar gewann. Die Verbindung zwischen Barings und dem „Derivate-Frühjahrsfieber" ist vielleicht nicht auf den ersten Blick zu erkennen, aber uns Derivateverkäufern prägte sich der Barings-Kollaps unauslöschlich ein und führte zu der überwältigenden Folgerung: Trotz allem würde es für Tokios Derivatgeschäft ein exzellentes Jahr werden.

Für diejenigen meiner Leser, die keine Derivate verkauften, als Barings zusammenbrach, und vielleicht nicht gleich den Zusammenhang mit den japanischen Derivateprofiten sehen, möchte ich hier meine Gedanken und Emotionen umreißen, mit denen ich am Montag, dem 27. Februar, die Nachricht aufnahm. Folgendes beschäftigte mich: (1) ein kurzes, unaufrichtiges Bedauern wegen des Untergangs der königlichen Bank, (2) eine Idee, was ich der in Liquidation befindlichen Barings Bank vielleicht verkaufen könnte, (3) Sorgen, ob jemand bei Morgan Stanley in Leesons Geschäfte verwickelt war, (4) die Furcht, daß Morgan Stanley zwar mit diesen Geschäften vielleicht nichts zu tun hatte, aber Barings gleichwohl Geld geliehen haben könnte und nun Verluste hinnehmen müßte, wenn Barings ausfiel, und (5) ein Hochgefühl, als ich herausfand, wer Barings tatsächlich Geld geliehen hatte.

Wer waren die unglücklichen Kreditgeber, die sich nun mit faulen Barings-Krediten in Höhe von mehreren hundert Millionen Dollar konfrontiert sahen? Natürlich die Japaner. Das war der Zusammenhang mit dem „Derivate- Frühjahrsfieber".

Barings war eine alte Kupplerin, die gut in die Gesellschaft der Derivateverkäufer und der japanischen Investoren paßte, und der Zusammenbruch von Barings löste unweigerlich eine Kettenreaktion aus. Als Leesons Geschäfte abgewickelt wurden, erwiesen sie sich als so umfangreich, daß der Tokioter Aktienmarkt erneut einbrach und auf ein 14-Monats-Tief sank. Dieser Rückgang brachte vielen japanischen Unternehmen im März, just zum Ende des Fiskaljahres, gewaltige Verluste ein. Noch gravierender war, daß japanische Institutionen, insbesondere Banken, mit Verlusten in Höhe von einigen hundert Millionen Dollar aus Krediten konfrontiert waren, die sie Barings bereitgestellt hatten. Nach dem Bankrott von Barings konnten sie nicht mehr mit der Rückzahlung rechnen. Die säumigen Kredite und der Börsencrash brachten Verluste, auf welche die Derivateverkäufer gewartet hatten.

Dieser Doppelschlag traf die japanischen Institutionen wie eine Gallone Reisschnaps. Verzweifelt suchten sie nun nach Derivaten, um die Verluste entweder wettzumachen oder zu vertuschen. Nur Derivate konnten auf magische Weise ein schlechtes in ein gutes Jahr verwandeln. In einem raschen Sinneswandel fanden japanische Käufer die Derivateverkäufer plötzlich attraktiv. Dieser abrupte Wechsel war der zwingendste Beweis für die weltweite Verflechtung, auf den ich jemals gestoßen war. Ein Schmetterling, der mit den Flügeln flattert, kann Tausende Kilometer entfernt einen Monsun auslösen, und der Zusammenbruch einer ehrwürdigen britischen Bank kann in Tokio finanzielle Nachbeben hervorrufen. Das Barings-Desaster erzeugte auf einem weit entfernten Kontinent eine Serie kurzer, stürmischer Liebesromanzen, als sich die japanischen Käufer angesichts ihrer begrenzten Möglichkeiten endlich ergaben.

Die schwierige Frage für Morgan Stanley lautete, wie man die neu gefundene Liebe verarbeiten konnte ... und zwar schnell. Die japanischen Institutionen benötigten ein Anlageinstrument, das binnen weniger Wochen Hunderte Millionen Dollar an Profiten erwirtschaften konnte. Meine Vorgesetzten sagten mir oftmals: „Wir lieben verzweifelte Kunden, wir sind begeistert von ihnen. Wir haben mit verzweifelten Leuten schon viel Geld gemacht." Diese japanischen Käufer waren verzweifelt. Und wir hatten genau das richtige Produkt für sie, das Kronjuwel der Derivategruppe, das profitabelste Produkt in der Geschichte von Morgan Stanley.

Ich erinnere mich sehr genau, wann ich zum ersten Mal von diesem Spezialprodukt hörte. Damals arbeitete ich zusammen mit der Königin an dem FP-Trust-Geschäft in New York und hatte ihr eine alles umfassende Frage über das Tokioter Derivatgeschäft gestellt. Während der ersten Monate zögerte sie, mit mir über die geheimeren Tokioaktivitäten zu sprechen, aber nun schien sie anzunehmen, daß ich bereit sei. Langsam enthüllte sie mir einige Tricks hinsichtlich dieses Geschäfts (allerdings erfuhr ich erst viel später weitere Details, als ich das Unternehmen schon verlassen hatte). Ohne Zweifel konnte man hiermit kurzfristig Profite vortäuschen und folglich auch Verluste aus Investments vertuschen.

Staunend hörte ich zu, als sie mir dieses eigenartige Produkt zur Verschleierung von Verlusten erklärte. Ich hatte im Laufe meiner Karriere schon etliche dunkle Transaktionen erlebt und einige unserer Geschäfte offen kritisiert. Tatsächlich hatte ich allen meinen Bossen erzählt, daß ich viele Produkte, die sie verkauften, enttäuschend fand. PERLS, PLUS Notes und auch der FP-Trust waren nicht gerade lupenrein. Aber verglichen mit dem, was ich nun hörte, waren diese US-Investments tugendhaft. Zumindest machten Morgan Stanley und seine Klienten, soweit ich wußte, mit diesen Produkten nichts Illegales. Nun aber brachte ich in Erfahrung, daß Morgan Stanleys japanische Kundschaft in Tokio einen ausgemachten Betrug zu begehen schien.

Ich weiß, daß dies ein ernster Vorwurf ist. Um sich zu verteidigen, könnte Morgan Stanley auf die Japaner deuten und sagen: „Es ist deren Schuld." Später erfuhr ich, daß die DPG so vorsichtig gewesen war, sich von jedem Kunden brieflich bestätigen zu lassen, daß der Handel nicht betrügerisch war und Morgan Stanley nichts Illegales getan hatte. Eines der zehn Gebote des Derivatgeschäfts lautet: „Halte deinen Hintern bedeckt", und Morgan Stanley befolgte dieses Gebot mit religiöser Strenge, insbesondere wenn es um Derivate ging. Gleichwohl liefen diese Geschäfte auf puren Betrug der japanischen Anleger hinaus, und wenn Morgan Stanley jemals wegen dieser Geschäfte vor Gericht kommt, wird das Investmenthaus, allen Warnhinweisen zum Trotz, die Entblößung seines Hintern wohl nicht mehr verhindern können.

Wie die Königin sagte, begann der dubiose Handel Anfang 1992, kurz nachdem viele japanische Klienten empfindliche Verluste erlitten hatten. Sie waren beunruhigt, da das Ende des Fiskaljahres vor der Tür stand, und fragten bei Morgan Stanley an, wie sie einige schnelle Profite machen könnten, um ihre Verluste zu vertuschen. Die japanischen Unternehmen wollten wissen, ob es eine magische Möglichkeit gebe, mittels Derivaten und kreativer Buchführung ein schlechtes Jahr in ein gutes zu verwandeln. Die japanischen Buchführungsstandards waren lasch, und die japanischen Banken und Trustgesellschaften wußten, daß sie auf Jahre, wenn nicht sogar Jahrzehnte Verluste vertuschen konnten, wenn wir irgendeine Transaktion erfinden würden, die zu einem Scheingewinn führte.

Ich bezweifelte, daß Morgan Stanley als einziges Investmenthaus solche Anfragen erhielt. Es kursierten Gerüchte, nach denen schon etliche US-Banken bestimmte Geschäfte machten, um für ihre japanischen Investoren künstliche Profite zu erzeugen, und ich hatte den Verdacht, daß diese Gerüchte zutrafen. Wenigstens eine US-Bank hatte meines Wissens versucht, eine Transaktion ähnlich der von Morgan Stanley zu konzipieren, aber dieses Vorhaben war gescheitert.

Die japanischen Wertpapierhäuser waren den US-Firmen insofern weit überlegen, als sie sich jahrelang mit großem Erfolg in Finanzbetrügereien geübt hatten. Fast jedes japanische Wertpapierhaus hatte zugegeben, unsaubere Entschädigungen an japanische Klienten zu zahlen, um deren Spekulationsverluste zu kompensieren, und das japanische Wertpapiergeschäft war in absurdem Ausmaß korrupt. Einige Unternehmen hatten sogar Geschäftsbeziehungen zur organisierten Kriminalität eingeräumt, und zumindest gegen ein Investmenthaus wird noch immer wegen Beziehungen zur japanischen Mafia ermittelt. In den USA werden betrügerische Finanzgeschäfte rechtlich verfolgt. In Japan waren sie an der Tagesordnung und wurden bis vor kurzem nicht bestraft.

Trotz ihrer Verzweiflung schienen aber die größten japanischen Investoren nicht länger gewillt, sich bei der Durchführung von Finanzbetrügereien japanischer Investmenthäuser zu bedienen – teilweise deshalb, weil sie ein höheres Risiko eingingen, von den japanischen Behörden geschnappt zu werden, wenn ein japanisches Brokerhaus involviert war. Die Investoren brauchten einen vertrauenswürdigen, sicheren Hafen für diese Geschäfte, und so hielten sie Ausschau nach US-Banken, die an die Stelle der japanischen Dunkelmänner treten konnten.

Ein noch zwingenderer Grund, aus dem sich japanische Investoren bei solchen Geschäften US-Banken anvertrauen wollten, war die Frage der Diskretion. Wer auch immer ihnen bei der Erzeugung von künstlichen Gewinnen behilflich war, mußte das Vertrauen der Investoren genießen, damit die Geschäfte den Aufsichtsbehörden verborgen blieben. Das japanische Finanzministerium konnte jederzeit Tokioter Unternehmen durchsuchen, besaß jedoch keine rechtlichen Befugnisse gegenüber US-Banken. Es hatte mehr als genug damit zu tun, alle Finanzvergehen zu untersuchen. Nicht allen US-Banken konnte man vertrauen, und nur wenige davon besaßen Filialen in Tokio. Wenn man in der Tokioter Bankwelt ein komplexes Schema durchexerzieren wollte, *ohne* dabei erwischt zu werden, konnte man sich nur an eine Adresse wenden: Morgan Stanley.

Viele meiner Kollegen fragten sich beunruhigt, inwiefern das Unternehmen japanische Investoren bei solchen Transaktionen unterstützte. Im Vergleich zu japanischen Wertpapierhäusern allerdings waren US-Investmentbanken – auch Morgan Stanley – wahre Heilige. Die Verbindung zwischen der organisierten Kriminalität und den japanischen Wertpapierhäusern ist gut bekannt, jedoch wurde eine solche Beziehung zu einer amerikanischen Top-Investmentbank niemals nachgewiesen. Ich jedenfalls habe mit Sicherheit nie gehört, daß ein Mitarbeiter von Morgan Stanley mit der Tokioter Mafia Geschäfte gemacht hätte.

Die US-Investmentbanken waren nicht nur sicherer, sondern auch viel moderner ausgerüstet und kreativer. Nur eine Bank von Morgan Stanleys Kaliber konnte die Grundideen entwickeln und umsetzen, welche die japanischen Investoren jahrelang in allen Variationen nutzten, um falsche Profite zu erzeugen.

Dieses spezielle Geschäft beruhte, vereinfacht dargestellt, auf folgender Idee: Angenommen, man zahlt 100 Dollar für einen Topf voller Gold. Die Hälfte davon ist echtes Gold im Wert von 90 Dollar, die andere Hälfte falsches Gold, das nur zehn Dollar wert ist. Wenn die beiden Hälften morgen immer noch 90 und zehn Dollar wert wären und man das echte Gold für 90 Dollar verkaufen würde, könnte man dann einen Profit verbuchen? Die Antwort lautet nein, oder? Wenn das echte Gold 90 Dollar kostet und man es für 90 Dollar verkauft, müßte der Gewinn null Dollar betragen. Richtig?

Falsch. Zumindest in Tokio. Angenommen, man kauft den Topf voller Gold und behauptet, jede Hälfte koste im Durchschnitt 50 Dollar. Tags darauf verkauft man das echte Gold für 90 Dollar. Presto! Dann hat man einen Profit von 40 Dollar verbucht. Das echte Gold kostete einen nicht 90, sondern 50 Dollar – „im Durchschnitt" –, und man hat es am nächsten Tag für 90 Dollar verkauft – ein Gewinn von 40 Dollar. Natürlich macht man so nicht wirklich einen Gewinn, aber nach den Tokioter Buchführungspraktiken genügte dieser Anschein, und solche Geschäfte waren auch durchaus verbreitet.

Offenkundig war man, wenn man einen Profit von 40 Dollar für das echte Gold verbuchte, selbst nach den Tokioter Regeln eigentlich verpflichtet, für das Falschgold einen Verlust von 40 Dollar zu verbuchen. Das Schlüsselwort ist „eigentlich“. Wenn man es vermeiden konnte, irgendwem zu erzählen, daß das Falschgold in Wirklichkeit nur zehn Dollar wert war, obwohl man gleichzeitig behauptet hatte, es koste „im Durchschnitt“ 50 Dollar, dann brauchte man diesen Verlust lange Zeit nicht auszuweisen. In Japan konnte diese lange Zeit eine ganze Karriere umfassen. Wenn es einem gelang, das Falschgold lange genug zurückzuhalten – sagen wir, bis zur Pensionierung –, wen störte es dann noch? Ab diesem Punkt würde der Verlust zum Problem eines anderen werden.

Ich war hingerissen von dieser Idee. Das war ausgeklügelte Finanzalchimie. Der Vergleich mit dem Goldtopf hinkt nur insofern, als man falsches Gold zu leicht von echtem unterscheiden kann. Die Wirtschaftsprüfungs- und Aufsichtsbehörden waren selbst in Japan raffiniert genug, um jedem auf die Spur zu kommen, der mit diesem simplen Trick einen Investor zu ködern versuchte. Denn sie konnten leicht herausfinden, daß die zwei Hälften in Wahrheit 90 und zehn Dollar wert waren, nicht aber jede Hälfte 50 Dollar im Durchschnitt. Mit anderen Worten, sogar sie konnten feststellen, was das Falschgold war.

Um einen Deal dieses Musters durchzuführen, mußte der Investor folglich eine komplizierte Konstruktion finden und „Hälften“ verwenden, die so komplex waren, daß die Buchprüfer und Aufsichtsorgane deren tatsächlichen Wert nicht so leicht feststellen konnten. Dieser Raffinessen wegen wandten sich japanische Investoren Morgan Stanley und den Derivaten zu.

Wie bei vielen Derivatgeschäften debattierten die Mitarbeiter von Morgan Stanley auch hier darüber, wem die Lorbeeren für das komplexe Konstrukt zustanden, mit dessen Hilfe die japanischen Institutionen falsche Profite in Milliardenhöhe aufrechnen konnten. Ich erhob oder erhebe natürlich keine Ansprüche auf diese Lorbeeren. Die Idee entstand, bevor ich zu Morgan Stanley kam, so daß man mich ohnehin nicht dafür verantwortlich machen kann. Wer auch immer dieses Produkt erfand, fest steht jedenfalls, daß sie diesem Deal ein schreckliches Akronym gaben.

Ich habe bereits erwähnt, daß Morgan Stanley von Abkürzungen – speziell für Derivate – förmlich besessen war. Das Kürzel für dieses Produkt – AMIT – war das desaströseste aller Akronyme. Ursprünglich stand es für „American Mortgage Investment Trust". Den ersten AMIT nannte Morgan Stanley First American Mortgage Investment Trust oder kurz FAMIT; dieses Kürzel war annehmbar. Analog wurde der zweite American Mortgage Investment Trust SAMIT genannt, der dritte TAMIT. Auch mit diesen Namen hätte es weiter keine Probleme gegeben, wenn sich die Firma damit begnügt hätte. Doch die Idee erfreute sich so großer Beliebtheit, daß das Akronym im nächsten Schritt kollabierte (der vierte AMIT oder Fourth American Mortgage Investment Trust würde wiederum FAMIT heißen). Bezüglich der Gewinnträchtigkeit war AMIT Morgan Stanleys bestes Geschäft aller Zeiten. Hinsichtlich des Akronyms war es eine Katastrophe. Der vierte und der fünfte Deal hätten ebenso wie der erste FAMIT heißen müssen. Um Doppelbezeichnungen zu vermeiden, mußten die Derivate-Gurus die Numerierungsfolge umdrehen. Aber der sechste und der siebte Deal hätten jeweils – wie der zweite AMIT – SAMIT geheißen. Auch der achte Deal ging nicht. Niemand wußte, wie man EAMIT aussprechen sollte, und ohnehin sah es unmöglich aus. Die Akronym-Raketenforscher gaben schließlich auf, und Morgan Stanley schloß zwar mehrere solcher Transaktionen ab, mußte aber entweder den Namen auf AMIT plus Ordnungszahl reduzieren oder einen anderen Codenamen verwenden.

Bei Morgan Stanley und selbst in der DPG wußten nicht viele Personen über die AMITs Bescheid. Das Investmenthaus schloß sein erstes AMIT-Geschäft am 14. Februar 1992 ab. Dieser 100 Millionen Dollar umfassende Handel trug bei minimalem Arbeitsaufwand Profite von fast zwei Millionen Dollar ein. Etliche Klienten wollten ebenso schnelle und leichte Gewinne, und bis zum Ende des Jahres hatte die Gruppe ihr vierzehntes AMIT abgeschlossen, wobei zugegebenermaßen ein paar Zahlen übersprungen worden waren.

Das nächste Jahr war noch besser. In weniger als einem Monat, kurz vor Ende des Fiskaljahres 1993, setzte das Investmenthaus AMITs für einige hundert Millionen Dollar ab, darunter sechs Transaktionen – die 21. bis 26. – an einem einzigen Tag, dem 11. März 1993. Ein weiterer AMIT mit dem Codenamen Santos Securities Trust – nach der brasilianischen Fußballmannschaft, für die Pelé spielte (die Japaner waren begeisterte Fußballfans) – schloß am 15. Juli 1993. Santos war ein 241 Millionen Dollar schweres Geschäft, das vier Millionen Dollar Provision einbrachte.

1994 flaute die Nachfrage nach AMITs ein wenig ab. Anstelle der AMITs verkaufte die Derivategruppe ihrer japanischen Klientel Emerging-Markets-Derivate, darunter auch PLUS Notes. Doch gegen Ende Februar 1995, nach dem Zusammenbruch von Barings, war neuerlich AMIT-Zeit.

Es wird außerdem Zeit, daß ich Ihnen die Insider-Exklusivstory über AMITs – von den DPG-Verkäufern oft auch Shamit („heuchle es") oder Scamit („pfusche es") genannt – so erzähle, wie sie mir übermittelt worden ist. Das Prinzip ist dasselbe wie bei der Mischung aus echtem und falschem Gold. Vorab sollte ich aber erwähnen, daß diese Dinge nicht einfach zu verstehen sind – AMITs waren nicht zuletzt deshalb so erfolgreich, weil diese Komplexität ihre wahre Natur verschleierte. Natürlich verstand ich diesen Handel nicht, als ich zum ersten Mal davon in Umrissen hörte, und ich begriff auch keines der AMIT-Geschäfte, bis ich, lange nachdem ich das Unternehmen verlassen hatte, alle Details kennenlernte. Halten Sie durch. Es lohnt sich, dieses Geschäft zu analysieren. Wer hat behauptet, daß eine der größten Betrügereien in der Geschichte des Investmentbankings leicht verständlich wäre?

Beginnen wir mit dem größten und übelsten AMIT. Dieses Geschäft war nicht nur die Mutter aller AMITs, sondern auch die Mutter aller Derivate. Es dürfte überdies das profitabelste Einzelgeschäft in der Geschichte der Wall Street gewesen sein. Und es war sicherlich das profitabelste Geschäft in Morgan Stanleys sechs Jahrzehnten.

Ich übertreibe nicht. Als ich zum ersten Mal die Geschichte vom großen, üblen AMIT hörte, konnte ich es nicht glauben. Gemessen an der benötigten Zeit war dieser Deal vielleicht das leichteste Geld, das im Wertpapiergeschäft jemals gemacht worden war oder das überhaupt irgend jemand in der Welt jemals gemacht hat. Dieser AMIT hätte, wie so viele andere, einen speziellen Codenamen verdient. Aber er wurde einfach als MX bezeichnet. Dieses Produkt verkörperte Morgan Stanleys neuen militanten Ansatz, und Parallelen zu Ronald Reagans Lieblingsspielzeug, der berüchtigten MX-Rakete, waren unverkennbar.

MX war ein gewaltiges Geschäft, ähnlich wie die knapp 30 Meter hohe, friedenssichernde Rakete, die früher als „großer, dummer Booster" bekannt war. Auch die Derivatversion der MX war groß – mehr als eine halbe Milliarde Dollar –, allerdings sicherlich nicht dumm. Die MX von Morgan Stanley war für einen schnellen und präzisen Schlag bestimmt. Das Produkt startete in New York, legte bis Tokio einige tausend Meilen zurück und landete in den Bilanzen einer großen japanischen Institution. Nachdem das Geschäft getestet worden war, dauerte die Startvorbereitung nur noch ein paar Arbeitsstunden. Wurde das MX-Geschäft sauber ausgeführt, so ging Morgan Stanley damit keinerlei Risiken ein. Nach wenigen Tagen war alles vorbei.

Morgan Stanley führte strikte Qualitätskontrollen bezüglich des neuen MX-Produkts ein. Um im Bild zu bleiben: Als die USA Mitte der 80er Jahre 17 MX-Raketen (ohne nukleare Sprengköpfe) in eine Lagune in Kwajalein – einem abgelegenen Atoll im Westpazifik – feuerten, 6000 Meilen von Kalifornien entfernt, schlugen die Missiles allesamt in einem Umkreis von weniger als 300 Metern ein. Das war nicht schlecht. Aber die Raketenforscher bei Morgan Stanley konnten sich nicht einmal diese geringe Abweichung leisten. Die anfänglichen Testresultate waren positiv, doch die Derivategurus bei Morgan Stanley fuhren mit der Feineinstellung ihres Turboproduktes fort. Es sollte perfekt funktionieren.

Höchstens ein halbes Dutzend Leute bei Morgan Stanley waren über dieses neue Derivat informiert, und sie mußten sich unter Eid zur Geheimhaltung verpflichten. MX war eine Gemeinschaftsproduktion der DPG und des Hypothekenhandelstisches, aber nur wenige Mitarbeiter dieser Ressorts wußten davon. Tausende andere Angestellte, die mit diesen Leuten auf engem Raum zusammenarbeiteten, wußten nichts davon, daß neben ihnen eine Massenvernichtungswaffe entwickelt wurde. Mindestens einem Verkäufer, der an diesem Geschäft arbeitete, wurde gesagt, daß er sofort entlassen werden würde, wenn er irgendwem Einzelheiten verriete, und wäre es ein Kollege aus der eigenen Firma. Man konnte nicht vorsichtig genug sein.

Das MX-Produkt war wie ein typischer AMIT strukturiert. Ob Sie mir glauben oder nicht, die Formel für einen AMIT-Trade beginnt bei privaten Wohnungsdarlehen. In der Tat könnten einige der Dollarmilliarden, die aufgrund der AMIT-Geschäfte von Morgan Stanley – die MX inbegriffen – an japanische Investoren gezahlt wurden, von einem Scheck stammen, den Sie ausgestellt haben, um Ihr Hypothekendarlehen zu bedienen.

Für AMIT-Geschäfte verwendet man Hypothekardarlehensderivate, die Hypothekenzins und Tilgungskapital aus dem Schuldverhältnis abspalten. Die Möglichkeit, Annuitätenraten zu stückeln, war der Funke, welcher die Idee mit den AMIT-Geschäften entfachte. Zur Erinnerung: Das Ziel der AMIT-Geschäfte besteht darin, zwei „Stücke“ zu bilden, die identisch aussehen, es aber in Wirklichkeit nicht sind. In dem Beispiel, das ich oben angeführt habe, war das echte Gold 90, das Falschgold zehn Dollar und jede Hälfte „im Durchschnitt“ 50 Dollar wert. In diesem Beispiel würde man die 90 Dollar echten Goldes als „Premiumstück“ und die zehn Dollar Falschgold als

„Discountstück“ bezeichnen. Für das AMIT-Produkt benötigte man sowohl ein Premium- als auch ein Discountstück.

Im MX-Geschäft nennt man, wie bei vielen anderen AMIT-Geschäften, das wertvollere Premiumstück, das in meinem Beispiel 90 Dollar wert ist, IOette. Das weniger wertvolle Discountstück, das in meinem Beispiel zehn Dollar wert ist, wird als Zerocouponbond, Zero oder Strip bezeichnet. Der Zero ist derselbe Bondtyp, mit dem Joseph Jett angeblich 350 Millionen Dollar an Kidder, Peabody verlor, mit dem die Stripshändler bei First Boston einen Umsatz von angeblich 50 Millionen Dollar im Jahr machten und den wir für den FP-Trust verwendeten. Der Zerobond ist von schlichter Machart: eine Einmalzahlung seitens der US-Regierung, die zu einem bestimmten Zeitpunkt in der Zukunft erfolgt. Das ist alles.

Dagegen ist die IOette viel komplizierter. Eine IOette ist eine Art grundgesicherter Hypothekenanleihe (Collateralized Mortgage Obligation) oder CMO. CMOs sehen vielleicht kompliziert aus, sind aber eigentlich sehr einfach strukturiert. Wenn man seine Tilgungsraten bezahlt, passiert der betreffende Scheck üblicherweise eine staatliche Institution wie Fannie Mae, die als Teil ihres Tagesgeschäftes Hypothekenzahlungen verschiedener Hauseigentümer erhält und daraus sogenannte Hypothekenpools bildet. Diese Pools, die aus verschiedenen Hypothekaranleihen – darunter auch Hypothekenderivate wie die CMOs – bestehen, und die Hypothekenzahlungen werden durch solche Wertpapiere gebündelt und an Investoren auf der ganzen Welt ausgegeben. CMOs sind, einfach gesagt, verschiedene Arten von Stripes von privaten Hypothekendarlehen. Es gibt sie in diversen Formen und Größen, von denen die IOette eine der unüblichsten ist.

Die am weitesten verbreitete Methode, Hypothekenkredite zu strippen, ist die Aufteilung in Zins- und Tilgungskapital: Die „Nur-Zinsteile“ („interest only“ – IO) repräsentieren ausschließlich einen Anspruch auf die Zinszahlungen des Hauseigentümers; die „Nur-Tilgungskapitalteile“ („principal only“ – PO) verbriefen einzig einen Anspruch auf das Tilgungskapital. IOs und POs sind die beiden Grundtypen von CMOs, und jede monatliche Zahlung eines Hypothekardarlehensnehmers enthält einen Zins- und einen Tilgungsteil, die man sich als IO- und PO-Teil vorstellen kann. Darüber hinaus gibt es noch viele weitere komplexe CMO-Derivate mit exotischen Namen wie PACs, TACs, Inverse Floaters und Z-Bonds.

Die besondere Schwierigkeit bei allen Hypotheken, und damit auch bei den CMOs, besteht darin zu entscheiden, welcher Anteil vom Darlehenskapital des Hypothekenpools zu einem bestimmten Zeitpunkt vor Fälligkeit zurückbezahlt wird. Wenn die Zinssätze um ein Prozent fallen, möchte ein Kunde sein gegenwärtiges Darlehen vielleicht vorzeitig ablösen und dies durch Aufnahme eines neuen Darlehens zu günstigeren Konditionen refinanzieren. Wenn aber jeder Hauseigentümer in einem Pool seine Hypothek vorzeitig tilgte, wäre dies für gewisse CMO-Besitzer der Ruin. Wenn beispielsweise ein Besitzer von IOs keine weiteren Zinszahlungen erhielte, nachdem die Darlehen in dem Pool vorzeitig getilgt wurden, so wären seine IOs wertlos geworden.

Vorzeitige Tilgungen zu prognostizieren ist nicht leicht, und jede Investmentbank gibt viele Millionen Dollar für Computermodelle aus, um CMO-Derivate zu bewerten. Einige der volatilsten CMOs können, auch wenn sie richtig bewertet wurden, fast im Handumdrehen wertlos werden. Das Spektrum der Opfer von CMOs reicht von kleinen Gemeinden, die mit diesen exotischen Bonds experimentiert haben, bis zu High-Tech-CMO-Fonds, darunter ein 600 Millionen Dollar schwerer Hypothekenfonds, der von Askin Capital Management gemanagt wurde. Askin beurteilte seine CMOs nach dem Wert, den sein Computermodell ermittelte, nicht nach dem, was der Markt besagte. Leider war aber das Computermodell von Askin ein wenig ungenau. Bei volatilen CMOs kann selbst ein kleiner Fehler fatal sein, und für Askin war es das. Unglaublich, aber wahr: Am einen Tag war der Fonds 600 Millionen Dollar wert, am Tag darauf – paff! – gar nichts mehr.

Gerade CMOs sind deshalb so gefährlich, weil sie zwar extrem riskant sind, jedoch ziemlich sicher aussehen können. Ein täuschender und gefährlicher Aspekt der CMOs ist ihre Bonitätsklasse: AAA. Weil die Zahlungen für die meisten CMOs durch eine Institution der Regierung garantiert werden, verleihen die Unternehmen, die das Bonitätsrisiko der Bonds bewerten – Standard & Poor's und Moody's –, den meisten CMOs ihr höchstes Rating. Aber dieses AAA-Rating ist irreführend. Es ist zwar nicht wahrscheinlich, daß eine Institution der Regierung ihren Garantieverpflichtungen nicht nachkommt, jedoch ist ein solcher Ausfall nur eines der Risiken, die im Zusammenhang mit CMOs auftreten. CMO-Anleger können auch aus anderen Gründen Geld verlieren, etwa schon deshalb, weil der Schuldner das investierte Kapital möglicherweise nicht zurückzahlt. Diese weiteren Risiken werden durch das AAA-Rating nicht erfaßt – siehe den Fall Askin Capital Management.

Da sich Hypothekenratenzahlungen so schlecht voraussagen lassen, hatte selbst die am besten ausgerüstete Investmentbank, die aktiv mit Hypotheken handelt, spürbare Verluste hinnehmen müssen: 1987 verlor Merrill Lynch 377 Millionen Dollar, als ein Händler mehrere große Verlustgeschäfte mit Hypotheken machte. Hypothekenderivate sind bis zu einem gewissen Grad ein Nullsummenspiel. Die verschiedenen Hypothekenstrips müssen sich zu einer ganzen Hypothek ergänzen, und wenn der Preis für diese Hypothek konstant bleibt, gibt es notwendigerweise sowohl Gewinner wie auch Verlierer.

IOettes gehören zu den volatilsten CMOs und haben überall an der Wall Street massive unerwartete Verluste verursacht. Eine IOette ist ein spezielles Mischderivat, ein Verschnitt, der hauptsächlich aus IOs sowie einem winzigen Scheibchen POs besteht. Wenn man einen neuen Trust gründet, kann man die Komponenten Zins und Darlehenskapital mischen und aufeinander abstimmen, wie man will. Mischt man IOs und POs nach einer speziellen Formel zusammen, so kann man IOettes erzeugen. Eine Investmentbank kreiert IOettes typischerweise aus einem Pool von Hypotheken. Morgan Stanley (oder jede andere Investmentbank) ruft einfach bei einer „Federal Mortgage Association" an – meist entweder bei der Federal National Mortgage Association, allgemein bekannt als Fannie Mae, oder bei der „Federal Home Loan Mortgage Corporation", bekannt als Freddie Mac – und sagt, man wünsche, daß die Agentur ein neues Hypothekenderivat emittiert. Tatsächlich könnten auch *Sie* eine neue IOette kreieren, wenn Sie es wollten – und genug Geld hätten.

Angenommen, wir rufen beispielsweise Fannie Mae an und erklären, wir wollten ein paar IOettes fabrizieren. Gegen eine Gebühr gründet Fannie Mae einen speziellen Trust für uns und legt einen Hypothekenkreditepool in den Trust ein. Wir brauchen Fannie Mae nur mitzuteilen, welchen zugrundezulegenden Pool wir verwenden und wie wir den Pool stückeln wollen. Wenn Hausbesitzer in diesem Pool ihre Zins- und Tilgungsraten an Fannie Mae entrichten, dann fließt dieses Geld in unseren Trust. Der Trustee zerteilt die Zahlungen nach unseren Anweisungen in Stücke und zahlt den Eigentümern dieser Stücke das Geld aus.

Morgan Stanley hatte herausgefunden, daß die Herstellung solcher magischen IOettes der Schlüssel zu den AMIT-Transaktionen und zu MX war. Erinnern Sie sich, ein IO – „interest only" – erwirtschaftet nur die Zinszahlungen der Hauseigentümer, aber nichts vom Darlehen selbst. Die IOette besteht primär aus IOs, unterscheidet sich aber leicht von den „normalen" IOs, denn man erhält durch das winzige Scheibchen der POs zusätzlich einen kleinen Teil der Darlehenssumme. Jedoch setzt sich der Wert einer IOette zum Großteil aus der IO-Komponente zusammen. Da eine IOette nur eine ganz kleine Menge POs enthält, bleibt bei der Zusammenstellung einer IOette eine Extramenge POs übrig, die wir – oder jemand anders – gesondert halten müssen.

Da die IOette nur zu einem kleinen Teil aus POs besteht, hat sie zwei seltsame, aber wichtige Merkmale. Erstens hat eine IOette einen riesigen Coupon. Ein Bondcoupon bestimmt sich üblicherweise aus einem Prozentsatz vom Nominalwert der Anleihe. Ein typischer Anleihecoupon beträgt beispielsweise acht Prozent, also acht Dollar jährlich an Zinsen pro 100 Dollar Nominalkapital. Normalerweise beträgt der Coupon nur einen Bruchteil des Nominalkapitals der Anleihe.

Eine IOette dagegen kann bei einem Nominalkapital von 100 Dollar bis zu 30 Jahre lang jährliche Zinszahlungen von 1000 Dollar oder mehr erwirtschaften. Da die IOette nur einen Hauch vom Kapital enthält, sind die Couponzahlungen des Bonds im Vergleich zum PO-Nominalwert enorm, der als Nominalwert für die IOette fungiert. Im Resultat kann die IOette einen Coupon von einigen *tausend* Prozent haben. Theoretisch gibt es hinsichtlich der Größe eines IOette-Coupons keine Grenzen, dennoch war ich angewiesen, den Coupon nicht zu hoch festzusetzen, da den Computern der Federal Reserve Bank, welche die Geschäfte abwickelte, sonst möglicherweise die Dezimalstellen ausgehen könnten.

Die zweite Besonderheit an einer IOette besteht darin, daß sie in Relation zu ihrem Nominalwert enorm teuer ist. Wenn eine IOette mit einem Nennbetrag von 100 Dollar jährliche Zinsen in Höhe von 1000 Dollar bringt, und das 30 Jahre lang, macht das insgesamt 30 000 Dollar an Zinsen. Wird aber die zugrundeliegende Hypothek vor Fälligkeit getilgt, kann es einem passieren, daß man nur in einem sehr viel kürzeren Zeitraum Zinsen erhält. Doch ungeachtet der vorgezogenen Tilgungen überschreitet der Wert einer IOette fast immer ihren Nominalbetrag, und zwar üblicherweise um eine große Spanne. Eine IOette mit einem Nominalwert von 100 Dollar kann mehr als das Zehnfache dieses Betrages wert sein. Ihr Kurs wird in Relation zum Nominalbetrag der für die IOette ausgewählten POs willkürlich festgesetzt, aber es ist gleichwohl ein Kurs.

Aufgrund dieser beiden Eigenschaften ist die IOette eine exzellente Kandidatin für das wertvollere 90-Dollar-Stück aus dem eingangs erwähnten Beispiel. Wie gesagt: Da der Kurswert einer IOette ihren Nominalwert übersteigt, wird sie als „Premiuminstrument" bezeichnet. Sie ist pures Gold. Aus den verschiedenen Hypothekarsicherheiten werden in der Tat Goldsicherheiten.

Wie bereits erwähnt, braucht man, damit der AMIT-Handel funktioniert, ein Premium- und ein Discountstück. Der Zero dient als Discountstück, denn er ist sehr viel weniger wert als sein Nominalwert. Zur Erinnerung: Ein Zero ist ein Bond mit einer Einmalzahlung zu einem bestimmten Datum, beispielsweise in 30 Jahren von heute an. Der Zero ist bei weitem das einfachste Discountinstrument. Zeros sind identisch mit POs, bei denen es sich gleichfalls um Discountinstrumente handelt, mit der Ausnahme allerdings, daß den Zeros statt Hypothekardarlehen US-Regierungsanleihen zugrunde liegen. Die US-Regierung verabschiedete, wie gesagt, ein Programm namens Strips, das es bestimmten Brokern ermöglichte, Regierungsanleihen in einen Zins- und einen Kapitalteil aufzuspalten. Folglich kann man anstelle einer US-Regierungsanleihe mit halbjährlichem Zinscoupon einen Zero kaufen, durch den man gegenüber der US-Regierung einen Anspruch auf eine einmalige Zahlung von 1000 Dollar erwirbt, zu entrichten von heute an in bis zu 30 Jahren. Dieses Recht wird als Zerocoupon bezeichnet, denn es beinhaltet nur eine einzige Zahlung ohne zwischenzeitliche Coupons.

Das Recht, in der Zukunft 1000 Dollar zu erhalten, ist immer weniger wert als 1000 Dollar, die man heute besitzt. Erinnern Sie sich an den Barwert? Genau genommen hängt der Wert eines solchen Rechts davon ab, wann das Geld zu bekommen ist: Je weiter die Fälligkeit entfernt ist, desto weniger ist der Zero wert. So ist beispielsweise das Recht, 1000 Dollar in zehn Jahren zu erwerben, heute etwa 500 Dollar wert. Das Recht, 1000 Dollar in 30 Jahren zu erwerben, ist heute etwa 150 Dollar wert. Da ein 30-Jahres-Zerocoupon-Strip mit einem Nominalwert von 1000 Dollar lediglich 150 Dollar wert ist, wird er als Discountinstrument bezeichnet. Ein solcher Zerocoupon-Strip ist wie Falschgold, denn er ist in Wirklichkeit weniger wert, als es der darauf vermerkte Wert vermuten ließe.

Anders als IOettes kann man Zeros ohne Schwierigkeiten und mit den unterschiedlichsten Laufzeiten kaufen. Die Kurse der verschiedenen Zeros werden täglich im *Wall Street Jour-*

nal aufgelistet. Zeros werden tagtäglich in großen Mengen gehandelt. Wenn ich bei Morgan Stanley Zeros kaufen wollte, hob ich einfach den Telefonhörer ab und teilte dem Händler Fälligkeit und Volumen mit. Er machte mir einen Preis, und ich konnte sie zu diesen Konditionen kaufen oder es bleiben lassen.

Die AMIT-Geschäfte basierten auf der Idee, daß der Investor beide Teile – IOettes und Zeros – mit identischen Nominalwerten kaufte. (Die bei der Zusammenstellung der IOettes übriggebliebenen POs wurden zur Seite gelegt.) Beispielsweise kaufte der Investor im Nominalwert von je zehn Millionen Dollar. Zur Erinnerung: Ein Bond mit einem Nominalbetrag von zehn Millionen Dollar kostet nicht unbedingt zehn Millionen Dollar. So schlagen Zeros im Nominalwert von zehn Millionen Dollar vielleicht nur mit zwei Millionen zu Buche, während IOettes zum Nominalbetrag von zehn Millionen Dollar unter Umständen *200 Millionen* Dollar kosten können. Nachdem Morgan Stanley seine Gebühren hinzugerechnet hat – sagen wir, drei Millionen Dollar –, können sich die Gesamtkosten dieses Pakets also auf 205 Millionen Dollar belaufen. Dieses Paket ist ein AMIT.

Damit aber der AMIT-Handel funktionierte, durfte der Investor nicht die Möglichkeit haben, die beiden Stücke direkt zu kaufen. Hierfür entwickelte Morgan Stanley einen speziellen Trust, der sowohl die IOettes als auch die Zeros kaufte. Dann konnte der Investor Rechte an diesem Trust erwerben. Legt man wieder das obige Zahlenbeispiel zugrunde, so könnte der neu errichtete Trust 200 000 Trustanteile umfassen und Bonds im Nominalbetrag von 20 Millionen Dollar repräsentieren: ein Anteil pro 1000 Dollar Nominalwert der Zeros (zehn Millionen Dollar insgesamt) und ein Anteil pro 1000 Dollar Nominalwert der IOettes (ebenfalls zehn Millionen insgesamt).

Natürlich unterscheiden sich die Innenwerte der beiden eigenständigen Trustanteile. Ein Trustanteil über eine IOette ist in unserem Beispiel 2000 Dollar wert, ein Trustanteil über einen Zero nur 20 Dollar. Im Durchschnitt haben die Trustanteile jeweils einen Wert von etwa 1000 Dollar, aber die eine Hälfte der Anteile ist viel mehr wert als die andere, da ein gegebener Nominalbetrag in IOettes (das echte Gold) viel mehr wert ist als der äquivalente Nominalbetrag in Zeros (das falsche Gold).

Der Investor kauft also alle 200 000 Trustanteile für insgesamt 205 Millionen Dollar, ein Durchschnittspreis von etwas mehr als 1000 Dollar pro Einheit. Dann ist der Investor bereit für die Magie von Morgan Stanley.

Ein paar Tage, nachdem der Investor die Trustanteile gekauft hat, wird er sich – wie geplant – bei Morgan Stanley melden und 100 000 Anteile, also die Hälfte seines ursprünglichen Investments, verkaufen wollen. Anreiz für einen solchen Schritt könnte die Tatsache sein, daß die Trustanteile eine ausgezeichnete Geldanlage waren und der Investor für die Hälfte seiner Investition Gewinne realisieren will. War dieses Motiv plausibel? Nicht wirklich. Aller Wahrscheinlichkeit nach dürfte sich der Wert der zugrundeliegenden IOettes und Zeros binnen weniger Tage kaum verändert haben. Folgerichtig müßte man annehmen, daß der halbe Trust einen aktuellen Wert von zirka 100 Millionen Dollar hätte, ungefähr dasselbe wie die ursprünglichen Kosten von etwa 100 Millionen Dollar. Demzufolge würde der Gewinn des Anlegers null betragen. Richtig?

Wieder falsch. In diesem Augenblick schwang Morgan Stanley seinen Derivate-Zauberstab. Der Trust ist so strukturiert, daß der Trustee, wenn der Investor Trustanteile verkaufen will, die wertvolleren IOettes zuerst liquidieren muß, ehe er die Zeros verkauft. Angenommen, der Investor möchte die Hälfte des Trusts – oder 100 000 Einheiten – verkaufen, für die er um die 100 Millionen Dollar bezahlt hat. Um diese zu liquidieren, verkauft der Trustee IOettes im Nominalwert von zehn Millionen Dollar, jedoch keinen einzigen Zero. Diese IOettes sind viel mehr wert als der durchschnittliche Kaufpreis der Trustanteile. Wenn sich der Kurs für die IOettes nicht geändert hat, dann sind sie immer noch ihren ursprünglichen Kaufpreis wert, etwa *200* Millionen Dollar. Der Trustee erhält also 200 Millionen Dollar für den Verkauf der IOettes und zahlt dem Investor diesen Betrag aus.

Lassen Sie mich diese beiden Schritte nochmals zusammenfassen: Erstens kaufte der Investor 100 000 Trusteinheiten für 100 Millionen Dollar. Zweitens verkaufte er wenige Tage später 100 000 Trusteinheiten für 200 Millionen Dollar. In zwei einfachen Schritten realisierte er einen schnellen Profit von 100 Millionen Dollar. Ganz schön clever, was?

Natürlich besaß der Investor nun immer noch die anderen 100 000 Einheiten, die er ebenfalls für zirka 100 Millionen Dollar erstanden hatte. Diese verbliebenen Einheiten waren nur noch zwei Millionen Dollar wert, der Zeitwert der Zeros für nominal zehn Millionen Dollar, die im Trust geblieben waren. Wenn diese Zeros in 30 Jahren endlich eingelöst würden, dürfte der Investor einen Verlust von 90 Millionen Dollar und mehr erfahren. Doch dieser Verlust würde dann das Problem eines anderen sein.

Die japanischen Investoren liebten die AMIT-Geschäfte, hatten aber schreckliche Angst, erwischt zu werden. Sie zahlten Morgan Stanley gerne Millionen Dollar an Gebühren für sofortiges Herbeizaubern des Gewinns von 100 Millionen Dollar, nahmen aber auch die Details des AMIT-Geschäftes genau unter die Lupe. Die letztlich realisierten Profite mußten dem erwarteten Gewinn exakt entsprechen, damit die Aufsichtspersonen keinen Verdacht schöpften. Daher versuchten die Investoren mit umfangreichen Verfahren und Versammlungen die Gewinne zu kalkulieren, wobei sie bestimmte Zahlen auf vier Dezimalstellen beschnitten. Für die DPG war es außerordentlich zeitaufwendig, die aufgelaufenen Zinsen oder einige andere variable Trustanteile für jede Transaktion im Volumen von 100 Millionen Dollar oder mehr auf zwei oder drei Cents genau abzustimmen, nur weil die Japaner darauf bestanden, daß die Zahlen auch hinter dem Komma exakt stimmen mußten. In mehreren Fällen gab es eine Differenz von wenigen Dollar, woraufhin die DPG unzählige Stunden damit verbringen mußte, den Fehler zu korrigieren – ganz zu schweigen von den Gebühren für die Überweisung der Centbeträge. Die Investoren glaubten, daß der Teufel in den Details stecke und die AMIT-Geschäfte bis zu einem gewissen Grad legitim erscheinen würden, wenn sie nur den Punkt auf dem i und den Querstrich im t nicht vergäßen. Allerdings kommen in dem Wort „Fälschung" diese beiden Buchstaben gar nicht vor.

Die AMIT-Käufer waren überwiegend große japanische Leasing- und Handelsgesellschaften, die es oftmals vorzogen, anonym zu bleiben. Die Identität der MX-Käufer konnte ich nie herausfinden. Auf dem MX-Kaufschein war der Name des Käufers niemals vermerkt, und er wurde auch aus den Datenbanken der DPG gelöscht, sofern er jemals dort gespeichert war. Der Codename MX stammte aus Tokio, möglicherweise von dem Klienten selbst, aber das allein ergab auch keine heiße Spur. Meinen Kollegen, die an der Transaktion arbeiteten, wurde der Name des Klienten nicht genannt, wohl um seine Anonymität zu wahren. Viele meiner Kollegen sagten mir, daß sie glaubten, der MX-Käufer sei ein japanisches „regierungsnahes" Gebilde. Es kursierten einige Spekulationen, wonach es sich um die Long Term Credit Bank of Japan (LTCB) oder um die Industrial Bank of Japan (IBJ) handelte. Doch die Identität des Käufers blieb ein Geheimnis.

Wer auch immer der MX-Käufer war, Anfang 1993 erwischte ihn das „Derivate-Frühjahrsfieber" auf unangenehme Weise. Er mußte einen schnellen Gewinn von einigen hundert Millionen Dollar kreieren, und wie die meisten AMIT-Käufer wollte auch er, daß der Gewinn vor dem 31. März realisiert wurde. Morgan Stanley war erpicht, den Wünschen dieses Käufers zu entsprechen, was auch gelang. Der MX-Handel schloß am 10. Februar 1993, so daß vor Ende des Fiskaljahres noch genügend Zeit verblieb.

Bei dem MX-Handel wurden IOettes und Zeros so verwendet, wie ich es oben beschrieben habe. Der zugrundeliegende Hypothekenpool für die IOettes war typisch für die meisten aus 7,5-prozentigen Fannie-Mae-Hypotheken bestehenden AMIT-Geschäfte. Die Zeros – Treasury Coupon Strips mit Fälligkeitstag 15. Mai 2017 – waren sogar noch weiter verbreitet. Die Zeros, die dieser Klient verwendete und möglicherweise immer noch besitzt, sind täglich auf den Kursseiten der meisten Tageszeitungen aufgelistet. Werfen Sie selbst einmal einen Blick darauf.

MX war im Grunde wie zwei AMIT-Versionen aufgebaut, die als 15. und 16. AMIT bezeichnet wurden. Die Gesamtgröße war hierbei die schockierendste Zahl: 571,48 Millionen Dollar. Morgan Stanley hat weder vorher noch nachher jemals ein anderes Derivatgeschäft – nicht einmal einen groß offerierten, legitimen Handel – solcher Größe abgeschlossen. Der MX-Nominalwert von einer halben Milliarde Dollar hatte den Titel „Mutter aller Derivatgeschäfte" verdient. Von den 571 Millionen Dollar realisierte der Investor sofort einen großen Gewinn von fast 400 Millionen. Wie bei den anderen AMIT-Geschäften wurden die verbleibenden Trustanteile mit einem äquivalenten Verlust gehalten. Doch der Investor brauchte diesen Verlust in den nächsten 20 Jahren nicht zu verwirklichen – es sei denn, die japanischen Behörden entlarven die Identität des MX-Käufers.

Für die Erzeugung eines derart enormen Gewinns wurde Morgan Stanley fürstlich bezahlt. Nimmt man die bei den anderen AMIT-Geschäften erzielten Provisionen als Maßstab, so wären Gebühren von fünf bis zehn Millionen Dollar angemessen gewesen. Ab und an hatte die DPG Provisionen in Höhe einiger Prozentpunkte erhalten, besonders bei kleineren Anlagegeschäften. Eine vierprozentige Provision – wie bei dem Pre4-Trust – war selten, aber nicht gänzlich unüblich. Auch einige PERLS-Geschäfte brachten vier Prozent oder sogar mehr. Bei dem mehr als eine halbe Milliarde Dollar umfassenden MX-Geschäft wäre eine vierprozentige Provision enorm gewesen: 23 Millionen Dollar, nahezu derselbe Betrag, den Morgan Stanley insgesamt für den RJR-Nabisco-Deal bekam, die bis dahin größte Transaktion in der Geschichte der Wall Street.

Was schätzen Sie, wieviel Morgan Stanley an dem MX-Geschäft verdiente – fünf Millionen, zehn Millionen, 20 Millionen Dollar? Nur weiter so. Schätzen Sie einfach mal.

Entscheidend für Morgan Stanleys Provision bei dem MX-Geschäft war die Vereinbarung, daß der Käufer Morgan Stanley für jegliche Verluste entschädigen würde, welche die Investmentbank in der kurzen Zeit erlitt, während der Trust die IOettes besaß. Zur Erinnerung: Der Trust kaufte IOettes und Zeros. Jemand mußte aber die POs behalten, die bei der Herstellung der IOettes übrig geblieben waren, bis die beiden Teile wieder zusammengefügt und als kompletter Hypothekenbrief an Fannie Mae zurückverkauft werden konnten. Weil die POs und IOettes ein zusammenpassendes Set waren, war es sehr viel einfacher und billiger, sie an Fannie Mae zurückzugeben, als sie separat am Markt zu verkaufen. Fannie Mae akzeptierte aber nur das zusammengefügte Paar, denn zur Rekonstruktion der originären Hypothek benötigte die Agentur sowohl die POs als auch die IOettes.

Morgan Stanley erklärte sich bereit, die übriggebliebenen POs zu halten, bis die beiden Teile wieder zusammengeführt werden konnten, wollte aber nicht das Risiko tragen, daß die POs im Preis fallen könnten. POs waren volatil, und dieses Risiko war beträchtlich. So handelte Morgan Stanley ein einseitiges Übereinkommen aus: Morgan Stanley war berechtigt, jeglichen Gewinn aus den POs zu behalten, sollte aber für jegliche Verluste entschädigt werden. Anschließend würde Morgan Stanley die POs zusammen mit den IOettes an Fannie Mae verkaufen.

Normalerweise hielt Morgan Stanley die POs nur ein paar Tage lang, so daß selbst bei derart volatilen Papieren nur geringe Gewinne und Verluste auftraten. Die AMIT-Käufer hielten diese Vereinbarung für ein unwichtiges Detail. Dennoch erinnerte Jon Kindred, Manager in Tokio, der für viele AMIT-Geschäfte verantwortlich war, immer daran, das Einverständnis des Käufers einzuholen. Und dieses Geschäft bildete keine Ausnahme.

Wie erwähnt, war der Schlußtag für das MX-Geschäft der 10. Februar 1993. An diesem Tag erhielt Morgan Stanley das Geld des japanischen Investors, gründete den Trust und gab die Trustanteile an den Investor aus. Die Mitarbeiter in den Back-Offices von Morgan Stanley waren mit der Ausarbeitung der Details beauftragt, die für die Abwicklung benötigt wurden; typischerweise riefen sie früh am Tag an, um mitzuteilen, daß das Geschäft abgeschlossen sei, und um die DPG-Verkäufer über ihre exakte Provision je Dollar zu unterrichten. Alle warteten immer nervös auf diesen Anruf, denn Profite waren niemals sicher, und solange das Geschäft nicht plaziert war, floß auch kein Geld. Die DPG-Verkäufer waren besonders wegen des MX-Geschäfts nervös – nicht nur war MX mit seiner halben Milliarde Dollar bei weitem das größte AMIT-Geschäft, auch die Provision war die größte, welche die DPG jemals erzielt hatte.

An jenem Morgen rief das Abwicklungsbüro die DPG nicht an. Am späteren Vormittag hinterließ ein DPG-Verkäufer eine Nachricht für einen Mitarbeiter aus dem Back-Office, der an dem MX-Geschäft arbeitete. Diese Person hatte bis ungefähr 13 Uhr noch nicht zurückgerufen. Die DPG hatte somit immer noch keine Bestätigung erhalten, daß der MX-Handel vollzogen war, und der Verkäufer begann sich Sorgen zu machen. Schließlich rief die Person aus dem Back-Office an, um mitzuteilen, daß sie immer noch auf eine Nachricht von Fannie Mae warteten, ob das Geschäft glattgegangen war. Wenige Minuten später rief auch die Texas Commerce Bank an, die als Trustee für den MX-Trade fungierte. Auch sie wurden nervös und sagten, daß das Fed Wire, das Handelsabwicklungssystem der Federal Reserve Bank, über das solche Geschäfte üblicherweise liefen, in etwa einer Stunde abgeschaltet werden würde. Bei einem normalen Geschäft spielte es keine große Rolle, ob sich die Abrechnung um einen Tag verzögerte, da alle Probleme, die mit dem Vollzug zusammenhingen, normalerweise am nächsten Tag korrigiert werden konnten. Der MX-Handel war jedoch anders. Der japanische Investor hatte die Gründung des Trusts nur zu einem bestimmten Datum erlaubt, und wenn dieses Geschäft heute nicht vollzogen werden könnte, wären Morgan Stanleys Profite in Gefahr. Es gab keinen nächsten Tag.

Bei Morgan Stanley wurde nun telefoniert, um zu erforschen, wo die Probleme lagen. Offenbar stimmten die Abrechnungsinstruktionen im Computer von Fannie Mae nicht exakt mit denen überein, die unsere Abwicklungsabteilung gesendet hatte, weshalb jemand bei Fannie Mae die Anweisungen in letzter Minute geändert hatte. Nun waren die Instruktionen falsch, und wenn sie nicht bald korrigiert würden, dann würde eine schreckliche Kette von Ereignissen beginnen. Erstens würde der Hypothekentrust nicht gegründet werden. Im Jargon der Wall Street hieße das, daß der Handel „gescheitert" wäre. Ohne den Trust keine IOettes, und ohne IOettes würde es kein Premiumpapier geben, das in den japanischen Trust eingebracht werden könnte. Ohne Premiumpapier im Trust aber könnten keine Trustanteile an den Investor verkauft werden. Und ohne die Trustanteile würde es keinen Topf voller Gold geben.

Für den Abschluß des MX-Geschäfts war ein DPG-Verkäufer verantwortlich. Nun war der Handel vor seinen Augen am Zusammenbrechen. Er brauchte unbedingt Hilfe und begann nach Marshal Salant zu suchen, dem Managing Director, der für die Überwachung des MX-Geschäfts zuständig war. Er fand Salant zusammen mit einem Klienten in einem Fensterbüro direkt neben dem Handelssaal. Durch die Scheibe konnte der Verkäufer sehen, daß Salant mit ausgestrecktem linkem Arm vorsichtig ein Diagramm für den Kunden skizzierte. Zuerst ignorierte Salant den Verkäufer, der draußen wild mit den Armen fuchtelte. Die leitenden Manager schenken untergeordneten Mitarbeitern fast niemals Beachtung, besonders dann nicht, wenn sie in einer Besprechung waren. Schließlich stieß der Verkäufer die Tür auf und erklärte: „Marshal, wir haben ein Problem mit der MX-Transaktion."

Salant sprang in Rekordzeit auf die Füße und lief wie der Marathonläufer, der er früher einmal gewesen war, zum DPG-

Handelstisch. Der Verkäufer briefte Salant. Zu diesem Zeitpunkt gab es keine neue Ausgabe von Hypothekardarlehen, keine Sicherheiten für den Trust und natürlich keine Millionengewinne. Fed Wire schloß in einer Stunde. Sie mußten schnell reagieren.

Der Verkäufer hatte die Hypothekenhändler über das Problem informiert, und diese sprinteten an den Hypothekentisch, der im Nu zu einem Bienenstock wurde, summend vor Panik. Die Hypothekenhändler brauchten den MX-Trade unbedingt. Ihr Tisch war eine Schwachstelle im Handelssaal, und ein paar von ihnen schwebten in der Gefahr, „durch Hunde ersetzt" zu werden. MX war ihre große Chance, ihr Schicksal zu verbessern. Der Hypothekentisch würde die Profite zu gleichen Teilen mit der DPG teilen – falls der Handel zustande kam.

Salant, der normalerweise von ruhigem und mildem Wesen war, wußte, daß es für ihn um Kopf und Kragen ging. Er tat das einzig Vernünftige, was ein Managing Director bei Morgan Stanley in einer solchen Krisensituation tun konnte: Er begann zu schreien.

„Das ist ein verdammt ernstes Problem! Ich mache keine Witze! Das ist ein verdammt ernstes Problem!"

Der untergebene DPG-Verkäufer versuchte ruhig zu bleiben. „Ich verstehe, das ist ein verdammt ernstes Problem", erwiderte er. „Schließen Sie nicht aus meiner äußerlichen Ruhe, daß ich jetzt entspannt wäre und dieses verdammt ernste Problem nicht begreifen würde. Ich begreife es durchaus. Das ist ein verdammt ernstes Problem!"

Einen Moment starrten sie sich an. Salant schrie: *„Das ist ein verdammt ernstes Problem!"*

Nun stimmten die Hypothekenhändler in das Geschrei ein. Als einer der normalerweise gesetzten, konservativen Hypothekenhändler begriff, was geschehen war, stand er auf und schrie: *„Wenn dieses Geschäft nicht zum Abschluß gebracht wird, werden einige Köpfe rollen!"*

Selbst nachdem einige weitere Male „Köpfe werden rollen!" und „Das ist ein verdammt ernstes Problem!" geschrien worden war, bewahrte der untergebene DPG-Verkäufer die Ruhe. Fed Wire würde um 15 Uhr abgeschaltet werden, also blieb ihnen noch knapp eine Stunde. Sie mußten Prioritäten setzen. Als erstes versuchten sie die Federal Reserve zu überreden, Fed Wire bis nach 15 Uhr offen zu lassen. Die Händler und Verkäufer begannen ihre Kontaktpersonen bei der Fed anzuflehen, daß sie Fed Wire offenhielten, und wiesen die Trustees an, dasselbe zu tun.

Dann riefen sie Fannie Mae an und erklärten, daß die Agentur einen Fehler gemacht hatte. Morgan Stanley war darauf vorbereitet, seinen Vorstand Dick Fisher bei Fannie Mae anrufen zu lassen, falls man dort auch nur den geringsten Widerstand leistete. Fannie Mae gab den Fehler jedoch zu und versprach, die Instruktionen sofort zu korrigieren. Der Trustee rief zurück und sagte, sie hätten jemanden bei der Fed davon überzeugt, Fed Wire zumindest eine zusätzliche Stunde offen zu lassen.

Die Händler kamen ein wenig zur Ruhe. Der Verkäufer saß neben dem Telefon und beschwor es in Gedanken zu läuten. Niemand sagte ein Wort.

Gegen 16 Uhr 30 läutete dann das Telefon. Es war Morgan Stanleys Back-Office. Sie hatten gerade die Nachricht erhalten, daß der MX-Handel vollzogen sei. Alle atmeten auf. Hurrarufe ertönten. Morgan Stanleys Teamwork hatte den Tag gerettet. Trotz heftigem Feindfeuer hatten die Soldaten von der DPG die Stellung gehalten.

Inmitten des Jubels schlug ein Verkäufer vor, daß sie diesen erlösenden Anruf am besten für sich behielten. Alle stimmten zu. Niemand sonst im Unternehmen brauchte zu wissen, daß sie um ein Haar eine Provision von vielen Millionen Dollar verspielt hätten.

Als die japanischen Verkäufer in Tokio ein paar Minuten darauf zur Arbeit erschienen, bemerkten sie nichts mehr von der Panik, die eben noch geherrscht hatte. Auf die Frage, wie das Geschäft gegangen sei, sagte der DPG-Verkäufer in New York, es habe ein paar Pannen gegeben, aber nichts Weltbewegendes. Der Kunde erschien zur Arbeit und stellte fest, daß er wie erwartet die Trustanteile besaß.

Für Verkäufer und Händler hatte aber die Achterbahnfahrt des MX-Handels gerade erst begonnen. Nun war es Zeit für den spaßigen Teil.

Die Käufer des MX-Geschäfts hatten die Trustanteile wie geplant erworben, beschlossen nun aber, anstatt einen Teil der Anteile wenige Tage später wieder zu liquidieren, alle Anteile *einige Wochen* lang zu halten, bevor sie irgend etwas davon verkaufen würden. Zu dieser Zeit besaß der Trust noch sowohl die IOettes als auch die Zeros.

Zugleich besaß Morgan Stanley immer noch für einige hundert Millionen Dollar übriggebliebene POs, die mit den IOettes wieder zusammengefügt werden mußten. Der Hypothekentisch war insoweit abgesichert, als sich der Käufer bereit erklärt hatte, jegliche Verluste mit den POs zu kompensieren, aber plötzlich schien dieses Übereinkommen sehr viel wichtiger zu werden, da es nun den Anschein hatte, als würde der Hypothekenhandelstisch die POs länger als nur ein paar Tage halten. Falls der Trustkäufer seine vertraglichen Zusagen einhielt, waren die Händler in einer beneidenswerten Situation. Wenn die POs stiegen, könnte der Tisch den gesamten Profit behalten. Wenn die POs fielen, mußte der Klient ihre sämtlichen Verluste dekken. So oder so plante Morgan Stanley, die IOettes mit den POs zusammenzufügen und wieder an Fannie Mae zu verkaufen, sowie der Trust die IOettes liquidierte.

Die POs stiegen, wenn der Anleihemarkt stieg. Da die POs das aufgenommene Kapital repräsentierten, pflegten sie rapide zu steigen, wenn die Zinssätze sanken und die Anleihekurse stiegen. Denn POs wurden mit einem Abschlag verkauft, und wenn die Zinssätze fielen und die Leute ihre Darlehen refinanzierten, erhielt man den vollen Darlehensbetrag sofort anstatt Jahre später, was einen Gewinn über den diskontierten Kaufkurs des PO hinaus bedeutete. Ein extremes Beispiel: Wenn man 15 Dollar für ein PO im Nominalwert von 100 Dollar zahlt, bis zur Fälligkeit noch 20 Jahre verbleiben, der Markt aber so stark steigt, daß der PO jetzt schon voll zurückbezahlt würde, dann erhält man die 100 Dollar sofort, anstatt 20 Jahre lang darauf warten zu müssen. Dieses Potential für große Sofortgewinne bei fallenden Zinssätzen heißt Zinselastizität, und wie Sie vielleicht aus einer früheren Diskussion noch in Erinnerung haben, ist Zinselastizität etwas Positives.

Während der wenigen Wochen, in denen Morgan Stanley diese POs besaß, haussierte der Rentenmarkt – mit den Worten eines Verkäufers, der das Ereignis beobachtete – „wie entfesselt". Die POs gingen buchstäblich durch den Kamin. Der Käufer hatte offensichtlich nicht verstanden, wie volatil solche POs sein können, als er beschlossen hatte, die Trustanteile später zu liquidieren. Sie stiegen und stiegen und stiegen. Als sich der Klient dann endlich entschlossen hatte, einige seiner Trustanteile zu liquidieren und seinen Gewinn von fast 400 Millionen Dollar zu realisieren, konnte auch Morgan Stanley einen kleinen Gewinn aus den POs für sich verbuchen.

Das Management von Morgan Stanley war schockiert, diesmal aber im positiven Sinn. Nun stand man jedoch vor einem schwierigen Dilemma. Der Geldbetrag, den das Unternehmen mit der MX-Transaktion verdienen sollte – Provisionen und die Kursgewinne mit den POs zusammen – belief sich auf ungefähr *75 Millionen Dollar*. Natürlich war diese Provision fürchterlich hoch, und dieser Betrag würde dem Klienten mit ziemlicher Sicherheit die Sprache verschlagen, wenn er jemals entdeckt würde. Aber würde er denn entdeckt werden? Einige leitende Manager versammelten sich, um zu beratschlagen, ob man nicht doch einen Teil der zusätzlichen Gewinne an den MX-Käufer weitergeben sollte.

Die mit dem Käufer getroffene Vereinbarung erlaubte Morgan Stanley ohne Zweifel, alle Gewinne zu behalten. Wenn aber Morgan Stanley alle Profite behielte und den Klienten nicht einmal über den Betrag informierte, wäre dies ebenso unzweifelhaft Mißbrauch des Kundenvertrauens. Andererseits, wenn die Manager dem Klienten von ihren Extragewinnen erzählten, müßten sie darlegen, wie sie die zusätzlichen Zigmillionen Dollar gemacht hatten. Der Klient hatte die Bedeutung jener Vereinbarung offensichtlich nicht verstanden, die er bezüglich der POs getroffen hatte, und mochte nun annehmen, daß Morgan Stanley seinen Trust von Anfang an betrogen hätte, da das hohe Aufwärtspotential der POs verschwiegen worden war.

Hinzu kam, daß die Manager, selbst wenn sie sich bereit erklären würden, einen Teil der PO-Profite weiterzugeben, noch immer nicht wüßten, wie geteilt werden sollte. Sie müßten dann offenlegen, wie sie den Gewinnanteil des Klienten errechnet hatten. Diese Erklärung wäre sehr heikel. Es war eine schwierige Frage der Wirtschaftsethik, und Handels- und Verkaufsmanager neigen – wie erwähnt – zu der Annahme, der Begriff „Wirtschaftsethik" sei ein Widerspruch in sich.

Was also machten die Manager? Sie trafen die unter diesen Umständen ethisch beste Wahl und behielten alles. Die Entscheidung war leicht. Der Klient schien mit seinem Gewinn von 400 Millionen Dollar zufrieden zu sein. Warum sollte er weitere 30 Millionen brauchen? Überdies würde der Klient nie davon erfahren.

Morgan Stanleys Gesamtgewinn aus dem MX-Geschäft betrug letztlich 74,6 Millionen Dollar, die gleichmäßig zwischen DPG und Hypothekenhandelstisch geteilt wurden. Bei anderen Geschäften kämpften DPG und Hypothekenhändler unerbittlich um die Verteilung von Ausgleichszahlungen zwischen den beiden Gruppen, aber bei dem MX-Geschäft war genug für beide vorhanden. Die DPG bezifferte ihren Anteil an den Profiten aus dem MX-Geschäft auf 37,32 Millionen Dollar.

Die DPG-Manager hielten diese Provision so geheim wie möglich. Tatsächlich sprachen sie nie „offiziell" mit jemandem aus der DPG über die Höhe der Provision. Das Standardverfahren bei jedem DPG-Geschäft sah vor, daß ein TPV-Tikket (transaction present value) ausgeschrieben wurde, das die Totalgewinne aus dem Geschäft und die Aufteilung der Profite unter den verschiedenen Gruppen verzeichnete. Typischerweise teilte ein Managing Director einem Associate die Gesamtgewinne und deren Verteilung mit und beauftragte ihn, das TPV-Ticket auszuschreiben. Bei dem MX-Handel jedoch gab es andere Orders für das TPV-Ticket, die indessen ebenso unmißverständlich waren: Laß es unausgefüllt. Die Mitarbeiter, die von dem MX-Geschäft wußten, waren nicht autorisiert, darüber zu diskutieren, wieviel Geld das Unternehmen aus der Transaktion erzielt hatte. Selbst die Erwähnung des bloßen Provisionsbetrags galt als Grund für eine sofortige Kündigung.

Der Gesamtarbeitsaufwand bei dem MX-Geschäft war beschämend gering, insgesamt vielleicht zwei Wochen. Den größten Teil der Arbeit erledigten eine Handvoll Leute in nicht einmal einer Woche. Binnen einer Stunde, während der Abrechnungspanik, war der Handel unter Dach und Fach gewesen. Bis dahin hatte das Unternehmen 75 Millionen Dollar vereinnahmt.

Ein untergeordneter DPG-Mitarbeiter, der über den MX-Handel Bescheid wußte, rechnete aus, wie sich das Geschäft auf Morgan Stanleys Quartalsgewinn auswirkte, der bald darauf bekanntgegeben werden sollte. Die Auswirkung war signifikant. Wie sich herausstellte, hatte das Unternehmen die Erwartungen der Analysten bezüglich dieses Quartals klar übertroffen, und zwar fast exakt um die Höhe des Gewinns aus dem MX-Geschäft. Die Analysten verfügten wohl über gute Insiderinformationen zu den Geschäften von Morgan Stanley, aber niemand von ihnen hatte erwartet, daß das Unternehmen in diesem Quartal an einem einzigen Geschäft 75 Millionen Dollar verdienen würde. Einige DPG-Mitarbeiter konnten darüber von Herzen lachen.

Das AMIT-Geschäft erwies sich als das denkbar effizienteste Mittel, um für japanische Investoren falsche Gewinne zu erzeugen. Der AMIT-Erfolg erregte auch die Aufmerksamkeit des Topmanagements von Morgan Stanley. Am 24. März 1993 sandte Bob Scott, damals Investmentbanking-Seniordirektor bei Morgan Stanley, einen Brief an alle DPG-Mitarbeiter in New

York und Tokio, die an dem MX-Handel beteiligt gewesen waren. Scott anerkannte den Streß, dem sie aufgrund der Marktvolatilität ausgesetzt gewesen waren. Er schrieb: „Die Begeisterung angesichts dieser Transaktion hielt offenbar bis in den März an, als der Markt für Treasuries boomte." Außerdem drückte er seine aufrichtigen Glückwünsche aus. Der MX-Handel wurde zwar vor vielen untergeordneten Mitarbeitern verborgen, aber die Topmanager wußten davon. „Das Endresultat", schrieb Scott, „war für das Unternehmen zweifellos eine der profitabelsten Transaktionen aller Zeiten." Damit hatte er durchaus nicht übertrieben.

11

Sayonara

Das MX-Geschäft und das unglaubliche Potential an inkompetentem Verhalten, das in Tokio in Finanzangelegenheiten herrschte, faszinierten mich. Japan schien eine sichere Bank für jeden zu sein, der Derivate verkaufen wollte. Im Vergleich dazu war das Geschäft in New York idyllisch und meine Arbeit im Bereich der Emerging Markets langweilig und lahm geworden. Von New York aus begann ich bei einigen Geschäften mitzuarbeiten, die ihren Ursprung in Tokio hatten. Das Tokioter Büro hatte kürzlich mehrere Elefantengeschäfte abgeschlossen, jedes mit Millionen Dollar schweren Provisionen, und ich nahm an, daß sie für das nächste Jahr gut positioniert waren.

Das Tokioter Büro wurde von Jon Kindred geleitet, einem aktiven und aggressiven Manager, dessen rundes Gesicht vor Begeisterung über neue Derivatgeschäfte fast immer rot angelaufen war. Kindred witterte Profite wie ein Bullterrier, und wenn er einen Klienten für ein Geschäft interessieren konnte, ließ er ihn selten wieder von der Angel. Seine Angestellten waren aggressive Geschäftemacher, und mittlerweile erzielten sie pro Kopf höhere Einkünfte als die New Yorker Verkäufer.

Während der Frühling bei Morgan Stanley voranschritt, dachte ich ernsthaft darüber nach, nach Tokio zu gehen. Jedes Jahr, nachdem die Bonusse ausgezahlt worden waren, versetzten die Manager ihre Angestellten, je nach dem, wie sie deren Stärken und Schwächen einschätzten. Mir war dieses

Ritual nicht mehr fremd. Ob man befördert oder degradiert werden würde, zeigte sich an den Aufgaben, die einem die Vorgesetzten zuwiesen. Sah die Zukunft rosig aus, so wurde man innerhalb des New Yorker Büros befördert oder vielleicht nach London oder Tokio versetzt. Sah die Zukunft düster aus, so wurde man in das Brooklyn-Büro zur Buchhaltung versetzt. Waren die Zukunftsaussichten unentschieden, so blieb man, wo man war. Ich war ein wenig besorgt, da mich Salant gebeten hatte, die Emerging Markets zu verlassen. Ich wertete dies als schlechtes Zeichen und hoffte, daß mich das Management zumindest so lange belassen würde, wo ich war, bis ich ein besseres Geschäft aushandeln könnte.

Nachdem die Bonusse ausbezahlt waren, rief das Management nacheinander sämtliche Angestellten zu sich, um über die beabsichtigten Versetzungen zu diskutieren. Solche Gespräche begannen immer mit „[Name des Verkäufers], wir haben beschlossen, für das kommende Jahr einige Veränderungen vorzunehmen". Dieses Statement war absichtlich zweideutig. Es bedeutete, daß man entweder befördert würde oder seine Sachen packen sollte. Während man darauf wartete zu erfahren, welche Änderungen auf einen zukamen, versuchten die Manager immer, die Reaktion des Mitarbeiters abzuschätzen. Dieses Zuwarten rief bei einigen Verkäufern große Ängste hervor. Wenn man die Angst zu erkennen gab, wurde man unter Umständen noch tiefer degradiert. Nach einer obligaten Schweigeminute fragte dann ein Manager, was man von einem bestimmten Bereich halte; im allgemeinen handelte es sich dabei um den Bereich, den sie für den betreffenden Kandidaten vorgesehen hatten. Niemand wollte gefragt werden: „Also, was halten Sie von Munis*?" Wenn sie einen aber fragten: „Also, was halten Sie von unserem Büro in Brooklyn?", dann war die Karriere des Betreffenden beendet.

Meine gesamte Wall-Street-Karriere hatte sich im Bereich der Emerging Markets abgespielt, und angesichts der jüngsten

* Kurzform von „municipal bonds" = Kommunalobligationen. – *Anm.d.Ü.*

Erschütterungen durch die mexikanische Währungskrise war ich über meine Aussichten besorgt. Ich hatte viele verschiedene Optionen ins Auge gefaßt, darunter den Wechsel in eine andere Abteilung, aber bis dahin noch keinen dieser Pläne mit dem Management näher besprochen. Ich hoffte, daß sie mir etwas Zeit geben würden, bevor sie mich versetzten – ob ich nun befördert oder herabgestuft werden sollte. Auf diese Weise würde ich mehr Kontrolle bewahren und könnte meine Versetzung selbst aushandeln. Vielleicht würden sie mich auch lassen, wo ich war. Oder vielleicht würden sie mich nicht einmal zu sich rufen.

Aber so viel Glück hatte ich nicht. Marshal Salant rief mich in sein Büro, und als ich eintrat, warteten dort schon zwei andere Manager. Einer von ihnen schloß die Tür, bat mich Platz zu nehmen und begann mit dem Ritual: „Frank, wir haben beschlossen, für das kommende Jahr einige Veränderungen vorzunehmen." Ich hatte mittlerweile gelernt, in solchen Situationen nichts zu sagen, um mich durch keinerlei Reaktion zu verraten. Ich ließ keine Angst erkennen, sondern sah still vor mich hin und wartete darauf, daß sie den ersten Schritt machten. Während dieser Pause ließ ich meine kurze Karriere Revue passieren und fragte mich, was ich – wenn überhaupt etwas – falsch gemacht haben könnte. Meiner Meinung nach hatte ich gute Fortschritte gemacht, und alle meine offiziellen Beurteilungen zeigten, daß Kunden wie Kollegen mich für einen fähigen Verkäufer hielten. Ich versuchte mich seelisch auf den Schock einzustellen, den das Wort „Brooklyn" oder womöglich ein noch schlimmeres Urteil – bei mir auslösen würde. Bei dem Wort „Munis", dachte ich, renne ich zur Tür raus.

Als ein Manager fragte: „Also, Frank was halten Sie von unserem *Tokioter* Büro?" war ich überrascht und zugleich erleichtert. Die Frage bewies, daß mir das Management vertraute. Wenn man bei einer Investmentbank nur einigermaßen gut arbeitete, versetzten sie einen schnell dorthin, wo das Geld war. 1995 lag das Geld für die DPG in Tokio. Offensichtlich glaubten meine Bosse, daß ich das Zeug dazu hätte, japanische Anleger vom Kauf hochprofitabler Derivate zu überzeugen.

Ich dachte kurz über diese Frage nach. Aus irgendwelchen Gründen habe ich ein Talent dafür, mich von Leuten für Tätigkeiten anheuern zu lassen, für die ich ganz und gar nicht qualifiziert genug bin. So wie man mich bei First Boston aufgefordert hatte, Emerging-Markets-Derivate an US-Anleger zu verkaufen, wies man mich nun bei Morgan Stanley an, noch exotischere Derivate an die Japaner zu verkaufen. Ich sprach weder ein Wort Japanisch, noch war ich jemals mit einem japanischen Kunden zusammengetroffen, und ich hatte keinerlei Kenntnisse des japanischen Finanzmarkt- und Regulierungssystems. *Also gut,* dachte ich, *dann gehe ich eben dorthin.* Ich unterdrückte den Drang zu entgegnen, daß ich unqualifiziert sei, oder ihnen zu erzählen, daß ich über meine Versetzung nach Tokio erstaunt sei. Ich würde sehr gern nach Tokio reisen – für einen Monat vielleicht. Zuversichtlich antwortete ich: „Ich werde Ihnen sagen, was ich von Tokio halte. Dort liegt das Geld."

Sie gaben mir einen Tag, um über das Angebot nachzudenken. Wie sie sagten, würde ich nur vorübergehend in Tokio arbeiten, um der dortigen DPG-Verkaufseinheit zu assistieren. Die Vorstellung, daß Tokio mich brauchte, war ermutigend. Die Arbeit, die ich dort ausführen sollte, war aufregend und in vielerlei Hinsicht einfach. Unsere Tokioter Niederlassung wurde von fiebrigen Anlegern überrannt, von denen viele – nachdem sie am „Derivate-Frühjahrsfieber" erkrankt waren – begonnen hatten, ihre Bilanzen wie duftende Kirschblüten zu öffnen. Das Management wollte sicherstellen, daß genügend Männer in Tokio bereit und in der Lage waren, unsere Klienten weißzuwaschen. Zur Tokioter DPG-Verkaufstruppe gehörten mehrere erfahrene Pflücker, aber offensichtlich brauchten sie zusätzliche Saisonarbeiter.

Tokio war auch aus einem anderen Grund interessant für mich. Es war das letzte Stück von Morgan Stanleys Derivatepuzzle. Inzwischen kannte ich mich mit Derivaten gut aus, fühlte mich in der New Yorker Unternehmenskultur wohl und kannte eine Menge Leute in London. Aber Tokio war immer noch geheimnisvoll für mich.

Ich war bis dahin weder in Tokio noch auch nur in der Nähe von Japan gewesen. Ironischerweise hatte ich zwar Derivate von Ländern auf der ganzen Welt verkauft – Argentinien, Brasilien, Mexiko, den Philippinen –, war aber niemals in eines dieser Länder gereist oder sonstwo außerhalb der USA geschäftlich unterwegs gewesen. Selbst während der Schulzeit hatte ich das Land allenfalls für ein paar Tage verlassen, abgesehen von einem einwöchigen Trip nach Deutschland mit meiner High-School-Band, bei dem ich für betrunkene Oktoberfestbesucher mehrere hochtönende Klarinettensoli gespielt hatte. Ich war mir nicht mal sicher, ob ich Tokio – oder auch nur Japan – auf der Landkarte finden könnte. Meine Japankenntnisse beschränkten sich auf Speed-Racer-Cartoons, Godzilla-Filme und ein wenig Recherche zu Ninja-Kämpfern, mit der ich einem Freund auf dem College geholfen hatte. Und nun war ich im Begriff, in Japan Derivate zu verkaufen. Ich mußte auf Überraschungen gefaßt sein. Am nächsten Morgen sagte ich, daß ich sehr gern nach Tokio gehen würde.

Angenehm war, daß sie mich nicht gleich ins kalte Wasser werfen würden. Wenn einen Morgan Stanley nach Tokio schickte, dann mit angemessenem Stil. Ich erfuhr immer mehr von den generösen Spesen der Amerikaner in Tokio. Einige dortige Mitarbeiter bekamen Wohngelder von mehr als zehn Millionen Yen (100 000 Dollar) im Jahr. Ein Händler erhielt 10 000 Dollar im Monat als Mietzuschuß. Nach Japan zu gehen schien also keine so schlechte Idee zu sein.

Wie teuer mein Trip kommen würde, zeigte mir bereits mein Flug Erster Klasse – 7500 Dollar. Als ich eine DPG-Sekretärin fragte, ob es irgendwelche Richtsätze für Essens- und Unterhaltungsspesen gebe, lachte sie. Einer meiner Kollegen sagte, ich würde eine Million Yen – ungefähr 10 000 Dollar – pro Woche brauchen. Das schien mir ein wenig übertrieben. Ich war es gewohnt, billig zu reisen, und war sicher, daß ich mit ein paar hunderttausend Yen pro Woche über die Runden kommen würde. Ich war für drei Wochen in der Suite im obersten Stock des Imperial-Hotels untergebracht, einem der teuersten Hotels weltweit, wo ich einen der weltweit teuersten

Ausblicke genoß, direkt auf den Palast des japanischen Kaisers.

Meine Begeisterung für diese Reise wuchs, aber meine Familie teilte meinen Enthusiasmus nicht. Meine Eltern waren besorgt. Japan war ein ungewöhnliches Land, sehr weit von Kansas entfernt, wo ich aufgewachsen war. Ich betonte, daß Tokio eine der sichersten Städte der Welt sei und mir dort keinerlei Gefahr drohe. Meine Versuche, sie zu beruhigen, schlugen jedoch fehl. Sie waren vollkommen überzeugt davon, daß mir etwas Böses widerfahren würde.

Im Büro schienen alle von mir Abschied nehmen zu wollen. Ich bekam das Gefühl, als würde ich sie lange Zeit nicht wiedersehen. Mein Flug wurde mit offenem Rückflugtermin gebucht, und meine dreiwöchige Hotelreservierung konnte verlängert werden. Ein Kollege erzählte mir, er habe gehört, daß ich für immer nach Tokio versetzt worden sei. Mein Flug war für Montag, den 20. März angesetzt, und er riet mir, mein letztes Wochenende in New York zu genießen. Vogelscheuche wies mich an herauszufinden, wo sich das Museum der Samuraischwerter befand, gab mir aber zu verstehen, daß ich mich damit nicht zu beeilen bräuchte, da ich genügend Zeit haben würde. Ich wußte von einigen Verkäufern, die nach Tokio versetzt worden und nie mehr zurückgekehrt waren. Während ich meine Koffer packte, versuchte ich ruhig Blut zu bewahren.

Als ich schließlich im Flugzeug Platz nahm, auf einem freistehenden Sitz erster Klasse, verblaßten meine Sorgen. Ich nahm ein wenig Kaviar und ein Steak zu mir und kippte ein halbes Dutzend Wodkas. Ich war zufrieden. Ich stellte meinen Sitz zurück und öffnete einen 800 Seiten starken Roman. Der Nonstopflug ließ mir 14 Stunden Zeit, um mich zu entspannen, zu essen, zu trinken und zu lesen. Meine Familie irrte. Was sollte mir schon Böses widerfahren?

In meiner entspannten Stimmung wußte ich nicht, daß fast zur selben Zeit, während der Tokioter Stoßzeit, verrückte Mitglieder einer religiösen Sekte, darunter ein vierzigjähriger Mann mit Sonnenbrille und chirurgischer Gesichtsmaske, Behälter mit einem von den Nazis entwickelten tödlichen Nervengas in ganz Tokio in U-Bahnen deponierten. Fast sofort waren die Waggons von drei überfüllten Zügen mit tödlichen Giftwolken gefüllt, die ein Dutzend Menschen umbrachten und mehr als 5000 Personen verletzten. Männer in Geschäftsanzügen lagen bewußtlos auf dem Bahnsteig der U-Bahn-Station Kamiyacho nahe dem amerikanischen Konsulat. Tausende Pendler gerieten in Panik, während sie andere Stationen im Tokioter Geschäftsviertel zu verlassen versuchten. Der Giftnebel brachte Übelkeit, Nasenbluten, Atemnot, Koma und Tod. Die Opfer wurden in mehr als 80 Krankenhäuser und Kliniken eingeliefert. Nachdem die U-Bahn-Stationen geschlossen worden waren und die Pendler wieder frische Luft atmen konnten, schwärmten mehr als 2500 Polizeibeamte in ganz Tokio aus, fanden und überwältigten rasch die religiöse Sekte, die mit dem tödlichen Giftgasanschlag in Verbindung gebracht wurde.

Inzwischen bekam ich auf meinem Luxusflug kaum etwas von diesen Ereignissen mit, zumal ich nach ein paar Stunden ziemlich betrunken war. Ich wußte praktisch nichts davon, daß ich, während ich die Stewardeß um eine weitere Flasche Portwein bat, auf dem Flug in eine Stadt war, die gerade einen der furchtbarsten terroristischen Anschläge seit Menschengedenken erlebt hatte. Und ebenso wenig war mir bewußt, daß meine gesamte Kansas-Verwandtschaft wie die Tokioter Pendler in Panikstimmung war. Aus 12 000 Meter Höhe konnte ich glücklicherweise nicht hören, wie sie immer wieder in den Refrain „Ich wußte es, er hätte niemals an die Ostküste gehen sollen“ einstimmten. Bald jedoch würde ich zugeben müssen, daß sie allen Grund zur Sorge hatten. Hätte ich einen früheren Flug genommen, so hätte ich vielleicht Nervengas statt teurem Rotwein geschnuppert.

Als ich in Tokio landete und den Hochgeschwindigkeitszug Narida Expreß vom Flughafen zum Tokioter Hauptbahnhof nahm, waren keinerlei Attentatsspuren wahrzunehmen. Stunden waren seit dem Anschlag vergangen, und anfangs sah ich keine bedrohlichen Anzeichen. Mir fiel auf, daß praktisch jeder, den ich zu Gesicht bekam, eine blaue Atemschutzmaske trug. Das kam mir etwas sonderbar vor. Niemand in New York hatte erwähnt, daß die Leute in Tokio mit Chirurgenmasken herumliefen. War das hier Mode? Hatten sie Angst vor Bazillen? Ich nahm an, daß ich mir auch eine kaufen mußte. Abgesehen von den Masken und der Tatsache, daß die japanischen Taxifahrer freundlich die Beifahrertür mit einem kleinen Hebel öffneten, erschien das Leben in Tokio ganz und gar nicht sonderbar.

Die einzigen japanischen Wörter, die ich kannte, waren „Tae Koh Koo" – der japanische Name für das angesehene Imperial-Hotel –, und als ich diese Wörter zu dem Taxifahrer sagte, schien er zu wissen, was zu tun war. Das Imperial gilt als Grande Dame der Tokioter Hotels, und die Japaner verehren es fast genauso wie ihren Kaiserpalast. Es besteht aus zwei Teilen – einem 17-stöckigen Stahl- und Glasgebäude mit Blick auf den Hibiya-Park und einem 31-stöckigen Nebengebäude, einem der höchsten Bauten rund um den Kaiserpalast – und umfaßt mehr als tausend Zimmer, 15 Restaurants, verschiedene Geschäfte und Lounges. Jahr für Jahr beherbergt es Staatsmänner, Prominente und Adelige sowie Tausende japanischer Liebespaare, die sich hier zur Heirat einfinden. Auf dem Weg zu meinem Zimmer kam ich an einem solchen Hochzeitsempfang vorbei.

Das Imperial hat eine berühmte Vergangenheit. Es hat viele Katastrophen überstanden, insbesondere das große Kanto-Erdbeben vom 1. September 1923, das Tokio am Tag, nachdem die Bauarbeiten für das Originalhotel abgeschlossen waren, zerstörte. Ich hatte glänzende Geschichten über das Originaldesign des Genies Frank Lloyd Wright gehört – er hielt das Imperial-Hotel für sein Meisterstück – und darüber, wie überlegen das ursprüngliche Imperial konstruiert worden war. Angeblich hatte es als eines von wenigen Gebäuden im Zentrum Tokios das große Erdbeben überstanden. Nach dem Zweiten Weltkrieg war das Hotel irreparabel heruntergekommen, und der Originalbau wurde in den späten 60ern abgerissen, um diesem größeren und moderneren Komplex Platz zu machen. Die pompöse Lobby und die Bars waren voll einflußreicher Gäste und schwirrten vor folgenschweren Geschäftsgesprächen. Das Hotel war so nobel, daß es jüngst Popstars wie Madonna und Michael Jackson abgewiesen hatte, damit seine Gäste nicht von den Fans belästigt wurden.

Ich war müde und froh, etwas Ruhe und Frieden zu finden. Der Blick aus meiner Suite im obersten Stockwerk des Imperial-Turmanbaus war noch eindrucksvoller, als ich erwartet hatte. Mein Zimmer ging direkt nach Norden, und im Nordwesten sah ich das weitläufige Gelände des kaiserlichen Palastes. Der Palast ist im Zentrum Tokios gelegen, auf erstklassigem Grund, der von keiner Straße durchquert wird, unter dem keine U-Bahnen fahren und das keine Flugzeuge überfliegen. Selbst aus meiner Vogelperspektive konnte ich die Palastbauten nicht sehen, die hinter Waldstücken verborgen waren. Zur Nordostseite hin waren die blinkenden Neonlichter von Ginza zu sehen, Tokios erstem Einkaufsbezirk. Geradeaus befanden sich das Ote Center – und die Büros von Morgan Stanley. Ich warf einen letzten Blick auf dieses Panorama, dann fiel ich halbtot ins Bett.

Am nächsten Morgen stand ich früh auf, um einmal um den Palast zu joggen. Der Concierge bot mir einen netten Jogginganzug und Schuhe an, aber sie hatten keine Sachen in meiner Größe. Draußen sah ich sofort weitere blaue Atemschutzmasken. Sie waren überall. Das war wirklich sonderbar.

Als ich zu meinem Hotelzimmer zurückkehrte, hatte jemand eine Kopie der internationalen Faxversion der *New York Times* unter meine Tür geschoben. Endlich las ich von dem mörderischen Attentat. Ich war mehr als nur ein bißchen verängstigt. Warum hatte ich bis dahin nichts davon gehört? Natürlich ist es schwierig, aktuelle Nachrichten zu verfolgen, wenn man auf Reisen ist, aber das hier war absurd. Meine Familie hatte recht. Ich war überzeugt davon, daß ich die USA niemals wiedersehen würde. Ich mußte sie anrufen, um ihnen zu sagen, daß ich am Leben war. Zumindest hatten diese Nachrichten mir eine Entscheidung leichter gemacht: Ich würde zu Fuß zur Arbeit gehen, statt die U-Bahn zu benutzen. Als ich später das Hotel verließ, fragte ich den Concierge, wo ich eine Chirurgenmaske kaufen konnte.

Morgan Stanleys Tokioter Büro befand sich in einem mittelgroßen Gebäude im Ote Center, das zu einer Gruppe von ungefähr 400 glänzenden Miniwolkenkratzern nördlich des kaiserlichen Palastes gehört. Als eine der ersten Investmentbanken von der Wall Street hatte Morgan Stanley in Tokio Fuß gefaßt. Entscheidend für den Erfolg des Unternehmens war David Phillips, ein geborener Japaner, der in seiner Jugend 13 Jahre in den USA gelebt und ein Diplom der Universität Berkeley erworben hatte. Für nicht-japanische Banken bildete Phillips eine Brücke zwischen zwei Kulturen, die einander ziemlich fernstanden. Er hatte nicht immer David Phillips geheißen. Vor vielen Jahren hatte er seinen ursprünglichen Namen Satoshi Sugiyama abgelegt, ein Wechsel, der ihm eine Bilderbuchkarriere eintrug. In den späten 60ern brachte er die Verhandlungen zwischen Morgan Stanley und dem japanischen Finanzminister über die Eröffnung einer Tokioter Niederlassung erfolgreich über die Bühne. Seine mittlerweile 37-jährigen Beziehungen zu Japan und sein amerikanischer Name hatten Morgan Stanley in den 70ern dazu bewogen, ihn für die Eröffnung des Tokioter Büros anzuwerben.

Das Tokioter Büro arbeitete vom Start weg erfolgreich, und 1977 beförderte Morgan Stanley Phillips zum Managing Director. Das war ein historischer Schritt. Phillips war der erste Managing Director bei Morgan Stanley, der einer Minderheit angehörte, und der einzige auf etliche Jahre hinaus. Bis 1982 war das Tokioter Büro auf 20 Mitarbeiter angewachsen, darunter neun Profis, und hatte einige japanische Blue-Chip-Anleger geworben. Phillips war Morgan Stanleys einziger Managing Director, der keine weiße Hautfarbe besaß.

Phillips wurde gut bezahlt, aber das änderte nicht viel an dem um sich greifenden Rassismus im Investmentbankgeschäft, und er erschien oftmals wie stigmatisiert. Robert Greenhill, Chef des Investmentbankings von Morgan Stanley, schien mit Vorliebe Leute zu überraschen, die wegen Phillips' Namen annahmen, daß er weißer Abstammung sei. Greenhill wurde zitiert mit den Worten: „Ich habe einige Male zusammen mit David Kunden besucht, und man konnte jedesmal sehen, wie ihnen die Kinnlade herunterfiel." Mittlerweile wußte Phillips, wie er das Investmentbanking-Spiel mit seinen nicht-japanischen Regeln zu spielen hatte, und zwar nicht nur wegen seines japanischen Gesichts und seines amerikanischen Namens. Er trug teure Anzüge, rauchte Dunhill und trank Dewars Scotch.

Im Laufe des folgenden Jahrzehnts stellte Morgan Stanley in Tokio einige hundert Mitarbeiter ein, und gegen Ende der 80er hatte das Unternehmen die zweitgrößte Tokioter Niederlassung unter den US-Investmentbanken. Das Büro wurde während derselben Zeit einigermaßen berüchtigt, und 1990 wurde Tom Wolfe, Autor von *Fegefeuer der Eitelkeiten*, in Morgan Stanleys Tokioter Büro gesehen, wo er, anscheinend als Recherche für seinen neuen Roman, einige freimütige japanische Finanziers interviewte.

Als ich dort eintraf, ähnelte das Tokioter sehr dem New Yorker Büro. Phillips hatte 1987 einen Schlaganfall erlitten und sich vier Jahre später zur Ruhe gesetzt; sein Einfluß war allerdings immer noch überall zu spüren. Der Handelssaal war eine kleinere, engere Version des New Yorker Saals. Ununterbrochen blinkten die Computerbildschirme, ständig schrien die Leute herum, und überall war Papier verstreut. Aber es gab einige bemerkenswerte kulturelle Unterschiede. Die Sekretärinnen waren freundlich, und viele waren entweder älter als 25 oder nicht blond. Viele Verkäufer und Händler waren auf dem College sehr erfolgreich gewesen, und einige besaßen sogar Diplome. Es wurde viel geschimpft, aber kaum auf englisch. Anstelle vergammelter Käsesteaks sah ich Scheiben von einen Tag altem Salzwasseraal.

Vom ersten Moment meines Eintreffens an war es unverkennbar, daß alle im Tokioter Büro Frühlingsgefühle verspürten. Das morgendliche Derivate-Meeting sprühte nur so vor saftigen Geschäftsideen, und unsere Klienten reagierten auf unsere Umfragen mit eigenen, teilweise noch reißerischeren Vorschlägen. Die japanischen Unternehmen waren versessen auf Profite und hätten für eine kleine Kostprobe fast alles getan, egal ob legal oder nicht. Die Verkäufer waren entschlossen und zielbewußt. Niemand verschwendete auch nur ein Wort auf das U-Bahn-Attentat.

Wie ich wußte, waren die vergangenen Frühlingsmonate für das Tokioter Büro besonders profitabel gewesen. Tokio gewann bei Morgan Stanley zunehmend an Bedeutung, und die DPG-Mitarbeiter in New York hatten Mühe, ihre Positionen im Japangeschäft zu wahren. Die New Yorker Manager hatten versucht, sich Teile einiger Tokiogeschäfte zuschreiben zu lassen, und viele New Yorker Angestellte arbeiteten bis spät in die Nacht, um sich an den Zeitplan des Fernen Ostens anzupassen. Aber trotz dieser Bemühungen konnte New York mit Tokios Muskelkraft nicht mithalten. Ich hatte den Verdacht, daß ich von New York teilweise auch deshalb nach Tokio geschickt worden war, damit ich hier spionierte und mich möglichst in die hiesigen Reihen einschlich.

Mit den speziellen Details vieler Derivate, die das Tokioter Büro verkauft hatte, war ich noch nicht vertraut. Von ihren wöchentlichen Berichten über die Tokioter Derivate-Transaktionen wußte ich, daß Tokio sehr viel Geld machte und einige der zwielichtigsten Derivatgeschäfte hier eingefädelt worden waren. Oftmals machten die Japangeschäfte wirtschaftlich keinen Sinn. Nur wenige Leute bei Morgan Stanley und selbst in der DPG verstanden wirklich, was in Tokio ablief. Während meines kurzen Aufenthaltes konnte ich nur ein wenig an der Oberfläche kratzen.

Ich brauchte nicht lange, um herauszufinden, daß das gesellschaftliche Leben amerikanischer Investmentbanker in Tokio so bizarr ist wie die Derivate, die sie verkaufen. Allnächtlich ist ein Häuserblock in dem Viertel Roppongi ständig mit im Ausland lebenden Amerikanern überfüllt. Niemand scheint woanders hinzugehen. In einer Stadt mit 20 Millionen Einwohnern klebten die paar hundert amerikanischen Banker ständig zusammen.

Gelegentlich führen die Einheimischen einen Amerikaner für amüsante Stunden in eine der notorisch teuren Hostessenbars aus, aber mir hatten ein paar Nächte in Roppongi schon gereicht. Ich arbeitete lange, um die japanischen Geschäfte zu verstehen, von denen jeder schwärmte. Wenn ich dann ins Imperial-Hotel zurückkehrte, fiel ich meistens gleich ins Bett.

In Tokio lebende Amerikaner wenden enorme Energien auf, um bei der bizarren Sexkultur auf ihre Kosten zu kommen, die in echten Soft- und ebenso echten Hardporno säuberlich zweigeteilt ist. Einfach Sex mit einer Prostituierten zu haben ist für niemanden interessant und kostet nur etwa drei Dollar. Eine Hosteß aber, die einem Bier serviert und mit einem spricht, kostet ungefähr 300 Dollar. Und wer ein Teenagermädchen mit einer scharf genieteten Lederpeitsche schlagen will, muß etwa 30 000 Dollar hinlegen.

Ich lernte Leute kennen, die alle drei Varianten ausprobiert hatten. Nur gebürtige Japaner unter den Verkäufern konnten die Sonderangebots-Prostituierten besuchen, was sie allerdings oft genug für alle zusammen machten. Die Japaner haben tödliche Angst vor AIDS, weshalb sie Ausländer von ihren örtlichen „Seifenplätzen" ausschlossen, wo gutes „Einseifen" (Sie werden wissen, was gemeint ist) zu vernünftigen Preisen geboten wurde. Die teureren Hostessenbars durften auch die Amerikaner besuchen. Die Hostessen in solchen Bars waren typischerweise keine Japanerinnen und boten auch kein „Einseifen" an. Ein Verkäufer sagte, er sei es leid gewesen, sein ganzes Gehalt für Hostessen auszugeben, und habe ein Vermögen gespart, indem er zwei von ihnen dafür bezahlte, daß sie ihre Jobs aufgaben und ihm einfach einen Häuserblock weit in Roppongi folgten.

Die erstaunlichste Ecke Tokios war die Peitschen-und-Ketten-Meile. Neben den japanischen Hardporno-Bordellen sah

New Yorks Eighth Avenue idyllisch aus. Ein Tokioter Verkäufer erzählte mir von einem koreanischen Klienten, der Tokio nur deshalb besucht habe, damit er einen Untergrundclub besuchen und dort ein japanisches Teenagermädchen auspeitschen konnte. Die Kosten, Millionen Yen für zirka 20 Minuten, übertrafen noch die Transaktionsgebühren.

Offenbar war ich nicht mehr in Kansas, und so blieb ich möglichst nahe bei meinem Hotelzimmer. Selbst das kostete ein Vermögen, angefangen bei meinen ersten authentischen Sushi-Erfahrungen in Tokio. Ich suchte Sushi Nakata auf, eine berühmte Sushi-Bar im Keller des Imperial-Hotels. Die Köche schienen alle sehr glücklich zu sein, mich zu sehen, einen Amerikaner auf fremdem Terrain, der die Taschen voller Geld hatte. Ich bestellte und aß sechs kleine Stücke rohen Fisch, von denen mir zwei gar nicht weiter auffielen. Meine Rechnung betrug fast 100 Dollar. Bei diesen Preisen würde ich entweder ein Viertel meines Körpergewichts verlieren, oder ich war auf dem besten Weg, Morgan Stanley zu ruinieren. 15 Dollar pro Sushi-Stück!. Am nächsten Morgen gönnte ich mir im piekfeinen Eureka-Restaurant ein kleines Frühstück. Der Name ist zutreffend. Bestellt man ein trockenes englisches Milchbrötchen und eine Tasse Kaffee, ist man – *Eureka!* – 25 Dollar schuldig.

Nach ein paar Tagen erzählte ich einer der Sekretärinnen, daß ich bereits abgebrannt sei und mehr Geld brauchte. Sie lachte und meinte, das passiere jedem, der Tokio besuche. Sie händigte mir ein Formular des Spesenberichts des Tokioter Büros von Morgan Stanley aus. Am oberen Seitenrand des Formulars war ein großer Kasten aufgedruckt und daneben die Zeile BITTE FÜR MICH BEZAHLEN. Ich füllte das Formular aus, unterzeichnete und erhielt einige Zehntausend-Yen-Noten. Sie würden nicht lange reichen.

Wenn Sie kürzlich einmal Tokio besucht haben, wissen Sie, was ich durchzumachen hatte, bis ich mit dem hohen Preisniveau dieser Stadt vertraut wurde. An jenem Abend fand ich ein günstigeres Restaurant mit einer Vorspeise zu 50 Dollar. Das war nicht schlecht. Vergleichsweise. Allmählich gewöhnte ich mich an die Preise. Beim Zimmerservice bestellte ich unter anderem Pommes frites für acht Dollar, einen Becher Vanilleeis für sieben Dollar, ein Glas Grapefruitsaft für acht Dollar, eine Tasse Kaffee für zehn Dollar, eine sechs Dollar teure Banane und einige Cola zu sechs Dollar. Nach wenigen Tagen erschien mir mein 100 Dollar teures Entree bei Prunier, einem der netteren Restaurants im Hotel, wie ein Sonderangebot. Ich blinzelte nicht mal, als mir der Kellner am 1. April eine Rechnung über 4500 Yen (45 Dollar) für einen Hamburger überreichte. Ich wußte, daß dies kein Aprilscherz war.

Dennoch wurde ich es rasch leid, an den verschiedenen bizarren Transaktionen in Tokio zu arbeiten. Sie machten für den Investor wirtschaftlich keinen Sinn, und sie machten auch für mich nicht länger Sinn. Japanische Unternehmen bedienten sich der Derivate, um entweder Vorschriften zu umgehen oder falsche Profite zu produzieren. Bei diesen Geschäften kam ich mir zum ersten Mal schmutzig vor. Und wie ich wußte, war schon ein Hauch von Skrupeln ein sicheres Zeichen dafür, daß ich nicht mehr zum Derivateverkauf geeignet war. Hatte ich meinen Biß verloren? Ich versuchte mein Gefühl für Recht und Unrecht zu ignorieren, aber es half nichts. Niemals könnte ich dauerhaft in Tokio arbeiten. So beschloß ich, die Arbeit einzustellen und nur noch meine Zeit dort zu genießen.

Ich nahm an einer Fahrt nach Hakone teil, einem populären Touristenziel. Ich besuchte den Fujijama. Ich durchquerte die verschiedensten Parks und Märkte und Museen in Tokio und sah mir sogar das Kirschblütenfestival im Ueno Park neben dem City-Zoo an.

Ich traf mich mit einigen japanischen Kontoinhabern, aber keiner von ihnen kaufte etwas. Mehrere Klienten wiesen die Geschäfte zurück, die ich vorgeschlagen hatte, da sie ihnen bei weitem nicht riskant genug waren.

Ich erwog, ihnen eine Wette auf Kansas in dem bevorstehenden Basketballspiel zwischen Kansas und Virginia vorzuschlagen, aber auch das schien nicht spekulativ genug zu sein. Dagegen *war* es riskant, einen Platz zu suchen, um das Spiel in

Tokio anzusehen. Das NCAA-College-Basketballturnier hatte begonnen, und mir lag sehr viel daran, die Spiele zu sehen. Ich hatte einige tausend Dollar auf Kansas gewettet und fragte mich beunruhigt, wie das Match ausgehen würde.

Doch ich hatte keine Ahnung gehabt, daß es beinahe unmöglich war, in Tokio ein Basketballspiel live zu sehen. Wenn man in irgendeiner Stadt im Mittleren Westen war und ein NCAA-Spiel sehen wollte, hatte man die Wahl zwischen ungefähr 10 000 Möglichkeiten. Wenn man in Tokio ist, bleibt einem nur eine einzige Chance. Es gibt in Tokio eine amerikanische Sportbar, die gelegentlich Basketballspiele zeigt, aber selbst dort haben sie keinen Live-TV-Anschluß. Amerikaner, die ein Basketballspiel versäumen, warten statt dessen auf Videoaufzeichnungen, die per Luftpost direkt aus den USA verschickt werden. Nach mehreren fehlgeschlagenen Telefonanrufen flehte ich den Concierge des Imperial an, mir einen Platz zu besorgen, wo ich das Spiel Kansas gegen Virginia sehen konnte. Diese Bitte überforderte ihn.

Ich wurde depressiv und bekam Heimweh. Obwohl es Wochenende war, ging ich ins Tokioter Büro, wo ich zumindest die Resultate des Spiels sehen konnte, die auf einem der Bloomberg-Monitore erscheinen würden. Das Büro war menschenleer und still. Der Bildschirm zeigte in Abständen von etwa fünf Minuten eine Zeile mit japanischen Schriftzeichen, gefolgt von den Ergebnissen des Spiels Kansas gegen Virginia. Ich blieb verdrossen sitzen, nachdem die letzte Aktualisierung gezeigt hatte, daß mein Team gescheitert war und ich meine Wette verloren hatte. Ich konnte Tokio nicht mehr ausstehen.

Nachdem ich entschieden hatte, daß ich hier nicht arbeiten konnte, war es schwierig, mich dem Rhythmus der Geschäfte anzugleichen. Ich beobachtete begeistert, wie ein Verkäufer einen High-Tech-Optionshandel kreierte, der mit dem AMIT konkurrierte. Das würde mit 99,99-prozentiger Sicherheit einen schnellen Gewinn einbringen. Halbherzig bot ich die FP-Trust-Idee einigen Klienten an, die daran interessiert waren, AAA-Ratings für niedrig bewertete Bonds zu erzielen.

Als sie allerdings herausfanden, daß auf das AAA-Rating ein tiefgestelltes *R* folgte, wiesen sie das Geschäft zurück. Ein solches $_R$-Rating würde möglicherweise die örtlichen Behörden auf den Plan locken.

Gegen Ende meines Aufenthalts in Tokio schlug ein Erdbeben zu. Ich war in meinem Hotelzimmer, als ich das Beben spürte und die Kleiderbügel im Wandschrank zu klappern begannen. Es war das erste Erdbeben, das ich miterlebte, und ich war verängstigt. War es ein Omen? Mein einziger Trost war mein Glaube, daß das ursprüngliche Hotelgebäude eines der schlimmsten Erdbeben in der Geschichte unerschütterlich überstanden hatte und die neuere Version des Hotels daher genauso sicher sein würde. Aber das Erdbeben besiegelte meinen Entschluß: Ich wollte nach Hause.

Zu meiner Bestürzung erfuhr ich später, daß das ursprüngliche Hotelgebäude durchaus nicht unerschütterlich gewesen war. Nicht nur das japanische Bankensystem war mit Enttäuschungen und Betrügereien gespickt. Selbst das Imperial-Hotel und Frank Lloyd Wright hatten mich reingelegt.

Ich wußte, daß Frank Lloyd Wright fast vier Jahre in Tokio verbracht hatte, wo er von 1918 bis 1922 Hotelgebäude entwarf und deren Errichtung überwachte, die er als erdbebensicher anpries. Das Hotel war auf elastischen Pfeilern errichtet worden, die laut Wright als Schockabsorber dienten und Erdschwankungen abfingen, ohne sie auf das Gebäude zu übertragen. Jedoch wußte ich nicht, daß umfangreiche Untersuchungen diese Geschichten als Märchen entlarvt hatten und Wright entweder geirrt oder gelogen hatte. Wie Professor Masami Tanigawa, der erste japanische Frank-Lloyd-Wright-Forscher von der Nihon-Universität, es ausdrückte: „Ein junger amerikanischer Architekt, der nicht viele Aufträge hatte, nutzte das Beben zu seinem Vorteil, um seinen Erfolg bei der Konstruktion eines bebensicheren Gebäudes öffentlich zu machen. Das ist die einzige Wahrheit bei der ganzen Sache."

Wrights Imperial wurde zu einem der bekanntesten Wahrzeichen Tokios, aber das Hotel wies gravierende Konstruktionsmängel und schwerwiegende Statikfehler auf. Sofort nach dem Erdbeben von 1923 ließ der japanische Innenminister die Schäden an den Gebäuden im Zentrum Tokios überprüfen und kam zu dem Schluß, daß viele Gebäude im Umkreis des Imperial das Beben mit sehr viel weniger gravierenden Schäden überstanden hatten als das Hotel selbst. Ich hatte immer geglaubt, daß das Originalhotel ein Wolkenkratzer gewesen sei, und war überrascht zu erfahren, daß es sich nur um ein dreistöckiges Gebäude gehandelt hatte, verziert mit dekorativem Vulkangestein und Terrakottafliesen, aber von geringer, selbst für drei Geschosse unzureichender Statik.

Ichiro Inumaru, der Präsident und General Manager des Hotels, erinnerte 1990 wiederholt daran, daß das gesamte Hauptgebäude nach dem großen Erdbeben in den Boden einzusinken begann. Der Kern des Gebäudes war schwerer und brach demzufolge stärker als der Rest des Gebäudes ein. Wie Inumaru sagte, mußte das Hotelpersonal aus diesem Grund in regelmäßigen Zeitabständen die Türen verkürzen.

Nach erheblichen Anstrengungen, das Originalgebäude zu retten, wurden ein Teil der Lobby und der Fassade in einem – wie die meisten Architekturkritiker sagen, geschmacklosen – Freizeitpark im ländlichen Westen Japans wiederaufgebaut. Das Städtchen namens Meiji Mura ist zwischen wogenden Hügeln und Seen gelegen und mit Überresten aus Japans Meiji-Ära übersät: Schulen finden sich dort, öffentliche Gebäude, ein Gefängnis und sogar eine der ersten japanischen Dampfmaschinen. Einige Architekten bezeichneten Meiji als Friedhof. Andere nannten es eine Retortenschöpfung oder einen schlechten Scherz. Der Park enthält sicherlich einige der großen japanischen Geschichtsfälschungen, darunter das alte Imperial-Hotel. Vielleicht wird dort eines Tages auch der AMIT Einzug halten als weitere überraschende, aber traurige Wahrheit aus der Vergangenheit Japans.

Als ich in die USA zurückkehrte, war ich völlig desillusioniert. Drei Jahre zuvor, vor meinem ersten Vorstellungsgespräch bei Bankers Trust im Jahr 1992, hatte ich nichts über Derivate oder Structured Notes, über RAVs oder darüber gewußt, wie man anderen Leuten die Haut vom Gesicht herunterriß. Viele meiner Freunde hatten sogar geglaubt, daß ich ein netter Junge sei. Im April 1995 aber war ich meiner Meinung nach zum größten Zyniker der Erde geworden. Ich glaubte nun, daß alles Betrug sei, und hatte verdammt gute Gründe für diesen Glauben. Derivate waren Betrug, Investmentbanking war Betrug, das mexikanische und japanische Finanzsystem waren betrügerisch, selbst Frank Lloyd Wright und das Imperial-Hotel waren Gaunerei. Ich war deprimiert.

Zu dem Wertesystem, das ich mir in den letzten Jahren angeeignet hatte, gehörte es, auf Klienten zu schießen und Leute in die Luft zu jagen, alles im Namen des Geldes. Es gab einen guten Grund, warum meine Kollegen in jeden anderen ebenso gut bezahlten Job übergewechselt wären. Alle, die ich kannte und die einige Jahre als Investmentbanker gearbeitet hatten, waren – mich selbst eingeschlossen – Schweine. Daß wir die reichsten Schweine der Welt waren, änderte nichts an der Tatsache, daß wir eben Schweine waren. Ich wußte, wie tief das Niveau war, seit ich an der Wall Street zu arbeiten begonnen hatte. Jetzt ertrug ich es aus verschiedenen Gründen nicht mehr.

Ich stand am entscheidenden Wendepunkt in meiner Karriere. Für manche Leute mag es schwer zu verstehen sein, aber nach ein paar Jahren an der Wall Street kann man dort nicht mehr so einfach weg. Man kann gefeuert werden oder einen neuen Job bei einer Investmentbank annehmen, oder man kann sterben. Aber man kommt nicht mehr los davon. Man macht dort zuviel Geld, um aufzuhören. Denken Sie einmal darüber nach: Wenn Sie 500 000 Dollar im Jahr machen würden und das einzig Negative an Ihrem Job wäre, daß Sie zum Schwein würden, würden Sie deshalb Ihren Job aufgeben? Wie sähe es bei einer Million im Jahr aus? Oder bei zehn Millionen? Viele Kollegen von mir hatten sich diese Frage selber gestellt, und die Antwort lautete bei den meisten, daß man sich bei einer Million Dollar im Jahr wenig darum kümmerte, wozu man würde. Wenn man später drei oder vier Jahre lang Millionen gemacht hatte – und zum Schwein geworden war –, stellte sich die Frage, ob man seinen Job aufgeben würde, nur noch theoretisch. An diesem Punkt konnte man nicht mehr tiefer sinken; man würde weiter an der Wall Street arbeiten und schließlich als reiches Schwein in den Ruhestand gehen.

Ich will mich hier aber nicht auf das hohe Roß setzen. Aus ethischer Sicht ist nichts Beeindruckendes daran, daß ich meinen hochbezahlten Investmentbankingjob aufgegeben habe. Wenn es irgend etwas war, dann höchstens idiotisch. Ich möchte lediglich erklären, warum ich mich entschlossen hatte, so schnell zu kündigen. Die meisten Jobs im Finanzdienstleistungssektor sind moralisch zweideutig. Das ist die einzige Möglichkeit zu überleben. Ich hatte geglaubt, auch meiner wäre so. Gegen moralische Zweideutigkeit ist wenig zu sagen, vor allem bei steigendem Gehalt. Als ich jedoch zu denken begann, daß ich mit meinem Leben eindeutig etwas von Grund auf Falsches anfing, konnte ich es einfach nicht länger tun. Mir blieb keine andere Wahl als aufzuhören.

Wieder in New York, sagte ich Marshal Salant, daß ich mit ihm sprechen müsse. Das Gespräch verlief ungefähr so:

„Marshal, ich kündige."

„Was? Wo gehen Sie denn hin? Wie hoch ist das Angebot? Was werden Sie dort machen?"

„Ich gehe nirgendwo hin. Ich verlasse das Investmentbankgeschäft. Ich verlasse New York. Ich verkaufe keine Derivate mehr. Ich weiß nicht, was ich künftig tun werde. Wahrscheinlich als Rechtsanwalt praktizieren."

Zuerst war Salant sprachlos. Er konnte nicht begreifen, was ich gesagt hatte, und sah mich an, als ob ich komplett übergeschnappt wäre. Aber ich glaube, ein paar Minuten später hatte er meine Beweggründe verstanden. Oder er gab es zumindest vor. Er sagte, daß ich mir Zeit nehmen und versuchen solle, so reibungslos wie möglich diesen Wechsel zu vollziehen.

Ein kurzer Überblick über meine noch unerledigten Projekte zeigte mir, wie absonderlich meine Geschäfte bei Morgan Stanley geworden waren. Zu den Transaktionen, an denen ich hätte arbeiten sollen, gehörten sämtliche AMITs, ein halbes Dutzend verschiedener Tokiogeschäfte, konzipiert zu dem Zweck, Vorschriften zu umgehen, sodann CEDNs, Eagle Pier, zusätzliche Pre4- und FP-Trust-Geschäfte, einige steuermotivierte RAVs, ein paar mexikanische Derivate und ein Finanzplan zur Wiederherstellung einiger brasilianischer F-5-Kampfbomber. Ich starrte auf diese Liste. Was um alles in der Welt war mit mir geschehen?

Die Königin war schockiert, weil ich all das hinter mir lassen wollte. Sie konnte meine Motive definitiv nicht verstehen. Allerdings war ich nicht der einzige Mitarbeiter der Königin, der kündigte. Innerhalb einer sehr kurzen Frist sollten fast alle, die für sie gearbeitet hatten, ihren Palast verlassen. Einer ging zur Universität, einer nach London, einer wechselte die Abteilung bei Morgan Stanley, einer ging zu Goldman, Sachs, zwei zogen nach Washington D.C. um (darunter auch ich). Binnen weniger Monate stürzte ihr RAVs-Imperium zusammen. Die Königin war zur lahmen Ente geworden.

Bidyut Sen verhörte mich wegen meines Entschlusses, die DPG zu verlassen. Die wenigen Leute, die kurz zuvor die Gruppe verlassen hatten, waren von anderen Banken mit hohen Salären angelockt worden. Sen weigerte sich zu glauben, daß ich keinen anderen Job in Aussicht hatte. Er spürte aber, daß ich dieses Geschäft nicht mehr ertragen konnte, und ich glaubte, daß er wahrscheinlich froh war, mich gehen zu sehen. Er und ich hatten früher einmal zusammen mit einem anderen Verkäufer darüber diskutiert, daß einige Leute nur des Geldes wegen, andere wegen des Spiels im Investmentbankgeschäft waren. Sen hatte behauptet, daß John Mack, der Präsident von Morgan Stanley, diesen Job wohl auch umsonst tun würde, weil er das Spiel so sehr liebte. Er wußte, daß ich nicht dieselbe Leidenschaft in mir trug.

Vogelscheuche sagte, es tue ihm leid, daß ich ginge, und ich glaube, er meinte es auch so. Er bekräftigte nochmals seine Ansicht, daß es – entgegen Sens Annahme – nur einen Grund gebe, im Investmentbankgeschäft zu sein: Geld. Auch er hatte ein Juradiplom und sagte, manchmal hätte er sich gewünscht, Rechtsanwalt statt Geldschaufler zu sein. Er bezichtigte sich, an meiner Kündigung schuld zu sein, und witzelte darüber, daß ich bei den Geschäften genauso korrupt wie er selbst gewesen sei. Des weiteren stellte er sich als mein Mentor dar, nach meiner Meinung eine bizarre historische Rekonstruktion. Ich sagte ihm, daß meine Kündigung nur wenig mit ihm zu tun hätte, was nur teilweise eine Lüge war. Er antwortete, daß er ohnehin schon geplant hätte, die DPG gegen eine der grünen Wiesen von Morgan Stanley einzutauschen, und mich so oder so nicht länger korrumpieren könne. Ich entschuldigte mich dafür, daß ich das Museum der Samuraischwerter in Tokio nicht besucht hatte, und er versprach mir, mich zum nächsten F.I.A.S.C.O. einzuladen – ein Versprechen, das er erwartungsgemäß nicht gehalten hat.

Das nächste F.I.A.S.C.O. fand in einem anderen Schützenclub statt und reichte, wie ich hörte, nicht an Sandanona heran. Es gab sehr viel weniger Teilnehmer, und das Abschießen der kleinen Tonscheiben hatte an Bedeutung verloren. Sollte sich das Derivatgeschäft in den kommenden Jahren wiederbeleben, dürfte F.I.A.S.C.O. auch wieder die Aggressionen hungriger Derivateverkäufer anheizen. Bis es soweit ist, wird es als passende Erinnerungsstütze dafür dienen, wie einige Dutzend Leute von der DPG „Blut im Wasser“ sahen und binnen zweier kurzer Jahre eine Milliarde Dollar machten.

Epilog

Nachdem ich Morgan Stanley verlassen hatte, zog ich nach Washington D.C., wo ich mich als Anwalt niederließ. Diese Tätigkeit ist etwas ganz anderes als der Verkauf von Derivaten. Ich kann ehrlich sagen, daß ich nur dann zum Mistschaufeln umsatteln würde, wenn damit eine kräftige Einkommenssteigerung verbunden wäre.

Im Sommer 1996 machte mich Vogelscheuche ausfindig. Wie er sagte, habe er einen neuen Job bei der Vermögensverwaltung von Morgan Stanley bekommen und sei gezwungen gewesen, gegen etliche externe Bewerber anzutreten. Die Schlüsselfrage bei diesen Interviews lautete: Was sind die wichtigsten Qualitäten eines Verkäufers? Die Interviewer erklärten Vogelscheuche, das Unternehmen habe jüngst eine Untersuchung über solche Qualitäten durchgeführt, und baten ihn, aus folgenden Vorgaben sein wichtigstes Qualitätskriterium zu wählen: Produktkenntnisse, Intelligenz, Fähigkeit zu zwischenmenschlichen Beziehungen sowie Integrität. Vogelscheuche sagte, er habe geantwortet: „Ohne jeden Zweifel Integrität. Das ist ein Vertrauensgeschäft, und wir verkaufen unser Vertrauen." Dank dieser Antwort erhielt er den Job.

Später in diesem Sommer heiratete einer meiner ehemaligen DPG-Kollegen, und die Hochzeitsfeier geriet zur Derivateversammlung. Wir tauschten Geschichten über unsere verschiedenen Fiaskos und über die Investoren aus, die viele Milliarden Dollar mit Derivaten verloren hatten. Jeder von uns sah die vergangenen zwei Jahre als Erfahrung an, die man nur einmal im Leben machte, die niemals wiederkehren und stets ihren besonderen Reiz bewahren würde. Die meisten schienen gesetzter geworden zu sein. Die Königin war da, schrie aber niemanden an. Später am Abend begann sie sich bei den ehemaligen Mitarbeitern ihres RAVs-Teams für ihre periodischen Wutanfälle zu entschuldigen. Wir vergaben ihr. Alle küßten einander und versöhnten sich. Diese Szene war fast wie ein letztes Derivate-Mahl, nur daß anschließend keiner von uns bestraft, eingesperrt, zu einer Geldbuße verurteilt oder sogar verklagt wurde.

Welche Lehren zog ich aus meinen Erfahrungen mit dem Verkauf von Derivaten? Ich glaube, daß Derivate das jüngste Beispiel für ein grundlegendes Thema in der Finanzgeschichte sind: „Wall Street beschwindelt die Main Street." Seit Einführung des Geldes vor Jahrtausenden haben sich die besser informierten Finanzintermediäre immer an den schlechter informierten Geldgebern und Kreditnehmern zu deren Nachteil bereichert. Das Bankgeschäft mit seinen zahlreichen Nebenaktivitäten ist – und war immer schon – sehr profitabel, zum Teil auch deshalb, weil die Banker dank unheimlicher Talente seit Jahrhunderten immer wieder jeden Skandal überstehen. Die Bankbranche ähnelt insofern der Politik. So wie es politische Skandale geben wird, solange wir Politiker haben, wird es meiner Meinung nach Finanzskandale geben, solange wir Banker haben. Und es gibt keine Anzeichen dafür, daß der Bankberuf irgendwann in naher Zukunft verschwinden könnte.

Wenn überhaupt irgend etwas floriert, dann die Finanzdienstleistungsbranche – trotz der jüngsten Skandale –, und die Banker werden weiterhin ihren Informationsvorsprung behaupten. Der jüngste Appetit der Investmentbanker auf Investmentfonds spricht für sich. Mit dem bloßen Verkauf hochkomplizierter Finanzinstrumente an Versicherungsgesellschaften und staatliche Pensionsfonds unzufrieden, richtet Morgan Stanley, wie die Fusion mit Dean Witter zeigt, den Blick nun auch auf weniger versierte Kleinanleger – beispielsweise auf Sie. Andere Banken arbeiten an ähnlichen Zusammenschlüssen und Kooperationsvereinbarungen. Den großen US-Privatkundenstamm von Dean Witter werden die Scharfschützen von Morgan Stanley erlegen wie einen Fisch im Wasserfaß. Dieser Zusammenschluß – und ähnliche Kombinationen werden sicherlich folgen – wird den Derivateverkäufern weitere Gewinnmöglichkeiten eröffnen, die Investoren zusätzlichen Gefahren aussetzen und – sofern die paar Dutzend Derivate-Opfer der letzten Jahre repräsentativ sind – zu mehr Blutvergießen führen. Auch das bedeutet: mehr Geld für Morgan Stanley.

Ich habe darzustellen versucht, wie die ausgeklügeltste Sparte an der Wall Street funktioniert. Das sind die Leute, die Produkte und die Aktivitäten, die unser Finanzsystem beherrschen. Morgan Stanley zählt zu den angesehensten Investmentbanken, und Derivate sind nach wie vor eines der populärsten Investments. Ohne Zweifel werden beide, Morgan Stanley und die Derivate, das weltweite Finanzsystem auch künftig dominieren.

In einer kürzlich durchgeführten Umfrage prognostizierten 70 Prozent aller befragten Derivateprofis für 1998 hohe Verluste aus Derivatgeschäften. Ihre Schätzungen sind gut begründet. Da der Derivatemarkt in letzter Zeit stark gewachsen ist, wurde er volatil und gefährlich. Unter dem Vorwand, daß Derivate primär zum „Hedging“ und für „risikomindernde Zwekke“ verwendet würden, haben Investmentbank-Lobbyisten währenddessen unsere Parlamentsabgeordneten von der Lokkerung verschiedener Derivat-Vorschriften überzeugt. Diese Argumente – und gesunde Wahlkampfspenden – haben gewirkt: Derzeit tendieren die Parlamentsdebatten eher in Richtung Milderung als zu einer Verschärfung der Vorschriften. Infolgedessen mangelt es den Aufsichtsämtern an Durchsetzungsmöglichkeiten ebenso wie an Geld, weshalb sie dazu verdammt sind, immer um einige Schritte hinter der Finanzindustrie herzuhinken. Kann ein mit 70 000 Dollar im Jahr dotierter Ermittler der Bankenaufsichtsbehörde jemals einen Derivateverkäufer einholen, der jährlich 700 000 Dollar verdient?

Betrachtet man den Mangel an gesetzlichen Bestimmungen und das starke Übergewicht der Finanzindustrie, so braucht man kein Prophet zu sein, um voraussagen zu können, daß es in naher Zukunft ein neues Fiasko nach dem Muster von Orange County geben wird. Die derzeitige Entwicklung scheint klar. Die Finanzdienstleistungsunternehmen werden auch weiterhin viele Millionen Dollar für Lobbyisten und Wahlkampagnen ausgeben, um gesetzliche Restriktionen des Finanzmarkts abzuwehren. Derivate werden auch weiterhin Hunderten von Opfern Milliardenverluste bescheren, die Reputation von Menschen zerstören, Leben durcheinander wirbeln und Sparbücher plündern. Junge Verkäufer werden, wie damals ich, weiterhin ins Derivatgeschäft einsteigen und weitaus reicher werden, als sie es sich in ihren wildesten Träumen jemals ausgemalt haben. Und an der Wall Street wird man auch künftig argumentieren, daß es keine dringenden Gründe gebe, das Derivatgeschäft gesetzlich zu regeln. Bislang hat dieses Argument den Kongreß und die Investoren davon überzeugt, sich über Derivate keine großen Sorgen zu machen.

Wie sehen Sie das, nachdem Sie dieses Buch gelesen haben?

Wenn Sie immer noch Derivate kaufen möchten, können Sie das ebensogut auch bei Morgan Stanley tun. Meine Gruppe gehörte sicherlich niemals zu den vielen Derivate-Opfern in der ganzen Welt, und die DPG besteht und floriert weiterhin. Sie können dort gebührenfrei anrufen unter der US-Telefonnummer (800) 223-2440, Nebenstelle 2594, oder beim neuen Unternehmenssitz – 1585 Broadway – direkt neben dem Times Square vorbeischauen. Verraten Sie aber keinem, daß ich Sie dorthin geschickt habe.